Cho Oyu 8153 m
Mt. Everest 8848 m
Chomolonzo 7816 m
Lhotse 8501 m
Makalu 8463 m
Basecamp
Baruntse 7220 m
Nehe Kharka
Jank Kharka
Ama Dablam 6856 m
Barun
Mumbuk
Kauma
Chamlang 7319 m
Tashigaon
Num
Lupla
Arun
Tumlingtar
N

W0274446

© Verlag D. J. M.

Alle Rechte vorbehalten, auch auszugsweise. Die gewerbliche Weiterverarbeitung dieses Buches oder einzelner Teile desselben ist nur mit ausdrücklicher Genehmigung der Autoren und des Verlages gestattet.

Redaktion
und Layout: Herbert Boswank

Fotgrafie: Frank Gräfe
Karsten Kügler
Jörg Stingel
Heiko Zülchner
Archiv, F. Gräfe
Robert Michael (S.299)

Zeichnungen: Dina Boswank

ISBN 3-9803091-3-4

Druck: Druckhaus Dresden GmbH

Printed in Germany 2000

Grenzgang am Makalu

Erinnerungen einer Himalaja-Reise

Frank Gräfe

Dem Andenken an Bernd, unseren Berggefährten auf vielen gemeinsamen Wegen, dem es nicht mehr gegeben sein sollte, von seiner letzten und gewaltigsten Tour – auf den Gipfel des Makalu – in die Heimat zurückzukehren.

Meine Erinnerungen sollen ebenso den zahllosen Freunden und Helfern aus sächsischer Umgebung wie gleichfalls weiter Ferne gewidmet sein, welche während unserer Vorbereitungen mit aufrichtiger Unterstützung ihre Sympathie für dieses hochgesteckte Ziel bekundeten, einen der faszinierendsten Gipfel des Himalaya zu erreichen.

Freude und Dank für die erwiesene Geduld und Hilfe bei der Fertigstellung des Manuskriptes gehören gleichfalls meiner Frau, meinen Berggefährten, vielen Freunden und Bekannten.

INHALT

Herbst 1998

An Stelle eines Vorwortes ...

Wenn ich an meine Bergfahrten zurückdenke, sind mir zwei eigenwillige Erlebnisse besonders in Erinnerung geblieben. Eines davon liegt fast 10 Jahre zurück, als ich gemeinsam mit einigen Gleichgesinnten erstmals die Gelegenheit hatte, bis zu den höchsten Bergen des Tienschan zu gelangen. Natürlich war damals eine erfolgreiche Besteigung des 7000 Meter hohen Khan-Tengri für die meisten von uns der glückliche Höhepunkt einer langen Reise. Einer Reise, welche sich für mich jedoch auch schon zuvor aus nahezu unendlich vielen einzelnen erlebenswerten Eindrücken zusammengesetzt hatte und ein solches Mosaik auch für die Rückfahrt noch bereithielt. Umso mehr sollte mich mit der Zeit jedoch das Verhalten manch anderer erfolgreicher „Bergsteiger“ verwundern, ja vor den Kopf stoßen. Ohne unnötige Blicke nach links oder rechts zu verschwenden, schienen sie sich bei der Rückreise nur noch auf die Vorgabe zu reduzieren, das ferne Land möglichst schnell wieder hinter sich zu bringen. Mit solcher Art Zielstrebigkeit selbst bei ihren Berggefährten zuweilen ein Gefühl von Schmalspurigkeit zurücklassend, provozierten sie damals auch bei mir den ungewohnten Eindruck, manch einer begreife die Berge lediglich als topographische Höhenpunkte, welche es „abzuhaken“ gilt.
In diesem Sinne hatten verschiedene meiner Berggefährten Jahre später am Mt. Everest nochmals recht ernüchternde Erlebnisse. Diese sollten sich dann auch bei mir im Nachhinein ungewöhnlich einprägen. Bei ihren eigenen ehrfürchtigen Empfindungen für den höchsten aller Berge mussten sie die Erfahrung hinnehmen, dass dort mittlerweile sportliche Fairness und traditionell praktizierte Bergkameradschaft in erschreckendem Maße von Ruhmsucht und Geschäft bedroht sind. „Nur“ mit einer erfolgreichen Rettungsaktion eines japanischen Bergsteigers in 8000 Meter Höhe, jedoch ohne Gipfel kehrten sie damals zurück. In unserer oft mit Erfolgsmeldungen verwöhnten oder verfälschten Gegenwart besuchte ich den angekündigten Dia-Vortrag daraufhin selbst mit fast nur mäßigen Erwartungen. Doch darin sollte ich mich getäuscht haben.
Am Ende dieses Expeditionsberichtes in Wort und Bild erwachte in mir die Gewissheit, etwas ganz anderes und vielleicht auch Wichtigeres mit auf meinen Heimweg zu nehmen als jenes obligatorische, jedoch ausgebliebene „Gipfelfoto“. Einer der Beteiligten hatte es verstanden, den Moment ihrer gemeinsamen Umkehr – noch unterhalb des Gipfels – einfühlsam zu schildern. Der nüchternen Einsicht nach einem Blick zur Uhr gehorchend – nämlich entgegen allen Emotionen für das so greifbar erscheinende Ziel, sich trotzdem für den Abstieg zu entscheiden. Nicht erst irgendwann später und dann notgedrungen, sondern ganz bewusst schon jetzt – den sicheren Weg zurück ins Leben zu wählen.

Allgemein gilt es gewiss als aussichtsvoll, von Siegen und Siegern zu berichten. Wenn ich diese Reise zum Makalu, dem fünfthöchsten Berg der Welt, wie manche betonen, gemeinsam mit meinen Berggefährten beginnen würde, dann nicht nur eines Erfolges oder Ruhmes wegen – sondern um ebenso über Menschen, eine großartige Landschaft und Natur erzählen zu können.

Unser Dank dafür, dass diese nicht ganz alltägliche Bergfahrt überhaupt zustande kam, gilt dabei vielen Freunden und unseren Familienangehörigen, welche mit vielfältiger Unterstützung, großem Verständnis und dauerhaftem Beistand uns bei diesem wochenlangen Abenteuer begleiteten. In besonderer Weise fühle ich mich an dieser Stelle jedoch auch noch an eine andere Episode erinnert – unser tagelanges Schreiben von hunderten, am Ende weit über tausend Grußpostkarten.
Die Empfänger waren neben unseren Sponsoren, ohne die derlei Unternehmungen heute nicht mehr zu realisieren sind, vor allem die vielen einzelnen Sympathisanten und privaten Spender. Begeisterungsfähige Leute wie wir selbst. Sie alle griffen in ihr eigenes Portemonnaie, um mit kleinen oder auch größeren Zuwendungen unsere Sache ganz aus freien Stücken selbst zu unterstützen. Am Ende entstand auf diese Weise der größte Einzelposten (über 24.000 DM), welcher für uns ebenso erfreulich, beeindruckend wie schließlich auch wirkungsvoll einsetzbar war!
Mit diesen dankbaren und angenehmen Erinnerungen vielfältiger Unterstützung möchte ich von unserer Reise erzählen. Einem Besteigungsversuch, welcher trotz allem von seinen Beteiligten nicht als vergeblich empfunden wird und für die zu Hause Gebliebenen vielleicht als mitteilenswert im Gedächtnis bleibt.

Mai 2000

Nachtrag

Während ich mich seit geraumer Zeit zögernd und unerfahren noch um einen geeigneten Weg bemühe, die fliegenden Blätter eines Manuskripts gemeinsam mit zahllosen optischen Erinnerungen in ein Buch zu verwandeln, das ein wenig von dem zurückgeben soll, was wir an Sympathie und Unterstützung während der Vorbereitung unserer damaligen Expedition erhielten, ereilt uns unerwartet eine unglaubliche und erschütternde Nachricht.
Bei der Nachfolgeexpedition einiger meiner Gefährten zum Makalu gelingt es allen gemeinsam, den als äußerst schwierig geltenden 8463 Meter hohen Gipfel zu erreichen. Doch während des Rückweges werden die vom hart errungenen Erfolg noch überglücklichen Freunde mit Schockierendem, bisher noch nicht Erlebtem konfrontiert. Nichts ahnend und sich gemeinsam im geordneten Abstieg befindend, wird einer der Gefährten auf unfassbare Weise in Minuten nur aus ihrer Mitte vom Tod mit sich fortgenommen.

Eine Geschichte, die für uns bereits vor zwei Jahren so erwartungsvoll begann und hochdramatisch ihr vorläufiges Ende fand, ist erneut vor mir ganz unmittelbar lebendig geworden.
Noch immer fällt es mir schwer, die Tragweite dieser vor Tagen vom anderen Ende unserer Welt übermittelten Neuigkeiten als endgültige Realität zu erfassen.
Haben unsere langwierigen Bemühungen für die Besteigung dieses Berges auf diese Weise nun ihren Fortgang erfahren? Bekommen meine zwei Jahre zurückliegenden Erinnerungen über unser damaliges Ringen um den Gipfel des Makalu erst heute mit diesen letzten Erlebnissen ihren endgültigen Abschluss?
Ein Kreis scheint sich zu schließen, und mir wird langsam klar, dass nicht nur das Ende, sondern ebenso der Beginn meiner, unserer Geschichte ein anderer geworden ist, noch einmal zu betrachten sein wird.

Was ich einem vertrauten Bergfreund gern noch hätte sagen wollen ...

Hallo Bernd,

als mir vor Tagen ganz unerwartet auf Arbeit von Eurem großartigen Erfolg, jedoch gleichermaßen von seinem leidvollen Ende berichtet wurde, war ich von der Endgültigkeit dieser Nachricht wie betäubt. Fast mechanisch nur noch, wie geistesabwesend, verrichtete ich daraufhin meine Aufgaben und gelangte erst wieder zu mir, als es inzwischen ganz still um mich herum geworden war. Mich plötzlich nur noch allein findend, wurde mir langsam bewusst, dass sich meine Arbeitskollegen mittlerweile zur Pause zurückgezogen hatten.
Natürlich weiß ich genauso wie Du um jene vielfältigen, oftmals geradezu unüberwindlich erscheinenden Schwierigkeiten eines solchen Himalaya-Aufstiegs. Ich erinnere mich selbst der Situationen und Momente ebenso wie der Gespräche untereinander, welche jene teilweise gewagte Gratwanderung zwischen Umkehr oder Risiko uns deutlich werden ließen.
Jedoch, nun bekomme auch ich es empfindlich zu spüren, wie massiv der Unterschied zwischen gedanklicher Erwägung und vollendeten Realitäten letztendlich auf uns wirkt.
Wir haben uns in der Vergangenheit nicht regelmäßig gesehen. Und trotzdem wird es Zeit brauchen, sich damit abzufinden, dass Du nicht mehr da bist, wenn ich wieder einmal eine spontane Verabredung treffen wollte.
Erinnerst Du Dich an unsere gemeinsamen Klettertouren hier zu Hause im Elbsandstein? Besonders jene Tage, welche nicht ausschließlich durch sportliche Herausforderung geprägt waren, bleiben mir dabei in Erinnerung. Das Gefühl dafür, sich in einer wundervollen Landschaft zu bewegen, ließ sich mit Dir in entspannter Weise mit nachdenklichen Gesprächen verbinden. Du hattest keine Mühe, dabei auch jenen vertikalen Horizont zu überspringen, welcher dazu neigte, unsere eigene kleine Welt in so mancher Begeisterung zuweilen nur noch auf entscheidende „Griffe" und „Tritte" zu verkürzen.
Elbsandsteingebirge – wo begegneten wir gemeinsam und geradezu unerwartet erneut diesem Gedanken? In den Ötztaler Alpen? So war es.
Nach gemeinsamer Skitour über einen steilen Grat in dichtem Schneetreiben schließlich den höchsten Punkt, die Wildspitze, erreichend wurden wir dort von einigen Gleichgesinnten aus der Schweiz neugierig begrüßt – wo kommt ihr denn her? Unsere erklärende Antwort mit sächsischem Dialekt fand alsbald die respektvolle Erwiderung: Das ist doch dort, wo die Kletterwege so fürchterlich steil und schwierig zu sichern sind ...?
Wer hätte es in jenem Monent wohl für möglich halten wollen, dass Du nur drei Jahre später auf einem der gewaltigsten Gipfel dieser Welt stehen würdest?
Nun aber, Bernd, bist Du dort oben geblieben. Nur wenige hundert Meter unterhalb

jenes himmelhohen Felsgrates sollte Dein weiterer Abstieg unerwartet für alle Gefährten schlagartig beendet sein.
War dieses große Ziel einen solchen Einsatz wert?
Einige Bergfreunde meinen, Deine Zielstrebigkeit im Gebirge sei zuweilen ungewöhnlich gewesen. Sie erzählten mir jedoch auch davon, dass es vor allem einen Menschen gab, der in den letzten Wochen zu Hause ganz besonders auf Dich wartete.
Wer von jenen aber, die da glauben, schon immer im Voraus alle Antwort auf solche Fragen finden zu können, erahnt wohl die unvorstellbare Willenskraft, welche dafür steht, Euren Weg da oben bis zu seinem Endpunkt gegangen zu sein?
Ich denke an das erlösende Gefühl, mit welcher tiefen persönlichen Zufriedenheit Ihr den allerletzten Schritt vollendet, die Stelle erreicht habt, von der es nirgends mehr höher geht.
Etwas von dieser glücklichen Gelöstheit ist gewiss in Deinem Gesicht geblieben.
Während an uns der Strudel des Alltags nicht spurlos vorbeizieht, wird von Deinem Platz aus direkt Dir gegenüber mit Beständigkeit das erste und letzte Licht des Tages an Lhotse und Mt. Everest auf- und niederziehen. Die Faszination Deines größten Bergerlebnisses aber bleibt unter Schnee und Eis zur Ewigkeit erstarrt.
Doch wenn wir hier zu Hause wieder gemeinsam zu den Sandsteinfelsen ziehen oder am Abend um ein knisterndes Feuer sitzen werden, wirst Du in Gedanken dabei sein und in unserer Erinnerung weiterleben.

Sächsische Makalu-Expedition 1998

I. KAPITEL

Himalaya – unsere Träume aus vergangenen Tagen

Eine Idee nimmt Gestalt an

Im Frühjahr 1996 waren sächsische Bergsteiger von tibetischer Seite zu einem Besteigungsversuch des Mt. Everest unterwegs. Bei wechselndem Glück mit dem Wetter sowie verschiedenen anderen misslichen Umständen ergaben sich während der Aktivitäten am Berg mehrfach unerwartete Ausblicke auf einen weiteren faszinierenden Gipfel. Von den Sherpas „Schwarzer Berg“ genannt und für wohl jeden Alpinisten unter dem Namen Makalu ein Begriff, ließ er auch für jene Sachsen bei jedem erneuten Ausblick dort hinüber nach Tibet die Aufmerksamkeit und Faszination für diesen beeindruckenden 8000er-Gipfel wachsen. Die anhaltend stille Bewunderung dieser dunklen Felspyramide ließ bei den Männern um Götz Wiegand dann wohl irgendwann auch den Gedanken dafür entstehen, selbst einmal zu diesem Berg aufzubrechen. Angeregt durch den Erlebnisbericht von Frank Meutzner, welcher den Makalu bereits 1994 aus nächster Nähe kennen gelernt hatte, schien diese Idee bereits Gestalt anzunehmen, noch bevor die Alpinisten auf der Rückfahrt ihre Heimat, Dresden, wieder erreicht hatten. Dieses neue, äußerst verlockende, jedoch auch als sehr schwierig geltende Ziel geisterte alsbald durch die Köpfe des sportlichen Freundeskreises der heimgekehrten Gefährten.
Vorerst verging noch ein weiteres Jahr mit der Umsetzung schon früher begonnener Pläne, bis der alte Gedanke an den Makalu schließlich Realität anzunehmen begann. Ein bisschen mit der Tür ins Haus fallend, macht mir so eines Tages Götz das außergewöhnliche Angebot, daran teilzunehmen.
Im Sommer schließlich, während eines stimmungsvollen Rock-Konzerts in Dresden an den Elbwiesen, unterbreche ich unsere musikalische Begeisterung kurz. Götz, Eure Idee mit dem Makalu – ich bin dabei! Nachdem ich bereits in vergangenen Jahren mit ihm so manche Bergfahrt gemeinsam unternahm, brauchen wir uns in diesem Moment nichts weiter zu sagen.
Während Frank Meutzner vermutlich über seinen Computer gebeugt inzwischen viele zeitraubende Details der kommenden Unternehmung ausarbeitet, aktiviert Götz altbewährte Kontakte und Verbindungen. In seiner bekannten ansteckend-motivierenden Weise bringt er uns alle organisatorisch in Bewegung, integriert die Teilnehmer in die gemeinsamen Aufgaben. Als „MAKEV 98“ in der Öffentlichkeit bekannt geworden, ist im Expeditionsplan bei einem erfolgreichen Verlauf der Ersteigung des Makalu nach

kurzer Erholungspause ein erneuter Besteigungsversuch am Mt. Everest vorgesehen. Drei Teilnehmer unser Mannschaft erhoffen sich dabei eine schnelle Entscheidung, wenn sie, mittlerweile gut akklimatisiert, sodann weitestgehend im alpinen Stil aufzusteigen versuchen.

Wie immer, gibt es während dieser langwierigen Vorbereitungsphase Erfolgsmomente, aber auch deprimierende Tiefpunkte – vor allem in der Frage der Finanzierung, sprich des „Sponsorings". Einige vorgesehene Expeditionsteilnehmer fallen auf diese Weise noch unerwartet aus bzw. wechseln. Der drohende übermäßige finanzielle Druck lastet weiterhin auf unseren Gemütern. Wer spielt schon gern in einer alpinistischen Lotterie mit, bei welcher man für einen nur schwer kalkulierbaren Erfolg körperlich viel riskiert und darüber hinaus persönlich einen finanziellen Einsatz in der Höhe eines Pkw-Kaufs aufbringen muss – ohne solch Summe überhaupt zu besitzen? Aus den Erfahrungen vergangener Jahre holt Götz uns in einem kritischen Moment, zwei Monate vor der geplanten Abfahrt, erneut zusammen. Mit einer nochmals abgegebenen Zusicherung von jedem Einzelnen verpflichten wir uns dazu, unserem gemeinsamen Ziel treu zu bleiben, auch finanziell dafür einzustehen – notfalls in vollem Umfang. So finden wir uns, auch unter solchen Aspekten, bereits mit einigem Ernst gemeinsam in einem Boot sitzend – noch lange bevor wir unseren Berg das erste Mal erblicken werden.

Am 10. März 1998 begeben sich schließlich 6 Teilnehmer auf eine wie immer faszinierende, jedoch auch lange und ungewisse Reise.

Götz Wiegand	37 Jahre, Dresden, Diplomingenieur, Expeditionsleitung
Frank Meutzner	32 Jahre, Freiberg, Student, Expeditionsleitung
Jörg Stingel	36 Jahre, Chemnitz, Vertriebsingenieur
Heiko Zülchner	32 Jahre, Dresden, Diplomingenieur
Karsten Kügler	30 Jahre, Dresden, Bauingenieur
Frank Gräfe	40 Jahre, Pirna, Facharbeiter Werkzeugmaschinen

Vorbereitung und Aufbruch

Dienstag, 10. März

Nachdem ich schon einige der vorangegangenen Nächte mit noch manch unerledigten Aufgaben zum Tage werden ließ, falle ich auch an jenem letzten Morgen vor unserer großen Reise erst gegen 4 Uhr ins Bett. Begonnen hatte dieser Tag in seinem Ablauf bereits null Uhr – in derselben Weise, wie schon der alte geendet hatte. Nachdem ich glaubte, in meinem Rucksack endlich die letzten Ausrüstungsgegenstände verstaut zu haben, blieben noch immer mehrere Punkte einer endlosen Checkliste abzuhaken. So bitte ich auch meine Frau, mit mir einige medizinische Sachverhalte zum wiederholten Male durchzusprechen. Das findet sogleich Anwendung in einigen Übungen zum „Wiederbelebungstraining", Fragen zur Verletztenversorgung und der Erläuterung von Medikamentenlisten ...
Der reale Morgen begrüßt uns schließlich wenig später mit Sonnenschein, doch frostig. Und spätestens beim Beseitigen von Eis und Schnee an der Autofrontscheibe frage ich mich, ob ich mit meiner kurzärmligen Kleidung für die folgenden Tage in Kathmandu nicht ein wenig voreilig spekuliere.
Auf dem Bahnsteig in Dresden finden wir uns während der letzten Stunde vor der Abfahrt in einer lockeren Runde von Freunden und Angehörigen zwischen Zuversicht wie Nachdenklichkeit oder auch in manchem Blitzlichtgewitter von Fotografen wieder. Letztere sind bemüht, uns in origineller Weise, wie zum Beispiel mit einer riesigen Sektflasche samt Widmungsetikett oder auch mit einem über 100 Jahre alten Eispickel mit anderthalb Meter langem Holzschaft, abzulichten.
Als sich unser Zug in Bewegung setzt, sehen wir uns zu sechst im Abteil schließlich nicht nur von viermal so vielen gewichtigen Gepäckstücken sondern auch von einer stattlichen Anzahl „gesponserter" Bier- und Sektflaschen sowie von Behältnissen mit Kuchen und anderen Leckereien umgeben.
Nach den aufreibenden Vorbereitungen der vergangenen Wochen, ja Monate verfallen wir aber auch ohne all dies in eine ansteckende Heiterkeit und manche herzhaften Lachsalven, welche uns während der gesamten Bahnfahrt nicht mehr verlassen werden. Dabei erregen wir uns anfänglich noch in einem widersprüchlichen Disput über die Zuverlässigkeit von Messergebnissen bei der Verwendung von spezieller Höhennahrung. Doch untergräbt Götz die Ernsthaftigkeit unserer Argumente dabei zunehmend mit einer entwaffnenden Gegendarstellung der detaillierten Abenteuer des Raumschiffkommandanten „Kirk" bei seinem Flug mit der „Enterprise" und den „Warbirds" durch

„künstliche Schwerkraftfelder“ und andere Widrigkeiten.
Während Frank Meutzner durch seinen regelmäßigen Umgang mit „realeren“ physikalischen Zusammenhängen von diesem Geschwätz langsam die Haare zu Berge stehen, genießen wir anderen regelrecht jene „kosmische Märchenstunde“, mit welcher Götz uns bei früheren einsamen Zeltabenden bereits unterhaltsam zu hypnotisieren wusste. Als schließlich der Schaffner in seiner korrekten Uniform einschließlich Mütze zur Kontrolle der Fahrkarte erscheint, bekommt er dann auch prompt von Götz unsere Flugtickets überreicht mit der Bemerkung: Bitte sechsmal Kathmandu, Herr Pilot!
Mit der Zugeinfahrt in Frankfurt am Main weicht unsere Heiterkeit langsam der Ernüchterung, zu unserem sowieso schon bedenklichen Übergepäck für den Flug immer noch etwa 8 Liter Sekt, 1 Kasten Bier und andere Kleinigkeiten dazuzählen zu müssen.
Mir persönlich erscheint es am wichtigsten, zumindest den schönen Kuchen zu retten, das heißt, selbigen in meiner Anoraktasche zu komprimieren. Bei der weiteren Fahrt zum Flugplatz bringen uns jedoch erst einmal unsere über zwanzig großen Rucksäcke sowie einige Koffer mit der Satellitenfunkausrüstung ins Schwitzen. Dieses umfangreiche Gepäck etappenweise treppauf und treppab zu schleppen sowie damit auch noch in wenigen Sekunden bis zum automatischen Schließen der S-Bahn-Türen komplett hindurchzuschlüpfen, erfordert erstmals unsere Kondition.
Doch die wirkliche Stunde der Wahrheit wird uns wenig später in den weitläufigen glatt polierten Abfertigungshallen des Flugplatzes erwarten. Wieder einmal grübeln wir hier über einer Variante, unser Übergepäck ohne Aufsehen an den prüfenden Blicken der Flugabfertigung und der unbestechlichen Anzeige ihrer Gepäckwaage vorbeizulotsen. Stocken wir jetzt beim Umpacken unser umfangreiches Reisegepäck gewichtsmäßig noch weiter auf und riskieren für diese Provokation eine saftige Nachzahlung, oder versuchen wir bei unserem in Abmaßen und Gewicht beschränkten Handgepäck äußerlich zumindest den Schein zu wahren?
Wie die anderen schon früher erlebten, werden zu große Handgepäckstücke vom Aufsichtspersonal oft noch einmal nachgewogen. Auf diese Art sind die Jungs im vergangenen Jahr leider erneut glatte 1000 $ losgeworden, bevor sie überhaupt „abheben“ konnten.
Nachdem wir die Aussicht verwerfen, die Abfertigungsdamen an der Waage mit unserem Sekt vielleicht bestechen zu können, beginnt in jenen brenzligen Minuten jeder von uns, eigene Phantasien zu entfalten. Während Jörg im Begriff ist, jenes problematische Abschiedspräsent – die 5-Liter-Sektflasche – in einer Flucht nach vorn einfach wie eine gewichtige Keule in der Hand mitzuführen, präpariere ich zum Beispiel meinen Anorak, indem ich alle Taschen und Ärmel vollstopfe – letztere nicht ohne sie vorher am Ende mit einem Knoten zu verschließen. So errege ich glücklicherweise auch dann keinen Unwillen, als ich mich bemühe, meine auf 12 kg abgespeckte Reisetasche spielerisch im Handgelenk zu wiegen, und mein geschulterter Anorak schließlich polternd und glucksend auf dem Förderband zur Durchleuchtung landet.

Das letzte Licht des scheidenden Tages wird schließlich 30 Minuten später in 10.000 Meter Höhe noch einmal sechs recht zufrieden dreinschauende Gesichter streifen, während sich jeder der 300 Passagiere darauf einstellt, einen 9000 km langen Non-Stop-Flug bis Dhaka durchzustehen.

Mittwoch, 11. März

Als ich nachts von einem unbestimmten Gefühl gegen halb zwei wach werde, hat der neue Tag hoch über Indien schon lange begonnen. Noch ist es still, die Kabinenbeleuchtung des Flugzeuges gelöscht, als sich backbords fern im Osten ein schwacher Silberstreif am Horizont zeigt. Nur Minuten später, die Stewardess schenkt mir gerade eine Tasse Tee ein, wird die Sonne – 2 Uhr nachts ist's zu Hause – bereits über dem Horizont strahlen und unsere verschlafenen Augen blenden, als der Flieger kurzzeitig einen anderen Kurs fliegt. Vielleicht weichen die Piloten deshalb von unserer sonst direkt östlichen Richtung ab, um im Cockpit in diesem ersten Moment nicht genau gegen die so grellen Strahlen steuern zu müssen. Doch dann rollt der Rumpf plötzlich wieder um seine Längsachse, wir beginnen zu drehen, und in unserem Fenster erscheint am fernen Horizont auf einmal eine bizarre Felskette, steil aufragend über ihre unendliche Ebene. Auch ein großer Fluss windet sich in vielen Schleifen von dort aus dem Dunst bis tief unter uns. Die Berge müssen die Höhenzüge des Hindukusch sein. Daran schließt sich in der folgenden Stunde eine immer höher ziehende Mauer an – der Himalaya.
Als die Sonne weiter steigt, unterscheiden wir gewaltige Felsgrate und Eisflanken, welche fast ebenso hoch in den Himmel ragen, wie wir hier selbst im Flugzeug entlang schweben. Fast glauben wir, einige markante Gipfel, deren klangvolle Namen so oft genannt wurden, nun in ihrer Silhouette selbst zu erkennen. Kaum fassbar, sind sie doch noch viele hundert Kilometer von uns entfernt.
Mittlerweile kommt in die geräumige lichtdurchflutete Passagierkabine Bewegung. Ein Blick auf meine Uhr – noch mit der heimischen Zeit 2.30 Uhr – lässt mich schmunzeln. Die meisten der mitfliegenden Passagiere sind Bengalen, auch viele Frauen mit ihren Kindern, gekleidet in grellfarbige Seidenstoffe. Die Kleinen sorgen mit ihrem Geplapper und quirligen Herumrutschen auf dem Fußboden für einige Turbulenz, so dass es mir beim Niederschreiben meiner ersten Eindrücke fast so scheinen will, auch meine holprige Schrift wäre darin begründet.
Tatsächlich rühren die schüttelnden Bewegungen des ganzen Flugzeugs aber von den unsichtbaren morgendlichen Turbulenzen der Atmosphäre. Mit 900 km/h durchflogen, ergibt das den gleichen Effekt wie eine Bahnfahrt auf sehr schlechten Schienen. Als ich wenig später noch von einem Becher Mineralwasser beinahe geduscht werde, findet sich der Grund dafür dann jedoch auf dem Sitz hinter mir. Dort schläft Jörg, noch halb liegend ausgestreckt. Dabei hat sein in den schmalen Gang hinaus gestrecktes Bein den

rollenden Getränke-Servicewagen der Stewardess nun wie ein Baum abrupt zum Stehen gebracht.
Unser noch altes Zeitgefühl wird 3.30 Uhr anzeigen, als wir angeschnallt und erneut kräftig zusammengeschüttelt in eine dichte Wolkenschicht über Dhaka eintauchen.
Im Transitraum auf den Weiterflug wartend, sind einige meiner Kameraden auf den Bänken liegend recht bald wieder eingeschlafen. Etwas unfreiwillig wird dann wohl Meutz von seiner eigenen Armbanduhr wieder wach geklingelt. Hier um 11 Uhr Ortszeit erinnert sie uns bestenfalls daran, dass für unsere Freunde daheim die Nacht nun auch zu Ende ist ... Erstaunt stellen wir dann gegen Mittag fest, dass unser Aufruf zum Weiterflug diesmal für die gleiche, große Langstreckenmaschine erfolgt wie bereits heute Nacht. Weiter, in das schon recht enge Hochtal von Kathmandu, hatten wir den Flug bisher immer mit viel kleineren, wendigen Flugzeugtypen erlebt. Als wir dann wenig später auf dem Rollfeld ein Jagdflugzeug mit Bremsfallschirm landen sehen, meint Heiko lakonisch, dass damit unser Pilot wohl gerade nochmals für Kathmandu übe ...
Der zügige Steigflug nimmt schnell die drückende Schwüle von uns. Von einem Fensterplatz aus kann ich erkennen, dass wir dem gewaltigen Flussbett des Brahmaputra weit unter uns genau nach Norden folgen. Selbst für unseren Blick aus mehreren tausend Meter Höhe zieht dieser mächtige Strom – die Elbe wäre wohl nur ein Bächlein dagegen – solch weite Schleifen, dass er trotz seiner riesigen Wasserfläche immer wieder aus unserem Blickfeld gerät.
Bei einem Blick auf die Karte wird mir später noch einmal bewusst, dass sich ein Großteil vom Schmelzwasser des gesamten Himalaya unter mir entlang bewegt. Auf der Rückseite des Himalaya-Hauptkammes entspringend, haben die Wassermassen – in Tibet noch „Yarlung“ genannt – mittlerweile bereits mehr als 2000 Kilometer zurückgelegt. Nach 30 Minuten. Flug beginnen meine Augen den Horizont erneut nach jenem „Himmelsgebirge“ abzusuchen, um dessentwillen wir uns auf diesen weiten Weg begeben haben. Neben einzelnen Wolkenbänken beginnt sich schließlich weit im Osten etwas Mächtiges aufzubäumen. Ist es nun wirklich schon Schnee – oder auch nur Wasserdampf? Nein, so hoch, so groß kann doch kein Berg sein. Götz, der neben mir sitzt, meint, es könne der Kangchendzönga sein.
Minuten später wird es zur Gewissheit, die „fünf Schatzkästchen des großen Schnees“, wie es die Einheimischen nennen, leuchten tatsächlich am Horizont. Westlich davon, vielleicht 100 km weiter, ragt eine schwarze Felspyramide in den tiefblauen Himmel – der Mt. Everest. Und auf diese Entfernung scheinbar nur einen Fingerbreit davor, erhebt sich der Makalu, unser Berg. Bis jetzt liegt er jedoch noch weitab von dem Kurs, den vorerst unser Flugzeug nimmt.
Bereits im langsamen Sinkflug – für uns wie im Märchen – breiten sich nun weiter nach Westen ziehend auch noch die anderen klangvollen 8000er vor unseren Blicken aus. Lhotse, Cho Oyu, Dhaulagiri, Manaslu und noch unzählige andere namenlose Gipfel, welche in einem Meer von Eispyramiden untergehen.

Das Bodenprofil steigt unter uns aus der endlosen Tiefebene plötzlich in einem lang gestreckten Felswall zu steilen Hügelketten an. Ich kann schon die einzelnen Bäume, ja Menschen ausmachen, als wir über die rechte Tragfläche kippend mit heulenden Triebwerken steil in das Kathmandu-Tal einschwenken. Nach dem Aufsetzen tritt der Pilot auf die Bremse, als hätte er gerade eine rote Ampel übersehen. Als die Maschine zum Stehen gekommen ist, meint einer von uns: Jetzt haben wir immerhin 2 der 3 Landungen bis zum Makalu geschafft.

Denn obwohl bereits der Landeanflug auf Kathmandu unter Piloten als berüchtigt gilt und Sonderlizenzen verlangt, war bisher bei unseren schon vorauseilenden Gesprächen immer nur von jener dritten, noch bevorstehenden Landung auf einem Feldflugplatz in den Vorbergen des Himalaya die Rede.

Nachdem wir endlich das Abfertigungslabyrinth des Flugplatzes hinter uns wissen, kommt es nur wenig später zu einer herzlichen Begrüßung mit unseren Begleitern für die kommenden Wochen von der Agentur Asian-Trekking. Ihrem Chef überreichen wir spontan „die Keule“ aus Jörgs Rucksack, jene 5-Liter Sektflasche, welche wir, ich hätte es nicht für möglich gehalten, von unserem Abschied auf dem Dresdner Bahnhof tatsächlich ohne Bruch oder Beschlagnahmung bis hierher transportiert haben. Zwei Äpfel und eine Käseschnitte von zu Hause im eigenen Gepäck noch immer dabei zu haben, ist da schon weniger spektakulär.

Die Kulisse von Kathmandu ist aus der Erinnerung noch ganz gut vertraut, und trotzdem verschlägt es mir bei der erneuten Fahrt durch die chaotisch pulsierenden Straßen und engen Gassen mit ihren verschachtelten, abgerissenen und immer neu zusammengeflickten Hausfassaden wieder die Sprache.

Eine Art Kulturschock, sollte man in jenem Moment gar an manche unserer heimischen sauberen und gepflegten, sterilen Vorstadtsiedlungen denken. Kein Foto, keine Fernsehkamera vermögen zu erfassen, was hier auf unsere Sinne dreidimensional einstürmt. Nur unvollkommen lässt sich beschreiben, in welchem Maße Augen, Nase und Ohren mit Reizen überflutet werden. Mann muss einfach selbst hier mittendrin gestanden haben.

So und in anderer Form von unserer jetzigen Umgebung schon überrollt, scheue ich mich dann auch nicht, unseren ersten abendlichen Bummel anstatt mit meinen klobigen Bergschuhen der Anreise sogleich mit meinen „Badelatschen“ zu unternehmen, welche aus Platzgründen durchaus zum Universaleinsatz vorgesehen waren. Bei diesem ersten Rundgang können selbst mittlerweile notorische Himalaya-Reisende wie Götz ihre Verwirrung nicht verbergen, wenn mitunter heiß geliebte Kneipen plötzlich nicht mehr auffindbar sind. An deren Stelle steht gegebenenfalls inzwischen ein völlig anderes Gebäude, welches in seinem Äußeren bei uns nicht unbedingt einen weniger baufälligen Eindruck hinterlässt als sein Vorgänger.

Doch scheint es für mich kaum in einer zweiten Stadt ähnlich verwirrend viele Geschäfte, Tempel, Imbissstuben, Handwerker, Händler und Kneipen zu geben, so dass man in dieser chaotischen Vielfalt eine dieser Erscheinungen ernsthaft vermissen könnte. Manch

orientierungsschwacher Urlauber wäre wohl mit dem Chaos dieser Stadt für den gleichen Zeitraum zu beschäftigen, welcher uns für die Besteigung eines 8000ers ausreichen muss.
Doch bevor wir uns den verschneiten Bergen am Horizont werden nähern können, liegen vermutlich noch nervenzerrende Verhandlungen und weitere organisatorische Vorbereitungen vor uns. Mit diesen Aussichten ist es dann auch nicht verwunderlich, dass mich die Müdigkeit ungewohnt früh einholt und recht bald fest schlafen lässt.

II. KAPITEL

Kathmandu – fremde Kulturen und schneebedeckte Gipfel am Horizont

Keine Berge, sondern erneute Vorbereitungen

Donnerstag, 12. März

Am frühen Morgen wird uns Elisabeth Horley angekündigt. Wie wir wenig später erleben, eine etwas resolut, jedoch nicht unfreundlich wirkende ältere Dame, welche sich für statistische Zwecke nach dem genauen Ziel und der Zusammensetzung unserer Expedition erkundigt. Als Journalistin für verschiedene Fachzeitschriften und seit Jahren als Beobachterin aller alpinistischen Aktivitäten im Himalaya aktiv, hat sie sich einen schon fast legendären Ruf erworben.

Von ihr erfahren wir nicht nur, dass neben uns noch weitere vier Alpinistengruppen in dieser Saison zum Makalu wollen, genauso weiß sie ohne Zögern zu berichten, wie viele japanische Expeditionen auch in diesem Jahr wieder den Everest von Nord und Süd belagern werden.

Abschließend zählt sie mit nur wenig spürbaren Emotionen auf, welche unbekannten und namhaften Alpinisten sich im letzten Jahr oben in den Bergen wieder Finger, Zehen oder die Nase erfroren haben und wer überhaupt nicht mehr zurückkehrte.

So nochmals geläutert beenden wir unser Frühstück, um wieder klare Gedanken zu fassen. Eine ganze Reihe organisatorischer Aufgaben wartet noch auf uns. Da müssen der Verbleib unser vorausgesandten Luftfracht überprüft, der weitere Anmarsch mit Asian-Trekking erörtert und abgestimmt, Ausrüstung gekauft und umgepackt und eine Lizenz für unsere Sprechfunkgeräte eingeholt (bezahlt) werden. Weiterhin gilt es bereits Absprachen für unseren Heimflug zu treffen, Plätze zu reservieren.

Es sollen weit über 1000 Grußpostkarten an unsere zahlreichen Sympathisanten geschrieben werden, und schließlich – ein Kernstück unserer gesamten Logistik – gilt es

das mitgeführte Satellitentelefon nun erstmals unter realen Verhältnissen zu testen und sogleich zu benutzen.
3 Tage später werden dann auch murrende Stimmen zu vernehmen sein, dass uns ja kaum Zeit bleibt zu eigenen Einkäufen oder gar Fotoexkursionen durch jene Stadt mit ihrer so vielfältigen Faszination. Obwohl nur drei Leute von uns für das Grußpostkarten-schreiben vorgesehen waren, wird der Tag damit vergehen, dass wir größtenteils alle bis in die Dunkelheit damit beschäftigt sind, jene 4 Schuhkartons voll Karten mit Hunderten Anschriften und Grüßen zu versehen.
Gern erinnere ich daran, dass gerade jene zahlreichen Sympathisanten mit ihren persönlichen Geldüberweisungen von 12 Mark bis zu mehreren 100 Mark den größten Einzelposten, am Ende über 24.000 Mark, aufgebracht hatten. Eine Summe, die Gewicht hat angesichts so mancher finanzieller Überraschungen, welche das Ziel eines 8000ers oft noch bereithält. Wenn uns über die Stunden auch die Arme vom Schreiben steif werden und hier und da Stöhnen über die endlosen Kartenstapel oder unvollständige Anschriften laut wird, bleiben Respekt und Dankbarkeit für die vielen Helfer, die aus ihrer eigenen Sparbüchse geholfen haben.
Imponierend, sich die Vielfalt der Absender zu vergegenwärtigen. Sie reicht von Dresden und Chemnitz, vielen anderen Städten in Sachsen über ganz Deutschland bis nach Österreich, Liechtenstein, Finnland, gar bis in die USA. Vom Schüler über Sportfreunde, Ärzte, Professoren, Betriebsabteilungen, Geschäfte, Organisationen bis zu einer Frau, welche uns ein Dutzend Stollen fürs „Kaffeetrinken" zubereitete, oder einem Ehepaar, welches sich auf diesem Wege einen Gruß zur diamantenen Hochzeit wünschte.
Am Abend stolpern wir etwas erschöpft Mingmar hinterher, ein Einheimischer, der für einige von uns bereits seit der Expedition 1997 zum Cho Oyu zu einem vertrauten Freund geworden ist. Auch in diesem Jahr soll er erneut die entscheidende Aufgabe übernehmen uns als Organisator und Vermittler gegenüber den uns fremden nepalesischen Verhältnissen und deren Menschen zu helfen. So wird er später die erforderliche Anzahl von Trägern anwerben und als ihr Chef oder „Sirdar", wie die Nepalesen sagen, für den gesamten Transport bis zum Berg einschließlich der Verpflegung und das dazugehörige Küchenteam verantwortlich sein.
Heute jedoch hat er uns angeboten ihm in eine original nepalesische Gaststätte zu folgen. Wenn sich im Nachhinein auch der Preis dafür relativ „Hilton"- verdächtig gestalten wird, so genießen wir doch die Atmosphäre, auf einem Teppich zu ebener Erde sitzend von einem halben Dutzend Bediensteten unsere Teller immer wieder aufs Neue gefüllt zu bekommen. Dazu allerhand Beiwerk, wie auch einen scharfen Schnaps, welcher aus einer Kanne hoch über unseren Köpfen eingeschenkt wird. Durch einen winzigen Ausguss plätschert der gute Tropfen so in unsere Puppenstuben-ähnlichen Schalen wie aus einem Springbrunnen herab ...
Während ich mich schließlich den letzten Rest des Tages mit schläfrigen Augen noch darum bemühe, all diese Erlebnisse in meinen Aufzeichnungen festzuhalten, kommt Götz

nach Mitternacht dann auch zur Tür herein. Zu meiner Verwunderung begibt er sich jedoch noch einmal auf den Weg. Im Verlauf des nächsten Morgens werde ich dann von anderer Seite nebenbei erfahren, dass es für ihn galt in einer Nachtsitzung das ins Schwanken geratene alpinistische Seelenheil eines Gefährten wieder ins Gleichgewicht zu bringen.

Freitag, 13. März

Nach der Beschaffung weiterer Passbilder für Heiko, Karsten und mich gelingt es mir, auf dem Rückweg noch vor dem Frühstück mein zerbrochenes Uhren-Metallarmband bei einem Uhrmacher direkt auf freier Straße reparieren zu lassen. Mit einigem Geschick vollbringt der freundliche Nepalese jene mikroskopisch feinen Handgriffe, für welche ich zu meiner ehrlichen Verblüffung ganze 5 Rupien, das sind 15 Pfennige, bezahle.
Der Vormittag sieht uns wieder alle gemeinsam beim Kartenschreiben. Dafür haben wir uns heute auf die Dachterrasse unseres Hotels zurückgezogen. Doch die richtige Ruhe bei unserer schon ein wenig verbissenen Schreibarbeit will sich nicht so recht einstellen.
Da ist die Sonne, welche am Vormittag bereits unbarmherzig auf unsere Schultern brennt, mehr jedoch noch mit ihren grellen Strahlen, von weißen Tischen und Papier reflektiert, unsere Augen blendet. Fast nur im Unterbewusstsein registrieren wir auf den umliegenden Dächern zahllose nepalesische Kinder, auch junge Frauen und Männer, welche sich mit wilden Gesten und Rufen zu verständigen scheinen. Jenes Treiben gerät schlagartig in unseren Mittelpunkt, als plötzlich ein kleiner, mit Wasser gefüllter Plastikbeutel mitten auf unserem Tisch wirkungsvoll zerplatzt.
Ein Überfall? – Langsam dämmert es in meiner Erinnerung an vergangene Aufenthalte in Kathmandu. Wasser? – Ja, schon einmal, vor vier Jahren, erlebte ich, wie mir mit Wasser gefüllte Beutel von den Einheimischen hinterhergeworfen wurden. Die Nepalesen feiern in dieser ausgelassenen Weise ihr „Fest des Wassers". Es hilft nichts, entweder riskiert man am heutigen Tage mit seiner Neugierde an jedem beliebigen Punkt in dieser Stadt in jene Wasserschlacht mit hineingezogen zu werden, oder man bringt sich in den Räumen des Hotels in Sicherheit. Mit unserem umfangreichen Schreib- und Papierkram flüchten wir vorerst von der Dachterrasse.
Nachdem ein kräftiger Gewitterguss über die Mittagszeit auch die anderen „Wasser-Einzelkämpfer" vorerst vertrieben hat und die sogleich wieder einsetzenden intensiven Sonnenstrahlen jeden Wassertropfen verdampfen, trauen wir uns noch einmal nach oben.
Denn nun wird es spannend, als Meutz und Götz sich daran zu schaffen machen, unsere Satellitentelefonanlage mit allem technischen Zubehör auf der Dachterrasse unseres Hotels zu montieren. Für elektronisch interessierte Leute wohl auch ein phantastisches Spielzeug. Nach einigen kleinen Irrtümern und bangen Minuten des Nachdenkens und Wiederprobierens ist es dann so weit.

Ein am Vormittag beim gemeinschaftlichen Kartenschreiben mit unserer Videotechnik aufgezeichnetes Bild wird nun aus seinem elektronischen Speicher in unseren Computer „gekrappt“, wie es so schön heißt, und danach sogleich über eine Funkverbindung per Satellit weitergeleitet – bis zum Faxgerät von „Linde“, unserem Verbindungsmann und „Hightech-Betreuer“ in Dresden. Nein, nicht gerade aus einem Märchen, jedoch der verspielten Phantasie eines technisch interessierten Jungenkopfes scheint zu entspringen, was hier vor unseren Augen und Ohren abläuft.
Die wichtigsten Teile unserer Nachrichtenverbindung, ein Computer in Form eines Laptops, und das Satellitentelefon, sind nicht größer als eine Pralinenschachtel von mittlerem Format. Im Vergleich zum Erscheinungsbild üblicher Personalcomputer mit gewichtigem Monitor hat unsere Miniaturausgabe schon etwas Imponierendes. Im aufgeklappten Deckel des Laptops einen farbigen Bildschirm vorfindend, werden wir über die vielfältige Tastatur nicht nur unseren Schriftverkehr und sonstige Nachrichten eingeben, sondern ebenso einen Teil unserer optischen Eindrücke abspeichern – direkt in bildlicher Form. Genau genommen finden sich also auch ausgewählte Bilder von unserer Videokamera in seinem Speicher, nachdem sie vorher in jenes nichtssagende Maß von Millionen sogenannter Bytes umgewandelt wurden.
Den Deckel des Satellitentelefons dreht Meutz fast lässig ein wenig hin und her, ändert seinen Winkel, gerade so, wie man ein Fenster mehr oder weniger weit aufklappt, bis er auf einer Anzeige den günstigsten Empfang zum Satelliten ablesen kann. Sodann ist jede beliebige Nachrichtenübermittlung möglich. Unglaublich, dass dieser unscheinbare Deckel in seiner Funktion als Sende- und Empfangsreflektor mit ganzen 12 Watt Sendeleistung jenen 40.000 Kilometer entfernten Nachrichtensatelliten hoch über dem Indischen Ozean erreichen kann.
Wenige Momente später klingelt es in unserem „Wunderkasten“, und Meutz nimmt den Hörer ab, gerade so wie in einem plumpen Trickfilm, um mit Linde glasklar zu sprechen. Obwohl 10 Flugstunden voneinander entfernt, führen die beiden gleich einen lockeren Dialog über die Bildqualität unserer soeben gesendeten Fotos und manch andere technische Spitzfindigkeiten. Es scheint, als würden sie sich nur vom gegenüberliegenden Balkon aus unterhalten. Die in Gang gekommene Satellitenverbindung macht in Dresden offenbar schnell die Runde, denn mehrmals noch wird es in der nächsten Stunde – ich muss jedesmal schmunzeln – in unserem Kasten klingeln. Dann nimmt Götz den Hörer ab und meldet sich ganz locker, als wäre es ein Ortsgespräch, um irgendwelchen neugierigen Leuten von den Medien zu erzählen, wie erfreulich korrekt bisher alles gelaufen sei. Und besonders angenehm ist es in diesem Moment natürlich, dem verdutzten Journalisten in seinem staubigen Büro zu erzählen, wie wir hier oben auf der Terrasse angenehm in der Sonne sitzen und über das Häusermeer von Kathmandu hinweg erstmals die schneebedeckten Himalaya-Gipfel in der Ferne sehen. Der ganze Spaß wird einige Zeit später schließlich doch noch einmal von einer Regenwolke unterbrochen, die uns dazu zwingt, jenes schöne neue „Spielzeug“ nicht vor dem phantastischen Regenbogen, wohl aber vor den sprühenden Regentropfen in Sicherheit zu bringen.

Die verbleibende Zeit bis zum Abend werden wir uns dann noch einmal alle jenen Schuhkartons mit unseren Grußpostkarten zuwenden. Nachdem wir bei dieser mühseligen Beschäftigung mittlerweile die 1000ste Karte hinter uns gelassen haben, stellen sich bei allen gewisse Verschleißerscheinungen ein. Heiko haben wir ja schon angeboten, seine Verkrampfungen in der Schreibhand mit Zahnpasta-Einreibungen zu behandeln ... Aber die Symptome werden bald noch ärgere Formen zeigen. Jörg ist zum Beispiel schon im Begriff, den Kartengruß für eine große Dresdner Firma nach Chemnitz zu adressieren, und noch hoffnungsloser ein Fall, bei dem auf der Karte unter Postleitzahl nach „Germany“ und schließlich als Land „Freiberg“ angegeben wird.
Nach unserem auf diese Weise durchgestandenen „8-Stunden-Tag“ sieht uns der Abend schließlich wieder in einem anderen der zahllosen kleinen Restaurants in recht ausgelassener Stimmung bei Steak, Bier oder auch dem ungewohnten nepalesischen Wein. Angenehm, zwischen den Gefährten in solch lustiger, aufgedrehter Stimmung zu sitzen. Ohne Zweifel werden uns die kommenden Wochen auch andere, weniger lockere Stunden bescheren.

Sonnabend, 14. März

Ich werde am Morgen wach und merke, dass irgendetwas anders ist als sonst, dass einfach irgendetwas nicht stimmt. Alle Glieder schmerzen, und ich fühle mich nicht ausgeruht, sondern wie zerschlagen. Was kann das nur sein? Oder ist alles nur Einbildung? Schlagartig wird wieder bewusst, auf welch schmalem Grat wir uns selbst hier im milden Klima von Kathmandu bewegen. Täglich einem Dutzend Möglichkeiten ausgesetzt, sich durch die Nahrung oder andere für den Organismus ungewohnte Einflüsse Infektionen zuzuziehen.
Vorerst versuche ich mein Unwohlsein noch mit einem kräftigen Frühstück zu verdrängen. Danach werde ich mich zum Kartenschreiben wieder auf der Dachterrasse des Hotels einfinden und dabei weiterhin neugierig die Arbeit von Meutz und Götz an unserer elektronischen Ausrüstung verfolgen. Die beiden wollen sich heute noch einmal mit unserem „Kraftwerk“ der Stromerzeugung vertraut machen und dessen Funktionsfähigkeit testen.
Irgendwie seltsam der Anblick von normalen 220-V-Verlängerungskabeln mit Verteilersteckdosen. Wo soll denn dort oben in über 5000 Meter Höhe eine solche Spannung zu beziehen sein? An Stelle eines unhandlichen Stromaggregates heißt die technische Lösung in diesem Jahr – 4 Solarpanels mit einer Fläche von weniger als 2 m^2. Bei einer Spannung von jeweils 13 V bringen sie eine Leistung von 120 Watt. Über einen leistungsfähigen Akku gepuffert und über Spannungswandler geführt, gibt das eine Stromquelle, welche nicht nur zum Betrieb von Satellitentelefon und Computer ausreicht. Kein Problem, darüber hinaus ebenso Beleuchtung und diverse Ladegeräte anzuschließen. Selbst Lötkolben, Rasierapparat oder Kassettenrecorder ließen sich betreiben.

Letzterer kann ja einigen von uns in seiner Musikleistung gar nicht groß genug sein. Solchen Ambitionen will Meutz, der laute Musik nicht so mag, dann gegebenenfalls technisch trickreich begegnen ...
Aber auch so entsprechen seine Erläuterungen mit einigen Formeln und Berechnungen zu Kapazität oder Spannungsumwandlung glatt einer Wiederholungslektion in Physik und Elektrotechnik. Am liebsten hätte ich ihn über all diese Zusammenhänge noch dreimal ausgefragt. Aber es gibt trotzdem technische Dinge, welche selbst ihm die Sprache verschlagen. Dazu gehört die Möglichkeit, mit dem Reflektor des Satellitentelefons jenen unsichtbaren, tausende Kilometer entfernten Nachrichtensatelliten jederzeit, notfalls gar aus freier Hand anpeilen zu können, um mit den Freunden und Familien zu Hause zu sprechen, so als stünden sie neben uns. Und das alles mit einem Energieverbrauch, welcher gerade mal einem Viertel dessen einer gewöhnlichen Glühbirne entspricht.

Am Nachmittag lotsen Heiko und Jörg eine übervoll beladene Fahrrad-Rikscha mit Ausrüstung bis zum Hotel. Es werden schließlich auf Dutzenden Rollen insgesamt 4000 Meter Fixseil entladen, dazu Packsäcke, Schneehaken sowie auch noch Toilettenpapier.
Außerdem schütte ich mit Götz auf dem Vorplatz des

Hotels schließlich noch 4 große Plastetonnen mit Verpflegung der Expedition des vergangenen Jahres aus. Da haben wir nun einen stattlichen Berg von Beutelsuppen, Fischbüchsen, Milchpulver, Tee, Pudding, Nahrungskonzentrat, Salz, Nutella, Bonbons und vielem anderen mehr durcheinander liegen. In den nächsten zwei Stunden mühen wir uns, von all diesen Dingen auszuwählen, zu registrieren und danach erneut alles wieder in einige Tonnen und Säcke zu verpacken.
Mein eigenes Befinden hat sich mittlerweile weiter verschlechtert, so dass ich mich schließlich bei Götz doch noch vor dem Ende dieser Arbeit abmelde, um mich sogleich ins Bett zu legen. In der darauf folgenden schlaflosen Nacht quält mich zunehmend der Gedanke, was wohl werden wird, wenn ich mich zu unserem Starttermin in zwei Tagen immer noch so mies fühle.

Gebetsfahnen ohne Segen

Sonntag, 15. März

Wenigstens geht es mir heute Morgen nicht noch schlechter als am letzten Abend. Es ist einfach deprimierend, was von jener zu Hause mühsam aufgebauten Trainingsform während solcher Umstellungsprobleme letztendlich noch übrig bleibt. Man fühlt sich – nein, nicht wie „mit 66“, wohl nur noch älter als 99 ...
Auf meinen Vorschlag fahren wir nicht mit den drei großen Pappkartons Grußkarten auf die Post, sondern holen von dort erst einmal die Briefmarken, um das Auseinanderreißen, Befeuchten und Kleben besser im schattigen Hotelzimmer zu trainieren. Eigentlich könnte uns nach dieser Übung wenigstens ein Diplom als Post-Hilfsbeamter zufallen.
Am Nachmittag werde ich mit mir ringen, zuerst eigene Grüße nach Haus zu schreiben, meine Tagebuchaufzeichnungen fortzuführen oder aber mich nur ins Bett fallen zu lassen ...
So habe ich nach 4 Tagen in Kathmandu immer noch keines der zahlreichen Fotomotive festgehalten, die mir hier eigentlich erneut vorschwebten. Tatsächlich würde die kulturelle und geschichtliche Vielfalt dieser Stadt noch etlichen Tagen Raum für weitere Entdeckungen bieten. Mit den dabei zu bestaunenden so vielfältigen und reizvollen Bildern verbinden sich oftmals auch Geschichten, welche für uns – aus einem völlig anderen Kulturkreis hineingeworfen – manchmal fast unglaublich klingen. An eine dieser erstaunlichen Begebenheiten, hier übliche Tradition, muss ich gerade noch einmal zurückdenken.
Eine „lebende Göttin“ ist es, welche die Bewohner von Kathmandu in besonderem Maße verehren. „Kumari“ wird sie genannt, und sie gilt so als eine irdische Erscheinungsform der Gottheit Durgas. Dabei handelt es sich eigentlich um ein Mädchen, welches in noch jungen Jahren aus meist buddhistischen Kasten ausgewählt wird. Doch

muss es sich zuvor unter strengen Kriterien als geeignet erwiesen haben.
So sperrt man die zukünftige Kumari beispielsweise in einen dunklen Raum oder zeigt ihr Furcht einflößende Masken von Dämonen, und wenn sie dabei nicht weint, gilt solch Unerschrockenheit als eines von mehreren Zeichen für ihre göttliche Bestimmung. Diese Kind-Göttin lebt das ganze Jahr über im „Kumari Bahal", einem mit reichen Holzschnitzereien verzierten buddhistischen Kloster im Stadtzentrum Kathmandus. Ganz selten nur kann man die Kumari in einem Fenster des prunkvollen Innenhofes erblicken. Bei ihren wenigen Ausflügen über das Jahr wird sie in einer Sänfte getragen, um als Gottheit nicht den verunreinigten Boden zu berühren.
Doch gilt sie in ihrem göttlichen Leben auf Zeit nicht nur unter der einfachen Bevölkerung als heilig, sondern verleiht in Kathmandu selbst dem König religiöse Autorität. Alljährlich beim Indrajatra-Fest nämlich bestätigt sie diesen rituell in seinem königlichen Amt.
Vor vier Jahren stand ich selbst in dem mit Holz reich verzierten Innenhof der Kumari, ohne mir damals jedoch darüber im Klaren zu sein. Auch kein leichtes Leben als Gottheit und immer eingesperrt, denke ich so bei mir. Doch nach ihrer Zeit als Auserwählte erhalten sie als junge Frauen vom Staat immerhin eine Pension. Aber – die Geschichte endet anders, als wir es aus unseren Märchen vielleicht von Aschenbrödel oder Dornröschen kennen, welche schließlich von einem edlen Prinzen aufs Pferd gehoben werden. Die Kumaris heiraten nur selten. – Wie es unter den Einheimischen heißt, weil es Unglück bringen soll, eine Ex-Göttin zur Frau zu nehmen ...
Um 18 Uhr treffen wir uns erneut mit Mingmar, unserem Sirdar. Da werden uns am Hoteleingang von einem Verkäufer gerade noch ein Dutzend bestellter Regenschirme vorbeigebracht – einer der wichtigsten Ausrüstungsgegenstände beim Trekking zum Makalu, wie uns Meutz immer wieder versicherte. Mit einer Handbewegung wischt Mingmar dieses Argument davon. Er meint, in der Vormonsunzeit wäre beim Anmarsch dort oben so viel Wind, dass wir mit diesen Schirmen wohl eher davonfliegen würden ... Gegen Dauerregen gewiss ein wirkungsvoller Schutz, würde der Verlust eines Schirmes sich im Rahmen unseres Expeditionsbudgets dagegen sicherlich nur unbedeutend ausnehmen.
Beim Essen werden dann mit Mingmar noch einige andere Ausrüstungsposten besprochen, um die sich Jörg – unser „Händler der Expedition", wie er schon ironisch bezeichnet wird – bereits gekümmert hat.
So zum Beispiel 5 Rollen Gebetsfahnen für das Basecamp. „Völlig wertlos", kommentiert Mingmar unsere aufrichtig gut gemeinten Bemühungen. Wir schauen ihn verdutzt an ... Die Gebetsfahnen müssen von einem Lama-Priester geweiht sein, sonst helfen sie nicht wie bezweckt gegen die bösen Geister am Berg. Er will sich noch um eine Gelegenheit dafür in einem Tempel bemühen. Wir können mitkommen, falls wir wollen. Wenn schon diese Unwissenheit von grundsätzlichen Dingen in dieser Welt nicht ganz spurlos an unserer Expeditionskasse vorübergehen wird, so kommt es aber gleich noch um einiges ärger.

Jörg, inzwischen nennen wir ihn alle „George“, der die Verhandlungen mit dem Zoll wegen unserer vorausgesandten Luftfracht führt, berichtet, dass sich das nepalesische Ministerium seit dem vergangenen Jahr eine neue Gebühr hat einfallen lassen. Unabhängig vom Transport unserer Luftfracht, welche wir natürlich längst bezahlt haben, ist weiterhin von uns an das „Gouvernement“ Nepal zusätzlich nicht nur eine Gebühr für den Wert des Expeditionsgutes zu zahlen, sondern darüber hinaus nun auch noch eine weitere Gebühr – nämlich nochmals für das Gewicht desselben ... Logisch? Es ist von 78.000 Rupien die Rede. Das schöne Essen, welches uns keine 200 R. kostet, bleibt uns fast im Halse stecken. Götz kommentiert diesen „Waigel'schen“ Einfall ganz trocken damit, dass die höchsten Berge dieser Welt nun einmal in diesem Lande stehen.

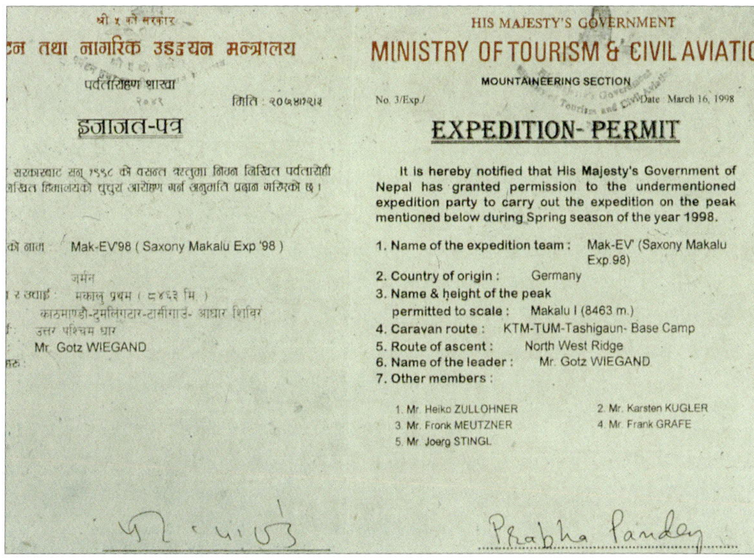

इजाजत-पत्र

Mak-EV'98 (Saxony Makalu Exp '98)

Mr. Gotz WIEGAND

HIS MAJESTY'S GOVERNMENT

MINISTRY OF TOURISM & CIVIL AVIATIO

MOUNTAINEERING SECTION

No. 3/Exp./ Date March 16, 1998

EXPEDITION- PERMIT

It is hereby notified that His Majesty's Government of Nepal has granted permission to the undermentioned expedition party to carry out the expedition on the peak mentioned below during Spring season of the year 1998.

1. Name of the expedition team : Mak-EV' (Saxony Makalu Exp.98)
2. Country of origin : Germany
3. Name & height of the peak permitted to scale : Makalu I (8463 m.)
4. Caravan route : KTM-TUM-Tashigaun- Base Camp
5. Route of ascent : North West Ridge
6. Name of the leader : Mr. Gotz WIEGAND
7. Other members :

1. Mr. Heiko ZULLOHNER
2. Mr. Karsten KUGLER
3. Mr. Fronk MEUTZNER
4. Mr. Frank GRAFE
5. Mr. Joerg STINGL

Prabha Pandey

So bliebe es wohl auch in Zukunft ein Leichtes, jenen Verrückten, welche unbedingt da hinauf wollten, auch noch weitere Phantasieberechnungen von Übergepäck und sonstigen Gebühren zuzumuten. George meint abschließend, dass sich da vielleicht noch etwas nachbessern ließe, und die anderen wissen zumindest von seiner Neigung und Erfahrung, sich bei Verhandlungen auf die korruptionsanfälligen asiatischen Verhältnisse einzustellen.
Eine weitere Entscheidung, welche schon vor zwei Tagen fiel – unseren Weiterflug anstatt in einem kleinen Flugzeug mit einem Hubschrauber fortzusetzen – , wird nun endgültig mit passendem Fluggerät auf den Mittwoch festgesetzt.
Während ich den Rest des Abends erneut schreibend verbringe, ist unser Nachrichtenspezialist Meutz einen Meter neben meinem Bett wieder einmal eifrig damit beschäftigt, unserem zuweilen launischen Laptop die letzten Feinheiten der Fax- und Bildübertragung abzuringen. Das Ganze sieht dann in unserem Hotelzimmer so aus: die kleine Schreibkommode belegt mit einem Wirrwarr aus Scardkabeln und Strippen für die Stromversorgung, welche aus einer 6fach-Verteilersteckdose herausquellen.
Irgendwo dazwischen noch eine Bedienungsanleitung (zweimal so groß wie jener Mini-Rechner). Darüber, auf gutem Hotelsessel stehend, eines unserer blauen Expeditionsfässer, weil von seinem Deckel aus in dieser Position unser Telefon vom Satelliten die beste Peilung erhält ... Die Fachgespräche über Bedienungsdetails mit unserem

Verbindungsmann in Dresden laufen dabei so ab, dass mir scheinen will, „Linde“ stehe hinter der Gardine unseres Fensters.
Schließlich probiere auch ich von der „günstigen Peilung des Expeditionsfasses“ aus noch einmal zu Hause anzurufen, und meine 9-jährige Tochter ist nicht weniger begeistert als bereits ich, aus solch großer Entfernung plötzlich meine Stimme klar zu vernehmen.

Bhaktapur, Märchen aus Tausendundeiner Nacht

Montag, 16. März

Fast schon mit beliebter Tradition ist heute Morgen unser Arbeitsfrühstück außerhalb des Hotels, in der aus früheren Zeiten geschätzten „Pumpernickel-Bäckeria“ anberaumt, welche neben ihrem verwirrenden Namen vor allem eine verführerische Vielfalt an ofenfrischen Leckereien bietet. Danach werde ich mit Heiko in einer Fahrrad-Rikscha zum General-Post Office fahren, um unsere ca. 1400 Grußpostkarten in den „Briefkasten“ zu werfen. Um sicherzugehen, dass selbige auch wirklich abgeschickt werden, ist es dabei besser, das Abstempeln der Briefmarken zu kontrollieren. Denn diese stellen für den armen Nepalesen auf der Straße noch immer ein Wertobjekt dar, welches sich zur Neuverwendung durchaus abweichen ließe ...
Mit einem Beamten verbünde ich mich in einem Hinterzimmer der überfüllten Post zu einem Arbeitsteam, indem ich im Sekundentakt unsere Karten zum Stempeln nachschiebe und wir so unser Anliegen in für nepalesische Verhältnisse erstaunlichen 60 Minuten über den Postschalter bekommen.
Bei der anschließenden Rückfahrt mit unserem noch immer vor der Tür wartenden Rikscha-Fahrer wird mir allmählich bewusst, dass der Aufenthalt auf den meisten Straßen in dieser Stadt zu einem akustischen Stress eskaliert, der wohl unter heimischen Verhältnissen kaum seinesgleichen fände. Dieser Eindruck entsteht nicht so sehr durch die Verkehrsdichte als vielmehr durch jene schmalen Gassen vollgestopft mit Menschen, durch welche keines unser heimischen Lieferautos hindurchpassen würde. Hier „erhupt“ sich mittlerweile auch der neue Wohlstand sein Recht – „freie Fahrt für freie Bürger“ durch einen Dauerbetrieb jener berüchtigten Signaleinrichtung, so dass es mir einfach die Sprache verschlägt.
Angefangen von den unzähligen drei – und vierrädrigen Taxis drängen ebenso viele kleine und größere private Pkws sowie ein Mehrfaches an Motorrollern zwischen den Menschen hindurch. Dabei haben sie ihre nervenden Hupen in nahezu chronischem Gebrauch. Um einige Phon schwächer kommen dann die Fahrrad-Rikschas mit ihren scheppernden Klingeln daher.
Jene Faszination, welche durchaus noch über den dicht aneinandergereihten kleinen Geschäften mit ihrem bunten Leben und so verschiedenartigen Gerüchen liegt, versinkt

somit leider in einer Hast, bei der die Fußgänger häufig zur Seite springen müssen, ganz einfach weil sie sich selbst keiner Klingel oder Hupe bedienen können ...
Die Unternehmungslust für Ausflüge ist zwar bei allen von uns dadurch gedämpft, dass wir den ungewohnten klimatischen Verhältnissen körperlich vorerst nicht so recht angepasst sind. Trotz meiner anhaltenden Schlappheit habe ich mich jedoch gemeinsam mit Karsten dazu entschlossen, die wenigen Gelegenheiten nutzend, am heutigen Nachmittag die alte Königsstadt Bhaktapur zu besichtigen.
Es beginnt beim Feilschen mit mehreren Taxichauffeuren um den Preis. Wir landen erfahrungsgemäß etwa bei der Hälfte der Ausgangsforderungen. Beim Einsteigen in jenes Gefährt wird uns wieder einmal bewusst, dass im Vergleich zu nepalesischen Dimensionen unser „Trabant" hier durchaus noch als Großraumlimousine in die Wertung eingegangen wäre. Als sich dann Karsten vor mir mit dem Gurt einklinken will, zieht er vergeblich an jenem Ende. Da sehe ich, dass sein Gurt mehrfach um seine Lehne geschlungen ist, um diese vor dem Umkippen zu bewahren. Das blieb dann auch der einzige Versuch, sich hier in einem Pkw anschnallen zu wollen.
Während wir im Folgenden nicht unzufrieden mit unserem gemieteten Gefährt scheinbar zielgerichtet durch den Wirrwarr von Kathmandus Straßen holpern, eilen meine Gedanken voraus. Karsten hatte mir über unser heutiges Ziel bereits einiges berichtet. Es handelte sich bei dieser alten Residenz offenbar um etwas Besonderes unter den zahlreichen kulturhistorischen Sehenswürdigkeiten des Kathmandutales. Bhaktapur, was so viel wie „Stadt der Gottergebenen" heißt, liegt an der uralten Handelsstraße zwischen Indien und Tibet, welche sich auch heute noch als Lebensader durch diese Länder zieht. Wie wir hörten, war an der Erhaltung des historischen Stadtbildes sogar maßgeblich ein deutsch-nepalesisches Aufbauprojekt beteiligt, nachdem der Ort bei einem verheerenden Erdbeben 1934 stark zerstört worden war. Da in der historischen Altstadt auch heute noch über 50.000 Menschen leben, hatte dieses Aufbauprogramm zum Ziel, die Restaurierung ausgewählter historischer Bauten mit einer Verbesserung der Lebensqualität, wie z. B. Wasserversorgung und Kanalisation, zu verbinden. Auf diese Weise soll die erstaunliche Synthese zwischen einem dicht besiedelten, lebendigen Ort und dem heute seltenen Bild einer nahezu intakten mittelalterlichen Stadt geglückt sein.

Tatsächlich erleben wir schon bald diesen Ort in ungewöhnlichen Bildern. Und das nicht nur, weil wir sein Zentrum heute als eine besonders beeindruckende Kulisse vor dem Hintergrund schneebedeckter Berge sehen. Im Licht der Nachmittagssonne lernen wir die frühere nepalesische Kultur

in Steinreliefs, einmaligen Blattgoldarbeiten und außergewöhnlichen Kunstwerken der Holzschnitzkunst kennen.
Aber auch sonst liegt über den zahllosen verwinkelten Gassen noch ein Hauch vergangener Jahrhunderte. Selbst wenn an vielen Hausfassaden schon der Zahn der Zeit sichtbar nagt, so sind sie doch für unsere Sinne von orientalischem Leben erfüllt. Anstelle von hupenden und qualmenden Verkehrsmitteln ziehen Scharen von quirligen Kindern mit ihrem bescheidenen Spielzeug umher, denn erfreulicherweise sind die neuzeitlichen Verkehrszustände hier weiterhin aus dem Zentrum dieser historischen Straßen verbannt. Ganz bewusst wurde offensichtlich für die Besucher der Eindruck konserviert, noch einmal einen Spaziergang zurück in diese eigentlich schon längst vergangene Epoche zu

unternehmen, durch ein großes Museum zu laufen, in welchem nicht nur die Fassaden erhalten blieben, sondern auch das Leben seiner Bewohner. Wir bestaunen das Leben und Treiben vieler Handwerker und Händler inmitten der engen Gassen und auf Gemüsemärkten, wir erleben immer wieder Frauen und Kinder bei ihrem Gang zu den kunstvoll angelegten Brunnen und Wasserstellen, welche offenbar bis zum heutigen Tag die Funktion unserer Wasserleitungen übernehmen.
Im Zentrum dieser alten Königsresidenz betrete ich schließlich die mächtigen Steinquader des Durbar Square, eines Platzes, welchen mehrere Tempel und

der Palast des Königs einrahmen. Die Ursprünge dieser eindrucksvollen Anlage sollen bis in die Anfänge des 14. Jahrhunderts zurückreichen. So stehe ich vorerst wie viele andere Touristen staunend und ein wenig verloren zwischen den verwirrenden Tempelmauern. Man ist beeindruckt, fotografiert, kann ohne Hilfe aber dennoch kaum begreifen, was man sieht.

Ich suche nach einer Möglichkeit, für das Gesehene Erklärung zu finden und bekomme sie schließlich auch durch manche freundliche Hinweise sowie verschiedene Aufzeichnungen zur Historie dieses Ortes. Als ich erneut um mich schaue, leuchten die alten Fassaden nicht mehr nur stimmungsvoll im Sonnenlicht, sondern beginnen viele der behauenen Steine mir ihre lebendige Geschichte zu erzählen.

Jetzt direkt vor mir ein riesiges mit Gold überzogenes Portal. Es wird das „goldene Tor“ genannt, das Ranajit Malla, der letzte König von Bhaktapur, erbauen ließ und welches als eines der schönsten von ganz Asien gilt. Unmittelbar daneben erhebt sich ein mehrstöckiges Bauwerk mit reich verzierter Holzfassade. Es hat den Namen: „Palast der fünfzig Fenster“. Ein König mit dem für uns ebenso fremd klingenden Namen Bhupatinda Malla ließ es sich zu seinem fünfzigsten Geburtstag errichten. Auf dem weiteren Weg geleiten die staunenden Blicke uns fast von allein zum nächsten Höhepunkt dieser mittelalterlichen Stadt. Umgeben von alten, bevölkerungstypischen newarischen Wohnhäusern, stehen wir erneut auf einer weiten Fläche, von den Einheimischen Taumadhi-Platz genannt, über welchem sich wiederum zwei prunkvolle Tempelanlagen erheben. Ich blicke jetzt auf den größten Tempel in Bhaktapur. Auf einem fünfstufigen Steinsockel, dessen Ecken vier Schreine der Ganesh-Gottheit umgeben, strebt ein Pagodendach 30 Meter in die Höhe. Damit überragt es alle anderen Bauten dieser Stadt.

Der damalige Herrscher ließ den „Nyatapola-Tempel“ vor fast 300 Jahren mit diesem gewaltigen Aussehen errichten, wie es heißt vermutlich auch, um damit dem riesigen „Taleju-Tempel“ in Kathmandu ebenbürtig zu erscheinen. Dieser hier war der persönlichen Schutzgottheit jenes Königs gewidmet. Sein inneres Heiligtum, Sanktuarium genannt, in welchem diese Göttin verehrt wird, durfte außer dem Priester niemand

FILA

betreten. Deshalb wurde der Name des Tempels in diesem Fall auch nicht nach der geheimen Göttin benannt, sondern bedeutet schlicht „fünfgeschossiger Tempel“.
Den Aufgang über einen gewaltigen Sockel flankieren zu beiden Seiten der Stufen mehrere Paare steinerner Figuren. Ähnlich der Mythologie unserer christlichen Kulturen repräsentieren diese Gebilde auch hier wichtige Gottheiten oder Wächterfiguren. Dabei handelt es sich beispielsweise um zwei Ringkämpfer, welche der Legende nach zehnmal so stark wie normale Männer sein sollen. Auf den nachfolgenden Ebenen erkenne ich Elefanten, Löwen und wiederum fabelhafte Greiftiere mit Löwenklauen. Von dieser erhöhten Stelle des Tempels habe ich einen erstaunlichen Rundblick über das pulsierende Leben unter mir auf dem geschäftigen Platz.

Plötzlich sehe ich einige Nachfahren jener geschickten Baumeister und Handwerker dieser Stadt um ein riesiges Holzrad versammelt. Offenbar sind sie mit dem Zusammenbau eines übergroßen Prozessionswagens für das bevorstehende Neujahrsfest beschäftigt. Für dieses bedeutende Fest, welches bei den Nepalesen jedoch nur einer unter sehr vielen religiösen Anlässen ist, wird eine heilige Bhairava-Maske aus eben diesem Tempel geholt und dann auf einem gewaltigen Prozessionswagen durch die Straßen dieser alten Stadt gezogen werden. Tatsächlich setzt man dessen fast drei Meter große Räder da unten soeben aus einzelnen Holzsegmenten zusammen. Wie ich mir erzählen lasse, ist bei dieser Prozession ein zweiter, etwas kleinerer Wagen beteiligt, in welchem eine andere Göttin – Bhadrakali – untergebracht ist. Beide Wagen stehen sich zu Beginn des Zuges auf dem Platz unter mir gegenüber, die symbolische Grenze zwischen Ober- und Unterstadt markierend. Jedesmal bei Beginn der Prozession ziehen Männer aus den verschiedenen Stadtteilen an langen Seilen in die beiden entgegengesetzten Richtungen. Dabei soll es immer wieder zu heftigen Kämpfen zwischen den Parteien kommen, bei welchen alte Rivalitäten aufbrechen. Meist gewinnen die sozial höheren Schichten aus der Oberstadt. Wenn einige Tage später schließlich die Wagen einen Platz im Süden des Landes erreicht haben, wird das neue Jahr durch die Errichtung eines hohen Baumes rituell eingeleitet.

Haben die Uhren der Nepalesen ein anderes Maß?

Warum bauen die Handwerker eigentlich jetzt diesen Wagen für das Neujahrsfest zusammen – wo wir doch bereits den Monat März erreicht haben? Man entgegnet mir daraufhin, dass hier in Nepal das neue Jahr mit dem Monat „Baishakh“ beginnt. Na und? Was ändert dieser Name daran, denke ich. Dieser Monat fällt nach europäischer Rechnung jedoch in die Zeit zwischen Mitte April und Mitte Mai! Jetzt verstehe ich überhaupt nichts mehr. Feiern denn die Nepalesen ihren Jahreswechsel zu einer anderen Zeit als wir?
Mit einiger Verwunderung erfahre ich später, dass die Nepalesen und Tibeter ihr Leben mit verschiedenen Kalendern bestimmen, welche sich nicht nur durch ihren unterschiedlichen geschichtlichen Ursprung, sondern auch noch durch verschiedenartige Zählweisen voneinander unterscheiden.
So gibt es als offizielle Zeitrechnung Nepals das „Vikran Samvat“, welche ihr Anfangsdatum auf das Jahr 57/56 vor Chr. bezieht. Weiterhin die „Nepal Samvat“, Reverenzjahr 879/880 nach Chr., die bei der Newar-Bevölkerung Anwendung findet, und schließlich die christliche Zeitrechnung, von der mancher von uns zuweilen leichtfertig glauben mag, es gebe überhaupt nur diese eine. Interessant ist auch noch die Zeitrechnung der Tibeter. Sie zählen in 60-Jahr-Zyklen. Diese entstammen der tantrischen Philosophie, dem „Kalacakra-System“, welches sich sinngemäß mit „Rad der Zeit“ übersetzen lassen soll. Darüber hinaus werden die tibetischen Jahre von den Priestern durch fünf verschiedene Elemente, nämlich Eisen, Wasser, Holz, Feuer und Erde, reihum benannt. Jedem einzelnen dieser Elemente ist schließlich ein „männliches“ und ein „weibliches“ Jahr zugeordnet, welche wiederum insgesamt die Namen von zwölf verschiedenen Tieren tragen. Es sind Affe, Hahn, Hund, Schwein, Maus, Stier, Tiger, Hase, Drachen, Schlange, Pferd und Schaf. Was für eine lebendige Phantasie mag sich hinter der Vorstellung dieser Menschen verborgen haben, als sie ihr Zeitmaß mit solchen Bildern verbanden, an deren Stelle wir nur seelenlose Zahlen zu setzen wissen?

Jedoch wird diese gesamte Angelegenheit innerhalb des Jahres noch um einiges komplizierter, weil die unterschiedlichen Kalender in ihrer Zählweise sowohl auf den Wechsel des Mondes als auch auf den der Sonne bezogen sein können bzw. beides auch miteinander vereinen ...
So basiert ein Mondkalender auf einem Jahr, welches aus zwölf 30-tägigen Monaten besteht, wobei am Ende logischerweise etwa sechs Tage zum vollen Jahr fehlen werden. Diejenigen Priester oder ein offizielles Komitee, welche mit der korrekten Kalender-Einstellung betraut sind, müssen deshalb regelmäßig einige Angleichungen vornehmen. So kommt es sogar dazu, dass ein Mond-Tag nicht in jedem Falle die Zeit von einem Sonnenaufgang bis zum nächsten dauert, auch einige Tage ganz getilgt oder in dieser Rechnung sogar wiederholt werden. Bei diesem ganzen für uns fast unvorstellbaren Durcheinander ist es wohl auch nicht weiter verwunderlich, dass die einzelnen nepalesischen Monate dann auch erst etwa zur Mitte des Monats unserer westlichen Kalenderrechnung beginnen.
Nachdem man mir auch noch ergänzend erklären will, dass diese Art traditioneller Kalenderrechnung es außerdem notwendig macht, alle 19 Jahre sechs zusätzliche Monate in den Kalender einzuschieben, um das Mondjahr wieder mit dem Sonnenjahr in Übereinstimmung zu bringen – da kann ich schließlich nur noch hilflos die Hände heben.
Habe ich das mit dieser Zeitrechnung vielleicht doch nur missverstanden? Irgendwie bleibt uns schließlich die Denkweise der Menschen hier nur schwer nachvollziehbar.

Aber diese mittelalterliche Stadt mit ihren faszinierenden Tempeln und vergoldeten Palästen, den Frauen beim Wasserholen an den kunstvollen Zisternen, das ist ja auch Realität. Mit meinen eigenen Augen habe ich es gesehen, auch wenn mir vieles davon ein Rätsel blieb. Doch wären wir wohl nicht wirklich hier in Nepal, im Himalaya gewesen, hätten wir nicht auch eine solche Sicht auf Land und Leute wahrgenommen.
Es beginnt schon zu dämmern, als wir uns noch ganz unter dem Eindruck dieser Erlebnisse auf den Rückweg begeben und nach einem Taxi Ausschau halten. Kein Linienbus mehr in Sicht. Recht schnell wird uns nun bewusst, dass wir beim neuerlichen Aushandeln eines Fahrpreises deutlich in die Defensive geraten sind. So stehen wir am Ende vor der Wahl, den doppelten Preis unserer Hinfahrt zu entrichten oder die 20 km zurück bis nach Kathmandu zu laufen ... Der Tag war jedoch auch so schon anstrengend genug, und zum Laufen werden wir in den nächsten Wochen wohl noch mehr als genug Gelegenheit bekommen. Nach einer von den Taxifahrern schließlich aufgenötigten Rückfahrt finden wir uns mit den anderen zum gewohnten gemeinsamen Abendessen in unserem Stammlokal ein.
George eröffnet den allgemeinen Organisations- und Informationsaustausch mit seiner Mitteilung, dass die diesjährige Expedition im Begriff ist, „in neue Dimensionen aufzusteigen“... Wie er mit spitzbübischem Lächeln erzählt, treten wir ab sofort mit modifizierten Ladungspapieren gegenüber dem „Gouvernement“ auf. Das bedeutet, dass von dem neuerdings zu versteuernden Wert für unsere Fracht die gewichtigste Zahl verschwunden ist. Solche und andere Unwägbarkeiten entstehen fast jeden Tag aufs Neue. Es gibt wohl keine Himalaya-Expedition, welche schon fertig organisiert wäre, wenn sie in Kathmandu auf dem Flugplatz ankommt. In gehobener Stimmung beginnen wir zu flachsen, dass George als Verantwortlicher für die Gepäckverhandlungen die zusätzlichen Tausenden Rupien sowieso hätte selbst bezahlen müssen ...
Auch an anderen Kuriositäten finden wir an diesem Abend noch Spaß, um uns gegenseitig aufzuziehen. So ist laut Expeditionsvertrag geregelt, dass Entscheidungen der Expeditionsleitung nur von mehr als zwei Drittel der Mannschaft überstimmt werden können. Da wird Heiko stutzig, wie das bei vier aus unserer Gruppe gegen zwei der „Leitung“ noch möglich sein soll? – Ein Grinsen ist die Antwort nach der Masche: „§ 1 Der Chef hat immer Recht“...
Freilich erinnere ich mich an nicht eine Situation vergangener Jahre, bei welcher Götz solche die Allgemeinheit betreffenden wichtigen Entscheidungen ohne gemeinsame Absprache mit uns getroffen hätte.

Dienstag, 17. März

Von den Erlebnissen des vergangenen Tages noch regelrecht aufgekratzt, scheine ich mich mitlerweile auch körperlich langsam wieder ein wenig besser zu fühlen.
Für den Nachmittag habe ich mir mit George und Karsten vorgenommen, noch einmal das größte buddhistische Heiligtum Kathmandus, die Bodhnath-Stupa, anzuschauen. Während unserer Fahrt dorthin erleben wir in den staubigen und sehr verkehrsreichen Vororten auffallend schlimme Luftverhältnisse. Hervorgerufen wird dieser Umstand durch die Auspuffgase aus Tausenden völlig überalterten Fahrzeugmotoren. Demgegenüber hätte bei uns vermutlich noch jeder überalterte Chemiebetrieb einer Bewertung als „Luftsanatorium" ehrenhaft standgehalten.
Als wir das Heiligtum schließlich erreichen, erhebt sich vor uns eine gewaltige weiße Steinkuppel von etwa 40 Metern im Durchmesser mit einer wohl ebenso hohen vergoldeten Spitze. Zweifellos hinterlässt diese Kulisse bei jedem Besucher einen besonderen Eindruck. Es gilt als größter Sakralbau dieser Art im Tal und besticht als Zentrum und Sammelpunkt für auffallend viele Pilger, welche vor allem tibetischen Ursprunges sind. Hier legen sie den mit bunten Gebetsfahnen gesäumten Weg um die Kuppel in meditierendem Schritt ein – oder mehrmals zurück. Es sind ganz unterschiedliche Menschen. Junge Mönche in ihren orangefarbenen Gewändern, mit mongolischen Gesichtszügen verwegen ausschauende Hirten, bei denen man glaubt, sich suchend nach ihrem Pferd umschauen zu müssen, aber auch viele alte tibetische Männer und Frauen, welche mit ihrer wettergegerbten Haut und mit Gesichtern von Falten durchzogen fast den Eindruck von hundertjährigen Greisen vermitteln. Unbeeindruckt davon, legen einige dieser tief gläubigen Menschen jenen mehrere Hundert Meter weiten Kreis rings um die Bodhnath-Stupa auf eine Weise zurück, die wohl jedem abendländischen Touristen die Sprache verschlagen muss. Die Hände kurz zum Gebet gefaltet, wirft sich der strenggläubige Pilger alsbald in voller Körperlänge auf den steinernen Boden, um nach dem Aufstehen sich zu Fuß nur um diese Länge vorwärts zu bewegen und seine Gebetsübung in gleicher Weise erneut zu beginnen – Dutzende, ja wohl Hunderte Mal so hintereinander, immer wieder.
Außerdem besteht für die aus allen Teilen des Landes anreisenden Pilger die Möglichkeit, zu ihren Gebeten an insgesamt 670 verschiedenen, in die 12-eckige Mauer eingelassenen Gebetsmühlen zu drehen, Kerzen zu entzünden und Weihrauch aufsteigen zu lassen, währenddessen sie unablässig ihre tibetischen Gebetsverse leise vor sich hinmurmeln.
Ganz in der Nähe ist nun für den Nachmittag vorgesehen, unsere Gebetsfahnen von einem Priester weihen zu lassen. Mingmar hatte angeboten, dass wir alle mitkommen könnten. Für unser Anliegen hat er sogar zum höchsten buddhistischen Priester von Kathmandu Kontakt aufgenommen. Ähnlich wie der Dalai-Lama von Tibet wird auch für das Amt des

HIGH

„Panchen-Lama“ im Glauben an eine Reinkarnation der Nachfolger in Form eines Kindes innerhalb des ganzen Landes über Jahre gesucht und schließlich auserwählt.
Ein wenig unerwartet für uns, sitzen wir nun so jenem bedeutenden Geistlichen von Nepal während einer Privataudienz in seiner bescheidenen Wohnung gegenüber. Er ist mittlerweile der 15. Nachfolger in seinem Amt. Wir erleben in der nächsten Stunde einen gütig lächelnden Mann, in einen weiten orangefarbenen Rock gehüllt und mit einer roten Kopfbedeckung auf dem Haupt, ähnlich der Mitra eines Bischofs. Von Weihrauch und Glockengeläut umgeben, weiht er unsere Gebetsfahnen. Begleitet vom Klappern seiner Gebetsmühlen, murmelt er dabei unablässig Sprüche in einer fremdartigen Melodie. In einer der Taufe ähnlichen Zeremonie legt der Panchen-Lama abschließend jedem einzelnen von uns noch ein besonderes geweihtes seidenes Tuch um den Hals und wünscht uns Erfolg auf unserem Weg und eine glückliche Wiederkehr.

Mag diese Zeremonie manchem von uns fremdartig, vielleicht gar ein wenig belustigend erschienen sein, so werden wir alle schon recht bald mit Erlebnissen konfrontiert sein, die nicht nur begeistern, sondern auch Angst aufkommen lassen. Nicht nur einmal in solchen Momenten war es dann beruhigend, jenes seidene Tuch als eine Art Talisman bei sich zu wissen. Erwartungsvoll unserem endlichen Aufbruch in die Berge entgegensehend, verlassen wir alle noch ein wenig in uns gekehrt diesen Ort der Besinnung.

III. KAPITEL

Unser Ziel wird greifbar

Eine Gepäckwaage teilt unsere Ausrüstung

Mittwoch, 18. März

Nachdem bereits am Morgen zum Abschluss der üblichen Hektik des Packens unsere Hauptfracht zum Flughafen abgeholt wurde, folgen wir am Vormittag ebenfalls. Von dort wollen wir mit einem extra für unsere Expedition gemieteten Hubschrauber den ersten Teil unserer Reise bis an die Ausläufer der Berge überbrücken. Während der Hubschrauber den Hauptteil der Expeditionsausrüstung direkt bis an den Fuß des Makalu fliegen soll, wollen wir von einem der letzten Dörfer aus für unsere Akklimatisation den weiteren Weg mit einem 10-tägigen Fußmarsch fortsetzen.
Doch hier auf dem Flugplatz empfängt uns erst einmal Mingmar mit seinen 4 Köchen und entsprechender Ausrüstung für die kommenden Wochen wie Töpfe, Stühle, Zelte, Säcke mit Reis, Zucker, viele Stiegen voller Eier und unzählige andere Dinge.
Jetzt kommt die nächste expeditionsmäßige Überraschung auf uns zu. Der Mann an der Waage teilt uns mit, – die 3000 Kilo Material seien zu viel für den Hubschrauber ... Etwa 1000 kg Ausrüstung für unseren Aufstieg am Berg, die anderen 2000 kg von Mingmars Küchenpersonal mit der gesamten Verpflegung und Basecampausrüstung – worauf sollten wir dabei verzichten?
Alles wird noch einmal gewogen. Doch das ist sowieso umsonst, denn davon werden wir vom gesamten Gepäck keine 1000 kg einsparen können.Wie ich später erfahre, entsprechen unsere 3000 kg Last eigentlich der Transportkapazität dieses Hubschraubers. Bei unserem Flug in so hohe Bergregionen vermindert der sinkende Lufttruck jedoch diese Leistungsfähigkeit bereits um ein Drittel ... Mit der vorerst vagen Absprache, den „Rest" in einigen Tagen nachfliegen zu können, wird nun die Ausrüstung des Küchen-teams in aller Eile wieder auseinandergerissen. Eine chaotische Situation, in nur wenigen Minuten die vielfältigen Utensilien der Küche und fest verpackten Vorräte so teilen zu können, dass wir auf unserem geplanten langen Anmarsch von all diesen wichtigen Dingen dann auch wirklich noch das Richtige dabei haben. Nicht auszudenken, wenn wir anstelle der Kocher nur das Benzin mit hätten oder umgekehrt beziehungsweise in diesem ganzen Durcheinander vielleicht das Mehl oder den Reis hier auf dem Flugplatz zurückließen ... Das würde dann auch die Küchenleute in ihrem Bemühen um ein schmackhaftes Essen für uns nicht viel weniger in Verlegenheit bringen.
Während sich die glückliche Umverteilung der gesamten Ausrüstung noch immer in der Schwebe befindet, laufen wir mittlerweile schon auf das Flugfeld hinaus,welches

anfangs fast noch einem Parkplatz ähnelt. So wandern unsere Blicke zwischen den unterschiedlichsten Flugzeugtypen kreuz und quer umher, bis wir weiter draußen einen Hubschrauber entsprechend unseren Vermutungen entdecken.
Ungewöhnlich angesichts der sonstigen Flut an Personal und Beamten, sind wir bei dem noch verbleibenden Weg zu Fuß uns jetzt nahezu selbst überlassen. Uns dabei seltsamerweise an erste Unterweisungen über das Verhalten im Straßenverkehr erinnernd, überqueren wir ein wenig hilflos nach links und rechts schauend – nicht die Straße, nein diverse Rollbahnen des Flugplatzes. Dabei lassen wir an unserer Nase vorbeibrummenden „größeren Verkehrsteilnehmern“ freiwillig den Vortritt.
Doch auch unser Fluggerät ist von stattlicher Größe angesichts der Berge, zu welchen wir nicht nur fliegen, sondern in deren engen Tälern wir auch noch auf unbefestigtem Untergrund landen wollen. Tatsächlich ist der „MI 17“ teilweise bis unter die Decke mit Säcken und unserer Ausrüstung vollgestopft. Als wir schließlich mit 14 Leuten eng neben dem Gepäck Platz finden, beeindruckt es schon, welche Kraft uns nun mit noch weiteren 4 Besatzungsmitgliedern senkrecht in die Höhe heben soll.
Minuten später scheint das Fluggerät bereits aus seinem Schlaf erwacht. Bei dem einsetzenden Lärm wie in einem Maschinenraum, spürbarenVibrationen durch den ganzen Körper und dabei eingekeilt zwischen der eigenen Ausrüstungsflut hockend, regen sich Gefühle leichter Verunsicherung mehr an einem „Versuchs“– als einem Sonderflug teilzunehmen ... Wenn man meint, die Turbinen drehten bereits in den höchsten Lagen, geht es noch einmal eine weitere „Oktave“ rauf, alles vibriert und dann – plötzlich sind wir weg vom Boden.
In den ersten 30 Minuten über weitläufige Täler mit endlosen Terrassenfeldern an den Hängen führend, steigt die Flugroute später steil an über Wälder, zuletzt Schnee, in welchen auf einem kahlen Pass nach unserem Empfinden die Fahrwerke fast den Boden hätten streifen müssen. Schließlich scheinen wir auf der Rückseite geradezu wieder ins Bodenlose hinabzufallen, bevor nach 45 Minuten eine kleine Siedlung im Nebel sichtbar wird.
Wir landen in Lupla. Dieses Dorf, welches sich in 2400 Meter Höhe mit vielen Feldern zwischen Wiese und Wald an den Hang schmiegt, soll uns für heute Nacht noch einmal als Basis zur Zwischenlandung dienen.
Unmittelbar danach werden wir in eine Art englischen Herrensitz geführt, welcher uns nicht nur mit dick gepolsterten Ledersesseln an herrschaftlicher Tafel und einer vornehmen Kaminfeuerstelle erstaunt. Auch die farbige Holzbemalung des gesamten Innenraumes, in dem auch Bilder von den vier hinduistischen Hauptgottheiten nicht fehlen, empfinde ich als extremen Gegensatz zu jenem dröhnenden Laderaum, den wir soeben verlassen haben. Als zum servierten Mittagessen dann auch noch Edward Elgars Cello-Konzert aus einer Stereoanlage erklingt, bin ich fassungslos. Die Musik scheint immerhin dem Geschmack der beiden Piloten zu entsprechen, welche mit diesem vornehmen Raum offenbar schon vertraut sind. Wie wir bald bemerken, sind es Russen. Ebenso wie auch der Konstruktionstyp unseres Hubschraubers der ehemaligen

Sowjetunion entstammend. Da wollen wir mal hoffen, dass sie ihre Flugerfahrung ebenfalls vom Gebirge und nicht vom Wolga-Delta mitbringen.
Im Laufe der nächsten Stunde werden wir zur Übernachtung in eine trekkingübliche, sehr viel einfachere Unterkunft gebracht. Ich dränge schon die ganze Zeit darauf, endlich mit dem Umpacken unseres Gepäcks im Hubschrauber zu beginnen, denn morgen werden wir nur noch einmal für Minuten landen. Wenn wir dann aussteigen, muss genau feststehen, was wir für unseren einwöchigen Fußmarsch mitnehmen und was zum Weiterflug bis zum Basecamp am Makalu verbleibt.
Mittlerweile hat es angefangen zu regnen, und von weitem rufen mir die anderen schon zu, dass „die Mühle“ abgeschlossen sei. So werde ich geschickt – nicht um den Autoschlüssel, sondern den „Hubschrauber-Schlüssel“ zu holen. Vor den Regentropfen Schutz suchend, beginnen wir im Laderaum und unter dem massigen Rumpf noch einmal damit, unsere 24 Transporttonnen und mehr als ein Dutzend Packsäcke durchzusehen. Damit sind wir dann lästigerweise auch bis zur Dämmerung beschäftigt, denn in den vorangegangenen Tagen war dies noch nicht möglich, weil ja die Tonnen bis zuletzt vom Zoll in Kathmandu unter Verschluss gehalten wurden.
Das Abendessen erleben wir hier in den Bergen nun erstmals mit einheimischer Kost, einer Gemüsesuppe mit uns fremden dunkelgrünen Kräutern, danach Tee und Kaffee. Die nachfolgende Schale Reis, mit etwas Fleisch und Gemüse vermischt, vermittelt meiner Zunge dann allerdings den Eindruck, als wäre das Salzfass der Küche hineingefallen ... Wir essen wie in einem feinen Lokal – langsam, nehmen nur wenig auf unsere Löffel und zieren uns, die große Schüssel tatsächlich zu leeren.
Draußen ist es mittlerweile nicht nur finster, wir hören den Regen aufs Dach trommeln und fühlen die Kälte der Nacht zu uns hereindringen – an den Gliedern hinauf, vor allem aber in unser noch vom sonnigen Kathmandu verwöhntes Gemüt. Diese neuen Verhältnisse, auch mit ihren ungemütlichen Momenten, welchen wir nun für viele Wochen entgegensehen, werden recht schnell dazu führen, für jede Tasse heiße Suppe dankbar zu sein, ohne Vorbehalt, von welchem Koch unser Essen zubereitet ist.
Für den nächsten Morgen ist 5 Uhr Wecken angesagt, denn bereits halb sieben will der Pilot, die noch ruhige Luft nutzend, mit dem Helikopter wieder gestartet sein.

Donnerstag, 19. März

Noch in der Dämmerung vor meinem prall gefüllten Rucksack stehend, wird mir plötzlich bewusst, dass ich gestern beim Packen meine Steigeisen überhaupt nicht in die Hand bekommen habe. Wo sind sie nur hin? Deutlich erinnere ich mich noch daran, dass ich sie in Frankfurt auf dem Flugplatz in meinen zweiten Rucksack umpackte. Danach muss ich sie im Hotelzimmer von Kathmandu zusammen mit den anderen Dingen herausgelegt haben. Höchstens denkbar, dass die schwarze Tasche gestern in der morgendlichen Hektik des Autobeladens unters Bett gerollt ist, obwohl Götz sogar noch einmal

einen Blick dorthin geworfen hatte ... Schöne Bescherung. Es wäre nicht gut, aus solchen Gründen von vornherein auf die Ersatzsteigeisen aus dem Expeditionsbestand zurückgreifen zu müssen.
Doch erst einmal beginnt jetzt unser Weiterflug. Ähnlich wie auf dem auch sonst zu Hause meist als viel zu zeitig empfundenen morgendlichen Weg zur Arbeit trotten wir heute bereits in der Morgendämmerung zu unserem Hubschrauber. Dort nehmen wir verschlafen, noch ein wenig gleichgültig auf der engen Sitzbank, fast wie in einer Straßenbahn, Platz. Startet man mit dem eigenen Auto, gilt es mit dem Zündschlüssel das richtige Löchlein zu finden und mittels Gaspedal gleich darauf den Motor in Schwung zu bringen.

Nicht viel anders beginnen hier im Hubschrauber die Turbinen mit der Kraft eines Anlassers schon bald in immer höheren Tonlagen zu singen. Schließlich wird der Hauptrotor an die beiden Triebwerke mit ihrer beeindruckenden Leistung von 3800 PS gekoppelt und beginnt sich zu drehen. Anfangs noch ähnlich den behäbigen Flügeln einer Windmühle werden die Umdrehungen jedoch schon bald so schnell, dass sich die dunklen Schatten über uns schließlich mit dem Licht des anbrechenden Tages zu verbinden scheinen. Kommandant und Bordmechaniker sind derweil damit beschäftigt, noch an weiteren Dutzenden Hebeln und Knöpfen innerhalb des Cockpits hin und her zu schalten, bevor dann das „Gaspedal" herzhaft durchgezogen wird.
In Sekunden beginnt nun wieder unser Aufstieg, und während wir anfangs noch die Dächer des Ortes unter uns vorbeihuschen sehen, folgen sogleich dicht bewaldete enge Täler, welche schon bald steil in die Höhe führen. Diese völlig unzugänglichen Schluchten unter uns scheinen zuweilen ins Bodenlose zu führen. Das Auge findet keinen Halt, bis wieder eine bizarre Felsrippe dicht unter unseren Füßen vorbeizujagen scheint. Dann tauchen wir in eine dichte Wolke ein, nur noch grauer Nebel um uns. Momente später sinkt dieses Grau wie eine wallende Masse unter den Hubschrauberrumpf zurück. Sonnenstrahlen fallen gebündelt auf einige Gesichter neben mir hier in der Kabine. Dabei bleiben meine Augen für einen Moment an dem angespannten Blick von Götz haften.
Wie die meisten von uns fühlt auch er sich durch die beengten Sitzverhältnisse, eingekeilt zwischen unseren Packsäcken und Transporttonnen, förmlich zur Bewegungsunfähigkeit verdammt. Offensichtlich scheint ihm aber auch jener auf solche Weise erzwungene, in der Luft frei schwebende Zustand nicht sonderlich zu behagen.

Für einen Moment muss ich mich schmunzelnd erinnern – an unseren ersten gemeinsamen Hubschrauberflug vor Jahren im Tienschan. Auch damals, bei einem genau zwischen zwei Gewitterfronten von den Piloten scheinbar spontan entschiedenen Startversuch, saß Götz mit etwas farblosem Gesicht ganz still in einer Ecke, um die Angelegenheit mit Fassung hinter sich zu bringen. Als ich jedoch bald darauf „während der Fahrt" eines der runden Bullaugen des Hubschraubers öffnete, um besser fotografieren zu können, war es mit seiner Selbstbeherrschung zu Ende. Mittlerweile zwängte ich mich mit dem Oberkörper schon halb aus dem Fenster, um auf diese Weise in Flugrichtung den aufregendsten Fotomotiven hinterherzujagen. Während mir dabei von anderen kameradschaftlich die Beine festgehalten wurden, betrachtete mich Götz bereits als den Absturzverursacher unseres ersten Hubschrauberfluges ...

Auch heute scheinen meine fortwährenden Bestrebungen, wenigstens einige wenige Blicke nach draußen zu erhaschen, nicht erfolglos zu bleiben. Auf der gegenüberliegenden Seite der Fensterfront werden plötzlich riesige steil abweisende Fels- und Eiswände sichtbar, die sich erst in schwindelerregender Höhe des dunkelblauen Horizonts verlieren. Schon spüren wir, wie die nächste Wolkenfront uns von oben auf den Kopf zu drücken scheint. Doch in einer weiten Linkskurve fliegen wir nun wieder in einen riesigen Talkessel. Ich kann durch die offene Tür des Cockpits die Flugmanöver der Besatzung beobachten. Sie hält auf einen bestimmten Punkt zu. Das bemerke ich durch die häufigen Geräusche der hydraulischen Steuerung. Jedoch ist im Voraus nicht mehr als eine steile Talwand zu erkennen. Fast unerwartet werden jetzt ein paar kleine Hütten in Flugrichtung sichtbar. Im nächsten Moment scheinen sie schon wieder unter unseren Füßen zu verschwinden.

Alles geht so rasend schnell, dass sich mein Blickwinkel auf die unscheinbaren Behausungen zu drehen beginnt, als wolle ich ein auf dem Kopf stehendes Foto betrachten. Direkt vor der Hubschrauberkanzel jagt mittlerweile der Talhang wie eine Wand auf uns zu. Meine linke Hand beginnt schon fast an einem Steuerknüppel zu ziehen, welcher natürlich nur in meiner beunruhigten Phantasie existiert. Doch bevor der Ausschnitt des dunkelblauen Himmels über uns völlig verschwindet, legt der Kommandant unser fliegendes Ungetüm mit gleichmäßiger Steuerbewegung in eine steile Kurve. Mit einer engen Schleife gelangen wir Sekunden später zu einem erneuten Anflug, und gleich darauf setzt unser Helikopter zur Landung auf einer unheimlich klein erscheinenden Grasplattform mitten in diesem Steilhang an. Als wir, noch immer schwebend, Bodenberührung bekom-

men, springt der Techniker aus der Tür, um die Standfestigkeit der Fahrwerke in Augenschein zu nehmen. Jetzt winkt er dem Piloten, noch ein Stück nach vorn, auf den weiter nach oben steil ansteigenden Hang zu rollen, worauf unsere Maschine bei heulendem Triebwerk schwerfällig mit noch einem Ruck in diese Richtung gelangt. Dabei scheint es, als würden die Rotorenden schon fast den Gegenhang vor uns berühren.
Als auch ich dann aus der Tür springe, sehe ich das Hauptfahrwerk von der 6-Tonnen-Last unseres Fluggeräts fast knietief im Erdreich versunken, nicht einmal zwei Meter weiter heckwärts gähnt bereits der Abgrund des Tales. Schnell wird die Ausrüstung für unseren weiteren Aufstieg herausgereicht. Zusammen mit einigen Gefährten nehme ich die vielen Pakete und Rucksäcke draußen entgegen, welche im Hubschrauber zum Ausladen alle schon sortiert und bereitgelegt waren, und trage sie etwas abseits. Die gesamte Aktion läuft in sekundenschnellen Bewegungen innerhalb nur weniger Minuten ab.

Plötzlich bekomme ich ein ungutes Gefühl, weil ich meinen eigenen Tourenrucksack in dem aufgetürmten Haufen unserer Gepäckstücke nicht erkennen kann. Der Mechaniker scheint gerade die Helikoptertür wieder schließen zu wollen. Da stürze ich noch einmal – wie unmittelbar vor der Abfahrt eines haltenden Zuges – in den Hubschrauber, um nach dem Rucksack zu suchen. Da liegt er ja auch schon! Ohne noch einen weiteren Blick nach links oder rechts zu werfen, strebe ich hastig wieder dem Ausgang zu. Schon wenige Augenblicke später schwebt die gewaltige Libelle wieder brummend in die Höhe. Wir haben Mühe, unser Gepäck festzuhalten, dass es nicht vom Wirbel der Rotorblätter in alle Richtungen davonfliegt.
Für die 2 Küchenboys und den Begleitoffizier, welche mit der ganzen weiteren Ausrüstung nun noch zum 4700 Meter hohen Basecamp fliegen, wird durch unser anfängliches Gewichtsproblem in Kathmandu nach diesem Weiterflug für die nächsten Tage nur wenig Verpflegung übrig bleiben.
Während wir im Stillen auf jenen versprochenen Nachschub schon in den nächsten Tagen hoffen, empfängt uns die Idylle eines kleinen Sherpadorfes. Bei Sonnenschein sind wir im Nu von vielen Kindern, jungen Hunden, Küken, Schafen und den Bergbauern des Dorfes umgeben. Sie wohnen in für uns fremdartigen Behausungen aus Holz und Stein, welche alle mit großen Matten aus geflochtenem Bambus gedeckt sind.
„Tashigaon" ist der Name dieses Dorfes. Wir finden wiederum Quartier in einer einfachen Herberge, in welcher sich unsere Sherpas und Küchenjungen mit ihren Gerätschaften zu ebener Erde einquartieren werden. Eine Art Hühnerleiter führt in den

darüber liegenden Raum. Er ist mit niedrigen Holzpritschen versehen, auf welchen wir später unsere Schlafsäcke und Isomatten ausbreiten werden. Die Fußbodendielen sind so grob gezimmert, dass wir durch ihre zentimetergroßen Ritzen dem schon emsigen Treiben der Küchenleute unter uns zuschauen können. Unser Raum hat sogar einen Balkon, „Sonnenseite-Talblick“. Die Tür, eine einfache Holzklappe, ist freilich nur so hoch, dass selbst meine 9-jährige Tochter sie noch in gebückter Stellung passieren müsste. Dieser „Balkon“ besteht aus einem sich gleich anschließenden etwa 80 cm breiten Vorsprung (drei nebeneinander liegenden Brettern), was uns jedoch nicht daran hindern wird, später darauf Platz zu nehmen, die Beine in der Luft baumeln lassend.
Doch nun werden wir erst einmal zum Frühstück gerufen. Unten auf der Wiese liegt mittlerweile eine große Plastikplane, auf der wir Toast, Omelett, Fladenbrot, Marmelade, Milch, Cornflakes, Müsli, Tee, Zucker, Kaffee, Kekse und Orangensaft finden – ein Vorgeschmack darauf, mit wie viel Aufwand sich unsere Küche in den nächsten Wochen liebevoll um unsere Verpflegung bemühen wird.
Da unsere Verpflegungsvorräte zum Teil noch in Kathmandu auf dem Flugplatz zurückbleiben mussten, habe ich eine schwache Hoffnung, diesem Umstand vielleicht auch noch eine andere glückliche Seite abzugewinnen. Mit unserem „Handy“, der Hilfe des Satellitentelefons, gelingt es Götz in der Tat, zu unserem bisherigen Hotel in Kathmandu Verbindung aufzunehmen. Nach mehrmaliger Rückfrage finden sich meine Steigeisen dort auch tatsächlich, und so können wir nur noch hoffen, dass sie von der Rezeption auch wirklich wie versprochen zu unserem Restgepäck auf den Flugplatz gebracht werden.

Bei einem schmackhaften Mittagessen, welches von nun an unsere eigenen Köche täglich zubereiten werden, wird der noch vom Hubschrauberflug durcheinandergerüttelte Magen auf eine erste Probe gestellt.
Gleich darauf rüste ich mich für eine erste Erkundungstour, um während des Nachmittags einem verlockenden Weg zu folgen, der sich über den weitläufigen Talhang abwärts zieht. Dabei gelange ich als erstes in einen üppigen Laubwald, dessen Stämme von Moos überzogen sind und dazwischen Rhododendron – wie Unkraut wuchernd.
Mir begegnen Kinder, die ihre Tragkörbe mit frischen Blättern von Bäumen und Sträuchern füllen und dabei von Ziegenherden oder von einigen Kühen umgeben sind. Ein Gruß, welchen ich von den vielleicht Zwölfjährigen zugerufen bekomme, wird uns von nun an regelmäßig begleiten. „Namaste" – in unserem Sinne so viel wie „guten Tag" – , so wird man hier draußen von jedem beliebigen Fremden begrüßt. Vielleicht vor dem Hintergrund der Wildheit dieser Landschaft bestehen offensichtlich das Bedürfnis und die angenehme Tradition, sich untereinander immer wieder auf solche Weise zu grüßen, egal ob man sich im Dorf oder auch jenseits davon in dieser gewaltigen Weite begegnet. Vor allem gegenüber den Kindern kommen wir in diesen Tagen kaum noch zum Ruhen, um diese freundliche Begrüßungsformel ständig aufs Neue zu erwidern.
Im Weitergehen bin ich verwundert, wie erstaunlich gut der Weg schon so weitab vom nächsten Dorf immer noch mit den umherliegenden Steinen geebnet ist. Teilweise schimmern sie durchsetzt von Mineralien fast wie Silber in der Sonne.
Nach anderthalb Stunden erreiche ich einen markanten Grat und mustere bei kurzer Rast noch den weiteren Verlauf der Schlucht, welche sich nun in einem Bogen von Tausenden Feldterrassen gesäumt talwärts zieht. Am gegenüberliegenden Ende werden zwischen Wolkenbänken plötzlich gewaltige Schneefelder und Eiswände sichtbar. Namenlose Bergriesen für uns, obwohl sie sicherlich an die 6000 Meter Höhe reichen.

In Turnschuhen durch den Schnee

Freitag, 20. März

Schon während des Frühstücks finden sich mehr und mehr junge Männer vor unserem Haus ein, die als Träger für unseren weiteren Fußmarsch angeworben sind. Während der Preisverhandlung bekommt das Gesicht von Mingmar, unserem Sirdar, einen etwas ratlosen Ausdruck. Lag in früheren Zeiten der übliche Trägerlohn in den Tälern bei den Einheimischen untereinander pro Tag ursprünglich bei ca. 25 Rupien, das entspricht 85 Pfennigen, so werden inzwischen im Zeitalter regelmäßiger Expeditionen von diesen ebenso wie von den ausländischen Touristen meist 250 bis 300 Rupien pro Tag verlangt.

Jetzt aber fordern die Träger sogar das Doppelte von dem, was in den vergangenen Jahren in dieser Region noch üblich war. Sicherlich wissen die Sherpas ihre Situation zu nutzen, dass wir auf ihre Hilfe angewiesen sind. Wovon wir selbst freilich noch nichts so recht ahnen, ist der äußerst beschwerliche Weg, der uns in den kommenden Tagen erwarten wird. Außerdem werden hier an dieser Stelle von Mingmar an jeden der Träger ein Paar dicke Wollsocken zusammen mit einem Paar chinesischer Stoffturnschuhe ausgeteilt. Diese zwei Utensilien gelten nun als Hochgebirgsausrüstung für die Einheimischen, welche sonst in ihrem Leben meist barfuß laufen.

Nach dem Verteilen der Lasten, mindestens 30 kg für jeden der 13 Träger, setzt sich der Zug schließlich langsam in Bewegung.

Wir steigen durch einen gespenstisch wirkenden Wald steil bergan. Nach knapp 3 Stunden erreichen wir die Wolkengrenze und tauchen wenig später für den Rest des Tages in ein milchiges Grau ein. Als bei etwa 3000 Meter Höhe die ersten Schneefelder unseren bis dahin gut sichtbaren Weg verschwinden lassen, registrieren wir das noch belustigt. Doch wenig später breitet sich vor uns eine geschlossene Schneedecke aus, in der wir nur noch mit großer Mühe zwischen dem undurchdringlichen Dickicht des Waldes den früheren Pfad erahnen. Wir wissen nicht, ob wir über

den mittlerweile kniehohen Schnee oder mehr über das teilweise sehr steile und gefährliche Gelände fluchen sollen. Einige Zeit später haben wir „den Weg“, der sich sowieso nur noch als eine unscheinbare Gasse im Rhododendrongebüsch vermuten ließ, endgültig verloren und müssen warten, bis 20 Minuten nach uns die ersten Träger auftauchen. So steigen wir dann abwechselnd spurend weiter und erreichen schließlich gegen 14.30 Uhr auf einem kahlen Hochplateau den für heute vorgesehenen Lagerplatz. Wir können diesen „Kauma“ genannten Ort heute jedoch nur noch schwer für etwas anderes als ein undefinierbares „Nichts“ in Nebel und Triebschnee empfinden.
Aber auch die uns langsam wieder in den Sinn kommenden Schneeschaufeln erweisen sich als Fata Morgana. – Sie befinden sich dank des Hubschraubers bereits im Basecamp.
So bleibt uns hier, von wo man den Schnee normalerweise nur mit dem Fernglas beobachtet, nichts anderes übrig, als damit zu beginnen die benötigten Standplätze für die Zelte so gut es eben geht – mit unseren Bergschuhen und Händen einzuebnen. Auf die Träger mit unseren Zelten wartend und dabei frierend auf der schutzlosen Ebene im Schneeregen stehend, müssen wir uns noch eine endlose Stunde lang gedulden. Bei dieser Gelegenheit gelangen jene anfangs noch umstrittenen Regenschirme bereits zu ihrem ersten hilfreichen Einsatz.
Es ist mir fast unbegreiflich, wie die Sherpas diesen Weg mit mehr als der dreifachen Last unserer Rucksäcke, nur an einem Stirnriemen hängend, mit den dünnen Stoffturnschuhen an den Füßen bewältigen. Noch bevor wir unsere Zelte aufgebaut haben, kommen die selbst erschöpften Küchenleute und reichen – unglaublich – jedem von uns eine dampfende Tasse voll heißem Tee, welchen sie provisorisch, in einer Felsnische hockend, in wenigen Minuten zubereitet haben.
Der Aufstieg war kraftraubend, und das Wetter ist so unfreundlich, dass ich in die Dämmerung hinein eigentlich keinen anderen Gedanken mehr habe, als im Schlafsack liegend hoffentlich bald ein wenig Ruhe und Wärme zu finden. Doch schon eine Stunde später werden wir von unseren einheimischen Begleitern unter einem Felsüberhang zu einem reichlichen Abendessen gerufen. Mehrere Schalen gefüllt mit Gemüsesuppe oder Tee, schließlich noch ein großer Topf Makkaroni lassen mit der Wärme von innen langsam unsere Lebensgeister wiederkehren.
Inzwischen ist es dunkel um uns geworden, und wir stolpern durch den tiefen Schnee wieder in unsere Zelte. Die Sherpas werden, wie auch an den folgenden Tagen unseres Anmarsches, keine Zelte für sich benutzen, sondern meist eng an kleine Felsüberhänge gepresst die frostigen Nächte in bescheidene Decken gehüllt verbringen. Mittlerweile über 3000 Meter hoch, kann ich meine Gedanken daran nicht einfach verdrängen. Selbst hier im angenehm warmen Schlafsack liegend, spüre ich jene 1200 Meter Höhenanstieg noch immer in meinen Gliedern.

Sonnabend, 21. März

Mit der Isomatte auf dem Schneeuntergrund habe ich recht gut geschlafen. Nachdem ich den frisch gefallenen Schnee vom Zeltdach abgeschlagen habe, nutze ich das erste Licht, um meine schon wieder in Rückstand geratenen Aufzeichnungen zu vervollständigen.
Um 7 Uhr werden wir wie vereinbart zum Frühstück gerufen, welches, wie wohltuend, immer mit einer dampfend heißen Suppe beginnt. Für einen Moment lichten sich sogar die Wolken, und wir sehen, dass wir uns bereits auf gleicher Höhe mit einigen eisigen Felswänden befinden. Nach dem leiblichen Wohl folgt der erste unangenehme Teil des Tages – das Abbauen der nassen Zelte und das Zusammenpacken der ganzen glitschigen Ausrüstung zu Trägerlasten. Noch habe ich dabei, im Gegensatz zu einigen meiner Gefährten, trockene Füße. Um 8.30 Uhr starten wir und wissen, heute die längste und anstrengendste Etappe unseres Trecks vor uns zu haben.
Wenige 100 Meter nach unserem Aufbruch rutscht einer der Träger am Steilhang aus und verschwindet zwischen dem Knieholz. Seine Traglast springt in drei Teile zerfallend in dem unwegsamen Gelände hinterher. Das kostet erst einmal einige Zeit, bis alles wieder geborgen ist. Uns bleiben jedoch der Schreck und die Vorstellung, auf diese Weise sehr schnell wichtige Teile unserer Ausrüstung einbüßen zu können.
Den weiteren abenteuerlichen Verlauf des Tages noch nicht so recht ahnend, hätten wir für diesmal ganz sicher unser Satellitentelefon und vor allem den Rechner mit seinem empfindlichen Bildschirm besser in den eigenen Rucksäcken verstaut.
Doch so geht es nun Stunde um Stunde weiter auf ausgesetztem tief verschneitem Grat zwischen Sträuchern und Felspassagen, und ich mag nicht daran denken, wie die Träger hinter uns dies mit ihren schweren Lasten bewältigen wollen. Die ganze Zeit laufen wir in dichtem Nebel. Bei der Orientierung sind wir voll auf die Gesten der ersten drei Träger angewiesen, die uns beim Spuren ständig die Richtung weisen. Immer wieder erwarten uns auf dem zergliederten Grat auf der einen Seite gefährlich steile Schneehänge und nach der anderen felsdurchsetzte Kletterpassagen, so dass ich mich im Stillen frage, ob wir uns hier wirklich erst auf einem Zugangsweg in die Berge oder schon in einer Gipfel-Erstbesteigung befinden.
Nach einer Rast in blendend weißer Einöde scheint der Richtungssinn unserer ortskundigen Begleiter schließlich verunsichert. Zögernd und von mehrfachem Wortwechsel der Sherpas im trüben Grau wieder unterbrochen, steigen wir einen steilen Firnhang hinauf, um im Folgenden von wenig charakteristischen Felsschroffen aus einen Quergang in ein immer stärker abfallendes heikles Schneefeld zu beginnen. Mehr und mehr weichen wir vor dem abschüssigen Gelände des Hanges nach oben aus, obwohl es heißt, wir müssten tiefer. Schließlich gerät unser zögernder Aufstieg völlig ins Stocken. Götz verschwindet gemeinsam mit Mingmar über uns im Nebel, als sie noch einmal versuchen, den weiteren Weg zu erkunden. Doch das Gelände ist mittlerweile so unheimlich steil geworden, dass ich mich selbst in meinen spärlichen Fußstapfen auf der Stelle stehend immer unwohler fühle. Der Anblick der Träger wenige Schritte unter mir mit ihren

durchgeweichten Turnschuhen an den Füßen – ohne Skistock, ohne Eispickel – lässt mir dabei die Haare zu Berge stehen.
Es folgt ein fast einstündiges Palaver der Einheimischen untereinander, welche wir nur hören, nicht einmal sehen können. Die Träger hinter uns fordern mit Handzeichen und Gesten zum weiteren Aufstieg – die anderen unten im Nebel brüllen in ihrem Nepali-Dialekt nach oben, dass sie aber umkehren sollten. Eigentlich gehen sie ja diese Wege in jedem Jahr und kennen das Gelände besser als jeder Fremde, und dennoch sind sie jetzt mit ihrem Latein am Ende. Wenn die Wolken doch wenigstens auf 300 Meter die Sicht einmal freigeben würden. Schließlich haben sich die tierisch anmutenden Rufe einiger Träger unter uns mit ihrer Ansicht durchgesetzt, dass wir zu ihnen talwärts steigen sollen. Dort, wenigstens sicheren Boden (Schnee) unter den Füßen, stapfen wir ohne Widerspruch den Richtungsweisungen entsprechend den nächstfolgenden Schneehang wieder hinauf.

Nach 20 Minuten Spurarbeit wird Entspannung auf den Gesichtern der Ersten sichtbar. Der 4200 Meter hohe Tschupken La-Pass ist erreicht. Trotzdem hat uns die Suche im undurchdringlichen Nebel mehr als eine Stunde Zeit gekostet. Und wie uns Meutz ernüchternd aufklärt, müssen wir nun noch einmal einige hundert Meter absteigen und einen zugefrorenen See überqueren, bevor es danach auf den ebenso hohen zweiten Teil des Doppelpasses geht. Wir erreichen ihn gegen 15 Uhr bei Schneeregen. Eigentlich wäre von hier aus unser Berg – der Makalu – direkt uns gegenüber zu sehen gewesen ... So wird es nur ein kurzer Halt, und als die ersten Träger uns erreichen, laufen wir im kniehohen Schnee so zügig es irgend geht talwärts.
Der vermutlich unangenehmste Abschnitt des Tages kommt aber nun erst noch. Wir erspüren den weiteren Abstieg am linken Talhang unter Felswänden, bald in dichtem Unterholz und Rhododendronbüschen. Dabei sinken wir teilweise bis über unsere Hüfte im nassen Schnee ein. Regelmäßig sind lawinengefährdete Schneefelder zu queren. Das Gelände mit seinen uferlosen Schneemassen und dichtem Unterholz läßt kaum Alternativen zu. Dann kracht es plötzlich über uns, und einige Steine fallen aus der Felswand 50 Meter vor uns unsichtbar in den Schnee.
Nach weiteren wechselvollen Passagen erreichen wir, immer noch im Steilhang, den Übergang in einen dichten Wald. Wie zum Hohn wird dort für einige Meter immer wieder einmal der eigentliche Weg zwischen dem meterhohen Schnee sichtbar. Kaum zu glauben, dass man dieses Tal bei mehr Wetterglück und einige Wochen fortgeschrittener Jahreszeit mit Vogelgesang und einer Vielzahl Blumen erleben kann.

Nach mehr als 8 Stunden, gegen 16.30 Uhr, stehen wir schließlich mit völlig durchnässten Schuhen auf einer kleinen Lichtung, welche von den Trägern als unser Übernachtungsplatz bezeichnet wird. Sie trägt den idyllischen Namen „Mumbuk". Es bleibt nur eine Geste, dass wir den nachfolgenden Trägern die letzten Meter durch den hüfttiefen nassen Schnee beim Tragen ihrer schweren Lasten helfen. Während wir mit unseren Schuhen noch Plattformen in den tiefen Schnee trampeln, um unsere 3 Zelte zügig zu errichten, verschwinden die Sherpas wieder unter einem kleinen Felsüberhang – ohne Zelt – ohne Schlafsack – ohne Benzinkocher ...
Wenig später werden wir im Zelt liegend riechen, dass sie an einer Felswand unter uns von dem nassen, schneeverkrusteten Holz ein Feuer entfacht haben.
Ein wenig ungläubig haben wir in den letzten drei Tagen mitbekommen, dass einer der 13 Sherpas eine Frau ist. Dabei wäre es unter diesen ungemütlichen Verhältnissen denkbar, in manchem besonders tristen Moment eigene Schwächen zu erleben. Oder aber man glaubte wenigstens später, wieder zu Haus, besonders manch kälteempfindlichem Gemüt gegenüber sich selber ein wenig auf die Schulter klopfen zu können.
Die Anwesenheit der Nepalesin untergräbt freilich solcherlei geheime Rechtfertigungen. Auch sie übernachtet hier wie ihre Nachbarn aus dem Dorf ohne Schlafsack oder Zelt. Die dunklen Haare zu Zöpfen geflochten, trägt sie die gleichen dünnen Stoffturnschuhe wie die Männer. Mit einem langen dicken Rock und Strumpfhosen bekleidet, ist ihr nichts davon anzumerken, den rauhen Verhältnissen weniger standhaft zu widerstehen.
Migma-Doma ist ihr Name, von Gestalt nicht größer als unsere halbwüchsigen Mädchen zu Haus. Tagsüber sahen wir sie zuweilen sogar mit einer unserer unbequemen Transporttonnen auf dem Rücken. Sonst aber schien sie trotz der nur geringen Körpergröße mit ihrer selbstbewussten Stimme unter den Einheimischen gern den Ton anzugeben, manchmal fast das Kommando zu führen. Sie wird uns in den folgenden Wochen schließlich noch manches Mal zum Schmunzeln bringen und hat so recht bald unter uns ihren eigenen Namen – Claudia Migma-Doma oder einfach Claudia.
Gegen 18.30 Uhr, es ist bereits dunkel, hören wir unsere Küchenboys rufen und mit ihrer großen Schöpfkelle wieder auf einen Tiegel schlagen – Abendessen. Eigentlich kostet es schon Überwindung, den einigermaßen warmen Schlafsack noch einmal zu verlassen und sich in die klitschnassen Bergstiefel und Hosen zu mühen.
Doch gibt es tatsächlich noch Beglückenderes – eine Schale voll von jener obligatorischen dampfenden Gemüsesuppe – und danach noch einmal eine, so viel man nur will. Nach zusätzlich angebotenem Tee und einer großen Portion Gemüsereis, Ketchup und reichlich Zwiebeln fühlen wir uns wieder so warm, dass die Nacht im Schlafsack auch hier in 3400 Meter Höhe eine angenehme sein wird.
Vielleicht war der heutige Tag mit seiner mühevollen und nicht ungefährlichen Passüberschreitung schon einer, für den es gut ist, die geweihten Gebetstücher des Panchen-Lama bei sich zu haben.

Sonntag, 22. März

Gegen 6 Uhr werde ich munter und will das erste Licht noch im Schlafsack liegend wieder für einige Aufzeichnungen nutzen. Da kommt wenig später Mingmar zu uns an den Zelteingang mit einer großen Kanne voll dampfendem Tee. Er entschuldigt sich bei Götz, dass wir heute nicht weitergehen könnten, die Träger verlangten nach einem Ruhetag. Ein Blick aus dem „Fenster"– Schneeregen und dichter Nebel wie gestern lassen Götz nur abwinken. Bei 8 Tagen Verpflegungsreserven bis zum Basecamp können wir uns solch Verlängerungen dann zwar nicht noch einmal leisten, doch könnten wir den Trägern bei der Schinderei des gestrigen Tages auch kaum widersprechen.
Als Heiko im Nachbarzelt von dem Ruhetag mitbekommt, fängt er an zu lamentieren, dass wir den Trägern nun ja noch einen Tag mehr bezahlen müssten. Götz beruhigt ihn, der Preis sei bis zum Basecamp fest ausgehandelt, egal, ob wir nun eine Woche oder ein Jahr unterwegs seien. Wie beruhigend!
Nach dem Frühstück ist jeder, fast wie verabredet, darum bemüht, das nächste „WC" aufzusuchen. Es hilft alles nichts. Um dafür nicht gleich neben dem Zelt zu verweilen, wird dies wiederum zu einem unangenehmen Gang durch den nassen und tiefen Schnee.
Danach beschließe ich die Zeit bis zum Mittagessen gleich noch im Küchenzelt zu verbringen, auch um die Erlebnisse der letzten drei Tage endlich festzuhalten. Die Sitzgelegenheit ist zwar nicht sehr komfortabel, doch immer noch besser als auch tagsüber weiterhin im Schlafsack unseres kleinen Zeltes zu liegen. So bekomme ich nebenbei mit, wie schon wieder das Mittagsmahl zubereitet wird. Möhren, Blumenkohl, Lauch, Gurke, Zwiebeln werden geputzt und mit einem sehr großen Messer, welches die Einheimischen praktischerweise gleich am Gürtel tragen, sogleich auf einem großen Brett zu ebener Erde ganz fein geschnitten. Heute gibt's sogar Kartoffeln, wie ich sehe, welche in einer Art Schnellkochtopf zubereitet werden. Die Grundausrüstung unserer Trekkingküche besteht aus 2 großen recht leistungsfähigen Benzinkochern, 2 Schnellkochtöpfen, einem sehr großen Suppentopf, 2 Pfannen, einigen kleineren Töpfen und allerlei Zubehör.
Nach dem Mittag realisieren wir auf Mingmars Wunsch via Satellit noch eine Telefonverbindung nach Kathmandu. Er will sich vergewissern, ob auch tatsächlich der Hubschrauber noch einmal wegen der restlichen Verpflegung ins Basecamp fliegen wird. Bisher ist das Wetter freilich so, dass dieser Wunsch nur eine theoretische Frage bleibt.
So vergeht der Nachmittag, und wir üben uns in Spekulationen, ob der schmale blaue Himmelsstreif über uns das Wetter für morgen bessern wird. Unser gegenwärtiges Hauptproblem wird zunehmend daran erkennbar, dass sich nach mittlerweile 3 Tagen nebligem und naßkaltem Wetter unser Vorrat an trockenen Sachen langsam aufbraucht. Trockene Socken in die Schuhe lohnt gar nicht erst, letztere quietschen vor Nässe. Vor allem aber werden unseren Schlafsäcke von dem herabtropfenden Kondenswasser bei Luftfeuchtigkeit 100 % bedenklich klamm, ja feucht. Die Sache mit den Socken hat sich

bei mir dagegen stark vereinfacht – ich habe nur ein (nasses) Paar. Die restlichen 6 Paare sind schon im Basecamp ...
Nicht alles geht beim Packen eben immer wie geplant, Logistik nennt man das, wenn's klappt. Dafür trage ich fast ein Dutzend Taschentücher für 8 Wochen Expedition mit mir herum. Möglich, dass ich sie in den nächsten Tagen auch gleich alle brauchen werde. Trotzdem bleibt mir nichts anderes übrig, als mich am Nachmittag rund anderthalb Stunden zu mühen, um Dutzende Löcher in meinen Socken mit Sternchenzwirn zu stopfen, damit sich die restlichen Wollfasern nicht auch noch vor unserem Etappenziel in „Löcher“ aufgelöst haben. Dabei spüre ich, wie mir mein Gesicht brennt. So hat die Sonne durch den dicken Nebel also doch Schaden angerichtet, obwohl wir sie den ganzen gestrigen Tag nicht zu Gesicht bekamen. Unsere feuchte und ungemütlich kalte Situation, verbunden mit der Aussicht auf weitere Tage des Wühlens im nassen tiefen Schnee, hat schon etwas Beklemmendes an sich.
Dann werden wir zum Abendessen gerufen, bisher stets von Nachhaltigkeit, um uns wieder innerlich aufzuwärmen und unsere Stimmung aufzuheizen. So bleiben wir nach dem Essen mit nackten Füßen in unseren nassen Schuhen um die Kerze hocken, als Götz ins Plaudern kommt. Er erzählt von den kuriosen Situationen bei den Expeditionen der letzten Jahre, und die Sherpas schauen uns verwundert zu, wie wir uns vor Lachen biegen, nach Luft schnappen, als hätten wir ihre Esslöffel verschluckt ...
In dieser Nacht werde ich kaum Schlaf finden. Die noch lange kalten Füße verstärken die Grübelei, um wie viel ungemütlicher der feuchte Schlafsack an den folgenden Tagen noch werden wird. Es ist unter diesen Umständen nicht mehr so sehr der Makalu, der unsere Phantasie beschäftigt, sondern erst einmal nur unser so ungemütlicher Weg bis dorthin.

Abweisender Eingang zum Baruntal

Montag, 23. März

Schon seit 6 Uhr hören wir die Kocher im Küchenzelt schnurren, und ehe man noch einmal schön eingedöst ist, hallt schon der Klang der großen Bratpfanne zu uns herauf. Dazu erfolgt grundsätzlich am Morgen sowie an Ruhetagen auch nachmittags der selbstbewusste Ausruf des Kochs – „the Tea“ bzw. „Tea-Time it's ready!“
Soll ich meine mühsam getrockneten Socken gleich in die Schuhe ziehen? – Dann hab' ich noch vor unserem Tourenbeginn schon wieder nasse Füße. Fürs Erste geht es, denn heute Nacht war Frost, das nasse Leder ist angefroren.
Ich habe meine Nudelsuppe und das gekochte Ei noch gar nicht richtig heruntergeschluckt, da stehen die Träger schon bereit und wollen unser (noch nicht zusammengelegtes) Zelt in ihrem Tragkorb verstauen. Sie haben von sich selbst keine 1000 Dinge Hightech-Ausrüstung einzupacken, kein Zelt, nicht einmal einen Schlafsack.
Als wir gegen 8 Uhr den Lagerplatz verlassen, ist das Wetter keinen Deut besser als an

den vorangegangenen Tagen. Unser weiterer „Weg“ führt erneut steil abwärts. Sofort versinken wir wieder in teils hüfthohem Schnee, steigen durch dichtes Rhododendrongebüsch, klettern über umgestürzte Baumstämme, bis wir nach anderthalb Stunden tief unter uns das Gletscherwasser des Barun-Flusses rauschen hören. Ein durchaus zauberhafter Anblick, wenn da nicht unsere mühselige schneckenartige Fortbewegungsweise wäre.

Uns im „Schneewühlen“ beständig ablösend, nach jedem dritten Strauch oder Baum die Träger hinter uns wieder nach dem Weg fragend, können wir unseren Marsch wohl ehrlichen Herzens als „Expedition“ bezeichnen.
Nach anhaltender endloser Stapferei, hoch über der völlig abweisenden Talsohle, erreichen wir schließlich ein sehr großes steiles Schneefeld, das den logischen Quergang zum Fluss ergibt. Ein Blick nach links oben zeigt allerdings, dass die Schneefläche von einem Hunderte Meter langen steinigen Hangabriss begrenzt ist. In Lehm- und Kiesschichten locker eingebettet, hängen dort zahllose Steine und große Felsbrocken drohend über unseren Köpfen, in jedem Moment bereit, auf unseren einzig möglichen Weg hinabzustürzen.
Spätestens hier beginnt wohl unser Glaube daran zu wachsen, dass es ganz wichtig und gut war, mit unseren Gebetsfahnen beim Panchen-Lama in Kathmandu gewesen zu sein.
Es scheint schon ein wenig verwunderlich. Neigen wir im Allgemeinen doch eher dazu, uns über Glauben und Ehrfurcht der Sherpas vor ihren Göttern zu wundern, manchmal fast den Kopf zu schütteln, so sind offenbar auch wir selbst keinesfalls frei davon, ein wenig abergläubisch zu sein. Sicherlich könnte ich mir von jedem meiner Gefährten eine

Art Maskottchen zeigen lassen. Einen oft lustigen und manchmal auch nur unscheinbaren Reisebegleiter, der nicht mehr fehlen darf, weil er seit einem, manchmal schon nicht mehr bestimmbaren Tag oder Jahr einfach immer dabei war. Eine über die Zeit gewachsene Verbindung zu einem Gegenstand, von dem man weiß, nicht nur die schönen Stunden, sondern auch kritische oder leidvolle Augenblicke miteinander geteilt zu haben und auf diese Weise schließlich auch immer wieder gesund nach Hause zurückgekehrt

zu sein. Auch ich trage so ein kleines Engelchen bei mir, welches meine Frau bereits vor Jahren mit auf den Weg schickte. Jetzt, umhüllt von jenem Seidentuch des Panchen-Lama, müsste es sich eigentlich in bester Gesellschaft befinden.
Den Blick immer wieder auf drohende Felsblöcke über uns gerichtet, beginnen wir schweigend über das Schneefeld zu hasten und sehen dabei die frischen Spuren von kleinen und größeren Gesteinsbrocken, welche in den letzten Stunden erst unseren jetzigen Weg gekreuzt haben müssen. Einige davon so groß, dass kein Mensch sie von der Stelle rückte, blieben sie unheilvoll direkt vor der Spur unserer Füße liegen, andere rollten weiter bis in den Fluss, nur 20 Meter rechts von uns. Die Illusion, einem dieser Geschosse ausweichen zu können, erübrigt sich besonders in jenen Momenten, wenn man wieder einmal mit dem Rucksack auf dem Rücken bis zur Hüfte im nassen Schnee eingebrochen ist.
Nach der folgenden Flussüberquerung auf den Resten einer gewaltigen Altschneelawine stehen wir plötzlich auf schneefreiem Untergrund. Auf dem Südhang des Baruntales hat die Sonne bereits alles von diesem weißen, nassen Alptraum der vergangenen Tage hinweggetaut. Wenn auch ohne Weg, so kommen wir aber plötzlich zwischen Sträuchern,

Moos, Algen und wackelndem Geröll gleichmäßig vorwärts. Dabei bewundere ich die Sherpas, wie sie mit ihren entsetzlichen Lasten vor uns doch viel gewandter, fast schneller als wir auf den glitschigen und wackeligen Steinen entlangbalancieren.
Langsam öffnet sich nun das steile Flussbett zu einem breiten Tal. Mit seinen vielen knorrigen und wild zerzausten Bäumen, von Flechten behangen und mit Moos überwuchert, teilweise bereits mit farbintensiv leuchtenden Blumen geschmückt und natürlich mit einem Wald von Rhododendrongewächsen, vermittelt uns dieses Tal seinen Zauber.

Wohl nicht zu Unrecht gilt das Baruntal im gesamten Himalaya als eines der schönsten und romantischsten Täler. Bei immer wieder kurz aufleuchtenden Sonnenstrahlen im leichten Schneetreiben malt mir meine Phantasie aus, welche Blütenpracht sich in ein paar Wochen hier entfalten wird.
Gegen Mittag erreichen wir einen großen imposanten Talkessel. Die Steine um uns sind schon jetzt von leuchtenden Algen überzogen, die riesige Schneefläche dahinter bedeckt vermutlich noch saftige Wiesen und Weideflächen, welche erst in Wochen zum Vorschein kommen werden. Begrenzt wird das Panorama von mächtigen Felswänden, an welchen zahlreiche breite und dunkle Streifen vermuten lassen, dass sich während des Tauwetters hier gewaltige Wasserfälle zu Tale ergießen.
Hier sollen heute unsere Zelte stehen, während die Sherpas erstmals als Unterkunft eine einfache Steinhütte zur Verfügung haben werden. „Nehe Kharka“ wird dieser Ort von den Einheimischen genannt. Nur von einigen Hirten wird der entlegene Ort in diesem wild-romantischen Tal noch erreicht und als Sommerweideplatz genutzt.
Nun wünschten wir uns wenigstens für Stunden einmal die Sonne über uns und alle unsere nassen Sachen ließen sich rasch unter ihren intensiven Strahlen wieder trocknen. Doch noch während wir unsere Zelte unter Bäumen auf weichem Wiesenboden errichten, überrascht uns eine finstere Wolkenwand mit Hagel und Schneetreiben. Auch nach einer weiteren Stunde kann Götz seinen vorsichtigen Blick nach draußen nur mit der Bemerkung zu kommentieren:
„Da bereust du schon, nur den Reißverschluss aufgezogen zu haben.“
Dann meldet sich Heiko aus dem Nachbarzelt: „Ich hab noch 'ne Flasche Sekt, wann woll'n wir die eigentlich trinken?“ Götz: „Am nächsten Ruhetag.“ Karsten: „Das nächste Mal, wenn die Sonne scheint!“ Daraufhin Götz: „Das wird dann wohl erst in Dresden werden ...“
In einer Gruppe gibt es auch in solch trüben Momenten immer noch eine ganze Menge

Fernsehsketch-reife Dialoge, welche solch labile Stimmungslagen um einiges zu erleichtern helfen.
Am Abend das Küchenzelt erneut, diesmal gleich ohne Strümpfe in den nassen Schuhen, aufzusuchen, ist inzwischen zu einer Art gemeinschaftlicher Übung geworden. Wenigstens werden uns die heiße Suppe und nachfolgende Mahlzeit nicht enttäuschen. Einige von uns haben ihre Socken dem Angebot der Sherpas überlassen, sie über ihrem offenen Feuer trocknen, wenn nicht gleich „grillen" zu lassen. So behandelt, erhalten wir sie bereits im Küchenzelt zurück. Als George feststellt, sie würden nun auch wie „Räucheraal" riechen, ist das nicht mal so sehr gelogen oder einfach Geschmackssache.
Die Freundlichkeit und Hilfsbereitschaft der Sherpas kann man nicht mit Worten beschreiben. Ebenso ihre sehr einfachen, naturbezogenen Lebensumstände, unter denen wir ohne unseren Daunenschlafsack oder ohne Goretex-Bekleidung wohl lebensunfähig wären. Aber jenen ganz typischen herben Geruch, welchen die Hirten hier in Nepal wie auch in Tibet an sich haben – diesen und noch manches andere kann wirklich nur erleben, wer sich aufrafft, den in mancher Hinsicht begrenzten Horizont unserer Wohlstandszivilisation wenigstens für ein paar Tage oder Wochen zu überschreiten. Und was diesen Geruch betrifft, so kann ihn auch der Gedanke an eine Kuh im heimischen Wohnzimmer nur unvollkommen vermitteln.
Für den kommenden Tag wird uns vorgeschlagen, den restlichen Weg direkt bis zum Basecamp zu gehen. Das wären etwa 9 Stunden Marsch und 1200 Höhenmeter – unter den gegenwärtigen Verhältnissen, sowohl für uns wie auch für die Sherpas mit ihren Lasten, sehr anstrengend. Vor allem jedoch, um nicht für unseren Organismus die nächste Übernachtung bereits in 4700 Meter durchstehen zu müssen, handeln wir aus, diese letzte Etappe auf 2 Tage zu verteilen. Nur mit der Stirnlampe finden wir danach am Abend in Finsternis und Schneetreiben wieder unser Zelt.

Der Hubschrauber schafft es nicht

Dienstag, 24. März

Als ich auf die Uhr schaue, ist es bereits nach 6 Uhr. Der Zeltstoff über uns erscheint jedoch noch immer merkwürdig dunkel. Langsam wird mir klar, dass es eine mehrere Zentimeter dicke Schneeschicht ist, die das Licht erst wieder freigibt, nachdem wir gegen die Zeltkuppel schlagen. Der Blick nach draußen bleibt freilich deprimierend – dichtes Schneetreiben.
Eine Stunde später vermeldet Götz, dass der Himmel doch aufreißt. Tatsächlich erheben sich nun über uns plötzlich steile Felswände, die sich erst weit oben im gleißenden Licht

von Schneefeldern verlieren.
Wir können es noch gar nicht richtig fassen, als Minuten später ein Brummen hörbar wird. – Der Hubschrauber! Und wenig später sehen wir ihn aus unserem Zelteingang tatsächlich auch schon in beträchtlicher Höhe in unserem Tal heranschweben. Er fliegt über uns hinweg, und wir freuen uns, dass unsere restliche Verpflegung ins Basecamp kommen wird. Doch schon wenig später kommt unser Lufttransporter wieder zurück, zieht einen großen Kreis über uns, entfernt sich dann aber erneut bergwärts. Wir sehen ihn nicht mehr, hören ihn nur noch. Doch schließlich wird das Brummen wieder lauter, und Minuten später donnert sein mächtiger Rotor wieder über unseren Köpfen. Da ist mir klar, dass die wallenden Wolken weiter oben in der engen Talschlucht den Weiterflug zu riskant oder den Rückflug vielleicht gar unmöglich machen.
Wenig später, ich habe meine Füße inzwischen in die gefrorenen Bergschuhe gezwängt, stehen wir alle plötzlich in einer feuchten stürmischen Schneewolke, als der Hubschrauber 200 Meter von uns entfernt auf dem großen Schneeplateau aufsetzt. Die Fahrwerke versinken dabei völlig im Schnee.
Weil die Wolkenfront sich auch talwärts jeden Moment wieder schließen kann, lässt der Kommandant bei einer kurzen Unterhaltung mit Götz letztendlich nur ganze 5 Minuten Zeit zur Entscheidung. Entweder die Fracht wird sofort hier an dieser Stelle entladen, oder der Hubschrauber startet mit der ganzen Ladung und fliegt zurück nach Kathmandu ... Das soll Götz dem Piloten dann aber schriftlich bestätigen.
Was bleibt uns da für eine Wahl, wir beginnen damit den Frachtraum zu entladen. Zwar wird der Weitertransport dieser zusätzlichen zirka 1000 Kilo, das sind etwa 40 Trägerlasten, durch unsere 12 Träger bis ins Basecamp nicht nur eine zusätzliche Woche Zeit, sondern natürlich auch Geld kosten. Im Vergleich zu einem erneuten Hubschrauberanflug für 6000 $ dann jedoch wohl immer noch das kleinere Übel.
So haben ein paar Wolken zu viel – heute und an dieser Stelle – für unseren weiteren Verlauf Schicksal gespielt. Eine Expedition ist eben nicht bis in jedes Detail kalkulierbar. In den Momenten, kurz bevor wieder die Triebwerke angelassen werden, versuche ich noch ein letztes Mal von der Besatzung in Erfahrung zu bringen, ob sie auch meine in Kathmandu zurückgebliebenen Steigeisen mitgebracht hat. Der Chef unserer Expeditionsagentur hatte Götz über das Satellitentelefon zugesichert, sie dem Kommandanten des Hubschraubers persönlich zu übergeben. Ich bekomme nur ein Schulterzucken zur Antwort.
Momente später legen wir uns im nun künstlich entfachten Schneesturm schützend über jenen losen Haufen von wild durcheinander liegenden Ausrüstungsgegenständen, während sich die mächtigen Fahrwerke des Helikopters unter dem ohrenbetäubenden Lärm der Turbinen neben unseren Köpfen aus dem Schnee erheben.
Als das Brummen in der Ferne verhallt, finden wir uns schneeverkrustet vor einem Ausrüstungsberg von Säcken mit Reis, Zucker, Mehl, Zwiebeln, Flaschen und Konserven, Töpfen, Petroleumlampen, einem Dutzend Benzinkanistern und schließlich Drahtgestellen mit Hunderten von rohen Eiern. Vor Tagen mussten wir dies alles in

Kathmandu schweren Herzens zurücklassen, nun aber hängt uns der ganze Kram von einer Minute auf die andere hier in dieser Einöde transportmäßig wie ein Felsbrocken an den Füßen.
Die wenigen Sonnenstrahlen für Momente zum Trocknen des Schlafsacks nutzend, erörtern wir während des Frühstücks noch einmal unsere jetzige Situation. Die restlichen zwei Tagesetappen unseres Weges werden die Träger mehrfach zurücklegen müssen, um das Vielfache ihrer bisherigen Traglasten, welche nun hier lagern, schließlich bis ins Basecamp des Makalu zu bringen.
Nachdem wiederum Zelte und Ausrüstung zusammengepackt sind, brechen wir schließlich gegen 10 Uhr mit allen Trägern zum Weitermarsch auf.
Beim Blick in die Runde war uns heute morgen schon ein imposantes Felsgebilde aufgefallen. Auf einer das ganze Tal seitlich begrenzenden Hunderte Meter hohen Felswand lagert ein gigantischer Felsblock. Von seiner Größe wirkte er auf uns fast wie der klotzige Falkenstein im heimischen Elbsandsteingebirge. Dabei erscheint uns dieses Felsgebilde, schon angekippt, von solch instabilem Gleichgewicht, dass wir gedanklich lauthals damit beschäftigt sind, diesen „Falkenstein" in unserer Phantasie, mit einem Fußtritt vielleicht, laut donnernd zu Tale stürzen zu sehen.
Nebenbei streifen unsere Blicke nach dem weiteren Weg suchend über das vorerst noch ebene Gelände vor uns. Hier gibt es natürlich keine Wegmarkierungen, und der Schnee hat alles zugedeckt, lässt das Bodenprofil vor uns trügerisch gleichförmig erscheinen. Nur eine bunte Abteilung von Gebetsfahnen, welche an einem Dutzend Holzstangen im Wind flattern, erweist uns noch einen Gruß. Dabei haben sich unsere Füße mittlerweile damit abfinden müssen, ihr Tagespensum, ganz so wie sie es am Vortag beendeten, erneut von Beginn an in nasskalter Umhüllung durchzustehen.
In diesem Zusammenhang wird wiederholt eine Formulierung genüsslich ausgesprochen, welche bereits vor 15 Jahren bei einem winterlichen Aufenthalt im bulgarischen Piringebirge, damals als eine Art psychologische Zustandsbeschreibung, entstand. – Darauf anspielend genießen wir es in einer Art schwarzem Humor auf das gegenseitige Fragen, wie es denn den Füßen ginge, dann auch zumeist jenes „sie sind pitsche-patsche nass" als Antwort zu bekommen ...
Im Unterschied zu den gestrigen letzten Wegstunden vorwiegend auf schneefreiem Boden müssen wir heute vom ersten Schritt an wieder in kniehohem Schnee spuren. Wie es heißt, solle das Ganze heute eine nicht so anspruchsvolle Etappe, kaum 4 Stunden lang, werden. Aber nach 30 Minuten schon verliert sich der unsichtbare Pfad im unwegsamen Gelände neben dem Flussbett und bald darauf im dichten Unterholz eines Wäldchens, in dem auch ich beim Spuren manchmal fast bis zum Hals im nassen Schnee versinke. Es hat eigentlich etwas Widersinniges an sich, in diesem uferlosen weißen Brei weiter vorwärts kommen zu wollen, doch müssen wir dies wohl in jedem Fall.
Später gelangen wir an eine Steilstufe im Tal, an welcher mit unserer Stapferei in der Ebene dann endlich Schluss ist. Durch den steilen Einfallswinkel der Sonne ist hier erstaunlicherweise der Schnee schon weggetaut. Nicht lange währt dieses Vergnügen,

dann beginnt in flacherem Gelände zwischen knorrigen alten Bäumen und dichtem Rhododendrongebüsch wieder die aufreibende Wegsuche.
Manchmal diskutieren wir über die Andeutungen eines Wegdurchlasses im Unterholz. Das kostet weniger Kraft, als die zehn Schritte bis dort hin zu spuren, auch wenn der Weg so oder so für uns unsichtbar bleibt. Da kommen mir fast solche märchenhaften Szenen wie „Hänsel und Gretel" oder von „Rotkäppchen im tiefen Wald" in den Sinn.
Egal, wenigstens die Himmelsrichtungen beibehaltend, müssen wir einfach weiter durch dieses Unterholz und können nur hoffen, den Bäumen möglichst bald zu entrinnen.
Einige Zeit später erreichen wir endlich eine Lichtung, und Meutz zeigt uns, noch fern am Talende, schon oberhalb der Baumgrenze einen markanten Felsturm – das Ziel unserer heutigen Tour.
Ohne Zweifel, bei normalen Wegverhältnissen ein Tagesziel, welchem man unbeschwert entgegensieht. Doch in den vergangenen Stunden bewegten wir uns schon wieder nur wie Schnecken. Werden wir so bis zu jenem Punkt am Horizont nun zwei, vier oder noch sechs Stunden benötigen? Dieses ständige Versinken, fast Klebenbleiben in jener endlosen weißen Masse hat etwas Beklemmendes.
Mit den Hochgebirgsverhältnissen weniger vertraute Beobachter werden sich derweil vielleicht fragen, was es dann noch für einen Sinn macht, sich unter solch aufreibenden Bedingungen hier zu Fuß weiter zu schinden, wenn mittlerweile sogar die ganze Expeditionsausrüstung von einem Hubschrauber bis hinauf zu unserem Berg befördert werden kann.
Im Gegensatz zu jenen vielen hoch entwickelten Ausrüstungsgegenständen, welche jedoch ohne Leben oder Seele sind und bestenfalls bei einem Absturz Schaden nehmen, vertragen Alpinisten wie auch die Initiatoren dieses Abenteuers nicht einmal jeden beliebigen und sonst so bejubelten raschen Höhengewinn ohne gesundheitliche Probleme.
Allgemeine und persönliche Erfahrungen vergangener Jahre hatten wohl jeden von uns bereits in unangenehmer Weise erleben lassen, dass sich der menschliche Organismus beschleunigten Höhenveränderungen jenseits der 4000 Meter, besonders mit Hilfe von Verkehrsmitteln, nicht mehr anzupassen vermag. Bedrohliche gesundheitliche Komplikationen sind die unmittelbare Folge, weshalb es auch für uns im Zeitalter der Technik nur einen einzigen möglichen Weg gab, das Felsmassiv des Makalu unbeschadet zu erreichen: – beschwerlich und nur zu Fuß, den langsamen und allmählichen Weg der Höhenanpassung aus eigener Kraft.
Das Tal hat mittlerweile eine Biegung von fast 90° vollzogen, als wir uns in weiterem Anstieg einer der seitlich scharf begrenzenden Felswände nähern. Unsere Augen klettern an dieser scheinbar nicht enden wollenden Mauer hinauf. Irgendwo, vielleicht 200 Meter über uns kommt ein beachtlicher Wasserstrahl wie eine Fontäne mitten aus dem kompakten Fels herausgeschossen, und mindestens doppelt so hoch sehen wir eine Galerie riesiger Eiszapfen wie Orgelpfeifen an einem Felsüberhang kleben. Sie müssen teils metergroß sein. In einem düsteren Schauspiel können wir darauf warten, dass sich immer wieder einige dieser Eisgebilde lösen, schließlich nach einem endlos erscheinen-

den Flug vor unseren Augen wie Geschosssalven auf dem Schnee einschlagen und in Tausende Stücke zerspringen. Gegen Mittag erreichen wir einen günstig erscheinenden Rastplatz und haben als Wegzehrung unter anderem sogar die am Morgen von den Küchenboys zubereiteten Eierkuchen dabei. Doch es ist kalt und ungemütlich. Mit Überwindung nur setze auch ich mich hinter einem windgeschützten Felsblock nieder, um meinen weichen Knien eine Verschnaufpause zu gönnen. Dabei hilft der heiße Tee aus der Thermosflasche sehr, das Klappern der eigenen Zähne zu unterdrücken.
Als die ersten Träger bei uns eintreffen, raffen wir uns wieder auf, um mit dem Spuren des Weges fortzufahren. Im letzten Drittel des Anstiegs haben wir erneut sehr mit dem hohen Schnee zu kämpfen, als es immer steiler werdend auf die Krone einer uralten Endmoräne hinaufgeht. Schwer vorstellbar, dass das Gletschereis vom Hauptkamm des Himalaya vor ewigen Zeiten einmal bis hier hinabgereicht haben muss.
In der Wahl zwischen wild aufgetürmten Felsblöcken, grundlosem Schnee und dichtem Buschwerk weichen wir, wenn's überhaupt nicht mehr vorwärts geht, nun auch bei unserem Weitermarsch direkt in das Flussbett aus und balancieren zwischen Wasser und Steinen weiter. Dazu hat es mittlerweile auch wieder zu schneien angefangen, schon bald so dicht, dass wir darauf achten müssen, uns nicht gegenseitig aus den Augen zu verlieren.
Schließlich erreichen wir dank der Ortskundigkeit einiger Träger gegen 15 Uhr ziemlich abgekämpft den vereinbarten Standplatz, von den Einheimischen „Jank Kharka" genannt. Bei einem auffrischenden naßkalten Wind helfen wir uns alle gegenseitig beim Aufbau der Zelte. Die Zeit bis zum Abendessen verbringen wir notgedrungen im Zelt in unseren klammen Schlafsäcken. Die Nacht wird schon recht kalt werden, hier oben in 4200 Meter Höhe. Ich habe mir alle verfügbaren Sachen angezogen und döse mit angezogenen Beinen vor mich hin. Dann merke ich irgendwann, dass der Schlafsack von außen immer feuchter wird. Das ist unsere ausgeatmete Luft, die sich niederschlägt; wir öffnen beide Zelteingänge noch ein Stück weiter.

Mittwoch, 25. März

Als es schließlich hell wird, ist es gerade mal halb sechs. Draußen ist keine einzige Wolke zu sehen. Doch wird es noch mehr als eine Stunde dauern, bis die Sonne mit ihrem gleißenden Licht über einen der gezackten Felsgrate steigt. Die Strahlen haben durch den halb geöffneten Zelteingang bereits eine solche Kraft, dass es wenige Augenblicke später vor meinen Augen zu „schneien" beginnt. Von der mit Raureif überzogenen Zeltkuppel über uns beginnen sich winzige Kristalle zu lösen, und sie tanzen nun im leuchtenden Gegenlicht zu Tausenden durch den Raum.
Da wir für heute einen Ruhetag auf dieser Höhe vorgesehen haben, ist das Frühstück auf 9 Uhr festgelegt, und wir verfolgen im Schlafsack liegend die stetig zunehmende Kraft und Wärme der Sonnenstrahlen. Meine Schuhe, über Nacht steinhart gefroren, stelle ich deshalb jetzt vor den Zelteingang. Nach einer Stunde sind sie aufgetaut.

Heute genießen wir das Frühstück erstmals im Freien. Die Sonne ist so grell und warm, dass wir die Minusgrade der Luft nicht empfinden. Dabei umgibt uns nun erstmals eine so phantastische Eis- und Felskulisse, dass unser Stimmungsbarometer in die Höhe schießt.
Nach unten schauend erkennen wir, wie das Baruntal mit seiner vielgerühmten Vegetation in einem Rechtsbogen, von steilen Felswänden umrahmt, seinen Lauf nimmt. In die andere Richtung nach oben gesehen stehen wir am Beginn der alten Moräne des Barungletschers. Über ihre Krone leuchten uns schon die ersten 6000 und 7000 Meter hohen Makalu-Begleitgipfel in teilweise unglaublicher Steilheit entgegen.
Im Laufe des Vormittags breiten wir alle nur denkbaren Ausrüstungsgegenstände, insbesondere Schuhe und Schlafsäcke, in der Sonne aus. Der Akku unseres Satellitentelefons, der am vergangenen Abend durch die ständige Benutzung seit Kathmandu und zuletzt durch die Kälte „in die Knie ging“, kann bei dieser Gelegenheit in den folgenden Stunden ebenfalls durch ein einzelnes im Rucksack von Götz mitgeführtes Solar-Element wieder aufgeladen werden.
Zum Mittag hin verdichtet die Sonne mit ihrer Wärmestrahlung wieder die Wolken. Anfangs ist es Wind, später, um die gleiche Zeit wie gestern, umgibt uns erneut dichter Schneefall. Gegen Ende des Monats März sollten wir hier vom Wetter auch noch keine

Wunder erwarten. Mingmar erzählt uns in diesem Zusammenhang, dass er vor über zehn Jahren, selbst noch als Küchenboy, schon einmal den Anmarsch zum Makalu mitmachte. Damals soll noch viel mehr Schnee hier im Baruntal gelegen haben, so dass die Expedition mit ihren Trägern gar 15 Tage unterwegs war.
Am Nachmittag im Küchenzelt bei heißem Tee und Keksen gehen wir erneut die uns verfügbaren Anstiegsskizzen und Wegbeschreibungen für den Gipfel des Makalu durch. Das Material ist nicht besonders reichhaltig, dafür aber mit zahlreichen, jedoch wenig detaillierten Hinweisen auf Probleme und Schwierigkeiten, einschließlich der Benutzung von Sauerstoff, versehen. Wenn dabei auch noch Nebel und Schneetreiben unser Zelt umtosen, hebt das nicht gerade die Moral.
Abends im Schlafsack liegend werde ich gemeinsam mit Götz nicht zum ersten Mal darüber ins Grübeln kommen, wie bei einer derart gewaltigen Herausforderung zwischen unserem Handeln und aufkommenden Emotionen, zwischen Risiken und Erfolgsaussichten in kritischen Augenblicken abzuwägen bliebe.
Ich habe eine schlechte Nacht. Bei dem schon starken Frost schützt die einfache Isomatte nur dürftig gegen die Kälte des Schnees unter uns.

Donnerstag, 26. März

Noch vor 7 Uhr erscheint auch heute wieder die Sonne über dem Felshorizont mit ihren intensiven Strahlen und verspricht uns erneut einen wundervollen Tag zu schenken.
Mit ziemlicher Gemütlichkeit packen wir nach dem Frühstück im Freien auch unsere Zelte und Ausrüstung zusammen und verlassen so gemeinsam mit den Trägern unseren Standplatz, um heute endlich das erste Mal den Makalu mit eigenen Augen zu erblicken und gleichzeitig auch unser Basecamp zu erreichen.

Der heutige Weg führt uns leicht ansteigend immer tiefer in eine Gebirgswelt hinein, die uns mit ihrem Aussehen einfach verzaubert. Zu beiden Seiten des Tales erheben sich unwahrscheinlich steil und wild gleich mehrere Felsriesen, die ihre eisgepanzerten Grate und Flanken bis über 7000 Meter in den tiefblauen Himmel recken. Das Eis der Hängegletscher leuchtet zwischen strahlendem Weiß und einem Schimmer von Blau und Grün in den zerrissenen Eisbrüchen.

Wie Ameisen bewegen wir uns Stunde um Stunde an ihrem Fuße zwischen Schuttkegeln und den Gletscherbächen entlang, in welchen sich mit einem kräftigen Grün des Wassers die Farben des Himmels und des Eises zu vereinigen scheinen. Es ist ein Marsch mit ganz unmittelbaren Eindrücken, vor welchen auch Fotos auf Hochglanzpapier jedes beliebigen Reiseführers nur verblassen können.

Dazu erleben wir, noch fast ungläubig, dass der uns in den letzten Tagen beim Laufen

so peinigende Schnee unsere Schuhe nun recht gut zu tragen beginnt. Das Wechselspiel von intensiver Sonnenstrahlung und nächtlichem Frost hat die Schneeoberfläche hier oben bereits verfirnen lassen. Mehr noch, mit zunehmender Höhe ist der Schnee in diesem Hochtal in 4500 Meter Höhe sogar schon völlig von den gleißenden Strahlen der Sonne aufgezehrt.

Später, auch nach einer eingelegten Mittagsrast, fällt mir das Weitergehen über den stetig ansteigenden Moränengrund sichtlich schwerer. 4700 Meter bleiben für uns vorerst noch eine Höhe, an der die Akklimatisation unseres Körpers ihre Grenzen hat.

Hier erreichen wir die bereits weithin sichtbaren ersten Zelte des Basecamps. Es steht auf dem Boden eines Gletscherbeckens, dessen Seitenwälle fast den Dimensionen der Schrammsteine über dem Elbtal entsprechen.

Und nur noch etwa einen Kilometer von uns entfernt erhebt sich darüber eine gigantische Mauer aus Fels und Eis – der Makalu. Wir müssen unsere Köpfe in den Nacken legen, um bis zu seiner Spitze hinaufschauen zu können. Das Auge und unsere Vorstellungskraft vermögen es nicht zu erfassen, dass hier tatsächlich fast 4000 Meter Fels nahezu senkrecht übereinandergetürmt sind ...

Die Begrüßung mit den drei Küchenleuten, die mit dem Hauptteil unserer Ausrüstung bereits vor einer Woche im Hubschrauber hier oben ankamen, ist herzlich. Sie hatten seitdem bei eigenen knappen Nahrungsmittelvorräten sehnsüchtig auf unser Eintreffen gewartet.
Auch wir sind sehr erleichtert, ab sofort wieder auf alle Ausrüstungsgegenstände und ebenso alle unseren persönlichen Dinge zurückgreifen zu können. Nicht nur der besorgte Blick nach „speziellen Flaschen“ für fröhliche Stunden – ob sie wohl den abenteuerlichen Transport und bereits viele Tage Frost überstanden hätten – oder bei anderen das Wühlen nach neuen Kassetten für ihren Walkman.

Ich bin so bald wie möglich auf der Suche, unter den über 20 Fässern jene Tonne zu finden, in welcher ich meine restlichen Socken einschließlich trockener Bergschuhe zu finden hoffe.
Nachdem wir uns im Schaufeln einer Schneeplattform abgewechselt haben, gibt es noch ein wenig Verwirrspiel um die vielen Zeltleinen zum Verspannen und die einzuknüpfenden Kabinenteile bei der Errichtung unseres großen „Big-one-six“-Mannschaftszeltes.
Im Gegensatz zu den vergangenen Tagen des Anmarsches ziehen wir ab heute nun zu sechst in unsere geräumige Behausung, in der wir nicht nur aufrecht stehen können, sondern ebenso unsere Rucksäcke und andere Ausrüstung unterbringen.
Die zukünftigen Mahlzeiten nehmen wir ab sofort wieder an einem richtigen Tisch mit Hockern und komplettem Geschirr ein.
Zur Feier des Tages, nun endlich hier vor Ort angekommen zu sein, findet sich dann auch noch die Flasche Sekt aus Heikos Rucksack wieder, und auch Mingmar weiß einen solchen Schluck als reizvolle Abwechslung zu seinen täglich verteilten Tee-Thermoskannen zu schätzen.

Freitag, 27. März

Nach einer wunderbar verbrachten Nacht auf ordentlicher Thermomatte und endlich mit warmen Strümpfen an den Füßen lassen wir den Tag recht gemütlich gegen halb neun mit dem Frühstück beginnen. Danach werden die in den vergangenen Tagen benutzten Zelte noch einmal zum Trocknen aufgebaut.
Meutz beginnt die Solaranlage zu installieren. Gleich darauf will er mit dieser Technik

die Akkus vom Satellitentelefon, Rechner und Videokamera wieder aufladen. Wenig später bekommt er auch ein eigenes Zelt aufgebaut, um seine ganze Technik besser unterzubringen. So sehen wir ihn nicht mehr, da er wieder einmal mit einigen launischen Funktionsstörungen des Laptops beim Programmstart im Duell steht. Zu guter Letzt hantiert Meutz mit seinem großen Werkzeugkoffer und Lötkolben, um auch noch unseren von Kathmandu mitgeschleppten Kassettenrecorder an das

Stromnetz im Basecamp anschließen zu können. Doch bevor es so weit kommt, gilt es noch, unsere mehr als 20 Ausrüstungs- und Verpflegungstonnen allesamt zu öffnen, mit den Inventarlisten zu vergleichen und gleichzeitig vieles umzupacken, da nur ein Teil unserer Ausrüstung hier verbleiben wird. Das meiste soll gleich in den nächsten Tagen noch weiter hinauf, bis ins vorgeschobene Basecamp (ABC) befördert werden. Zusätzlich notwendig wird dieses Packen, weil das Gerücht umgeht, die Träger würden uns nicht mehr wie vereinbart, das heißt für weitere zehn Tage, zur Verfügung stehen.

Sollen wir darauf etwas geben und unsere Ausrüstung geringer als im geplanten Umfang zusammenstellen? Wir versuchen einen vorläufigen Kompromiß beim Packen. Was bei unserem nächsten Lastentransport in Richtung der Hochlager nicht fehlen wird, ist eine

unserer zwei großen Medizinkisten. Gemeinsam mit George vergleiche ich erneut den gesamten Inhalt mit den Inventarlisten.
Obwohl das Sortiment in beiden Kisten identisch sein soll, verändern und ergänzen wir auch hier noch einmal dessen Zusammenstellung. Entsprechend den speziellen Anforderungen in den Hochlagern erscheint das sinnvoll, da wir den Standort des Basecamps hier „unten" in 4700 Meter Höhe in den späteren Wochen nur noch zu längeren Erholungsphasen aufsuchen werden.
Schließlich beginnt es auch wie schon am Vortag wieder zu schneien, und wir finden uns alle gemeinsam in unserem geräumigen Zelt in den Schlafsäcken liegend wieder. Alle sind ganz eifrig damit beschäftigt, sich literarisch „fortzubilden". Recht beliebt dabei einige spezielle Heftchen, in denen vor allem Bilder zu betrachten sind. Diese gestalten sich freilich in solcher Art, dass einem davon selbst hier im Schlafsack richtig warm ums Herz werden kann ... Diejenigen, welche von den „Bilderbüchern" nichts abbekommen haben oder gar schon alle kennen, haben für die nächsten Wochen durchaus dann noch ein interessantes Angebot an alternativem Lesestoff von den Gefährten, welcher u. a. von Heinrich Harrer über Stefan Heym bis Leon Uris reicht.
Plötzlich erscheint Mingmar im Zelt, um zu fragen, warum denn keiner zur bereits ausgerufenen Tea-Time erscheine? Der Umstand wird auch ihm schnell klar. Mit dem am Vormittag durch unsere Solarpanels in eine Batterie eingespeisten Strom betreiben wir jetzt unseren Kassettenrecorder mit Rockmusik in einer souveränen Lautstärke, so dass wir wohl weder das rufende Küchenteam noch Lawinen oder Steinschlag bemerken würden.
Darüber hinaus habe ich das Gefühl, dass die von den sechs Expeditionsteilnehmern mitgeführten Kassetten in ihrer Spieldauer fast endlos ausreichen würden. Bei einem Leben auf Wochen im Zelt und chronischen Außentemperaturen von weit weniger als 0° Celsius sollten so manch kleine exzessive Freuden jedoch verständlich bleiben.
Doch nun gehen wir erst mal alle zum Tee- oder Kaffeetrinken ins Küchenzelt.
Nach der vormittäglichen Inventur unserer eigenen Lebensmittelvorräte wird offenbar voller Zufriedenheit gleich einmal in großem Stil aufgefahren. Honig, Salami, Nutella, Schinken, eine Tube Meerrettichpaste und natürlich Dresdner Stollen. Man merkt ihm geschmacklich zwar etwas an, dass er in der Transporttonne neben dem Pfefferminztee gelegen haben muss, doch wünschten wir uns bei unseren täglichen Herausforderungen besser immer nur derartig überschaubaren Einschränkungen ausgesetzt zu sein.
Als wir eine Stunde später zum Abendessen gerufen werden, merken wir schnell, dass unsere ausgedehnte Stollenmahlzeit ein großer Fehler war. Bei hell strahlender Petroleumlampe serviert uns Mingmar auf einem riesigen Teller eine Art Reiskuchen, gefüllt mit Gemüse, Salami, Kartoffeln, Ei und Käse. Zu diesem dampfenden Festmahl drückt er uns zuletzt einen krummen Dolch, wie ihn die Einheimischen tragen, fürs Aufschneiden in die Hand ...
Ein Härtetest besonderer Art ist für uns dieses tolle Essen, und es werden erste Stimmen laut, wir könnten bei dieser Expedition nicht ab-, sondern gewichtsmäßig zunehmen.

Da es jede Nacht erneut ungewohnt ist, bereits gegen 20 Uhr im Schlafsack liegend die Zeit bis zum nächsten Morgen schlafend zu überbrücken, ist es mir ganz recht, wenn zuweilen der Abend geräuschvoll mit unserem Kassettenrecorder verlängert wird. Nur Meutz im Technik-Nachbarzelt beschwert sich über die Lautstärke wie vermutlich auch die Musikrichtung und droht uns damit, gleich den Strom aus seiner Batterie abzuklemmen.
Als alternative Maßnahme mit „mildernden Umständen“ schlage ich vor eine meiner Kassetten mit eher klassischer Stilrichtung einzulegen. Doch dazu kommt es nicht mehr, denn im Zelt neben uns „klingelt das Telefon“. Ein Anruf von zu Haus. Bei einem sehr saftigen Minutenpreis dieser Satellitenverbindung haben wir alle unseren Spaß, wie Karsten nun in Windeseile seinen Schlafsack verlässt, sich mit Stirnlampe müht, in seine frostigen Bergschuhe zu gelangen, um danach noch ins Nachbarzelt zum Telefonhörer zu flitzen.

Sonnabend, 28. März

Wenn auch die uns umgebenden Bergriesen heute von einem bizarren Wolkenschleier umhüllt bleiben, so wecken uns die ersten Sonnenstrahlen dennoch viertel acht in unseren Schlafsäcken. Heute wollen wir auf Erkundungstour gehen, um unseren zukünftigen Standort für das vorgeschobene Basecamp zu erreichen und um dort auch schon einige Ausrüstungsgegenstände zu deponieren. Bis alle dafür vorgesehenen Sachen verteilt und die Rucksäcke gepackt sind, wird es 9 Uhr sein.
Auch wollen wir unsere persönliche Eiskletterausrüstung einschließlich Seil und schwe-

rer Bergschuhe mitnehmen, um auf dem Gletscher eventuelle kritische Passagen für die später nachfolgenden Träger abzusichern.
Der Pfad führt bei gleißendem Sonnenschein anfangs an einen steilen Moränenhang, schließlich in einem Linksbogen oberhalb eines gefrorenen Gletschersees weiter. Immer direkt unter den gigantischen Südabstürzen des Makalu, sehen wir alsbald die Ausläufer seines Westgrates an uns vorbeiziehen. In nachfolgenden Etappen unter der Westwand querend, soll der Aufstieg an späteren Tagen auf deren Nordwest-Seite weiterführen.
Paradoxerweise gehen wir dabei hier in 5000 Meter Höhe fast ausschließlich über unendliche Berge von Felsschutt und Steinblöcke, nachdem wir uns zuvor fast eine Woche lang zwischen 2800 und 4300 Meter Höhe durch hüfttiefen Schnee gewühlt hatten.
Nach anderthalb Stunden Marsch auf der scharf abfallenden Seitenmoräne des Gletschereises, das völlig unter dem Gesteinsschutt der umliegenden Hänge begraben scheint, verlieren wir den bis dahin erkennbaren Pfad und steigen für unseren Weitermarsch auf den Boden des Gletschers hinab.
Auf unserem so gewählten Weg erwarten uns Millionen von chaotisch übereinandergetürmten Steinen und Felsblöcken bis zu Auto-Größe, über welche wir uns von nun an rutschend und mit jedem Schritt balancierend mühsam weiterbewegen.

Besonders unangenehm, wenn sich dabei regelmäßig Blöcke mit bis zu mehreren Tonnen Masse zu bewegen, ja zu drehen beginnen. Langsam wird uns bewusst, dass der Gesteinsschutt wie in riesigen Wellen auf dem Gletscherboden lagert. Haben wir eine

solche Erhebung erreicht, müssen wir zum zigsten Mal erneut in die nächste Gesteinsmulde abtauchen. Später versperren unserem schneckengleichen Weiterkommen plötzlich bis zu 30 Meter hohe senkrechte Wälle aus Gletschereis den Weg, die wir dann zeitraubend umgehen müssen. Dabei entspricht der Neigungswinkel der zusammengeschobenen Steine genau ihrem Schüttkegel. Das heißt, tritt man darauf, beginnt der ganze Hang zu rutschen ...
Bei diesem aufreibenden blöden Spiel haben wir uns mit den nicht ganz leichten Rucksäcken auf dem Rücken nach weiteren 2 Stunden so verausgabt, dass wir den weiteren Weg abbrechen. Unter einem großen Felsblock am Rande des Gletschers legen wir ein Depot mit unserer Ausrüstung an.
Irgendwie unheimlich hier. Die großen Blöcke um uns sehen in ihren Bruchstellen noch so frisch aus, als wären sie hier erst vor zehn Minuten durcheinandergerollt.
Auf unserem Rückmarsch entdecken wir einen anderen, durch „Steinmänner“ markierten Pfad, der sich auf der Krone der gewaltigen Seitenmoräne, fast 200 Meter über dem Steinchaos des Gletschers entlangzieht. Darauf unseren Weg fortsetzend, können wir nun auch auf der anderen Seite des Gletschers den vermutlichen Standpunkt unseres späteren ABC ausmachen. Vom ziellosen Auf- und Absteigen im uferlosen Geröll des Gletschers sind wir so geschwächt, dass uns der Rückweg, selbst mit leerem Rucksack, fast schwerer fällt als unser Aufstieg am Vormittag.
Bevor wir nach 16 Uhr unser Basecamp wieder erreichen, setzt ein dichter Schneefall ein, so dass wir am Ende wie die Schneemänner aussehen. Ich bleibe im Küchenzelt sitzen, um noch zu schreiben. Die abendliche Kälte steigt schnell an mir empor, so dass ich zitternd kaum noch den Stift in der Hand halten kann. Mingmar bringt mir eine fauchende Petroleumlampe, an der ich mir im letzten Tageslicht meine Finger immer wieder ein wenig erwärme.
Zum Abendessen gibt es für uns neben Kartoffeln und Gemüse gebratenes Geflügel. Es ist uns völlig unbegreiflich, wie unsere Küchenboys das hier herzaubern. Ihre Augen strahlen über unsere ehrliche Begeisterung.
Danach verfallen wir, wie fast an jedem Abend, noch in alle möglichen Plaudereien. Die ziehen sich für gewöhnlich bei den auf dem Tisch stehenden großen Thermoskannen – gefüllt mit „Black Tea“, „Sherpa Tea“ und „Wather for Coffee“ – noch einige Zeit hin.
Heute will es der Zufall, dass wir uns in politische Themen verstricken. Nach kurzer Zeit schaut Mingmar fragend herein, da unsere temperamentvolle Auseinandersetzung offenbar schon lautstark bis zu den Sherpas hallt. Später, tief in der Nacht, wird dann das dumpfe Krachen von Lawinen und das Poltern großer Steine von den umliegenden 7000-Meter-Felswänden drohend bis zu unseren Ohren hallen.

Unangenehme Überraschung in der Nacht

Sonntag, 29. März

Unseren Ruhetag nach der gestrigen unerwartet anstrengenden Erkundungstour beginnen wir 8.30 Uhr mit dem Frühstück, um den Rest des Vormittags ganz individuell mit Lesen, Musikhören oder kleinen Reparaturen zu verbringen.
Ich habe mir vorgenommen, den Küchenleuten einmal auf ihrem fünfminütigen Weg zum Wasserholen zu folgen, um mit edlen Vorsätzen endlich im Fluss ein Bad zu nehmen. Zwar sind irgendwo meine Handtücher abhanden gekommen, doch haben die unsichtbaren Sonnenstrahlen auch bei dem heute wolkenverhangenen Himmel und trotz Minusgraden eine solche Intensität, dass das Trocknen wie von Geisterhand geschieht.
Am Nachmittag werden wir u. a. unsere Handsprechfunkgeräte überprüfen und auf einige vereinbarte Frequenzen abgleichen, denn morgen wollen wir bei einem erneuten Marsch zum geplanten ABC gleich ihre Funktionsfähigkeit in dem uns erwartenden verwinkelten Geländeprofil testen.
Wir geraten in einen handfesten Meinungsstreit, ob wir am morgigen Tag überhaupt wieder hierher ins Basecamp zurückkehren sollen. Eine verlockende Alternative dazu wäre, bereits im ABC auf 5200 Metern Zelte zu errichten, neben dem eigenständigen Kochen und Übernachten bereits weitere Erkundungen durchzuführen und so erst am darauffolgenden Tag hier herunter zurückzukehren. Beide Varianten haben Argumente dafür und dagegen aufzuweisen. Anders als Götz, der Initiator all unserer großen Gebirgsfahrten der letzten Jahre, entscheidet sich die Mehrheit von uns für die beschleunigte Variante, im noch aufzubauenden ABC erstmals zu übernachten.
Das hat immerhin zur Folge, dass mittlerweile in der Dunkelheit erneut ein Teil unserer Ausrüstung umgepackt werden muss, da am folgenden Morgen nur wenige Träger mit uns kommen können. Ein Teil unserer Helfer ist immer noch damit beschäftigt, die restliche Ausrüstung vom tiefer gelegenen Hubschrauberlandeplatz heraufzutragen.
Einige haben sich jedoch auch leichte Verletzungen durch Stürze beim Tragen oder auch Schneeblindheit zugezogen. So sind wir mit unserer großen Medizinkiste von den Einheimischen immer wieder gern in einer Rolle als „Wunderheiler" gesehen. Ihr Glaube an unsere Möglichkeiten ist so groß, dass sich beinahe jeder von uns Alpinisten mit entsprechend ernster Miene – selbst nur mit einer Tube Zahnpasta in der Hand – den Respekt verschaffen könnte, der sonst einem Chefarzt gebührt.
Doch beruhen unsere Möglichkeiten, mittels großer Medizinkiste helfen zu können, diesmal anstelle eines Arztes leider nur auf einer langen Liste in Form einer Gebrauchsanweisung. Nicht leichtfertig stellen wir uns auch dieser Verantwortung und dem Vertrauen unserer einheimischen Träger, auch bei Magenschmerzen, Entzündungen oder Fieber helfen zu können. Migma-Doma vermittelt uns hin und wieder ihre einheimischen Krankenkandidaten.
So sitzen wir manches Mal, uns mehr durch Gesten als mit Worten verständigend, nach

dem Abendessen in bunter Runde im Esszelt mit den Sherpas zusammen, die sich vor der nächtlichen Kälte gern noch für eine Weile in unser Zelt flüchten. Einer hat seine Schuhe und Socken ausgezogen, um sie in der Nähe des Benzinkochers zu trocknen. Der Anblick dieser simplen Stoffturnschuhe jagt mir immer wieder eine Gänsehaut über den Rücken. Und dann sehe ich seine nackten Füße. Mehrere Zehen sind nur noch als verkrüppelte Rudimente erhalten ...

Immer noch damit beschäftigt, mittels Stirnlampe in unseren Rucksäcken die richtigen und wichtigsten Gegenstände zu verstauen, hatten wir dem bereits am Nachmittag wieder einsetzenden Schneefall bisher keine entscheidende Bedeutung beigemessen. Ob der nicht einfache Weg zum ABC zu bewältigen sein wird, wollen wir erst von der Situation am nächsten Morgen abhängig machen.

Jene neue „Situation“ ereilt uns aber bereits in der Nacht.

Plötzlich werde ich in der Finsternis im Schlafsack liegend davon wach, dass etwas Kaltes, Schweres sich mir um den Kopf legt. Das kenne ich doch – einmal vor Jahren habe ich Ähnliches bereits im Gebirge erlebt. Mir wird bewusst, dass unser großes Zelt zusammengebrochen sein muss. Mit den Armen versuche ich das Dach wieder etwas anzuheben. Jedoch ein kalter, weicher, aber schwerer Widerstand hindert mich daran. Schnee? Unmöglich so viel, ja aber doch – Schnee muss es sein!!

Ich rufe die Gefährten neben mir wach. – „Jetzt ist's passiert!“ ... wird mein spontaner Ausruf später noch oft zitiert werden.

Wir zwängen uns aus unseren Schlafsäcken, der Reißverschluss des Zelteinganges wird aufgezerrt und im Schein unserer Stirnlampen ergießt sich auf uns eine Lawine von Schneeflocken.

Das Gestänge, welches unser Zelt zu einem geräumigen Gewölbe spannte, ist an mehreren Stellen völlig verbogen, sogar zerbrochen. Während Heiko, Karsten und ich mit Kopf und Armen versuchen, das dünne Stoffgewölbe wieder etwas aufzurichten, schreit George schon von draußen: „Vorsicht, ihr zerreißt die Zeltleinwand an dem gebrochenen Gestänge!" In den nächsten 20 Minuten versuchen wir, einen Teil der Schneemassen rings um das 8 Meter lange und 3 Meter breite Zelt wegzuschaufeln.
Da taucht ein weiterer Stirnlampenkegel aus dem Chaos der Schneeflocken auf. Mingmar bittet um noch eine Schaufel – für eine halbe Stunde nur. Ich gehe gleich selbst mit ihm, wir wühlen uns die 50 Meter bis zum Küchenzelt durch hüfthohen Pulverschnee. Der Schnee ist wie Staub in der Luft, an dem man sich bei jedem Atemzug fast verschluckt. Ich helfe ihm das Küchenzelt freizuschaufeln, welches ebenfalls kurz vor dem Zusammensturz steht. Danach zerre ich zwei der schweren Packsäcke, die eigentlich für den morgigen Transport vorgesehen sind, aus der Dunkelheit unter das Dach des Küchenzelts und habe Glück. Gleich im ersten Sack finde ich das Ersatzgestänge für unser zusammengefallenes Zelt.
Mittlerweile ist es 1 Uhr, und es entsteht der nächste nicht unberechtigte Streit darüber, ob wir versuchen sollen, die zerbrochenen, aber immer noch unter Spannung stehenden Gestängeteile aus den Führungsbahnen im Zeltstoff herauszuziehen oder aber einige Teile des Ersatzgestänges zur Stützung und Stabilisierung der alten Streben im Inneren des Zeltes zusätzlich zu verwenden.
Wir bauen Stützbögen innerhalb der Schlafkabine, wobei wir die Gestängeenden in unsere Bergschuhe stellen, damit sie nicht durch den Zeltboden spießen. Für die weitere Nacht vereinbaren wir, uns stündlich abzulösen, um den weiteren massiven Schneefall außen vom Zelt abzuwehren. Ich übernehme ab 2 Uhr die Wache.
Angezogen, sicherheitshalber wie bei einem Schneesturm in 7000 Metern, komme ich jedoch schnell außer Atem und ins Schwitzen. Der Schnee fällt fast schneller als ich ihn beiseite schaufeln kann. Alle 5 Minuten muss unser angeschlagenes Zelt vom Schnee abgeklopft werden, und gleichzeitig muss dieser mit der Schaufel dann in hohem Bogen fliegend möglichst weit weg befördert werden, um nicht in kurzer Zeit schließlich doch in den von oben ständig weiter nachrutschenden Schneemassen zu versinken. Ich versuche, einen Gang von eineinhalb Metern um das Zelt freizuschaufeln. Dabei entsteht mittlerweile ein Schneewall von über 2 Meter Höhe.
Doch dürfen wir auch das kleine Nachbarzelt, in dem Meutz mit der ganzen Technik liegt, nicht vergessen. Anfangs war sein Zelt schon fast unter der Schneedecke verschwunden. Es ist wie eine Art Staffellauf, immer wenn ich mit dem Schneewegschaufeln gerade einmal um unser großes Zelt herum bin, drängt mich die beständig ansteigende Schneedecke dazu, mit den langsam erschlaffenden Armen wieder eine neue Runde zu beginnen.
Auf diese Art überstehen wir Stunde um Stunde und nähern uns langsam dem Ende dieser quälenden Nacht. Ein unheimliches Gefühl zu spüren, dass uns nur das ständige Schneeabschütteln und Wegschaufeln jenes Gewölbe zum Atmen über unseren Köpfen im Zelt erhält.

Beunruhigt bleibe ich aber auch noch über die Schneemassen, die sich in der Finsternis an dem gewaltigen Moränenhang über unseren winzigen Behausungen auftürmen.

Montag, 30. März

Es beginnt zu dämmern, und ich versuche, mit meinen klammen Sachen im Schlafsack einigermaßen Wärme zu finden.
Als Götz gegen 7 Uhr völlig durchnässt wieder das Zelt betritt, lässt der Schneefall langsam nach. Später wird er bemerken, dass der Schnee uns wohl begraben hätte, wenn es mit seinem Niederschlag noch intensiver geworden wäre.
Die Sherpas bringen uns dampfenden Tee, doch die meisten von uns schlafen weiter.
Die am Vormittag höher steigende Sonne ist durch den noch immer herabrieselnden Schnee zwar nicht zu sehen, doch heizen ihre unsichtbaren Strahlen das Innere unseres Zeltes wie ein Gewächshaus auf, so dass mittlerweile die Schneeflocken auf unserem Zelt sofort schmelzen und als Wassertropfen herunterrinnen. Der Effekt der gespeicherten Sonnenenergie ist hier oben immer wieder so erstaunlich, dass es in den wenigen Stunden gelingt, all die vielen Sachen und Ausrüstungsgegenstände innerhalb des Zeltes zu trocknen.
Vor unserer Behausung ist die Welt nicht mehr wiederzuerkennen. Alles ist in undurchdringliches Weiß getaucht. Selbst bereits von einem mehr als 2 Meter hohen Schneewall umgeben, versinken wir jedoch auch außerhalb bis über die Hüfte im Pulverschnee. So bleibt unser Esszelt in Moment nur beschwerlich erreichbar. Ebenso existiert jener Weg zu unserem „gewissen Örtchen“ nicht mehr. Deshalb sind wir unter anderem am Vormittag damit beschäftigt, wieder Wege, Schützengräben gleich, auszuheben.

In der Ferne sehen wir die Sherpas Gleiches tun – nämlich den ca. 500 Meter langen Zugang zum Wasserholen am Fluss mittels einer einzigen Schneeschaufel auszugraben. Nur wer sich am Ende dieses Grabens befindet, hat ja die Möglichkeit, dort auch weiter-

zuschaufeln. Es hinterlässt bei mir eine Art kopfschüttelnden Eindruck wie vielleicht beim endlosen Bau der chinesischen Mauer.
Für den Nachmittag kündigt Mingmar die „große Zeremonie" an, bei der unsere vom Panchen-Lama gesegneten Gebetsfahnen über dem Lager aufgehängt werden sollen. Das Ganze findet dann auch in einer recht religiös-feierlichen Atmosphäre statt.
Der Berg, steil über uns, zeigt sich tief verschneit und von grauen Wolkenschleiern umwoben. Die verschiedenfarbigen Gebetstücher sind an langen Schnüren aufgereiht. Aus allen vier Himmelsrichtungen kommend, treffen sie sich an einem Bambusstab, welcher einen kleinen aus Steinen gesetzten Altar abschließt. In seinem Inneren brennt eine Kerze, rauchen Bündel von Weihrauchstäbchen wie auch einige heimatliche Knox-Räucherkerzen. Vor dem Altar befinden sich 3 große Teller mit Opfergaben wie Reis, Popkorn, Obst, außerdem Kekse, Hustenbonbons, Schokolade von uns. Von den Sherpas wurden Fladenbrot, Mandarinen, einige Rupien-Scheine, etwas Schnaps und eine Flasche Bier dazugelegt.
Einer der Sherpas murmelt vor dem Altar minutenlang Gebetsformeln. Dann werden wir alle aufgefordert, uns etwas von den Opfergaben zu nehmen und einen Teil in die Höhe zu werfen, damit sie vom Wind fortgetragen werden. Danach essen wir gemeinsam von den Tellern. Die Sherpas sind von unseren Bonbons recht angetan, dabei versäumen sie es nicht, sich den Rest des Opfer-Schnapses schmecken zu lassen.

Haben wir die Götter nun freundlich gestimmt, unser schwieriges Ziel, den Gipfel des Makalu zu erreichen? Mingmar ist zuversichtlich. Geschickt hat er die ungeduldigen

Sherpas in die Zeremonie mit eingebunden. Morgen werden sie die ersten unserer Lasten zum ABC weitertragen.
Wir finden uns danach zur Tea-Time im Küchenzelt ein und haben bei dieser Gelegenheit eine recht kontroverse Diskussion über die Frage, welche Motive, welche Situationen im Zusammenhang mit dieser Expedition von George per Videokamera dokumentiert oder besser ausgelassen werden sollten.
Unsere Emotionen, welche soeben während der gemeinsamen Zeremonie mit den Sherpas durch das lästige Filmen provoziert waren, stehen den nüchternen Erwägungen von George entgegen, schließlich dafür beauftragt zu sein, mit der bildlichen Begleitung unserer Expedition auch Interessenten und Zuschauer zu finden ...
Am Abend nutze ich die Möglichkeit unseres Satellitentelefons für ein Gespräch nach Hause und bringe mit solch einem unerwarteten Ruf vom anderen Ende der Welt einige Freunde in Aufregung und Erstaunen.

Wie vielen Böen hält das Zelt noch stand?

Dienstag, 31. März

Nach dem Alptraum des zusammenstürzenden Zeltes in der vergangenen Nacht werde ich schlagartig wieder wach, als eine Windböe erneut am lädierten Gestänge rüttelt. Danach ist wieder Totenstille, für einen Moment jedenfalls. Sonst aber ist um uns herum in Minutenabständen ein Poltern und Krachen zu vernehmen, so als würden ganze Hochhäuser zusammenstürzen. Doch das sind die abgehenden Neuschneelawinen.
Als ich Götz wecke, meint er, dass es vielleicht der Luftdruck dieser Lawinen sei, der an unserem Zelt so rüttelt.
Doch dieses Rütteln wird zunehmend kräftiger und häufiger, kaum dass 3–4 Minuten vergehen und ich mit dem Oberkörper aus meinem Schlafsack schieße, um mit einer Hand jene Strebe zu erreichen, die sich jedes Mal bedenklich deformiert. Inzwischen habe ich meine Stirnlampe auf dem Kopf, so verfolge ich bei jeder der kräftigen Böen die bedenkliche Entwicklung auch optisch mit.
An Schlaf ist nicht mehr zu denken, und wieder ist es erst 1 Uhr – mein Gott, die ganze Nacht liegt noch vor uns. Die anderen scheinen das in dieser Form noch nicht zu registrieren. Teilweise sitze ich fast nur noch, um die Attacken der Windböen gegen unser Gestänge zu parieren. Eigentlich wird es bei diesen grimmigen Verhältnissen notwendig, auch die zahlreichen Verspannungen unseres Zeltes zu prüfen.
Wieder mobilisiere ich Götz. Obwohl er sich vor geraumer Zeit noch damit rechtfertigte, dieses Modell habe am Everest auch jedem Wind standgehalten, beschließen wir nun

einen weiteren Gestängebogen provisorisch im Innenzelt zu spannen. Das gibt uns die Illusion, die Stoffbahnen wieder zu stabilisieren, für einen Augenblick zumindest. Die immer stärker werdenden Böen stehen zunehmend gegen solche Erinnerung, den Glauben, es habe bisher immer gehalten.
Langsam, endlich beginnt es zu dämmern. Mein Blick bleibt starr auf das Zeltgewölbe gerichtet, auf jene Stelle, welche immer wieder aufs Neue von den Windböen zusammengedrückt wird. Aus den Erfahrungen der vergangenen Nacht weiß ich, dass die Elastizität des Aluminiumgestänges und die Fähigkeit der einzelnen Segmente, sich wieder aufzurichten, Grenzen hat. Inzwischen erkenne ich, dass unsere Schlafsäcke mit Schnee überzogen sind. Durch die feine Belüftungsgaze an der Stirnwand presst jede neue Windböe neuen Schneestaub zu uns herein.
Ich halte es in diesem Chaos nicht mehr aus.Während die anderen offenbar noch darauf hoffen, sich dieser alptraumhaften Szenerie auch weiterhin dösend im Schlafsack zu entziehen, ziehe ich mir jetzt alle meine warmen Sachen und den Goretex-Anzug an.
Angesichts des nicht nachlassenden Sturmes scheint es mir sinnvoll, die wichtigsten meiner persönlichen Ausrüstungsgegenstände im Rucksack zu verstauen. Dabei muss ich aus Platzgründen differenzieren – erst einmal alle warmen Sachen, alle Lebensmittel, Energiekonzentrate, die ich hier habe. Eigentlich müsste auch der schneeverkrustete Schlafsack sichergestellt werden, denn unter den gegenwärtigen Verhältnissen ist es inzwischen wohl nicht mehr ausgeschlossen, dass uns das ganze Zelt bei einer der noch folgenden Böen zerreißt und davonfliegt – und dann möchte ich hier nicht im „Schlafanzug“ dastehen. Bei der platzmäßig begrenzten Auswahl bleibt in diesem Moment auch für meine in dieser Wildnis so geschätzten Musikkassetten kein Raum mehr im Rucksack.
Doch wie wären unsere Aussichten, hier in diesem Inferno zu überleben? Selbst in der Sturmbekleidung – ohne Zelt und mit nur einer Hand voll Verpflegung, allein durch den tiefen Schnee über 5 Tagesmärsche zurück bis in die erste Zivilisation –, darüber denke ich lieber nicht nach.
Dann ziehe ich mir meine Bergschuhe und Gamaschen an und stelle mich in das Mittelgewölbe zwischen den Schlafkabinen, um die zwei Hauptstreben des Zeltgestänges bei jeder Windböe festzuhalten. Meine Gefährten bemühen sich mitlerweile in ähnlicher Weise um die Gestängebögen in den beiden Schlafkabienen.
Nur mit Rücksicht auf die zur Zeit außergewöhnliche Situation kann ich beim Anblick des Zeltvorraumes zwischen den beiden Schlafkabinen noch die Fassung wahren. Der Triebschnee hat nicht nur unsere Rucksäcke und die Medizinkiste zugeweht. Auch die Bergschuhe der Kameraden sind mehr oder weniger gleichmäßig mit diesem feinen Schneestaub angefüllt, und von unserem beliebten Kassettenrecorder schaut nur noch die Antenne aus dem Schnee.
Diesen all meine Phantasie übersteigenden Anblick – man müsste ihn sofort mit dem Fotoapparat festhalten. Doch dafür fehlen mir jetzt wirklich die Nerven.
Für uns läuft hier soeben ein „Stück“ ab, in welchem wir nicht mehr nur Zuschauer sind!

Liebend gern würde ich dann sofort das „Programm“ wechseln. Bei dieser „Action-Szene“ sind wir nun wohl alle plötzlich zu Statisten oder Darstellern geworden, in einer Rolle, welche sich nicht mehr anhalten oder abbrechen lässt, um danach in der Kantine einen Kaffee trinken zu können.
In einer eher hilflos wirkenden Geste versuche ich zwischen den einzelnen Windböen aus den über einem Dutzend verschiedenen Bergschuhen wieder den Schnee „auszukippen“ und sie umgekehrt, teils auf die ebenfalls hier noch im Boden steckenden Regenschirme und Skistöcke zu stülpen.
Wir warten auf den Sonnenaufgang. Dann wird der Sturm sich legen, so hoffen die meisten von uns.
Endlich gegen Viertel sieben erscheint nach quälendem Warten der strahlende Feuerball uns gegenüber hinter einer Bergkette. Doch fast im gleichen Moment schlagen auf unsere Behausung Windböen mit einer solchen Gewalt, dass es uns nur gemeinsam am Gestänge hängend gelingt, das Zelt vor dem Abheben zu bewahren. Dabei dringt in unsere Ohren ein entsetzliches Knattern von den bis zum Äußersten belasteten Zeltverspannungen aus Stoff und Schnüren.
In einer kurzen Sturmpause öffne ich den Reißverschluss um nach draußen zu sehen. Der Anblick ist schockierend. Die Sonne scheint nur noch manchmal durch Schneeschleier erkennbar zu sein. Der über 1 Meter hohe Neuschnee des Vortages uns gegenüber am gewaltigen Gegenhang des Tales ist fast völlig verschwunden. Weiße, einem Tornado ähnliche Wirbel streichen zu Hunderten wild zuckend über die nackten Felsen

dahin. Und weiter links, dort, wo sich sonst die fast 4 km mächtige Felswand des Makalu in den Himmel reckt, steht eine bedrohlich finstere, fast schwarze Wolkenwand.
Nein, mit der Sonne ist der Sturm nicht abgeflaut – er hat sich zum Orkan ausgeweitet. Wir stellen uns darauf ein, im Minutenabstand uns an die Zeltverstrebungen zu klammern, um jedesmal erneut hoffentlich zu verhindern, dass das Zelt vom Sturm ausgehoben wird.
Die Stunden vergehen, ich bin müde, die Arme verkrampft vom ständigen Herunterziehen der beiden Mittelverstrebungen. Doch traue ich mir auch keinen Moment, meinen aufreibenden Platz – mit der Hand immer in Reichweite des Zeltgestänges – zu verlassen.
Bei fast jeder Böe reduziert sich unsere gegenwärtige Situation nur noch auf die einzige Frage: Wird das Zelt die nächsten Sekunden überstehen? Und wie lange wird der Sturm weiter fortdauern, vielleicht noch bis zum Abend? – Nachdem ich nun schon seit Mitternacht kein Auge mehr zubekommen habe, werde ich so hier stehend ganz gewiss keine weitere Nacht durchhalten.
Ich schlage vor, wenn der Wind nicht nachlässt, spätestens nach dem Mittag zu versuchen, ein kleines stabileres Zelt zu errichten. Meine Gefährten meinen, das würde uns bei diesem Sturm nicht gelingen. Dann müssen wir eben versuchen, dieses Zelt hier direkt unter dem Schutz der Zeltkuppel unseres großen zu errichten, bevor wir Übersicht und Kraft verlieren und uns alles davonfliegt, halte ich dagegen.
Am späten Vormittag zieht sich schließlich George seine „härteste Version" von Sturm-

bekleidung an, um nach draußen zu sehen. Wie er uns wenig später meldet, halten unsere Zeltverspannungen immer noch. Daraufhin beginnt George unser Zelt von außen zusätzlich mit Schnee einzugraben, damit es der Wind nicht ausheben kann.
Obwohl die Küchenboys bisher keine unangenehme Situation davon abhalten konnte, uns ihren heißen dampfenden Tee zu servieren, haben wir heute weder von ihnen noch von den Sherpas etwas gesehen oder gehört. Ich schlage vor, gemeinsam mit George einmal nach vorn zu den anderen Zelten zu gehen, um nach den Sherpas zu sehen.
Als ich wenig später ebenfalls vor unserem Zelt stehe, erwarten mich Verhältnisse, wie ich sie noch nie erlebte. Die Sonne strahlt, doch die Sturmböen werfen mich um. Die Eiskristalle in der Luft bombardieren das Gesicht und lösen beim Versuch zu atmen Erstickungsgefühle aus. Der Schnee ist grundlos, man glaubt, darin zu ertrinken. Auf dem Bauch rutschend, die Skistöcke dabei flach auf dem Schnee liegend, arbeiten wir uns gegen die Böen die 50 Meter bis zum Küchenzelt vor, beim Atmen uns jedes Mal vom Wind abwendend.
Doch nichts von dem, was wir suchen, ist noch zu finden. Ein kleines Stück zerrissener Stoff ist alles, was hinter der Steinmauer noch aus dem gleichmäßig angewehten Schnee hervorstarrt.
Wo sind die Küchenleute, die Sherpas, der Liason-Offizier?
Zwei der großen und zwei kleinere Zelte sind offenbar zerstört. 30 Meter weiter, hinter einem Felsen, sehen wir noch ein weiteres Iglu-Zelt, in der Größe etwa für 4 Personen.

Wir kriechen bis zum Eingang und finden alle – über 10 Sherpas mit verängstigten Gesichtern darin ...
Später werden wir von Mingmar erfahren, dass sie von ihm forderten, er solle sie beschützen, er wäre doch für sie verantwortlich. Sie wollten sofort nach Hause!
Er hatte sie in ihrer Naivität erst einmal mit der Behauptung beschwichtigt, – der Hubschrauber würde sie schon bald von hier wegholen, was in der gegenwärtigen Situation natürlich völlig absurd ist.

Inzwischen ist auch mir klar geworden: Noch ein zweites Zelt für uns zu errichten, bleibt unter den gegenwärtigen Umständen unmöglich. Unsere einzige Chance besteht nur darin, auch weiter zu versuchen, unser bisheriges Zelt im Sturm zu erhalten. Deshalb beschließe ich gemeinsam mit George, so viel wie nur möglich von unseren Vorratstonnen und Packsäcken aus dem Schnee herauszuziehen und vor unserem Zelt als Windschutzschild aufzustellen. Ein mühseliges Unternehmen, die vielen zugewehten Tonnen und Säcke nun aus dem Schnee auszugraben und sie danach, meist in liegender Haltung, über den Schnee zu ziehen. Mehr als ein Dutzend Mal bin ich so die 50 Meter lange Distanz in beiden Richtungen unterwegs. Das Ganze kombinieren wir noch mit unseren Regenschirmen, die wir ebenfalls im aufgespannten Zustand als Windfang im Schnee zwischen den Tonnen eingraben. Als wir nach anderthalb Stunden damit schließlich fertig und mit unserem Schutzwall sichtlich zufrieden sind, lässt der Sturm glücklicherweise langsam nach.

Am Nachmittag werden wir alle damit beschäftigt sein, das restliche Lager aus dem hart gepressten Flugschnee wieder auszugraben. Anfangs noch mit bloßen Händen oder Töpfen und Deckeln, da die Sherpas unsere Schaufeln sinnigerweise in der letzten Nacht im völlig verschütteten

Küchenzelt liegen ließen. Auch alle anderen Ausrüstungsgegenstände müssen, da unter dem Schnee verweht, wieder geborgen werden. Zwei Zelte von Mingmar müssen wir unter Totalverlust abschreiben.
Nach diesen anstrengenden Ausgrabungsarbeiten sinken wir alle wie tot auf unsere Schlafsäcke, als uns die Küchenboys – ein wenig verspätet – nun unseren „Morgentee" und eine kräftigende Suppe servieren. Obwohl das Küchenzelt zerstört ist, arbeitet die Küche der Sherpas schon wieder – vorerst in unserem Esszelt.

Bevor wir heute zu unserer ersten Mahlzeit – dem Abendessen – wieder nach dem üblichen Zeitplan gerufen werden, sind wir in einer ausgiebigen Aktion noch mit dem Austausch und der Reparatur unseres deformierten Zeltgestänges beschäftigt. Ein weiterer Schneewall als Windschutz wird zusätzlich rings um das Zelt errichtet. Alle Verspannungen werden verstärkt, so dass unser Zelt – einziger Überlebensort in dieser mörderischen Umgebung – nach dem Erlebnis der letzten Stunden ab sofort einer Festung gleicht.
Nachdem wir so alle einigermaßen unsere Fassung wiedererlangt haben, scheut sich Mingmar nicht, in unserem Beisein festzustellen, dass er in den 15 Jahren seiner Expeditionsarbeit hier im Himalaya noch nie einen solchen Sturm erlebte. Einige Zeit später werden wir von ihm noch erfahren, dass an diesem Tag in einem Nachbartal mehrere Sherpas bei diesem Unwetter den Tod fanden.
So müssen wir nach den jetzigen extremen Erlebnissen damit rechnen, dass dies für unsere Träger Grund genug ist, ihren schon lange angekündigten Marsch zurück in ihre Dörfer anzutreten. Dies hätte allerdings zur Folge, dass unser ursprünglicher Plan, den Makalu zu besteigen, so nicht mehr zu realisieren wäre. Vor allem würde unsere Kraft nicht ausreichen, die 2000 Meter Fixseil und andere ebenfalls schwere Ausrüstung für eine Besteigung im Expeditionsstil bis zum ABC-Lager zu befördern.

Mittwoch, 1. April

Das Wetter scheint erfreulich gut, und Mingmar ist das Wunder gelungen, die Sherpas hier zu halten. Heute sollen wir gemeinsam mit den Trägern versuchen, einen Weg

zwischen dem Schnee zu finden, um den ersten Lastentransport bis ins ABC zu vollenden. Nach anfangs hoffnungslosem Bemühen im tiefen Schnee auf dem Talboden weichen wir auf die recht steilen Seitenhänge aus, die durch Sturm und Sonne schon teilweise schneefrei sind. Im diagonalen Anstieg erreichen wir so nach anderthalb Stunden den höchsten Punkt der gewaltigen Seitenmoräne.
Für mich eröffnet sich erstmals ein außergewöhnlicher Blick. Mit ausgebreiteten Armen weist Götz neben mir, so will es scheinen, auf einen besonders eindrucksvollen Teil dieser Welt.
Unfassbar – keine 20 km weit – der Blick zur Lhotse-Südwand, die sich in ihrer düster abweisenden Steilheit fast schneelos zeigt. Und dahinter wird schließlich eine weiße Schneepyramide sichtbar, der höchste Punkt dieser Welt – der Mt. Everest!

Während einer ersten Pause bin ich so leichtfertig großzügig an die Sherpas, welche diesen unheimlich anstrengenden Lastentransport ohne Essen und Trinken bewältigen, nicht nur von meiner Wegzehrung, sondern auch die Hälfte des Tees aus meiner Trinkflasche zu verteilen. Ich ahne in diesem Moment noch nicht im Entferntesten, wie und wann dieser Tag für mich zu Ende gehen wird.
Während des weiteren Weges trennen wir uns dann von den Trägern, um unser vor drei Tagen angelegtes Ausrüstungsdepot zu suchen. Hoffentlich ist es nicht nach dem Chaos der letzten Tage unter einer Lawine begraben. Wir haben Glück, mit einigen Schaufelstichen kommen wir wieder an unsere Sachen.
Nach dieser zusätzlichen Beladung unserer Rucksäcke fühlen wir uns freilich wie mit Blei beschwert. Viel unangenehmer jedoch wird es nun, über die endlosen Moränenhügel mit ihrem Gewirr von wackelndem Blockwerk auf die andere Seite des Gletschers zu gelangen. Dabei passiert es uns allen, mehrfach auf teilweise tonnenschwere Felsblöcke zu treten, die sich dann plötzlich bewegen, umkippen oder gar zu rollen beginnen. Glücklicherweise gelingt es uns meistens trotz schwerer Rucksäcke im letzten Moment mit der Beweglichkeit einer Schildkröte noch auszuweichen oder zur Seite zu springen. Und das manchmal bei Steinen von einer Größe, dass man glaubt, sie hätten sich schon seit tausend Jahren nicht mehr bewegt. Abschürfungen und zerrissene Hosen trägt mancher davon. Doch die Angst vor Knochenbrüchen oder gar von solch einem Stein wie von einem Panzer überrollt zu werden, fährt einem dabei immer wieder in die Glieder.

Da der Schnee zwischen den einzelnen Steinen weich und trügerisch tief ist, bewegen wir uns in Schneefeldern nach Möglichkeit trotzdem von Stein zu Stein tretend oder gar springend, gerade so, wie mir das soeben kopfschüttelnd von den Felsblöcken in der Brandung der Ostseewellen nochmals in Erinnerung kommt. Als krönender Abschluss bei unserer Wegsuche stehen wir plötzlich vor einem Gletschersee und haben die Wahl, uns zur Überquerung an einem Eiszacken auf die trügerische Eisoberfläche hinab zu lassen oder aber einen anderen zeit- und kraftraubenden Umweg suchen zu müssen.
Als wir endlich die andere Gletscherseite erreichen, ist der Standort des geplanten ABC immer noch in weiter Ferne, doch der Zeiger meiner Uhr läuft mit erschreckender Geschwindigkeit. Gleich ist es halb drei!
Was den Rückweg betrifft, stellt sich bei mir zunehmend ein ungutes Gefühl ein. Mittlerweile schon über 6 Stunden unterwegs, muss man kein Rechenkünstler sein, um sich darüber klar zu werden, dass wir den Rückweg nicht mehr bei Tageslicht schaffen können. Doch wollen wir heute nicht noch einmal auf halbem Wege umkehren, sondern die Sache wirklich durchziehen und unser Gepäck endgültig bis zum ABC bringen.
In dem wieder steiler werdenden Gelände gerate ich zunehmend außer Atem. Nicht nur der Rucksack auf dem Rücken – einfach alles strengt an: die noch ungewohnte Höhe, selbst die geistige Konzentration. Jeden einzelnen Schritt ganz bewusst auf oder neben den nächsten Stein zu setzen und außerdem immer einen geschärften Sinn dafür zu

behalten, ob sich in diesem perfekten Chaos aus Geröll und Blockwerk vielleicht wieder einer dieser Steinmänner als Wegweiser abzeichnet.
Ich muss erneut innehalten, den Rucksack abnehmen, mich hinsetzen und meinen suchenden Blick abwenden von jener ermüdenden, rings um meine Füße in Stein geschriebenen Ewigkeit. Über mir erstreckt sich tiefblauer Himmel, und meine Augen wandern sehr weit, bis sie über den zahllosen in der Sonne glitzernden Firngraten und Felspyramiden am Horizont hinabsinken und in der kristallklaren Luft wieder auf den Boden der gewaltigen Dimensionen unseres Gletschertales zurückfinden. Der Vernunft gehorchend, krame ich aus meinem Rucksack wieder etwas Essbares hervor, irgendein Gemisch aus Trockenobst und salzigen Nüssen. Da mir meine Trinkflasche inzwischen verdächtig leer erscheint, würge ich nun jene Verpflegung aus der Kategorie „Spaziergang im Tale ..." herunter, gerade so, als wäre es Vogelfutter.
Ein Sherpa nähert sich mir mit einer furchteinflößenden Traglast an seinem Stirnband. Er lächelt und scheint von der Höhe nichts zu spüren. Mit einer fast traumwandlerischen Sicherheit steigt er von Stein zu Stein, und ich versuche, ihm auf diesem unsichtbaren Weg zu folgen.
Schon aus mehreren hundert Metern Entfernung erkenne ich schließlich den Punkt, an welchem die Träger unsere Lasten an einem kleinen Plateau aufeinanderschichten. Bei mir geht es nun immer nur noch für wenige Schritte aufwärts, dann scheint mir der Puls den Kopf zu sprengen. Ich vermag nicht mehr einzuschätzen, ob ich für diese restliche Strecke noch eine halbe Stunde – oder einen halben Tag brauchen werde. Doch gemeinsam mit Mingmars Hilfe kann auch ich mich endlich gegen 16 Uhr von der quälenden Last aus meinem Rucksack befreien und die Ausrüstungsgegenstände im vorläufigen Depot unseres zukünftigen ABC verstauen.
Nur für 5 Minuten setze ich mich noch einmal nieder, um den ungewohnten Blick hier aus 5200 Meter Höhe zu genießen. Die ganze Landschaft taucht schon langsam in einen rötlich-gelben Farbton der tiefer sinkenden Sonne.
Bevor ich wieder eilig aufbreche, öffne ich in dunkler Vorahnung meine Thermoskanne und strecke den kläglichen Rest meines Tees mit einigen Händen voll Schnee. Auf diese Weise hoffe ich wenigstens die mir verbliebene Flüssigkeitsmenge zum Trinken noch einmal etwas zu vergrößern.
Nach 150 Meter Abstieg kommen mir die anderen Gefährten mit ähnlich blassem Gesicht entgegen. Besonders Meutz bewegt sich nur noch wie im Zeitlupentempo. Aus Zeitgründen empfehle ich ihm, seine bis hierher geschleppte Ausrüstung lieber sofort an dieser Stelle zurückzulassen und umzukehren.
Währenddessen hält mir George mit süßsaurer Miene meinen Fotoapparat vor die Nase. Ich muss ihn heute Vormittag irgendwo beim Rasten liegen gelassen haben. Seitdem schleppt er mir nun diese „elend schwere Krücke" hinterher, wie er sich auszudrücken weiß ...
Während ich meinen Abstieg schon weiter fortsetze, gehen die anderen noch das letzte Stück bis zu unserem Depot.
Nach mittlerweile fast 8-stündigem extremem Geländemarsch, oft mit der Atemfrequenz

wie bei einem Sprint, husten wir alle beinahe wie in einer Lungenheilanstalt. Ich merke auch, dass mir durch meinen morgendlichen großzügig verschenkten Tee für den ganzen Rückweg nur noch eine reichliche Tasse in meiner Thermoskanne geblieben ist.
Die ebenfalls den Rückweg antretenden Sherpas springen nun ohne Last in einer Behändigkeit über die Felsblöcke an uns vorbei, dass wir keine Chance haben, ihnen in diesem Tempo zu folgen.
Unsere Sechser-Gruppe zieht sich im weiteren Abstieg auseinander. In unserem Bestreben, bereits aufwärts anstatt auf der Schneefläche lieber auf die Steine zu treten, beginnen wir nun abwärts noch einmal damit, einen Weg oder wenigstens unsere spärlichen Fußspuren zu suchen. In solch einem unübersichtlichen Moment gerate ich dann offenbar auf eine falsche Fährte und befinde mich schließlich unfreiwillig in einer erneuten vorzeitigen Überquerung des Gletschers. Indem ich dutzende haushohe Geröllberge erklettere und mich auf trügerischen Eispassagen entlangtaste, gelange ich wieder zu unserem Depotplatz von heute Morgen. Bei dieser Gelegenheit kann ich dort erfreulicherweise einen schon verloren geglaubten Rest unserer Ausrüstung finden, der unter dem Neuschnee verborgen geblieben war.
Von hier aus versuche ich nun im Blockwerk der Seitenmoräne wieder an Höhe zu gewinnen. Da die Steine auch weiterhin nur wie Inseln aus dem Schnee herausragen, bleibt mir nichts anderes übrig, als immer wieder aufs Neue die Schneefelder zu queren. Versinkt man dabei gleichmäßig bei jedem Schritt nur bis zu den Knien, ist die Sache noch halbwegs kalkulierbar. Doch auch wenn die Schneeoberfläche durch den Sturm der vergangenen Tage fest verblasen ist, bleibt es heikel und verführerisch, darauf zu laufen. Und bei irgendeinem der folgenden Schritte passiert es dann trotzdem immer wieder, dass der Fuß, das ganze Bein schlagartig durch diese dünne Oberfläche hindurch bricht und dabei nicht selten schmerzhaft erst im darunter Verborgenen wieder Bodenberührung erhält.
So ist mir soeben mein linkes Bein unter dem Schnee in eine schmale Spalte gerutscht, an deren scharfkantigen Zacken nicht nur mein Goretex-Gewebe am Hosenbein wie von Rasierklingen aufgeschlitzt wird. Die Schnitt- und Schürfwunden lassen mich vor Schmerz beinahe aufschreien.
Bis zur Hüfte im Schnee versunken, verharre ich so erst einmal regungslos und versuche mich mit dem phantastischen Blick zu „unserem Berg" gegenüber von den stechenden Schmerzen abzulenken. Gerade ist seine felsige Westwand in ein glutrotes Licht getaucht, welches das Ende dieses Tages für uns hier unten im Tale einleitet. Der Gedanke, sich auf diese Art vielleicht noch einen Knochenbruch an Fuß oder Knöchel zuzuziehen, jagt mir eine Gänsehaut über den Rücken.
Mühsam arbeite ich mich wieder aus jener Falle unter dem Schnee heraus und hinke weiter. Mein rechtes Schienbein sieht nun aus, als wäre ein Beil darauf umhergetanzt.
Mittlerweile beginnt es zu dämmern. Doch solange es irgendwie geht, will ich versuchen, beim Laufen noch ohne Stirnlampe auszukommen. Das schont die Batterien und erhält noch für einige Zeit die Empfindlichkeit der Augen, auch in der weiteren

Umgebung schwache Geländeumrisse zur Orientierung schemenhaft wahrnehmen zu können.
Schließlich wird das konzentrierte Umherstarren für meine Augen immer anstrengender. Irgendwann kann ich dann auch im Lichtkegel meiner Stirnlampe nicht mehr die Spuren unseres morgendlichen Hinweges erkennen. Was bleibt, ist die Richtung – steil am Hang über ein Gewirr von wackelnden Felsblöcken und immer wieder hüfttiefe Schneefelder.
Inzwischen breiten sich über mir die Sterne aus, und gemeinsam mit der dünnen Sichel des Mondes erzeugen sie ein Dämmerlicht, in welchem die überdimensionale Bergwelt mit ihren Schneefeldern und lichtlosen Felswänden eine großartige Kulisse hervorzaubert. Ein atemberaubendes Naturschauspiel!
Sich in dieser Umgebung mit flauem Magen, verzerrten Gelenken und dem ununterbrochenen Balancieren über das Chaos von Steinen jedoch selbst vorwärts bewegen zu müssen, relativiert dabei freilich alle aufkommenden romantischen Empfindungen. Vielmehr wird mein Weiterkommen von Gedanken begleitet, – nicht mehr wann – sondern ob denn dieses weglose Chaos endlich ein Ende finden wird. Der Zeiger meiner Uhr geht mittlerweile auf 21 Uhr zu, und noch immer scheint dieses Ende – ohne erleichternden Weg – unüberschaubar fern. Im Talgrund des Gletschers bemerke ich

seitlich, weit weg von mir, 3 Lichtpünktchen, die sich wie Glühwürmchen ebenfalls durch die Geröllmassen bewegen. Sie scheinen gut voranzukommen. Wenn sie die Querung des Gletschers auf meine Seite hinter sich gebracht haben, könnten wir sogar wieder zusammentreffen.
Vielleicht eine Stunde mag inzwischen vergangen sein. Jetzt muss ich mich erst einmal hinsetzen und ich werde erneut rasten. Ein paar Stück Schokolade und einige wenige andere Dinge sind mir von dem noch geblieben, was eigentlich nur für den Vormittag als Wegzehrung gedacht war. Jetzt nach 12 sehr anstrengenden Stunden in 5000 Meter Höhe scheinen diese Reste nur noch von symbolischer Bedeutung. Doch der strapazierte Organismus kann in diesem Moment jedes Gramm nachgeschobener Energie durch Nahrung gut gebrauchen, um sich noch einmal zu mobilisieren. Anstelle meiner leeren Thermoskanne kratze ich mir jetzt einfach etwas Schnee zusammen, um einige widerspenstige Nüsse überhaupt noch schlucken zu können.
Inzwischen ist es noch dunkler geworden. Nicht nur, weil meine Stirnlampen-Batterien bei dem knackigen Frost immer mehr zu funzeln beginnen, auch der Mond ist mittlerweile hinter einem der steil aufragenden 7000er verschwunden.
Da sehe ich auch hinter mir ein Licht. Es bewegt sich, und als ich es beobachte, ist klar, dass es noch jemand von unseren Leuten sein muss. Mein beunruhigtes Zeitgefühl verdränge ich vorerst und warte so noch eine ganze Weile, bis dieser Lichtkegel schließlich vor meine Füße fällt. Es sind Meutz und Götz. Offenbar hat sich der zu schwere Rucksack auf dem Hinwege bei Meutz noch ärger gerächt. Noch immer Zuversicht und gute Stimmung ausstrahlend, scheint er konditionell aber mittlerweile recht angeschlagen zu sein.
Hatte ich bisher noch bei jedem meiner hastigen Schritte wie eine Dampfmaschine geschnauft, so reduziert sich unser nun eingeschlagenes Tempo nur noch auf ein Ziel: anzukommen ...
Mit einer solch ausgedehnten Nachtaktion zum jetzigen Zeitpunkt unserer Unternehmung nicht rechnend, haben wir wohl auch den Ladezustand unserer Batterien in den Stirnlampen nicht ganz ernst genommen. Und so stolpern wir weiter, den Weg vor uns abwechselnd von nur ein oder zwei Stirnlampen dürftig erhellt.
Meutz meint, dass er „nur“ eine große Kanne heißen Tees benötige, dann würde er wieder voll mitziehen können. Aber genau das hat keiner mehr von uns. Ich biete ihm zu essen an. Er lehnt ab, es würde ihm sowieso gleich wieder hochkommen. Der Zustand von Meutz ist wirklich bedenklich – es ist windstill, doch die Finger sterben ihm langsam ab. Götz gibt ihm zusätzlich seine warmen Handschuhe.
Wir müssen noch den 150 Meter hohen Wall einer weiteren Seitenmoräne überwinden, bevor unser letztes Wegstück bis zum Basecamp frei wird. Jetzt verlischt auch meine Stirnlampe. Ich gebe Meutz noch ein Energiekonzentrat aus meinem Rucksack. Götz hat noch einen letzten Schluck Tee für ihn. Erst wenn wir die Moränenkuppe erreicht haben, will er ihm diesen einen Schluck geben. So quälen wir uns im Sternenlicht zwischen Steinen und Schneefeldern den Hang hinauf.

Dann endlich, es mag wohl bereits nach 22 Uhr sein, kommt das Ende dieses düsteren Hanges in Sicht. – Wie gelöst war unsere Stimmung vor 12 Stunden, als wir uns hier an dieser Stelle noch auf dem Hinweg befanden!
Nun haben wir auch diese letzte Hürde überwunden, so glauben wir zumindest, und torkeln langsam den Grat hinab. Ab und zu blinzeln wir uns mit den Stirnlampen unsere Position zu oder sondieren die nächsten Schritte. Für Sekunden geben sie dafür noch einmal Licht.
Nach einem Abstieg durch ein sehr steiles Firnfeld erreichen wir den Talgrund und erkennen zu unserer Freude schon die beleuchteten Zelte unseres Basecamp, nur noch wenige hundert Meter entfernt.
Doch auf dem Weg dahin brechen wir alsbald wieder bis zur Hüfte durch die nicht tragfähige Schneedecke ein. Unser ersehntes Ziel zum Greifen nah, werden sich diese letzten Meter für uns in ihrer relativen Entfernung noch einmal vervielfachen. So versuchen wir erneut flach auf dem Bauch liegend weiterzukriechen und weichen am Ende schließlich doch wieder in unwegsames steiniges Gelände aus. Jeder kämpft so für sich allein. Götz ist schon ein wenig voraus. Über Meutz kann ich nur staunen, wie er langsamer werdend immer noch durchhält.
Das nahende Licht und vereinzelte Stimmen mobilisieren nun bei jedem von uns noch einmal weitere Kraftreserven. Noch immer hat die Schinderei kein Ende, bis aus der Dunkelheit plötzlich ein Küchenboy hervortritt und mir einen Becher voller heißer Zitrone entgegenstreckt. Was hätte es in diesem Moment wohl Befriedigenderes geben können als diesen Genuss des Trinkens?
Wenig später macht sich Götz mit der großen chinesischen Thermoskanne im Rucksack noch einmal auf den Weg, um dem etwas zurückgebliebenen Meutz selbst für die letzten hundert Meter seine Qual mit diesem Zaubertrank zu verkürzen.
Später im Schlafsack liegend, werde ich ähnlich wie die anderen noch mehrere Liter trinken, um den Flüssigkeitsmangel des Körpers auszugleichen und den Durst des Tages zu stillen. Dabei scheinen Tasse um Tasse wie in einem Fass ohne Boden zu verschwinden, ohne dass ich in der Nacht noch einmal aufstehen muss.
Nun sind wir glücklich alle zurück und haben unser Ziel mit dem Lagerplatz des ABC auch erreicht. Doch die Dimensionen und Verhältnisse – selbst noch am Fuße dieses Berges – haben uns in drastischer Weise gezeigt, welchen enormen Anstrengungen wir hier in den nächsten Wochen noch ausgesetzt sein werden.

Donnerstag, 2. April

Keine Frage, heute ist „Ruhetag“ angesagt. Wir liegen noch in den Schlafsäcken, als Mingmar hereinkommt, um uns mitzuteilen, dass die Träger heute nicht mehr tragen wollen. Ein psychologischer Trick? Natürlich wissen sie genau, dass wir mit unseren weiteren Aufstiegsplänen voll auf sie angewiesen sind.

Götz gibt Mingmar erneut nach oben korrigierte finanzielle Vollmachten, wohl ist es aber vor allem Mingmars Verhandlungsgeschick zu verdanken, dass die Träger schon wenig später ihr geschäftiges Treiben wieder aufnehmen. Dabei waren die während des Anmarsches hier täglich pro Last geforderten 700 Rupien eigentlich schon der doppelte Preis von dem, was unter den hiesigen Hochgebirgsbedingungen üblich ist. Andererseits sind wir angesichts der Gesamtkosten der Expedition nüchtern genug, auf einen Streit über die Bezahlung dieser harten körperlichen Arbeit zu verzichten.
Kein Deutscher wäre dazu bereit, in 5000 Metern mit Turnschuhen die hier üblichen Lasten an einem Stirnband viele Stunden durch unwegsames Gelände zu schleppen, und selbst wir würden in unserem derzeitigen Akklimatisationszustand nicht einmal mit unserem Idealismus diese „one Lot“ (über 30 Kilo) bis ins ABC bringen. Eine Gaunerei der Sherpas, die ausnahmsweise mal keinem Ministerium, keiner Organisation, sondern den Leuten zugute kommt, die unsere Lasten in zerlumpter Kleidung und teils mit erfrorenen Zehen tragen – den Leuten, bei denen wir uns manches Mal gefragt haben, wie sie neben unserem Zelt die Nacht bei kräftigen Minusgraden überstehen.
Als wir uns schließlich zum Frühstück draußen an einen improvisierten Tisch setzen wollen, suche ich meine Gletscherbrille. Ich finde sie nicht wie gewohnt in meinem Rucksackdeckel – jedoch der Reißverschluss ist offen.
Da überkommt mich ein unguter Verdacht. Ich suche weiter, auch mein Sonnenschutz-Lippenstift und die Filmdose mit dem letzten belichteten Film sind weg. Wie ist das nur möglich – gerade der Film – sehr ärgerlich. Zuletzt hatte ich die Deckeltasche geöffnet, um in der vergangenen Nacht Meutz von dem Energiekonzentrat zu geben. Habe ich danach vergessen, den Reißverschluss wieder zuzuziehen?
Ich bin deprimiert, meine Ersatzschneebrille bleibt wirklich nur Ersatz, der Lippenstift gegen die harte UV-Strahlung tägliche Pflicht und der verlorene Film, mit seinen schon eingefangenen Bildern, ist überhaupt nicht zu ersetzen. Während sich die anderen heute schön ausruhen werden, beschließe ich, das Unmögliche zu versuchen.
Nach dem Frühstück begebe ich mich auf den Weg in einem Gelände, so weitläufig wie etwa das gesamte Felsgebiet im heimischen Elbsandstein zwischen Bad Schandau und Schmilka. Ich will es wenigstens versucht haben, auf dem rekonstruierten Weg von heute Nacht mit sehr viel Glück vielleicht etwas von diesen Dingen wiederzufinden – ein gelbes Brillenetui, eine schwarze Filmdose und einen weißen Lippenstift, so groß wie eine Rolle Drops ...
Natürlich kann ich diesen letzten Teil unseres Weges zurückverfolgen, unsere Fußspuren jetzt im Sonnenlicht sehen. Doch mit welcher Zuversicht begebe ich mich noch einmal auf diesen Weg. Ist es „die Nadel im Heuhaufen“, welche ich zu finden hoffe? So steige ich schließlich wieder den gewaltigen Moränenhang hinauf, unaufhaltsam und gleichzeitig nervös ständig um mich schauend. Da oben, hoch über unserem Lager, will mir scheinen, diesem tiefblauen Himmel ein Stückchen näher zu sein. Das weite Schago-Tal mit seinem grün schillernden Gletschersee zu meinen Füßen, in dessen stillem Wasser exotische Eisgebilde umhertreiben, wird nur noch von einem Motiv über-

troffen. Es ist die atemberaubende Südwand des Makalu, welche sich in kaum zu erfassender Mächtigkeit direkt mir gegenüber in den Himmel erhebt. Aus ihrer Wandmitte heraus erstreckt sich ein riesiger Hängegletscher.
Ich erstarre geradezu vor Schreck, als sich mit gewaltigen Getöse einer dieser bizarren Eistürme aus seiner Position löst. Auf seinem der Schwerkraft folgenden Weg in Tausende Stücke zerberstend, ergießt sich in den nächsten Sekunden ein zu Eis erstarrter Wasserfall bis hinunter über das Ufer des Gletschersees. Dieses Schauspiel wird sich mit höher steigender Sonne in den nächsten Stunden noch mehrfach wiederholen.
Doch ich laufe mit konzentrierten, zu Boden gerichteten Blicken weiter. Aber mit welchem meiner Sinne soll ich wohl erahnen können, ob die verlorenen Dinge nicht vielleicht unter einen der unendlich vielen Steine und Felsblöcke gerutscht sind? Ich suche nach keiner Antwort auf meine Gedanken. Später glaube ich sogar, jene Stelle wieder zu erkennen, an der ich heute Nacht mit meinem Griff in den Rucksack noch einmal versuchen wollte, Meutz wieder auf die Beine zu helfen. Doch auch dort ist nichts außer Steinen und unseren einsamen Spuren im Schnee.
Ich entschließe mich umzukehren und versuche mir dabei trotzdem den Glauben, die Motivation zu erhalten, unseren Weg auch von dieser Seite noch einmal zu betrachten.
Als ich abschließend wieder im Schnee steil absteige, scheinen mich die Zweifel in meinen Gedanken doch noch zu besiegen. Wenn mir die gesuchten Dinge hier an dieser Stelle aus dem Rucksack gefallen sein sollten, genau an diesem riesigen Firnhang – dann müssten sie tatsächlich Hunderte Meter tiefer gerutscht, gerollt sein, – in das absolute Nichts einer Welt, welche zwar mit den Augen noch zu sehen ist, bei meiner Suche nach jenen so unscheinbaren Gegenständen jedoch dann wohl einfach nicht mehr zu erfassen bleibt. Habe ich in meinen leisen Hoffnungen schon überzogen, habe ich Wünsche mit Realität verwechselt?
Und was hat es für eine Bewandtnis mit jenem Tuch des Lamas von Kathmandu, welches ich immer bei mir trage? Vielleicht sollte ich besser doch nicht wegen solcher Banalitäten auf die besonderen Eigenschaften dieses gesegneten Tuches hoffen.
Mein Kreis schließt sich. Dort vorn treffe ich wieder auf jene Spuren, mit welchen wir heute Nacht zuletzt verzweifelt versuchten, uns auf dem Bauch rutschend über dem aufgetauten uferlosen Schnee an seiner Oberfläche zu halten. Doch was leuchtet mir da vorn so merkwürdig gelb entgegen? Es verschlägt mir die Sprache.
Als ich am Nachmittag schließlich im Lager auf meine skeptischen Gefährten treffe, habe ich die verloren geglaubten Dinge – alle drei – wieder bei mir.
Am Abend kommt Mingmar zu uns zum Plaudern. Erwartungsvoll bieten wir ihm Tee an, um zu hören, ob er von guten oder beunruhigenden Neuigkeiten zu berichten hat. Er erzählt uns, dass durch den unplanmäßig langen Aufenthalt der Sherpas der Vorrat an Reis, ihrem Hauptnahrungsmittel, bedenklich zur Neige gehe. Außerdem sei das zweite Küchenzelt noch immer nicht eingetroffen. Deshalb wolle er selbst morgen nach unten gehen, um etwas zu unternehmen. Allerdings lägen im Tal six foot (1,80 m) Neuschnee. Es bleibt mir völlig rätselhaft, was er da bewirken will,

doch bleiben auch für unser eigenes Weiterkommen noch genügend Fragen offen.
Am Abend hören wir aus dem Küchenzelt ein aufgeregtes Geplapper und Geschrei der Sherpas, immer wieder vermischt mit ihrem fröhlichen Gesang. Sie haben heute für ihre Trägerdienste während der letzten zwei Wochen des Anmarsches ihren Lohn bekommen. Es waren für uns alle sehr anstrengende Tage, doch mit dem ausgezahlten Lohn sind sie unter Berücksichtigung hiesiger Verhältnisse nun auf einen Schlag fast reich geworden. Jetzt freuen sie sich, schon bald, in nur wenigen Tagen ihr Dorf und ihre Familien wieder zu sehen.

Freitag, 3. April

Mit Zufriedenheit beobachten wir, wie einige Sherpas wie verabredet am Morgen die letzten 5 Lasten Richtung ABC tragen. Somit hat sich in den vergangenen 3 Tagen der ganz entscheidende letzte Abschnitt unseres Lastentransportes bis ins ABC doch noch zu unseren Gunsten entwickelt. Die anderen sechs Sherpas treten zur gleichen Zeit ihren mehrtägigen Rückmarsch in ihre Dörfer an.
Wir wollen am Vormittag bei schönem Wetter einem Teil unserer Werbe- und Fotoverpflichtungen nachkommen, um sie danach sogleich noch über Computer und Satellitentelefon in die Heimat zu übermitteln. Nach einigem Hin und Her haben wir uns dafür entschieden, nicht unsere gesamte Technik auf den beschwerlichen Weg ins ABC mitzunehmen. Mit nur einem Solarpaneel, Batterie und Satellitentelefon soll von dort jedoch die Sprechverbindung aufrechterhalten werden.
Das Fotografieren und Filmen zieht sich bis mittags hin, und ich merke, dass mich bereits jede einfache Bewegung ungewöhnlich anstrengt. Danach lege ich mich ins Zelt in der Gewissheit, dass ich krank werde oder mich nun noch die Nachwirkungen der vorgestrigen Gewalttour erreichen. Zu Mittag esse ich fast nichts. Den ganzen Nachmittag, ungewöhnlich für mich, liege ich im Schlafsack, obwohl ich doch an diesem Ruhetag eigentlich noch so viel vorgehabt hätte. Wenn es mir morgen nicht wieder besser geht, kann ich nicht mit aufsteigen. Das ergäbe dann jedoch eine Kette von Verzögerungen, nicht nur in meiner Akklimatisation, sondern auch im weiteren Ablauf für uns alle. Werde ich mich unter diesen Umständen morgen unvoreingenommen entscheiden können?

Sonnabend, 4. April

Ich fühle mich wieder gut, obwohl – am Frühstückstisch sitzend hat das nicht viel zu sagen. Der heute geplante Aufstieg ins 5200 Meter hohe ABC wird kein Spaziergang werden. Vernünftiger wäre es gewiss für mich, sich noch einen Tag auszuruhen, um dann den anderen zu folgen. Aber ich möchte keine „Krankengeschichte“ beginnen und packe

deshalb gemeinsam mit den anderen meinen Rucksack. Ich nehme mir vor, keinesfalls zu schnell zu laufen, so dass meine Atemfrequenz noch in erträglichem Rahmen bleibt. Ein lästiger und immer stärker eskalierender Husten ist sonst das Ergebnis, mit dem wir alle ständig mehr oder weniger konfrontiert sind.
So erreiche ich die Rastplätze immer erst dann, wenn die anderen 5 Gefährten gerade im Begriff sind weiterzugehen. Ich bin jedoch mit mir zufrieden, bei steigender Höhe mich so offenbar in einer Art körperlichem Gleichgewichtszustand zu befinden.
Wieder will ich es gar nicht so recht wahrhaben, die ganze Zeit am Fuße einer fast 4 Kilometer hohen Felsmauer, dieses berühmten Berges, entlangzulaufen. Vor mir – nur einen „Steinwurf" entfernt – die mächtige Südwand des Lhotse, vereint mit dem Gipfel des Mt. Everest im Blickfeld. Doch wie schon erwähnt – kein befestigter Promenadenweg, sondern eine elende Plackerei über endlose Haufen losen Gerölls. Je nach Geschmack kann man diese Fortbewegungsweise unterhalb der Eis- und Firnfelder auch als Gipfel der Abgewöhnung bezeichnen.
Eine reichliche Stunde nach den Gefährten erreiche ich ebenfalls am Nachmittag den Platz des ABC, wo mittlerweile im dritten Versuch eine geeignete Stelle für unser großes Gemeinschaftszelt sondiert wird. Wir beginnen den steinigen, sehr unebenen Untergrund mit Schnee anzuschaufeln. Um uns ist es inzwischen ungemütlich zugezogen. Gemeinsam haben wir das Zelt nach anderthalb Stunden stehen. Nach den zahlreichen Tagen voller Aktivitäten werden wir diese Nacht hier in 5200 Metern ohne ernsthafte Beschwerden verbringen.

Durchgang im Eis

Sonntag, 5. April

Für heute haben wir geplant, sogleich den Weg bis zum Lager I zu erkunden. Dafür nimmt jeder neben seinen persönlichen Dingen noch 10 kg Hochlagerausrüstung in seinem Rucksack mit. Für mich sind das u. a. 2 Rollen Fixseil (das entspricht 110 Metern) sowie Schneehaken – auch Snowbars genannt – und die Eiskletterausrüstung. Nach zweistündigem atemlosem Balancieren durch die Steinwüste im weiteren Tal, es wird auf seiner rechten Seite von der ebenso beeindruckend senkrechten Westwand des Makalu begrenzt, stehen wir nach einer Biegung vor den wild zerklüfteten Ausläufern des Schago-Gletschers.

Entsprechend unseren Vermutungen und manchmal auch durch einige spärliche Steinmänner entdecken wir einen gangbaren Weg zwischen den bis zu 30 Meter hohen blau schillernden Eistürmen. Teilweise hängen sie in minutenlangen Passagen auf unserem Pfad direkt drohend über unseren Köpfen. Schon herab gefallene Bruchstücke erwecken den Anschein, zwischen den umgestürzten Kegeln eines Riesen entlangzulaufen.

Wenig später scheint unsere erhoffte Spur endgültig zu enden. Rechts eine glattgescheuerte

Felswand, drängen hier die Eistürme links auf einige Meter Länge unmittelbar bis an diesen Fels heran, so dass wir im nächsten Abschnitt direkt im Eis klettern müssen. So abenteuerlich das auf uns wirkt, wird unsere Begeisterung gleich wieder von einem nachfolgenden langen und sehr steilen Geröllaufschwung gedämpft, auf dem wir uns wie Schnecken emporarbeiten.

Rechter Hand nun ein großes Gletscherplateau vor Augen, empfinden wir in unserer zunehmenden körperlichen Niedergeschlagenheit diese Stelle als den rechten Platz für Lager I. Meutz mahnt, dass wir jedoch für diesen Punkt bis auf 6000 Höhenmeter kommen müssten. Daraufhin entzündet sich eine kurze, lebhaft geführte Auseinandersetzung zwischen uns mit der Verlockung im Hinterkopf, die quälende Rucksacklast am liebsten gleich hier zwischen die Steine zu werfen. Das Ganze gipfelt schließlich in einem Vergleich zwischen der Überzeugung von Götz – er stimmt mit seinem „persönlichen Gefühl" für die hier erreichte Höhe – und der Zuverlässigkeit des Höhenmessers ...

Dem Argument von Meutz – für das gute Stück habe die Expedition schließlich 500 Mark bezahlt – beugen wir uns schließlich und der niederschmetternden Anzeige von 5700 Metern und schleichen keuchend und hustend weiter aufwärts. Vor uns wiederum ein endloses Meer von übereinander getürmten Felsblöcken und seitlich darüber der bis zu 50 Meter senkrechte Eisabbruch des oberen Schago-Gletschers. Kaum noch in der Lage, mehr als 5 Schritte hintereinander zu gehen, fragen wir uns im Stillen, wo denn da ein Zelt wird stehen können.

Ich bin mehrmals geneigt, meine Nutzlast für heute lieber doch als Depot zurückzulassen und rechtzeitig umzukehren. Doch Meutz, uns anderen heute inzwischen weit voraus und nur noch als Punkt erkennbar, winkt mittlerweile von einem Felsplateau herunter. Nach einer weiteren Stunde kommen wir auf unserem Weg dem bedrohlichen Eisabbruch wieder unangenehm nahe. Von dieser Stelle wird nach einem letzten sehr steilen Anstieg zwischen dem zurückweichenden Gletschereis und einigen seitlichen Felsschrofen der Platz für das Lager I jedoch plötzlich sichtbar. Wir erreichen ihn tatsächlich, gewissermaßen an unserer seelischen Schmerzgrenze gegen 15.30 Uhr.
Schließlich steht uns auch heute noch der Rückweg bevor, und keiner von uns möchte eine zweite Nachtwanderung erleben. Wir errichten schnell das Depot mit unserer Ausrüstung und treten zügig den Abstieg an. Im letzten Licht erreichen wir erschöpft unser ABC und werden von den Küchenboys mit Kannen voller heißer Zitrone begrüßt.

Montag, 6. April

Der Morgen beginnt mit einem gemütlichen Frühstück und neuer Aussicht. Heute, mit der nötigen Ruhe zum Betrachten, wirkt der Makalu hier von der Westseite mit seiner gigantischen über drei Kilometer hohen Felsmauer unnahbar, fast bedrohlich auf uns. Weiter linkshaltend schauen wir in den oberen Teil unseres Seitentales, verfolgen unseren gestrigen Weg erneut in Gedanken, bis die Augen den zerklüfteten Rand des Gletschers erreichen, der bereits in der Sonne leuchtet.
Im Laufe des Tages tragen wir eine alte Steinmauer ab, um sie zwei Meter versetzt wieder aufzubauen, damit unser zweites „Big-one-six“-Mannschaftszelt in die Steinumfriedung hineinpasst. Wir werden es als Esszelt nutzen und in der zweiten Hälfte endlich Verpflegung und Ausrüstung aus unseren Transporttonnen ordnen und nebeneinander aufstapeln. Die angenehme und erträgliche Zeit des Tages neigt sich dem Ende, wenn die Sonne gegen drei viertel vier hinter einem steil aufragenden Geröllhang versinkt.
Das Abendessen, das uns die zwei Küchenboys bereiten, ist wie immer schmackhaft und abwechslungsreich. Diesmal haben wir als Gemüsebeilage eine Art gedünsteter Bohnen auf unserem Teller.
So wie niemand von uns vor zuweilen auch mal plötzlich auftretenden gesundheitlichen Beschwerden sicher ist, erwischt es heute mich. Mit unerwartet einsetzenden Magenschmerzen schleppe ich mich schnell hinüber bis zu unserem Schlafzelt und bringe die nächsten zwei Stunden ziemlich hilf- und regungslos in meinem Schlafsack zu, bevor die kolikartigen Schmerzen langsam nachlassen. Nach solchen unerwarteten wie unerfreulichen Erlebnissen werde ich mir in Zukunft den Genuss dieser Beilage verkneifen müssen.

Dienstag, 7. April

Heute wollen wir erneut mit weiteren Zelten, Kochern, Töpfen, Gaskartuschen, Nahrungsmitteln, Eis- und Kletterausrüstung zu Lager I aufsteigen. Während die ersten gegen 9 Uhr aufbrechen, folgt Götz erst gegen 10.30 Uhr. Unter Berücksichtigung der Zeitverschiebung will er zu Hause noch einmal anrufen, um so mit Hilfe unseres Satellitentelefons seinem Sohn am Morgen zum Geburtstag zu gratulieren.
Unsere weitere körperliche Höhenanpassung ist erstaunlich. 30 bis 60 Minuten schneller erreichen wir diesmal Lager I in 6100 Meter Höhe. Trotzdem gestalten sich wieder besonders die letzten 200 Höhenmeter nicht nur für mich zu einem Ringen nach Luft bei verstopfter Nase und chronischen Hustenanfällen.
Es ist bereits 16 Uhr. Die Kraft der Sonne schwindet, und ich ärgere mich ein wenig, dass die anderen erst einmal damit beschäftigt sind, recht hitzig über den weiteren Routenverlauf zum Makalu-Grat zu diskutieren, anstelle sofort die zwei Zelte mit aufzubauen. Endlich beginnen wir damit, und es bleibt vorerst Spekulation, wie gut oder windgeschützt wir hier übernachten werden.
Obwohl nicht zum ersten Mal dabei, empfinde ich es erneut fast als Alptraum, zu dritt in das kleine Zelt zu kriechen. Die Rucksäcke müssen vor dem Eingang bleiben. Es fällt

schwer, die Fassung zu bewahren, bis man im Inneren auf seinem Isomatten-großen Terrain alle seine Sachen geordnet und sich umgezogen hat, ohne dabei den Nebenmann an die Wand zu drücken.
Danach mache ich mich im winzigen Vorraum des Zeltes ans Kochen bzw. ans Schneeschmelzen. Überhaupt gibt es in dieser Iglu-förmigen Lebensinsel nur zwei Aufenthaltsmöglichkeiten – im Schlafsack liegend oder kniend mit den Töpfen hantierend. Bis für 3 Leute aus Schnee zweieinhalb Liter Tee und anderthalb Liter Suppe bereitet sind, vergehen mehr als 2 Stunden. Im Schein der Stirnlampe schlürfen wir einvernehmlich unsere Suppe und reichen uns als kleine Leckereien Brot, Käse, Schinken oder Salami zu.

Erzwungener Aufstieg in 6000 Metern

Mittwoch, 8. April

Die erste Nacht wieder unter alpinen Himalaya-Verhältnissen erlebe ich, von Husten und Schnupfen einmal abgesehen, ohne Unwohlsein, jedoch dicht aneinander gedrängt und scheinbar schlaflos bis in die morgendliche Dämmerung hinein. Gegen 6 Uhr werfe ich bei klirrendem Frost den Kocher wieder an. Es vergeht allein über eine Stunde, bis unsere 3 Thermoskannen gefüllt sind.
Gegen 8 Uhr endlich erreichen die Sonnenstrahlen unser Zelt. Gegen den Wind brüllen wir uns von Zelt zu Zelt zu, dass wir um 9 Uhr starten wollen. Bis dahin sind noch etliche Handgriffe in dem beengten Zelt zu erledigen. Zum Schluss bleibt das Anziehen der Schuhe mit ihren vielen Ösen und das Anlegen der Gamaschen zu ebener Erde. Im Sitzen immer wieder ein besonders anstrengendes „Vergnügen". Die vereinbarte Startzeit drückt, noch mehr drückt ein anderes „Bedürfnis". Ein eisiger, doch immerhin windgeschützter Platz draußen auf der Moräne ist heute noch möglich.
Dann werden die Lasten auf die Rucksäcke verteilt. Ich nehme ein Zelt und Gaskartuschen. Mit angelegtem Klettergurt, Steigeisen und Seil wollen wir eben den steilen Rand zum Gletschereis hinaufsteigen, da bekomme ich mit, dass sich Heiko heute Morgen nicht mehr wohl fühlt und deshalb jetzt allein absteigen wird. Wenn er es schafft, will er heute nicht nur bis zum ABC, sondern gleich noch weiter ins 500 Meter tiefer gelegene Basecamp.
Uns erwartet eine sonnige Überquerung des riesigen Gletscherplateaus, umrahmt von einem halbkreisförmigen gewaltigen Felsgrat des Makalu. Plötzlich ist Götz bis zur Gürtellinie im Firn verschwunden. Eine Gletscherspalte, vom Schnee zugeweht, werden wir noch mehrfach erleben und mit unseren Markierungsfähnchen kennzeichnen. Die metergroßen Spalten müssen wir umgehen oder auf teils luftigen Eisbrücken überqueren. Nach Stunden kommen wir an einen steilen Aufschwung, der in einer Diagonale zum oberen Balkon einer mächtigen Eisterrasse in 6700 Meter Höhe führt. Hier gibt es

zwischen uns Uneinigkeit über den weiteren Wegverlauf. Während Meutz und George von einem sehr direkten steilen, mit senkrechten Eisstufen durchzogenen Aufstieg überzeugt sind, halten wir anderen drei einen längeren Weg ohne solchen Kletteraufwand mit unseren schweren Rucksäcken für steil genug. Wir teilen uns – soll der Versuch zeigen, welche Variante die günstigere ist.
Während ich mit Karsten und Götz weitersteige, trübt sich das Wetter zusehends ein. Nach eingehender Sondierung des zerklüfteten Gletschers entscheiden wir uns, über eine Steilstufe, die sich wohl ohne technische Hilfsmittel ersteigen lassen wird, das nächste Gletscherplateau zu erreichen. Von dort hoffen wir uns in einem weiten Rechtsbogen wieder einer gewaltigen vereisten Steilrinne zu nähern. Sie erscheint uns als günstiger Ausgangspunkt für den weiterführenden Gipfelanstieg und damit auch als notwendiger Standort für unser nächstes Hochlager.
Noch immer spure ich in der sehr steilen Passage vorneweg, Karsten mault, ich solle nicht so große Schritte machen. Dabei wäre es mir lieber, schon wieder auf dem Rückweg zu sein. Das Wetter verschlechtert sich weiter; die Umgebung nur noch erahnend, wird mir unsere Situation langsam unangenehm. Natürlich gehen wir am Seil, doch möchte ich wirklich nicht erleben, dass wir uns hier mit diesen schweren Rucksäcken gegenseitig aus einer Gletscherspalte herausziehen müssen. Inzwischen ist es unwahrscheinlich, dass bei diesen Verhältnissen George und Meutz unter uns aus dem Nebel wieder zu uns stoßen. Aber Götz will den Standort für Lager II offensichtlich unbedingt erreichen. Links und rechts von großen Gletscherspalten flankiert, tasten wir uns noch etwa eine Stunde höher und erreichen im Schneetreiben den „oberen Balkon". Jetzt geht Karsten voraus; mit dem Gefühl, zwischen einer weiteren Steilstufe zur Linken und den bodenlosen Abbrüchen des Gletschers zur Rechten möglichst auf Abstand zu bleiben, erreicht er schließlich die sichtbaren Reste des Lagers II. Sie stammen offenbar von einer früheren Expedition.
Schnell unsere mitgeführte Ausrüstung im Schnee vergraben, mit den Snowbars sichern, durch Stangen markieren und sofort zurück, bevor unsere Spuren vom Wind wieder zugeweht sind – das geht mir im Moment durch den Kopf.
Doch die beiden anderen haben offenbar auch weiterhin die Zuversicht, nun noch den Aufbau eines Zeltes vorzubereiten. So beginnen wir damit, die Aluminiumstäbe ineinander zu stecken und sie in die dafür vorgesehenen Laschen des entfalteten Zeltstoffes hineinzuschieben. Vorher haben wir noch unsere Steigeisen abgelegt, um bei dem ganzen Durcheinander mit deren scharfen Zacken nicht versehentlich den dünnen Zeltstoff zu zerreißen.
Da passiert es plötzlich, dass uns der letzte von jenen 5 zusammengesteckten Alumini umstäben aus den vom Frost gefühllosen Fingern gleitet. Augenblicklich erfasst der Wind die Zeltstange und schiebt sie von uns fort. Wie ein losgelöster Ski schlittert sie sofort auf dem Eis des geneigten Abhanges mit zunehmender Geschwindigkeit davon. Während Karsten und ich vor Schreck noch wie gelähmt sind, ist Götz schon aufgesprungen und stürzt wie bei einem 100-Meter-Sprint diesem hüpfenden und klappern-

den Etwas, von welchem die Existenz unseres Zeltes abhängt, hinterher. Es sind nur Sekunden, die Götz noch bleiben. Er rennt mit äußerstem Einsatz den Hang hinab, der unsichtbar im Nebel mit einem Hunderte Meter tiefen Gletscherabbruch im Bodenlosen endet. Der Untergrund wechselt zwischen Schnee, Firn und Blankeis. Ist sich Götz in diesem Moment bewusst, dass er, ebenso wie wir vor Minuten, seine Steigeisen von den Schuhen entfernt hat?
Bevor ich diesen dramatischen Umstand so recht erfasse und zu Ende denken kann, bekommt Götz mit einem Hechtsprung das letzte Stück unserer entfliehenden Zeltstange wieder zu fassen. Wir schauen ihm noch völlig entgeistert entgegen, als er laut schnaufend schließlich wieder bei uns eintrifft.
Noch ziemlich nervös von den vergangenen Schrecksekunden richten wir nun unser Zelt auf, graben es seitlich in den Schnee und verspannen die Zeltleinen mit Snowbars, die wir im Halbkreis in den Firn einschlagen. So gut dies alles in einer Dreiviertelstunde eben möglich ist, steht wie heute Morgen geplant damit tatsächlich das erste Zelt unseres zukünftigen Lagers II. Der Wind beginnt schon ein wenig mit dem Gewebe der Zeltkuppel zu spielen, und ich habe dabei ein eher ungutes Gefühl. Wird es doch noch Tage dauern, bis überhaupt jemand von uns wieder hierher kommt. Schnell werfen wir noch die mitgeführten Ausrüstungsgegenstände ins Zelt. Das sind u. a. 2 Kocher, ein halbes Dutzend Gaskartuschen und die fast vollständige Kletterausrüstung von Götz.
Im Schneetreiben mühen wir uns auf dem Rückweg, durch die Spalten unsere Spuren zu erahnen. An der Steilstufe bläst uns der Wind plötzlich von unten her unangenehm scharf entgegen. Die mit feinen Eiskristallen durchsetzte Luft sticht wie mit tausend Nadeln schmerzhaft ins Gesicht. Ohne Schneebrille würde man nicht mehr seine Augen öffnen können.
Im Moment bin ich sogar sehr froh, auch jetzt beim Abstieg meine beiden Skistöcke in der Hand zu haben. Das blendende Weiß des Untergrundes ist von den umhertobenden Schneeflocken nicht mehr zu unterscheiden. Der optische Horizont ist aufgehoben, und nur so, gestützt auf die Stöcke, gelingt es mir, mein Gleichgewicht zu halten und nicht umzufallen. Weiter unten, wieder auf dem riesigen Gletscherplateau, ist es der Sturm, dem wir uns entgegenstemmen oder von dem wir uns auch abwenden müssen, um im Windschatten des Anoraks mit seiner Kapuze zu verschnaufen.
Ins Lager I zurückgekehrt, reicht uns das Licht gerade noch, um auf dem Kocher in zweistündiger Zeremonie das Nötigste zum Trinken und Essen zu bereiten. Von Meutz und George erfahren wir, dass sie bei der Wetterverschlechterung ihren Direkt-Aufstiegsversuch abgebrochen und ihre mitgeführte Ausrüstung als Depot zurückgelassen haben.

Donnerstag, 9. April

Erschöpft waren wir alle eingeschlafen. Aber irgendwann nach Mitternacht werde ich vom Getöse des Sturmes wieder wach. Es ist mit Worten nicht zu beschreiben, welch gequälte Geräusche die Zeltverspannungen und das Gewebe der Zeltkuppel von sich geben, wenn sie vom Wind bis zum Äußersten belastet werden.
Eingezwängt zwischen meinen beiden Gefährten, liege auch ich mit angezogenen Beinen, leicht fröstelnd, und sage mir immer wieder, dass ich nach draußen gehen sollte, um das Zelt zu kontrollieren, ob die Verspannungen noch intakt, die Zeltränder wirklich noch vom angeschaufelten Schnee überdeckt sind.
Mir im Kopf über diese unangenehmen, jedoch zwingenden Handgriffe völlig im Klaren, kostet es mich dennoch unendliche Überwindung, den Reißverschluss des wärmenden Schlafsacks auch zu öffnen und mich zum Zeltausgang zu tasten. Dort türmen sich erst einmal Rucksäcke, Seile und Schuhe übereinander oder auch durcheinander ... Und nun noch mit den halbwegs warmen Füßen in die steif gefrorenen Schuhe zu kommen ist jedesmal ein verkrampfter Akt, so als versuche man, sich noch einmal in längst ausgediente Kinderschuhe zu stemmen. Es hat Momente gegeben, wo sich diese Mühsal manch einer von uns ersparte und gleich mal kurz mit den Socken nach draußen ging. Ich hätte wirklich genügend Gründe finden können, um doch lieber im Schlafsack zu bleiben. Doch das Zelt – es schreit geradezu nach Hilfe. Na gut, ich gehe ja schon. Ich muss nicht weiter darüber nachdenken und weiß genau was ich draußen zu tun habe. Gleich noch ein bisschen Schnee schaufeln – wunderbar, so wird es ein guter Schutz sein. Bald habe ich es hinter mir.
Eigentlich komisch nur, dass ich die ganze Sache diesmal gar nicht als so gruselig empfinde, nicht einmal friere. Wie kann das nur sein? Meine Verwunderung wächst. Noch einmal wühlen meine Hände im Schnee. Jetzt fühlt er sich sogar warm an! In meiner Wahrnehmung dämmert mir etwas. Ich reiße die Augen auf, und mir wird plötzlich klar – dass ich immer noch im Schlafsack liege ... Der schöne Traum wartet leider weiterhin darauf, in Erfüllung zu gehen.
Nein, das Flattern des Zeltstoffes bereitet mir schon seelische Schmerzen. Wird der Stoff noch halten oder aber bei der nächsten Windböe zerreißen?
Nun öffne ich tatsächlich den Reißverschluss meines Schlafsackes und taste mich zum Zeltausgang. An dem von Wolkenfetzen geteilten Horizont wird bereits ein schwacher Lichtschimmer des herandämmernden Tages sichtbar. Ich taumle zähneklappernd um unser Zelt und prüfe die Verspannungen. Danach entschließe ich mich, unsere drei großen Rucksäcke auf der Windseite als Schutzschild gegen das Zelt zu lehnen und im Folgenden alles mit Schnee abzudecken. Viel mehr läßt sich jetzt nicht realisieren, und ich habe doch zumindest etwas gegen meine innere Unruhe getan.
Eine ganze Ewigkeit später, noch bevor die ersten Sonnenstrahlen unser Zelt erreichen,

läuft unser Kocher bereits schon wieder auf Hochtouren. Aus meinem Schlafsack heraus bediene ich ihn, so gut es eben geht. Gegen 10.30 Uhr stehen wir vor unseren zwei Zelten. Der Abstieg zum ABC wird uns heute weniger anstrengen als an den vergangenen Tagen.
Erneut nehmen wir die Schaufeln zur Hand und stechen aus dem steilen Hang über uns einige Dutzend Schneeladungen heraus, um damit unser Zelt noch einmal von allen Seiten gegen den Wind einzugraben. Jeder zusätzliche Handgriff eine Art Gewissensentscheidung. Schließlich geht es auch hier nicht nur um das Zelt, sondern mindestens ebenso um die anderen existenziell wichtigen Ausrüstungsgegenstände wie den zweiten Schlafsack, Isomatte, Seile, Kocher und Lebensmittel, die wir für unser erneutes Zurückkommen schon hier oben einlagern wollen. Gemeinsam mit Götz trete ich schließlich als Letzter den langen Abstieg über die unzähligen Felsschrofen hinab zum ABC an. Als wir kurz vor 14 Uhr dort eintreffen, steckt uns der Balanceakt über Tausende von Felsblöcken nicht weniger in den Füßen als die Aufstiege mit gefülltem Rucksack. Wie immer erwarten die beiden Küchenboys mit gefüllten Teekannen unsere Ankunft. Im weiteren Verlauf des Nachmittags werden sie uns noch mit einer anderen Überraschung fast sprachlos machen.
Von eigener jahrelanger Suppenbeutel- nebst Konservenkost im Gebirge nicht gerade verwöhnt, waren auch unsere diesbezüglichen Ansprüche – in einem Zeltlager, 4700 Meter hoch – natürlich bescheiden zurückgeblieben. Im Grunde gemeinsam mit anderen angenehmen Erinnerungen bereits beim Verlassen von Kathmandu. Doch mit ihren bemerkenswerten Kochkünsten hatten uns die Sherpas schon mehrfach im Basecamp begeistert. Mit einigen Tricks war es ihnen gelungen, selbst dort noch einen Rührkuchen von beachtlicher Größe und tollen Geschmack auf ihrem Petroleumkocher zu backen ...
Umso größer ist unser Erstaunen, als Mingmar uns auf einem großen Teller erneut dieses Wunder – mit Schlagsahne überzogen – serviert. Hier oben, wo auch im Küchenzelt noch um einiges mehr als in unserem Hauptlager improvisiert werden muss, wie ist das nur möglich?
Ganz einfach, erklärt er uns. Der Kuchen wurde gestern im Basecamp gebacken und heute von einem Sherpa zu uns hier getragen. Wahnsinn – wohl kein Job, den das heimische Arbeitsamt leicht vermitteln könnte. Nicht für einen Bäcker und erst recht nicht für einen Brötchenausträger ...
Als Mingmar damit beginnt, den Kuchen mit einem riesigen Messer in Scheiben zu schneiden, haben wir diesem Backwerk bereits einen Namen gegeben. Bei seinem weißen Sahnehäubchen liegt das wohl nahe: Makalu.
Wir alle sind noch mit vollem Mund damit beschäftigt, uns abwechselnd dem Genuss dieses stolzen Kuchens und Dutzender Tassen dampfenden Tees oder voll duftenden Kaffees hinzugeben, gehört in dieser gemütlichen Stunde wieder einmal Mingmar direkt in unsere Runde. Wir haben ihn wortlos auf einen unser Schlafsäcke zum Sitzen hinabgezogen und ihm ebenfalls eine Tasse in die Hand gedrückt. Einige von uns kennen ihn ja bereits vom vergangenen Jahr – am Cho Oyu. Schon damals erwies Mingmar sich mit

seiner sachkundigen Hilfe gegenüber der Expedition nicht nur als ein bezahlter Sirdar, sondern mehr und mehr als ein aufrichtiger Freund. Besonders Götz hat mittlerweile ihm gegenüber ein recht ungezwungenes und vertrautes Verhältnis gewonnen. Alle scheinen ein wenig ihren eigenen Gedanken nachzuhängen, als Götz auf einmal an ihn eine für uns alle eigentlich recht abwegige Frage stellt:

„Sag mal Mingmar, was hältst du eigentlich von diesen Geschichten über den Yeti?"

Mingmar zögert einen Moment, als hätte er die Frage nicht recht verstanden. Dann aber stellt er ruhig seine Tasse zur Seite und beginnt zu erzählen:

Als ich selbst noch ein Junge war, redeten bereits meine Freunde, die anderen Jungen im Dorf hin und wieder in seltsamer Furcht von diesem Wesen. Eines Tages fragte ich schließlich meinen Großvater selber nach dem Yeti.

Er sagte daraufhin zu mir: Also, Mingmar, du willst etwas über den Schneemenschen wissen, den Yeti, wie ihn die Fremden nennen? Dann begann Großvater zu erzählen:

Nun – es ist schon lange her, als ich das letzte Mal einen von ihnen gesehen habe, obwohl es eigentlich sogar zwei waren. Ein Paar – Yetis heiraten nämlich und bleiben dann ein Leben lang zusammen. Stirbt einer der beiden, lebt der andere allein weiter, aber meist nicht lange.

Doch der Reihe nach. Es fällt mir schwer, mich an alles zu erinnern. Aber ich sehe noch genau das Haus meines Großvaters vor mir. Ich muss damals 10 Jahre alt gewesen sein, so wie du heute. Die Häuser waren ganz anders als das Haus, das dein Vater gebaut hat. Anders als alle, die es jetzt bei uns im Dorf gibt. Es gab damals auch noch kein Glas, und die Fensteröffnungen waren nur auf einer Seite des Hauses. Sie waren so klein, dass

der Yeti seinen Kopf nicht hindurchstecken konnte. Wehe, wenn du ihm in die Hände gefallen wärst! Der Yeti war so stark, da gab es keine Rettung. Auf der Fensterseite, so weit seine Arme hinein reichen konnten, wurde abends alles weggeräumt.
Zu der Zeit also, als ich 10 Jahre alt war, wurde unser Dorf von einem Yeti-Paar besucht. Das war schlimm. Sie kamen nachts, und nichts war vor ihnen sicher. Sie raubten die Vorräte, verwüsteten die Felder und töteten die Tiere. Der Yeti-Mann war so stark, dass er die Yaks überwältigen konnte, indem er sie an den Hörnern fasste und ihren Schädel zerbrach. Wir hatten keine Gewehre – nur Spieße und Messer, und die Yetis kamen zu zweit. Sie waren gefährlich!
Wenn du sie angreifst – alle Männer des Dorfes – und sie können nicht mehr fliehen, dann stellen sie sich Rücken an Rücken auf. Du kannst sie nicht umgehen, und wen sie ergreifen – der ist tot.
So ging das eine ganze Weile, und dem Dorf drohte im Winter eine Hungersnot. Da hatte mein Großvater eine Idee.
Du musst wissen, die Yetis sind gewaltig groß und schwer wie ein Yak. Die Männer haben, wenn es genug zu fressen gibt, dicke Bäuche und die Frauen riesige Brüste. Aber damit sind die Yetis unterschiedlich schnell. Müssen sie einen Berg hinauf, dann hindert den Mann der Bauch, währenddessen die Frau viel flinker ist. Geht es aber einen Berghang hinunter, dann sind die großen Brüste schlecht, während dich ein dicker Bauch noch schneller hinunter bringt. Das sollten sich die Männer unseres Dorfes zunutze machen, war die Idee deines Urgroßvaters.
Wir trieben das Vieh in das Tal hinunter bis zum Fluss und verteilten alle Männer im Wald und auf dem Berg über unserem Dorf. Es war Neumond, rabenschwarz und weit nach Mitternacht, als die Yetis zur Herde kamen.
Sie hatten diesmal keine Chance. Das ganze Dorf war auf den Beinen, und unsere Verwandten waren alle aus Kosi gekommen. Wir griffen die beiden mit Steinen, Spießen, Feuer und unter großem Geschrei an und trieben sie durch den Wald den Berg hinauf. Im Wald waren die Jungen des Dorfes und sogar Frauen und Mädchen versteckt, die durch Lärm und Feuer die Yetis am Ausbrechen hinderten. Der einzige Weg ging steil den Berg hinauf, und die Frau war viel schneller als der Mann. Als sie bereits oben ankam, war er noch weit zurück, und die Männer des Dorfes fielen über sie her. Sie umringten die Yeti-Frau und töteten sie mit zwei Spießen in den Rücken. – Der Todesschrei reißt mich auch heute noch, nach so langer Zeit, aus meinen Träumen.
Dann kam er. Durch den Schrei wusste er, was geschehen war, und auch die doppelte Anzahl von Männern hätte ihn nicht halten können. Er fuhr in ihre Reihen hinein wie eines dieser Kriegsfahrzeuge der Fremden, das ich in deinem Buch gesehen habe.
Zwei von uns tötete er, und alle flohen den Berg hinunter.
Er verfolgte uns nicht. Als wir uns im Dorf verbarrikadiert hatten, hörten wir ihn weinen. Nie wieder habe ich so etwas gehört wie in dieser Nacht und an den folgenden Tagen. Er hat dann seine Frau genommen und ist mit ihr den Felsen über der Weide hinaufgeklettert. Ich habe ihn dort sitzen sehen – versteckt vom Waldrand aus. 10 Tage war er mit ihr dort

oben auf dem Felsen. Oft hat er geweint und sein Leid in den Himmel geschrien – aber er wurde immer leiser und schwächer. Er ist dann neben ihr gestorben.
Niemand aus dem Dorf und dem ganzen Solu Khumbu hat seitdem diesen Felsen wieder bestiegen.

– Und es waren die letzten Yetis, die jemand von uns gesehen hat.
Je älter ich werde, Mingmar, desto öfter muss ich an die beiden denken. Muss ich daran denken, was ich ein Leben lang zu vergessen suchte. Ich wünsche mir immer, es wäre damals anders ausgegangen.

Wir schauen uns alle ein wenig verwundert an. Was soll man von dieser so unvermittelt erzählten, erstaunlichen Geschichte halten?
Zu Haus, mit dem Abstand unserer so geregelten und zivilisierten Welt, neigte ich eher dazu, über das eben Gehörte skeptisch meinen Kopf zu wiegen. Und hier war wohl niemand darauf gefasst, plötzlich mit solch einer Geschichte konfrontiert zu werden.
Aber die Augen von Mingmar blicken uns so ruhig und offen entgegen wie zu jeder anderen Stunde, bei allen sonstigen Gelegenheiten, um immer ganz für uns da zu sein.
Haben wir in den vergangenen Tagen nicht selbst so manches außergewöhnliche Erlebniss gehabt, Dinge, welche unsere Phantasie fast übertrafen, bisherige Erfahrungen in Frage stellten? So unglaublich sie auch klingen mag, spukt uns Mingmars Geschichte doch lange durch den Kopf

Zu Hause steht mittlerweile Ostern vor der Tür und für uns erst einmal Ruhetage auf dem Programm, bevor der nächste Vorstoß zum Gipfel folgen wird. Wegen des langen und beschwerlichen Weges bis zu unserem Basecamp hinunter haben wir uns inzwischen entschieden, erst einmal hier zu bleiben. Alle weiteren Aktionen am Gipfel, ebenso wie dazwischen eingeschobene Ruhephasen glauben wir jetzt von diesem Lager aus, dem unmittelbaren Beginn des Aufstiegs zum Gipfel, mit weniger Aufwand zu gestalten.

Freitag, 10. April

Wie bereits am Vortag, fängt der Sturm erneut gegen Mitternacht an mit roher Gewalt zu rütteln – diesmal an unserem großen Mannschaftszelt. Wer bis dahin noch keinen Schlaf fand, wird ihn nun für die restlichen Stunden auch nicht mehr finden.
Ich weiß nicht, ob ich mehr um das bei jeder Böe zusammengestauchte Zelt fürchten soll oder doch die Folgen – unter diesen Umständen würden wir in Obdachlosigkeit geraten.
Trotzdem sind am Morgen die Meinungen noch geteilt darüber, ob wir für die Stabilität unserer zwei großen Mannschaftszelte etwas Zusätzliches unternehmen sollten. Vermutlich gelte ich in meiner Sorge um diese Stoffbehausungen als ein wenig ängstlich.
Als jedoch während des gemeinsamen Frühstücks in unserem Ess- und Vorratszelt selbiges plötzlich von einer Windböe einen halben Meter in die Höhe gehoben wird, ver-

stummen augenblicklich alle weiteren Diskussionen darüber.
Wir zerschneiden eines unser Fixseile und legen parallel zu den Gestängebögen 4 Seilschlaufen über die Zeltaußenhaut, und beschweren sie mit großen Steinen. Das beruhigt zumindest scheinbar unser Gewissen.
Später werden wir von Heiko über Sprechfunk hören, dass unten im Basecamp das Küchenzelt erneut vom Sturm erfasst und 100 Meter durch die Luft geschleudert wurde. Ein Stück des Hauptgestänges blieb dabei glücklicherweise nicht in unserem Mannschaftszelt stecken, sondern überflog es ...
Der Tag vergeht, und der Wind zerrt weiter an unseren Nerven und an den Verspannungen der Zelte.
In der Nacht, wenn nach 23 Uhr der Mond hinter der steil aufragenden Wand des Makalu erscheint, wird es im Zelt gespenstisch hell. Bei einem Gang nach draußen, wie er für jeden von uns des Nachts zuweilen mal dringend wird, bleibe ich sprachlos vor unserem Zelt stehen. Ist es eine Täuschung? Strahlt der Vollmond hier tatsächlich so viel heller als bei uns zu Haus? Das Meer von Steinen und Felstrümmern um mich herum leuchtet in einer solchen Klarheit mit grünlichem Schimmer – ich könnte auf der Stelle loslaufen, ohne den geringsten Bedarf einer Lampe.
So müsste es dort wohl aussehen, genau so habe ich es mir als Kind in meiner Phantasie zumindest vorgestellt, wenn ich selbst auf dem Mond stehen könnte. Einfach paradox – ich fühle mich im Moment tatsächlich wie auf der Oberfläche jenes Himmelskörpers, welcher heute Nacht mit seiner vollen Scheibe in gespenstisch weißem Licht direkt über uns am Firmament leuchtet.
Doch ein Rauschen holt mich zurück in die Wirklichkeit. Fast erinnert es an jenes vertraute Geräusch, wenn sich Bäume mit ihren Blättern im Winde wiegen. Nein, wohl eher schon wie ein ganzer Wald oder stärker, viel stärker noch. Wie das Donnern eines heraneilenden Zuges?
Einfach unheimlich. Es können nur gewaltige Windströmungen sein, die sich kilometerhoch über uns in der Westwand des Makalu brechen.
Mit einem unguten Gefühl flüchte ich mich im nächsten Moment wieder in unser Zelt und schließe den Reißverschluss. Im Grunde eine schon beinahe lächerliche Reaktion, ist es doch vor allem jene dünne verletzliche Zeltkonstruktion, welche den Urgewalten des Windes hier als erstes ausgesetzt bleibt. Doch verbreitet diese unscheinbare Stoffhülle rund um uns wohl auch eine psychologische Barriere, hinter welche wir uns manchmal gern zurückziehen und dabei nicht wahrnehmen, nicht wahrnehmen wollen, was da draußen in der rauen Wirklichkeit mitunter auf uns zukommt.
Einige Augenblicke nach jenem dumpfen Getöse erreicht das Lager eine furchteinflößende Kraft. So als träfe uns die unsichtbare Keule eines Riesen, schlägt die gesamte Hülle des Zeltes nach einer Seite. Man kann vor dieser Gewalt sich nicht flüchten, es sei denn, man wollte „sein Schiff" – unser Zelt – verlassen ...

Sonnabend, 11. April

Und wieder lassen mich die Sturmböen seit Mitternacht in Minutenabständen zusammenschrecken. Die große Fläche unseres Mannschaftszeltes ist diesen harten Schlägen des Windes in doppelter Weise ausgesetzt. Was reißt als erstes – die Verspannungen oder die Leinwand?
Endlich wird es hell. Wieder hoffen wir, dass sich mit der aufgehenden Sonne der Sturm etwas legen wird. Den wievielten Tag hoffen wir inzwischen eigentlich auf solche Dinge? Tatsächlich beginnt die inzwischen chronisch anhaltende Geräuschkulisse sich mir langsam aufs Gemüt zu legen. Das nervenzerrende Pfeifen des Windes und dazu der immerfort unter dieser Extrembelastung hart flatternde Zeltstoff und das Ächzen des Gestänges wirken demoralisierend. Man kann sich diesem Psychoterror einfach nicht entziehen. Ich versuche, mich mit Schreiben abzulenken. Es geht nicht.
Da ertönt in dieser nervenden Kulisse plötzlich auch noch das Klingeln des Telefons, und ein ahnungsloser Journalist vom anderen Ende der Welt möchte gern wissen, ob wir denn nun endlich damit beginnen würden, auf den Mt. Everest zu klettern?
Ist das schwarzer Humor, oder spielen wir hier in einer schlecht inszenierten Komödie mit ...? Zumindest bringt mich die Episode im Laufe des Vormittags wenigstens noch auf den Gedanken, es ebenfalls wieder einmal mit einem Anruf nach Haus zu versuchen.
Ich wähle die Nummer von guten Freunden, welche meine aufreibenden Vorbereitungen immer wieder einmal mit kleinen hilfreichen Dingen und angenehm spürbarem menschlichem Beistand begleiteten.
Dieser „Klingelkasten“ versetzt uns via Satellit in eine Situation, welche zuweilen unsere eigene Vorstellungskraft und auch die Emotionen zu überfordern scheint.
Wir erschrecken gegenseitig ein wenig über die täuschende Klarheit unserer Stimmen am anderen Ende der „Leitung“. Es ist nicht nur jene unvorstellbare Entfernung, welche uns voneinander trennt. Auch die Phantasie meiner Gesprächspartner scheint strapaziert, mit eigenen Ohren zu vernehmen, wie ich bereits nach wenigen Worten außer Atem gerate, nach Luft ringe, obwohl ich versichern muss, mich keineswegs auf einem Dauerlauf zu befinden, sondern still in meinem Schlafsack.
Ebensowenig will es mir vorstellbar scheinen, dass meine Freunde sich gerade von ihrem beschaulichen Frühstückstisch erheben und nach dem Gang in die vertraute Kirche an diesem Wochenende ein Osterspaziergang durch das erste zart sprießende Grün der Umgebung bevorsteht.
Wir bangen währenddessen hier bei Minusgraden darum, nicht mit unseren Zelten, ja unserer ganzen Ausrüstung davonzufliegen. Was wird morgen um diese Zeit sein? Was vielleicht schon in der nächsten Stunde? Die Mütze über die eigenen Ohren zu ziehen – das reicht jedenfalls nicht, um diesen Geräuschen zu entfliehen. Sich das Gehör aber mit etwas wie Oropax zu verschließen – das wäre dann ja so wie den eigenen Kopf in den Sand zu stecken ...
Inzwischen beunruhigen uns schon wieder die Leinen, die wir gestern als Verstärkung

ein halbes Dutzend Mal über unser Mannschaftszelt gespannt hatten. Das grobe Seilmaterial unserer Fixseile hinterlässt Scheuerstellen auf dem Zeltstoff. Wird das so dünne Synthetikgewebe auf diese Weise durchgescheuert werden?
Die Meinungen sind sehr verschieden. Aber uns bleibt hier natürlich nur ein einziger Versuch – ein erfolgreicher, wenn wir danach nicht plötzlich ohne unser Aufenthaltszelt hier oben stehen wollen. Nach eifriger Diskussion probieren wir eine neue Variante und beschweren die Gestängeenden am Boden selbst mit Steinen. Auf diese Weise hoffen wir, uns während der bevorstehenden mehrtägigen Abwesenheit gegen weitere böse Überraschungen abzusichern.
Am Nachmittag verstärken sich die Windböen erneut. Ich versuche die anderen zu motivieren, vor der kommenden Nacht die am meisten beanspruchten Zeltverspannungen noch einmal zusätzlich durch unsere reißfesten Fixseile zu verstärken, auch wenn diese eigentlich zur Absicherung unseres weiteren Aufstiegs oben am Berg vorgesehen waren. Mein Drängen findet wortlose Bestätigung, als neben uns die Spitze des Sherpa-Küchenzelts wie eine Rakete mit dem Wind davonfliegt.
Die folgende Nacht wird nicht ruhiger werden, doch habe ich nun zumindest das Gefühl, unsere Zeltleinwand in ihrem jammervollen Zustand nochmals mit überzeugenden Argumenten festgebunden zu haben.

Sonntag, 12. April

Ohne übertriebene Eile packen wir unsere Ausrüstung für die nächsten fünf Tage zusammen. Wir wollen nun endlich unser weiteres Vorankommen über das Lager II hinaus realisieren. Der steinige und mühselige Weg nach oben ist mittlerweile bekannt.
Die Rucksäcke sind nicht leicht, und so trifft uns der weiterhin wütende Wind auf der letzten nun aus dem Tal herausführenden Etappe in besonders unangenehmer Weise. Die außen am Rucksack festgebundenen Isomatten bieten genügend Angriffsfläche, um auf den Steinen immer wieder aus dem Gleichgewicht gerissen zu werden.
Auch mit meinen bereits vor Jahren in Tibet am Shisha Pangma für mich nicht so recht befriedigenden Erfahrungen einer wirksamen Ernährung in großer Höhe bin ich in diesen Tagen am Experimentieren. Hier, wo andere spätestens ab 6000 Meter regelmäßig Probleme – vor allem mit ihrem Appetit – bekommen, blieb bei mir zunehmend die kräftigende Wirkung der Nahrung aus. So empfinde ich es auch jetzt während des letzten Steilanstieges zu unserem Lager I.
Der rechte Moment für mich, um abweichend von unserer gängigen Marschverpflegung aus Nußriegeln, Trockenobst, Hanuta-Waffeln und Ähnlichem noch ein anderes Nahrungskonzentrat auszuprobieren. Es soll in seiner Verdauung den Anforderungen des Leistungssports besser entsprechen. Vom Höhenbergsteigen ist ja bekannt, dass die Umwandlung der Nahrung in körperliche Energie und Leistungsfähigkeit mit zunehmender Höhe starken Beeinträchtigungen unterliegt.

Tatsächlich fühle ich mich im weiteren Anstieg erstaunlich kräftiger und habe plötzlich keine Probleme mehr, das Aufstiegstempo unserer Gruppe an der Spitze mitzubestimmen. Eine sehr erfreuliche Erkenntnis für mich, wenn sich dieser individuell jedoch recht unterschiedlich ablaufende Körpermechanismus auch noch auf die nächsten 2000 Höhenmeter anwenden lassen sollte.
Während wir uns nun langsam dem Standplatz unserer Zelte des Lagers I nähern, hinterlässt die uns umgebende Landschaft einen, fast unheimlichen Eindruck. Die braunen Täler bleiben langsam tief zu unseren Füßen zurück, und mit uns auf gleicher Höhe eröffnet sich ein immer weiterer Horizont, aus dem sich noch nie gesehene Felsgrate und leuchtende Eisflanken jenseits der 7000-Meter-Marke erheben. Dabei strahlt die Sonne am tiefblauen Himmel unschuldig in gleißendem Licht, währenddessen uns der starke Wind oftmals einfach umzuwerfen droht.
Gegen 16 Uhr stehen wir schließlich alle erschöpft und müde von diesem langen Aufstieg an unserem Lager I. Bevor ich hineinschlüpfe, erhöhe ich noch einmal den Schneewall um unser Zelt und deponiere einige Schaufeln Schnee von außen direkt neben unserer Kochstelle.
Die Beklemmung, hier gleich wieder zu dritt eng nebeneinander liegen zu müssen, ist inzwischen meiner Geschäftigkeit gewichen, den aufgehäuften Schnee hoffentlich noch bis zur Dunkelheit in meinen Töpfen auf dem Kocher geschmolzen zu haben.
Die Nacht vergeht bei den seit Tagen gewohnten unangenehmen Windgeräuschen wieder eher schlaflos, aber zunehmend mit dem Trost, so schon seit einiger Zeit den Naturgewalten standgehalten zu haben.

Montag, 13. April

Der Wind ist wieder so stark, dass wir uns während des Frühstücks mit dem etwa 20 Meter entfernten Nachbarzelt nur über das Sprechfunkgerät verständigen können. Meutz meint, im Interesse unserer weiteren Gesundheit sollten wir von einem heutigen Aufstieg Richtung Lager II vorerst absehen. Gegen 10 Uhr wollen wir die Sache noch einmal neu beraten. Als es so weit ist, strahlt die Sonne mit zunehmender Intensität. Der stürmische Wind aber ist – je nach Ansicht – gleich geblieben oder nur minimal zurückgegangen. Götz meint, wir sollten den Aufstieg zu Lager II zumindest probieren.
Nachdem ich mit mühsam angelegten Schuhen, Gamaschen und Goretex-Anzug bereits vor dem Zelt gestanden habe, um letzte Handgriffe an Rucksack und Klettergurt vorzunehmen, flüchte ich mich noch zweimal ins Zelt, weil die Eiseskälte des Windes gegen Gesicht und Hände einfach unerträglich ist.
Schließlich stapfen wir gegen 11 Uhr in zwei Dreiergruppen am Seil los. Uns dabei mit dem ganzen Körper gegen den Wind stemmend, kommen wir an der bereits gesetzten Linie von Markierungsfähnchen auf der riesigen Ebene des Schago-Gletschers langsam voran. Probleme bereitet das Atmen. Die Luft ist so eisig, dass es mit dem Luftholen nur

durch das engmaschige wärmende Gewebe der Kopfhaube hindurch erträglich bleibt. Weil die Nase hier oben durch chronischen Schnupfen aber schon lange verstopft ist, bleibt uns zwangsläufig nur das Atmen über den Mund. Das allerdings stellt uns die nächsten Halsschmerzen in Aussicht.
Doch damit nicht genug, führt jene bereits körperwarme Luft beim Ausatmen im Rückstau der Kopfhaube wiederum zum Beschlagen der Gläser meiner Gletscherbrille. Ich hoffe, die Astronauten von Apollo 11 hatten weniger Unannehmlichkeiten bei ihren Mondspaziergängen ...
Nachdem wir schließlich eine Zone sehr großer Gletscherspalten über den schmalen Rand von Schneebrücken passiert haben, bleibt uns etwa noch eine Wegstunde bis zu jenem Depot von George und Meutz, das die beiden vor 5 Tagen während ihres abgebrochenen Aufstiegs zu Lager II anlegten. Dort oben, hält sich unsere Begeisterung in Grenzen, weil nun jene weiteren Ausrüstungsgegenstände wie Fixseile, Zelt und Snowbars noch zusätzlich auf unsere schon gefüllten Rucksäcke verteilt werden müssen. Keiner von uns drängelt sich hierbei nach vorn – trotzdem wird es nicht weitergehen, bis auch die letzte Tüte mit ihrem zusätzlichen Gewicht einen Träger gefunden hat.
Noch niederdrückender aber als die erhöhte Last unserer Rucksäcke sind die ständig heranwehenden, mit Eiskristallen durchsetzten Sturmböen. Meutz klagt bereits über kalte Füße und Finger.
Ich ziehe mir im Sturm mit einiger Überwindung alle zusätzlich wärmenden Sachen, die ich mithabe, unter den Anorak. Dafür muss ich leider noch einmal den ganzen „Fitz“ von Klettergurt mit Sicherungsseil ablegen. Immerhin bleibt mir so vorerst jenes zermürbende Kältegefühl erspart, welches die Leistungsfähigkeit sehr schnell demontiert.
Eigentlich wäre jetzt nach zwei Stunden eine Pause zum Essen und Trinken sinnvoll. Doch sehe ich niemanden unter diesen höchst ungemütlichen Verhältnissen auf meine Bemerkung reagieren. Immerhin bekomme ich ohne die Handschuhe auszuziehen wenigstens meine Thermosflasche aus dem Rucksack und leere ihren wundervollen heißen Inhalt – vorausschauend jedoch (leider) nur bis zur Hälfte.
Beim nachfolgenden Weg über den steilen Gletscheraufschwung bekommen wir die Windböen nun wieder direkt von vorn. Um nicht aus dem Gleichgewicht geworfen zu werden, drücken wir uns jedesmal ganz dicht an den Firnhang. Wieder bereitet es Probleme, die mit Orkangeschwindigkeit heranbrausende eisige Luft einzuatmen. Das dumme Spiel zwischen den beschlagenen Brillengläsern und jenem über den Mund gezogenen Gesichtsvollschutz beginnt erneut.
Langsam lässt die Steilheit des Firnhanges nach, und wir kommen endlich dem Standort von Lager II näher. Das individuelle Lauftempo hat sich in den letzten zwei Stunden spürbar verändert und unsere Gruppe weit auseinandergezogen. Ich hoffe jeden Moment die Silhouette unseres hier oben errichteten Zeltes zu erkennen, während Götz weit hinter mir noch nicht einmal am oberen Ende des Steilaufschwunges zu sehen ist. Offensichtlich ist er bei jenen zurückgeblieben, welche mit den rauen Verhältnissen des heutigen Tages besonders zu kämpfen haben.

Wo aber ist unser Zelt?? Es müsste doch endlich zu sehen sein! Meine Schritte werden immer schneller, als winke eine Siegestrophäe auf den letzten Metern. Unmöglich verhalte ich mich. Jedesmal wenn nun der harte Firn wieder mit lockerem Pulverschnee wechselt, falle ich bei diesem Tempo vor Erschöpfung fast hin. Noch über eine endlos flache Schneekuppe – da, plötzlich erkenne ich in der Ferne einen dunklen Punkt. Er scheint sich seltsam zu bewegen, was soll das?
Als ich langsam näher komme, wird aus dem vermeintlichen Zelt etwas wild Schlagendes, wie eine Fahne im Wind. Nach weiteren 20 Minuten habe ich mit unserer ersten Seilgruppe jenen Punkt erreicht.
Der Anblick löst geradezu seelische Schmerzen aus. Wir erblicken nur noch einige Stofffetzen, welche an den Resten der Verspannungsleinen hängen. Das gesamte Innenzelt mit Gestänge und wichtiger Ausrüstung, auch die Kletterutensilien von Götz, sind vermutlich mit dem Sturm der letzten Tage irgendwo Hunderte Meter tiefer in einer der zahllosen Gletscherspalten verschwunden. Lager II existiert nicht mehr!
Das hat nicht nur moralische – auch praktische Folgen. Werden so nur drei von uns sechs Leuten hier oben übernachten können? Kommt unser ganzer weiterer Aufstiegsplan durcheinander?
Langsam nähert sich unsere zweite Gruppe mit Heiko, Meutz und Götz. Die weitere Situation klärt sich zumindest so weit, dass zwei weitere heute im Gepäck mitgeführte Zelte den Neuaufbau unseres Lagers erst einmal ermöglichen.
Angesichts der zerfetzten Reste unseres ersten hier errichteten Zeltes beschließen wir einen anderen, windgeschützteren Standort für unser Lager II zu suchen. Dabei dürfen wiederum die über uns befindlichen Seracs, jene geborstenen Eistürme und das wie riesige Balkone herabhängende Eis nicht ganz außer Acht gelassen werden. Immer wieder nach oben schauend, fällt uns die Entscheidung für einen neuen, tiefer gelegenen Standort nicht leicht. Er wird schließlich ohne einheitliche Überzeugung neu ermittelt. Spätere Ereignisse werden noch zeigen, dass diesem neu erstrittenen Standort eine geradezu schicksalhafte Bedeutung zukommen wird.
Inzwischen hat die Sonne längst ihren heutigen Zenit überschritten. Hier am Lagerstandort zum Stehen gekommen, fühlen wir uns vom eisigen Wind erneut bis in alle Glieder gepeinigt. Deshalb denke ich gemeinsam mit Heiko bereits an unseren Abstieg, noch bevor über den neuen Zeltaufbau endgültige Einigung herrscht. Wir kippen kurzerhand gemeinsam die Last der bis hierher geschleppten Ausrüstung aus unseren Rucksäcken, um wieder den Rückweg anzutreten.
Bereits heute Morgen war vereinbart worden, dass wir beide noch am heutigen Tag zu Lager I zurückkehren werden, um am folgenden Tag erneut Ausrüstung bis hier herauf zu tragen.

Dienstag, 14. April

Endlich hat der Wind einmal etwas nachgelassen, und nach einer zu zweit weniger beengten Nacht im Zelt klären wir während unseres Frühstücks mit den Gefährten in Lager II noch einmal über Funk, was wir alles mitbringen sollen.
Während unserer Konsultation ist plötzlich wieder die Rede davon, dass außer einem weiteren Zelt vor allem Lebensmittel gebraucht würden. Neben unseren Schlafsäcken und Isomatten, die wir heute auch mit nach oben nehmen müssen, sind so unsere Rucksäcke schnell gefüllt. Aber hier liegen immer noch 3 Rollen mit je 100 Meter Fixseil. Götz meinte jedoch, dass wir's mit dem Gewicht jetzt in über 6000 Meter Höhe nicht mehr übertreiben sollten. Doch wer will wissen, ob wir das Fixseil nicht doch noch, vielleicht schon morgen brauchen?
So will ich es trotzdem versuchen – eine Rolle passt gerade noch in meinen geräumigen Rucksack.
Jetzt heißt es nur noch das Zelt verschließen, den Rand noch einmal mit Schnee abdichten, Gesicht eincremen, Schneebrille aufsetzen, Handschuh, Klettergurt, Steigeisen und Seil anlegen, Eispickel verstauen, Skistöcke bereitlegen und zum Schluß den Rucksack aufnehmen.
Als ich mich jetzt erheben will, glaube ich einer Täuschung zu unterliegen. Nur mit Mühe komme ich überhaupt auf die Beine. Nein, so schwer ist er mir noch nie vorgekommen! Damit jetzt laufen? – Ich werde mich wohl gleich wieder hinsetzen müssen, denn so, in diesem Zustand fühle ich mich unheimlich schwach.
Ich versuche mich zu konzentrieren. Die Fixseilrolle ist zu schwer, niemand hat verlangt, dass ich sie mitnehme. Aber was wird, wenn wir oben mit unserem Seil nicht reichen? Unsere komplette Aktion zur Befestigung dieser entscheidenden Fixseilstrecke könnte dadurch auf halbem Wege stecken bleiben ...
– Ich gehe jetzt einfach los! Heiko hat sich sowieso ein langsames Tempo gewünscht. Und so bewegen wir uns wohl nicht viel schneller als in „Kaffeebohnenschritten"... Die Puste muss einfach reichen, wir haben ja noch den ganzen Tag vor uns. Das Ziel heißt – ankommen! Mit der Zeit habe ich das Gefühl, mich in den Bewegungsablauf einer Schnecke zu integrieren. Regelmäßig müssen wir stehen bleiben und schauen dabei nach oben. Dort können wir sogar unsere vier Gefährten entdecken. Als winzige Pünktchen bewegen sie sich auf den riesigen Steilabbruch des Gletschers über uns zu. Offenbar will Götz dort noch einmal in die gruselige Tiefe nach unserem verlorengegangenen Zelt Ausschau halten. Doch ist das wohl hoffnungslos. Selbst wenn von dort oben etwas zu sehen wäre – sie stehen vor einem Abgrund, als wären die Niagarafälle zu Eis erstarrt.
Die Gefährten kehren um. Schließlich haben sie sich für heute die Erkundung unseres weiteren Aufstiegs vorgenommen und wollen, wenn möglich, noch die ersten Seillängen

nach oben mit unseren Fixseilen absichern.
Dabei war die zukünftige Route noch bis gestern ungeklärt. Nach vielfacher Sondierung des weiterführenden steilen Wandabschnittes mittels Fernglas und mit unseren bloßen Augen hatten sich in mehreren Diskussionen zwei unterschiedliche Aufstiegsvarianten abgezeichnet: entweder über eine nach rechts hinaufziehende Eisrampe in weitem Linksbogen dem 7400 Meter hohen Schneesattel, Makalu-La genannt, entgegen oder in

einer fast gerade emporziehenden Eisrinne auf direktem Wege bis zu jenem entscheidenden Punkt des Sattels.
Die erste Variante – bereits von vielen Expeditionen praktiziert – schien weniger ausgesetzt, dafür aber um vieles länger, endete im letzten Teil aber trotzdem in steiler Felskletterei. Dort müssten wir dann sicherlich außerdem noch mit einer starken Vereisung des Gesteins rechnen. Eine zweite Variante, führt auf kürzestem Wege in einer Firn- und Eisrinne direkt bis zum Makalu-Sattel. Dieser Aufstieg würde sich dann allerdings in einer beeindruckenden Steilheit und ohne Unterbrechung über eine Höhe von sechshundert Metern hinaufziehen.
Es blieb schwer abzuschätzen, ob uns bei dieser steilen Eiskletterei vorrangig die technischen Anforderungen oder mehr noch die konditionelle Belastung bis weit über

7000 Höhenmeter beanspruchen würden. Ohne Träger für die Errichtung unserer Hochlager – so wie wir es uns von Anfang an vorgenommen hatten – war klar, dass wir diesen Steilaufstieg immer mit schweren Rucksäcken würden bewältigen müssen.
Doch nun bin ich mit Heiko selbst erst einmal an jenem davor liegenden Steilstück angelangt, das den einzig günstigen Zugang auf das nächsthöhere Gletscherplateau darstellt. Vor diesem recht anstrengenden Abschnitt ist es sinnvoll, sich noch einmal bei einer Pause zu regenerieren. Bei schwächerem Wind bekommen wir das heute besser als am stürmischen Vortag in den Griff. Am besten, ich versuche zu vergessen und denke nicht an die scheinbare Ewigkeit unendlich vieler kleiner Schritte mit ihren sich wiederholenden atemlosen Verschnaufpausen, bis wir den Steilaufschwung endlich unter uns lassen werden.
Erschöpft vom quälenden Gewicht unserer Rucksäcke erreichen wir schließlich gegen 16 Uhr unser Lager II. Dort treffen wir Meutz an. Er ist mit sichtlicher Gemütlichkeit damit beschäftigt, um unsere zwei Zelte per Schaufel eine meterlange Schutzmauer aus Schnee zu errichten. Wie wir von ihm hören, ist der gestrige kalte und stürmische Tag an seinem Befinden auch nicht ganz spurlos vorübergegangen. Als sich die anderen heute Morgen auf den Weg machten, blieb er zurück und versuchte, sich hier an den Zelten noch etwas auszuruhen und zu erholen.
Eigentlich sollten wir uns jetzt zu dritt erneut auf den Weg machen, um vielleicht doch noch etwas von dem davongeflogenen Zelt und seiner verlorengegangenen Ausrüstung zu entdecken. Doch die Kraft und der Glaube an einen Erfolg fehlen uns, um jetzt, mittlerweile am späten Nachmittag, für diese nochmals anstrengende Suche motivieren zu können.
Dafür umgibt uns von hier aus in 6500 Meter im wunderbaren Abendlicht ein Ausblick

wie von einem Balkon auf viele bekannte Gipfel des zentralen Himalaya. Mächtig der Chamlang und nicht weit davon der Baruntse. Ganz markant irgendwo dazwischen die vollendet schöne Pyramide des Ama Dablam. Jedoch dies alles überragend, erheben sich in unserer unmittelbaren Nähe der Lhotse und Mt. Everest, von Sturmwolken halb verhüllt. Und in entgegengesetzter Richtung sind in jener Eisrinne, direkt über uns, George, Karsten und Götz deutlich zu erkennen. Sie haben sich bereits den ganzen Tag damit abgemüht, den weiteren Weg durch die steilen Firnfelder hinauf zum Makalu-La zu erkunden.
Mittlerweile ist es 18 Uhr, wir warten jeden Moment darauf, dass sie von dort oben den Rückweg antreten. In dieser Höhe, weit über den Tälern, wärmen uns die Strahlen der Sonne sogar noch bis 19 Uhr. Danach aber wird es sofort empfindlich kalt werden.
So beginne ich schon mit dem Kochen, um den Gefährten nach ihrem Rückweg sogleich Tee und Suppe vorsetzen zu können. Immer wieder krieche ich aus unserem Zelt, um nach oben zu schauen. Dabei erlebe ich staunend, wie der ganze Gletscher, die riesige Gipfelwand über uns, und alle umliegenden Berge von der nur noch knapp über dem Horizont schwebenden Kugel der Sonne in ein feurig-rotes Licht getaucht werden. Endlich bemerken wir nun auch weit über unseren Köpfen Bewegung. George, Karsten und Götz beginnen mit dem Abstieg, und ihre Silhouetten scheinen in der glasklaren Luft so nah, dass ich geneigt bin, einfach hinaufzurufen: „Euer Tee ist gleich fertig!"
Nachdem wir alle gemeinsam im Schein unserer Stirnlampen die warme Abendmahlzeit genossen haben, werden wir endlich eine ruhige Nacht ohne Wind erleben. So liegen wir alle entspannt in unseren Schlafsäcken eng beieinander, so gut es eben geht in 6500 Meter Höhe.

Mittwoch, 15. April

So wie noch gestern nicht wenig Zeit damit verstrich, immer wieder neue Varianten des weiteren Routenverlaufs zu erkunden, ist mittlerweile aber unsere Entscheidung für jene steile Eisrinne gefallen. Auch wenn weiterhin umstritten bleibt, in welcher Zeit und bei welchen Schwierigkeiten wir das Ende jener steilen Eis- und Firnrinne erreichen können, bekommen unsere weiteren Handlungen nun wieder einen zielgerichteten Verlauf. Karsten, George, Götz und Meutz sind wenig später wieder auf dem Weg, um die begonnene Fixseilstrecke bis hinauf zu dem 600 Meter über uns befindlichen Grat weiter voranzutreiben.
Da bei der reinen Kletterarbeit sowieso immer nur einer von uns vorangehen kann, während die nachfolgenden zwei mit der Seilsicherung und dem fertigen Installieren der Fixseile beschäftigt sind, werden Heiko und ich erst gegen Mittag den anderen nachfolgen. Für uns beide ist es höchst angenehm, mit dem Frühstück nicht mehr dem klirrenden Frost am zeitigen Morgen ausgesetzt zu sein. Sobald die intensiven Strahlen der Sonne gegen 9 Uhr die Kuppel unseres Zeltes erreichen, bekommen wir eine Energie zu

spüren, die schon bald der Heizleistung jedes beliebigen Aggregates an der heimatlichen Steckdose in nichts nachsteht. So folgen wir schließlich beide ausgeruht und zufrieden – in regelrechter Urlaubsstimmung – gegen Mittag den Fußspuren unserer Gefährten nach.
Teilweise ließ sich bei der Errichtung unserer Fixseilstrecke noch restliches Seilmaterial früherer Expeditionen nutzen. Trotzdem ist George am Ende sehr froh über die zusätzliche Seilrolle, die ich am vergangenen Tag noch unerwartet mitgebracht hatte. Nach seiner Einschätzung könnte es knapp werden, mit unserem bereits bis hier herauf geschleppten Seilmaterial tatsächlich das Ende dieser abweisenden Eisrinne zu erreichen.
Außer den nunmehr letzten beiden hier oben befindlichen Fixseil-Rollen tragen Heiko und ich bereits einen Teil der Ausrüstung für Lager III wie Zelt, Kocher und Lebensmittel in unseren Rucksäcken. An den abschreckenden Zeltresten unseres ehemaligen Lagers II vorbei, wird der Aufstieg bald steiler. Er führt durch ein Terrain mehrerer quer zum Hang verlaufender Gletscherspalten, die wir immer wieder mit kräftigen Spreizschritten oder im Sprung überwinden. Bevor wir uns an einer letzten überhängenden Spaltenfolge in das erste Ende der hier beginnenden Fixseilstrecke einklinken, tausche ich meine bisher benutzten Teleskop-Skistöcke gegen den Eispickel. Bei einer kurzen Rast genehmigen wir uns wieder einen Blick in die Runde.
Das Bild, welches wir mit allen Sinnen zu erfassen suchen, wirkt immer berauschender. Mit jedem Hunderter an Höhenmetern weitet sich unser Horizont. Irgendwie ein göttliches Gefühl, von hier oben über Dutzende Täler hinwegzuschauen und unzählige eisgepanzerte Gipfel zu erblicken, die in Aussehen und Mächtigkeit nicht selten einem multiplizierten Matterhorn zu entsprechen scheinen.
Dann geht es direkt mit den Frontzacken unserer Steigeisen im Eis weiter steil nach oben. Dabei nun kontinuierlich die Steigklemme am Fixseil weiter schiebend und zugleich auch immer wieder mit dem Eispickel nach neuem Halt suchend, gelange ich in einen völlig neuen Bewegungsrhythmus. Verbunden mit der eigenen Aufregung, lässt er unseren Puls und die Atemfrequenz ganz schön nach oben schießen. So geht es nun jeweils für vier bis fünf, allerhöchstens jedoch auf zehn kurze Schritte höher, bevor der eigene Körper wild schnaufend Einhalt gebietet. Unsere Aktivitäten werden automatisch langsamer, müssen wieder einen gleichmäßigen Takt finden. Damit relativiert sich allerdings der noch verbleibende Abstand zu George, Meutz, Karsten und Götz. Dabei hatten wir uns ihnen schon so nah gefühlt, bereits auf Rufweite genähert. Jedoch liegen auch weiterhin eine Stunde Weg oder mehr zwischen uns. Ich habe die Welt um mich herum vergessen. Kaum noch dringt es ins Bewusstsein, sich „auf dem Dach der Welt“ – im Himalaya zu befinden. Ein Blick zur Sonne und auf meine Uhr zeigt mir an, dass ich mich beeilen zu muss, um den Vorsprung der Gefährten über mir aufzuholen.
Schließlich bekommen wir an diesem Nachmittag alle diese seit unserer Ankunft hier am Makalu unerreichte Höhe mächtig im Kopf und in unseren Beinen zu spüren. Langsam wird deutlich, dass beim Klettern in dem teilweise sehr spröden Eis die

Verankerung unserer Fixseilstrecke auch heute noch nicht ihren Abschluss oben am Makalu-La finden kann. Auch dieser von uns gewählte direkte und kürzeste Anstieg erweist sich hier oben als ein langer Weg.
Irgendwo bei 7100 Metern, wo uns bereits Felswände zu beiden Seiten der Eisrinne umschließen, schlagen wir mehrere Snowbars in das Eis, um unsere mitgeführte Ausrüstung als Zwischendepot für Lager III daran zu befestigen. Das ist angesichts unseres Tagesziels mit dem Makalu-La zwar enttäuschend, aber in Erinnerung vergangener Tage, an denen wir den Bogen für eine sichere Umkehr bereits überspannten, wohl doch eine vernünftige Entscheidung.
Das Abseilmanöver danach entwickelt sich teilweise zu einem unerwarteten Kraftakt, denn die steifgefrorenen Fixseile lassen sich durch ihre Länge und das Gewicht oder auch zu straffe Verspannung nur mühsam in unser Abseilgerät einhängen. Weiter unten lässt uns die andauernde Steilheit des Geländes bei unseren inzwischen „weichen Knien“ in einen unfreiwillig schnellen Schritt verfallen. Dabei scheint es mitunter mehr Kraft zu kosten, vor einer erneuten Spalte im Eis wieder zum Stehen zu kommen, als diese sogleich noch im Schwung zu überspringen ...
Als wir wieder vor unseren Zelten des Lagers II stehen, ist uns klar, dass unser bisheriger Vorstoß zum Makalu-La mit dem heutigen Versuch vorerst seinen Abschluss finden muss. Nach drei Tagen hier oben fühlen wir alle, dass ein weiterer Versuch gleich morgen wahrscheinlich nur unsere Kräfte verschleißen, die Akklimatisation überfordern würde. Es wird also eine neue Erholungsphase unten im Tal notwendig, bevor wir hierher zurückkehren werden. Die meisten von uns wollen jetzt gleich noch weiter bis zum Lager I absteigen, das uns für den Schlaf mit seiner geringeren Höhe von 6000 Metern noch eine Spur Gemütlichkeit mehr verspricht.
Götz steht der Sinn nach anderer Gemütlichkeit – einem großen Topf voll heißem Tee, jetzt gleich. Und ich habe überhaupt keine Lust, mir die Qual eines noch weiteren Abstiegs heute anzutun. So beziehen wir im Schein der tiefer sinkenden Sonne unser Zelt. Mit sonst nur selten vorhandener Ruhe und einer Begeisterung, welche wir zu Haus wohl kaum aufzubringen wüssten, schmelzen wir in unseren Schlafsäcken liegend nun schaufelweise Schnee. Bis zur völligen Dunkelheit genießen wir es, dabei mit einem großen Löffel oder gleich der eigenen Tasse in unseren Töpfen abwechselnd voller Tee oder Suppe herumzurühren.

Donnerstag, 16. April

Als uns die ersten kräftigen Sonnenstrahlen erreicht haben, verlasse ich mit Götz unser Zelt. Nach den üblichen Handgriffen zur Überprüfung und Sicherung der beiden Zelte während unserer Abwesenheit in den nächsten Tagen beginnen wir schon wenig später mit unserem Abstieg nach Lager I.
Der heutige Tag scheint so zu werden, wie wir es uns in den vergangenen Wochen lei-

der vergeblich wünschten. Die Sonne steigt am klaren Himmel empor und der gewaltige Gletscher breitet sich bei unserem Abstieg geradezu friedlich vor uns aus. Dabei blinzelt uns jede kleine oder größere Spalte im Eis mit aufrichtiger Klarheit entgegen und der ewige Kampf gegen den Wind – wo soll das hier nur gewesen sein?

Ohne große Anstrengung kommen wir schnell voran – ein Spaziergang in 6500 Meter Höhe, wie wir das Erlebnis Himalaya nur allzu gern in Erinnerung behalten. Warum sind wir dann aber heute nicht doch erneut noch einmal nach oben gestiegen? Unsere Ernüchterung ist wohl bereits so weit fortgeschritten, dass wir um den wahrhaft himmelweiten Unterschied der Anstrengung wissen, sich aus dieser Höhe einen 45°-Hang nach oben zu schinden – oder aber talwärts treiben lassen zu können. Bereits gestern zeigte unser körperlicher Zustand beginnende Erschöpfung. Die Auswirkungen vom anhaltenden Tragen der schweren Lasten in großer Höhe hatten sich bei allen bereits mit deutlicher Sprache gemeldet. So schauen wir noch einmal mit Respekt nach oben, während uns die Zelte von Lager I langsam näher kommen.

Noch aus der Ferne grüßen wir unsere Gefährten, die sich soeben auf den weiteren Abstieg begeben. Bevor wir ihnen folgen werden, gilt es noch, einige Teile der Ausrüstung aus unseren Rucksäcken hier in das Zelt umzupacken.

Mit dem Gedanken an das dramatische Ende unseres ersten Zeltes von Lager II im Sturm kann ich mich nur mit Widerwillen an den Umstand gewöhnen, nun auch von der eigenen Ausrüstung meinen zweiten Schlafsack, Isomatte, schwere Bergschuhe und einiges an warmen Sachen hier oben für unseren nächsten Aufstiegsversuch zurückzulassen. Doch meine Bedenken nutzen mir nichts. Es übersteigt ganz einfach unsere Kräfte, neben der Ausrüstung für alle weiteren Hochlager auch noch persönliche Dinge mehrfach umherzutragen, wo wir sie doch für spezielle Anforderungen extra doppelt von zu Hause mitgebracht hatten. Mein Misstrauen gegenüber den Naturgewalten bleibt, und so bemühe ich mich am Morgen beim Verlassen unseres Zeltes dessen Ränder mit unserer Schaufel mindestens doppelt so gründlich und tief im Schnee einzugraben.

Während unseres weiteren Abstiegs hier oben von Lager I treffen wir wenig später einen

uns fremden Alpinisten. Es ist das erste neue Gesicht, welches uns begegnet, seitdem wir vor Wochen das letzte Sherpadorf verließen. Unvorstellbar bei einer solch seltenen Begegnung hier oben in rauer Landschaft nur mit einem artigen Gruß aneinander vorbeizugehen. Eine kleine Plauderei – halb englisch, halb russisch – schafft für Momente eine gemütliche Verschnaufpause und lässt uns nebenbei noch erfahren, dass inzwischen eine große bulgarisch-russische Gemeinschaftsexpedition unten am Berg angekommen ist. Wir verabschieden uns mit Handschlag, um jeder in seiner Richtung den Weg fortzusetzen. Für Götz und mich bedeutet dies – anders als vorhin noch auf dem griffigen Firn des Gletschers – für die nächste Dreiviertelstunde ein konzentriertes Treten und Abwärtssteigen über grobe Felsblöcke, bevor die Spur wieder abwechselnd über Firn und Felsterrassen bis an den Fuß des Gletschers führen wird.
Nach den selbst im Abstieg kräftezehrenden Steinblöcken bringt uns der nachfolgende Quergang über einen etwa zweihundert Meter langen Schneehang fast in Verlegenheit. Im Aufstieg noch eine mühsame Wühlerei durch Pulverschnee, hat er sich durch intensive Sonneneinstrahlung in den wenigen Tagen schon in einen knochenharten Firnhang verwandelt. Da wir nach bisheriger Wegekenntnis unsere Steigeisen nicht mehr benötigen würden, hatten wir sie ebenfalls oben in Lager I zurückgelassen. Die dichten Einstichlöcher der Skistöcke und scharrenden Schuhsohlenabdrücke zeigen, dass bereits unsere vorausgegangenen Gefährten bei dieser Querung einen unfreiwilligen Tanz vollführten. Ein Abrutschen an diesem Hang hätte ausnahmsweise einmal weniger dramatisch als vermutlich schadenfroh-belustigend mit einer zwei Dutzend Meter langen Rutschpartie in großen Pfützen voller Schmelzwasser des Gletschers geendet. Doch spukt uns bereits im Voraus durch den Kopf, dass weiter unten noch einmal eine Stelle einsturzbereiter Eistürme wartet, bei der wohl jeder von uns seinen Kopf einziehen wird.
Am zeitigen Nachmittag erreichen wir schließlich ein vertrautes Felsplateau, auf dem mittlerweile emsige Betriebsamkeit herrscht. Weit mehr als ein Dutzend Alpinisten der bulgarisch-russischen Expedition sind gemeinsam mit ebenso vielen Sherpas damit beschäftigt, ihr zukünftiges Zeltlager zu errichten. Nur wenig unterhalb kommt uns schon wieder eine Trägergruppe von Sherpas mit ihren immer wieder beeindruckenden Traglasten am Stirnband entgegen. Mehr noch irritiert mich der Anblick ihrer Füße. Einige von ihnen laufen über das scharfkantige Gestein ohne Schuhe – barfuß, und das in 5500 Meter Höhe. Wie mögen diese Menschen wohl über unsere Ausrüstung, Schuhe mit zentimeterdicken Profilsohlen und die widerstandsfähige Goretex-Kleidung, denken?
Einige hundert Meter weiter im Geröll werde ich bei der ständigen Orientierungssuche nach unserem weiterhin fast unsichtbar verlaufenden „Weg“ stutzig. Noch von oben herabschauend, erkenne ich zwischen den Steinen plötzlich ein Stoffbündel, einen Rucksack? Nein, einige Momente später sehe ich besser, was sich dort unten befindet. Nicht irgendetwas, sondern irgendwer – ein Mensch, ein Träger scheint es zu sein, der da leblos zwischen den Steinen liegt. Was kann hier bloß passiert sein, nur eine Wegstunde vom nächsten Lager entfernt? Zögernd nähere ich mich jenem seltsamen

Anblick. Die Sonne steht noch hoch am Himmel, und irgendwo zwischen verschlissenem Stoff und der rauen Felsstruktur jener Steine werden die gleichmäßigen Gesichtszüge eines noch sehr jungen Sherpas deutlich. Ja, die leuchtenden Nachmittagsstrahlen der Sonne streichen über ein ruhig atmendes Gesicht – er schläft, einfach so zwischen den groben Steinen ...
Auch wenn der Reißverschluss meines Anoraks hier in der kalten Luft fast noch bis oben geschlossen bleibt, lässt sich jene für uns schwer begreifliche Situation wohl am besten noch mit der Vorstellung an einen bewusst aufgestellten Liegestuhl in der Sonne verbinden. – Nur, dass unsere Phantasie ein solches Bild wohl eher auf eine Terrasse in Meereshöhe projiziert hätte ...
Der restliche Wegabschnitt bringt uns endgültig wieder in die Zone ohne Schnee – jedoch mit den bekannten endlosen Mengen von Geröll und gewaltigen Felsblöcken. Diese wegen ihrer unterschiedlichen Geologie in sehr verschiedenartigen Farbschattierungen wild ineinander verkeilten Steinkolosse sind über längere Abschnitte von solcher Größe, dass unser Pfad fast schon den Charakter einer Kletterpartie als eine Laufstrecke verkörpert.
In solcher Mondlandschaft laufend, bin ich weitgehend nur mit mir selbst und der ständigen Suche nach der nächsten Trittmöglichkeit für die Füße beschäftigt. So bemerke ich erst spät, wie jene vorhin noch im Aufstieg befindliche Sherpagruppe von Barfußläufern nun plötzlich im Begriff ist, mich auf ihrem Rückmarsch wieder einzuholen. Von der Last ihres prall gefüllten Tragekorbs befreit, geschieht ihr Vorankommen mit einer Zielstrebigkeit, als würden sie einer unsichtbaren Markierungslinie im straffen Wanderschritt folgen. Natürlich ohne einen Skistock in der Hand, springen sie mit einer traumwandlerischen Sicherheit von Stein zu Stein und folgen auch bei spärlichen Steinmann-Markierungen „ihrem Weg". Selbst hier, in diesem Gelände, in dem wir lediglich das absolute Chaos aller Steine dieser Welt zu erkennen vermögen.
Ich lasse sie an mich herankommen, will ihnen nicht auf die Hände schauen, sondern genau den Schritt ihrer Füße verfolgen. Der Ehrgeiz hat mich gepackt; warum sollten mir diese so sparsamen, jedoch zielgerichteten Bewegungen nicht ebenfalls gelingen. Bei meinem Versuch ist die Luft hier oben noch immer dünn genug, so dass meine Blicke den Rest der Welt um mich herum vergessen und nur auf die Füße meines Vordermanns gerichtet scheinen.
Tatsächlich – an jenen Punkten, an welchen ich ihre Füße über die Steine huschen sehe, gelingt es dann auch mir fast ohne Stolpern Tritt zu fassen, ist beim eigenen Auftreten kaum mit unangenehmen Überraschungen zu rechnen. Nur meine Akklimatisation hier oben ist immer noch spürbar auf die Probe gestellt, so dass ich mich mit teils fliegendem Atem bemühe, mit den einheimischen Helfern für Expeditionen auch weiterhin Schritt zu halten. Ich erreiche nun gemeinsam mit dem Sherpa-Trupp schon nach kurzer Zeit unser ABC. Mir will fast scheinen, als wäre ich dabei plötzlich auf ein Fahrrad aufgesprungen. Ich kann es mir nicht verkneifen, an die Runde der schmunzelnden Sherpas sogleich noch einiges meiner Wegzehrung zu verteilen. Heimische Dinge, welche uns

entsprechend den vollmundigen Anpreisungen immer in Top-Form halten sollten, in der Praxis allerdings eher den Schalen von Sonnenblumenkernen gleich im Halse stecken zu bleiben drohen. Da genießen wir dann schon lieber das von unseren Küchenboys zubereitete Mittagsmahl.
Inzwischen sind wir uns darüber einig, noch heute weiter bis zu unserem Basecamp abzusteigen. Unsere jetzige Akklimatisation wird das konditionell und auch zeitlich zulassen, auch wenn wir uns vorher noch ein ausgiebiges Mittagsschläfchen auf unseren Schlafsäcken gönnen wollen. Schließlich breche ich gegen halb vier Uhr als erster auf. Die respektvollen Berichte der Sherpas über die fast ständig zu beobachtenden Steinlawinen von den tausend Meter hinauf reichenden Geröllhängen unter der Südwand des Makalu treiben mich schließlich vom recht ebenen Trampelpfad weiter zur Mitte des Gletschers. Hier führt der Pfad zwar in kräftezehrenden Auf- und Abstiegen über die Dutzende Meter hohen Moränenhügel in Gesteinsschutt und Eis dahin. Ihr beruhigender Abstand zu den Ausläufern der immer wieder finster polternden Seitenmoräne lässt mich jedoch mit sichtlich ruhigerem Gewissen die weiteren Passagen unseres Rückweges verfolgen. Der Schnee vergangener Wochen ist fast völlig verschwunden, so dass mir die zumeist trügerischen Schritte in seiner weichen Masse heute erspart bleiben.
Während ich so immer wieder aufs Neue den nächsten dieser ungezählten Geröllhügel emporschnaufe, überholen mich bereits einige meiner Gefährten zu meinen Füßen auf jenem geradlinigeren, jedoch brisanten Wegabschnitt. So sehe ich mich nach einiger Zeit von vorderer Stelle an den Schluss unser Gruppe versetzt. Ich verdopple meine Anstrengungen, um den Anschluss nicht zu verlieren. Die größere Sicherheit dieses Weges fordert jedoch wirklich ihren Preis. Es sind nicht nur die ständigen Höhenmeter, welche ich in den steilen Hängen des lockeren Gerölls immer wieder in meinen Beinen spüre. Die nur zaghaften Andeutungen jenes Sherpa-Pfades verlieren sich zuweilen. Wiederholt stehe ich vor einem unbegehbaren Grat aus Kies und lockeren Felsblöcken oder dem Abgrund einer metertiefen Eiswand.
So empfinde ich es wieder einmal als körperliche, einfach nervende Anstrengung, ständig in jenem Meer von Steinen nach den sporadisch übereinander geschichteten Wegweisern aus ebendiesen Steinen Ausschau zu halten. An mancher unübersichtlichen Stelle finden meine suchenden Augen gar nichts. Zwei Dutzend Schritte weiter, nach dem nächsten Abhang, befinden sich dafür gleich wieder mehrere dieser Steinmänner, die dem „fremden Wanderer“ dann beinahe wieder alle Himmelsrichtungen für den weiteren Weg offen lassen ... Auch die Sherpas haben offensichtlich einen Hang, sich mit ihren individuellen Versionen der Wegführung zu verewigen.
Weiter vorn erkenne ich schon die Stelle, an welcher mein Auf und Ab über den erhöhten Moränenrücken wieder zurück auf den alten Pfad führt. Noch einmal gilt es dort in einer mehrere hundert Meter langen Passage den Wandfuß eines riesigen Geröllfeldes zu queren, welches Stein an Stein, Block an Block wohl mehr als tausend Meter in die Höhe zieht. Zuweilen fast ohne Pause höre ich es über mir in dem riesigen Hang wieder

und wieder poltern und krachen. Oft kann ich weit oben erkennen, ob sich das neue Rudel steinerner Geschosse schräg hinter, vor oder gerade über mir in Bewegung gesetzt hat. Die Neigung dieses riesigen Hanges entspricht offenbar genau dem Schüttkegel seines herabstürzenden Inventars. Meistens verliert sich das Poltern wieder in der Weite des Abhanges, wo die zahllosen Gesteinsbrocken über mir erneut zum Stillstand kommen.

Auch hier unten am Ende dieses Hanges balancieren meine Füße ständig über Felsblöcke, welche nicht nur immer wieder beängstigend zu wackeln beginnen. Viele haben sich aus ihrer eigentlich rundlichen Gestalt auch in scharfkantige Bruchstücke verwandelt. Die teilweise metergroßen Bruchstellen mit messerscharfen Kanten zeugen jedoch von so unmittelbarer Gegenwart, dass der Eindruck entsteht, ein Riese mit seiner Keule oder der Sprengmeister mit seinen Zündschnüren müsse hier zweimal täglich am Werk sein.

Mit einem Puls wie beim Dauerlauf komme ich den Gefährten schließlich wieder näher, bevor der unscheinbare Pfad zur Querung auf die andere Seite des Gletschers ansetzt. Immer mit ein wenig Glück dabei, erwischt die Hälfte unserer Gruppe gegenüber den richtigen Zugang für den Aufstieg an der steilen, über hundert Meter hohen Seitenmoräne. Keiner will zurückbleiben, und so hasten wir wie in einem inoffiziellen Wettkampf zwischen Kies und lockerem Gestein nach oben. Auf den letzten Metern scheint sich unser Ehrgeiz noch einmal zu steigern, als ginge es darum, eine Bergprämie zu gewinnen. Wofür in aller Welt lohnt es aber eigentlich, sich derartig hier hinaufzuschinden? Nur um vielleicht 20 Minuten eher wieder unten im Lager zu sein?

Während meine Gefährten ihrem neuen persönlichen Rekord Richtung Lager nun mit Sicherheit entgegenstreben, setze ich noch einmal meinen Rucksack ab. Weshalb soll ich meine mit heißem Tee gefüllte Thermoskanne ungenutzt bis zum Küchenzelt unseres Basecamps tragen? Ich suche mir in der letzten Abendsonne einen bequemen Stein zum Sitzen.

Gibt es etwas Schöneres, als genau jetzt hier zu verweilen – mit einer Tasse dampfendem Tee zwischen den Händen? Von der hoch über den Gletscher hinausragenden Krone der Seitenmoräne schaue ich mit Ruhe über die gewaltigen Dimensionen dieses Tales, verfolge mit meinen Augen und Gedanken noch einmal unseren Weg der letzten zweieinhalb Stunden zurück. Eigentlich ist es windstill um mich herum, doch vernehme ich über meinem Kopf ein dumpfes Rauschen. So, wie in meiner unmittelbaren Umgebung alles Leben, ja selbst die Zeit zum Stillstand gekommen zu sein scheint, versuchen meine Sinne jenes Geräusch an der gegenüberliegenden Felswand zu erfassen. Dort baut sich die beeindruckende Mauer des Makalu in schwindelerregender Höhe vor mir auf. Mein Blick klettert höher und höher. Diese Ausdehnung beginnt das eigene Vorstellungsvermögen zu übersteigen. Einfach unfassbar – nachdem mein Kopf sich schon bis in den Nacken zurückgelegt hat, erblicke ich fast vier Kilometer über mir den eisverkrusteten Gipfelgrat. Das nachhaltige Heulen des Windes entlang den Felskanten läßt ahnen, was für Welten uns immer noch von diesem magischen Ziel trennen.

Freitag, 17. April

Als ich erwache, blinzeln bereits die wärmenden Strahlen der Morgensonne durch den Stoff unseres großen Gemeinschaftszeltes in die Schlafkabine. Kein Wecker rasselt, niemand ist fluchend bereits mit den leidenschaftlichen? – nein leidigen Pflichten unseres morgendlichen Tagewerkes beschäftigt. Ich drehe mich ganz gemütlich noch einmal auf die andere Seite und schlummere noch ein wenig weiter. Es müssen paradiesische Zustände ausgebrochen sein – Ruhetag nennt sich so etwas hier. Ist es darum schade, wenn einem die Schinderei an so manchem anderen Tag auch als Urlaub angerechnet wird?
Der Morgentee wird uns von den Küchenboys wie hier üblich noch ans Bett, pardon – an den Schlafsack gebracht, bevor uns ein vergnügliches Frühstück, an einem richtigen Tisch und sogar auf Stühlen erwartet.
Doch wer an einem so sonnigen Tage keine Arbeit hat, der macht sich vielleicht selber welche. Noch einmal raffe ich mich auf und greife mir eine Tube Seife zum Waschen einiger Wäschestücke, um auch für die nächsten Wochen in guter Verfassung zu sein. Ich verlasse soeben unser Zelt in Richtung Fluss, als mir Mingmar laut rufend folgt. Ich drehe mich herum und traue meinen Augen kaum. In seinen Händen liegt eine längliche schwarze Tasche mit gelber Schrift darauf. Ist das etwa, sind das wirklich meine Steigeisen?? Von Kathmandu doch noch bis hierher gelangt?
Ich trete näher – tatsächlich, sie sind es! Ich bin völlig überrascht und frage Mingmar überglücklich, auf welchem Wege dieses kleine Wunder möglich war. Er deutet mit Gleichmut erneut auf meine Tasche. Quer über die ganze Breite sind dort mit rotem Filzstift mehrere Worte auf den gelben Untergrund geschrieben.
Ich werde neugierig und will sie lesen. Beim näheren Hinsehen komme ich dann jedoch einem Analphabeten gleich nicht über die Feststellung hinaus, dass es sich um die hieroglyphischen Buchstaben nepalesischer Schrift, des Sanskrit, handelt. – Meine jetzige Anschrift, gibt er mir daraufhin schmunzelnd zu verstehen.
Und wer war der Briefträger? Ein Teilnehmer der russischen Expedition hat die Tasche vor einigen Tagen hier abgegeben ... So „einfach" ist das also, denke ich noch immer kopfschüttelnd und zufrieden bei mir, während ich mich in der folgenden Stunde wie geplant ein wenig als „Waschmaschine" betätige.
Das später folgende Mittagessen weitet sich zu einer nicht enden wollenden Plauderrunde aus, bei welcher unter meinen Bergfreunden die verschiedensten Erlebnisse vergangener Urlaubsfahrten ausgetauscht werden.
Da sitzen wir nun hier – fast am Ende der Welt – und beschreiben uns gegenseitig einzelne Orte, Straßen, Wegabbiegungen oder gar metergenau einzelne Kletterpassagen, welche sich Tausende Kilometer entfernt in den Klettergebieten quer durch Europa befinden. Dabei bin ich einigermaßen erstaunt, wie detailliert sich meine Gefährten auch

außerhalb des heimischen Elbsandsteins, besonders in den Breitengraden zwischen Südfrankreich, Italien und Jugoslawien auskennen.
Vielleicht weniger verwunderlich, als es mir scheinen will. Während meine Kinder in der gemeinsamen Urlaubszeit Sandburgen am Ostseestrand bauten, waren viele meiner Bergfreunde eben – oft durch ein Kletterseil miteinander verbunden – zusammen mit Gleichgesinnten auf Erkundungstour unterwegs gewesen. Und dabei interessierten besonders jene neu gewonnenen Horizonte jenseits alter Grenzpfähle, welche sich uns allen erst seit einigen Jahren eröffnet hatten.
Ja, das ist seelisch einfach entspannend, über den Resten des Mittagsmahls auch mal von jenen gemäßigten südlichen Breitengraden zu plaudern. Zu einem Ruhetag gehört es wohl, darüber ebenso für Momente vergessen zu können, was sich jetzt nur scheinbar hinter dem dünnen Zeltstoff verbirgt. – Jene in den Himmel ragende gewaltige Südwand des Makalu, dessen Gipfelaufbau sich uns immer noch unnahbar zeigt und uns doch weiterhin hypnotisieren wird.

Sonnabend, 18. April

Es ist noch finster, als ich mich wieder einmal aus dem Schlaf gerissen fühle. Kommt erneut eines dieser unheilvollen nächtlichen Ereignisse auf uns zu?
Doch unsere geräumige Schlafkabine wölbt sich unsichtbar hoch über unseren Köpfen, auch kein heulender Sturm ist zu vernehmen. Eigentlich höre ich überhaupt nichts. Langsam merke ich auch warum.
Mein Kopfhörer spannt sich über meinen Kopf, und seine Membranen bedecken offenbar noch seit gestern abend meine Ohren. So bin ich wohl über meinem persönlichen Luxus, einem abendlichen Konzert aus dem Walkman, eingeschlafen. Nein, diesmal ist es glücklicherweise nicht der Wind, von dem ich erwacht bin. Es sind die ungewohnt vielen Stunden nächtlichen Schlafs, die uns in den Hochlagern nur selten gelingen und welche ich mir zu Hause auch kaum leiste.
Wie spät ist es eigentlich? Die schimmernden Zeiger auf meiner Uhr deuten Richtung vier. Im Schlafsack ist es richtig angenehm warm. Meine Hände ertasten dort irgendwo eine weitere Kassette, die ursprünglich ebenfalls auf meinem abendlichen Musikprogramm stand. Eigentlich viel zu schade, zu dieser Zeit jetzt nur so liegen zu bleiben. Da genieße ich doch lieber gleich noch den Beethoven oder vielleicht eher dieses Klavierkonzert von Bartok? Ob Götz neben mir davon munter werden kann? Wohl kaum, lauter als jenes „Sägen" aus der Umgebung ist nicht einmal der Schlußakkord – so spekuliere ich und drücke auf die Abspieltaste.
Am sonnigen Vormittag entsteht vor unseren Augen, von den Sherpas errichtet, ein für unsere Vorstellungen ganz ungewöhnliches Zelt auf der grünenden Wiese. Es ist nicht groß, jedoch von seltsamer Erscheinung. In seinem äußeren Bild erinnert es fast an eine Telefonzelle und wir werden von Mingmar dazu aufgefordert, in der

„Duschkabine“ ein Bad zu nehmen ...
Die technischen Details jenes vornehmen Vergnügens in 4700 Meter Höhe sehen dann so aus, dass sich im Inneren auf einem kleinen Ständer eine Aluminiumschüssel befindet, in welche wir uns mit einem großen Wasserkessel aus der Küche heißes Wasser einschenken können. Die persönlich mitgeführte Seife macht dann die große Wäsche perfekt.
Hier oben im Gebirge schlägt das Schmunzeln auf unseren Lippen recht bald in nüchterne Zufriedenheit um. Der eng bemessene Zeltumfang schützt an diesem Ort weniger vor neugierigen Blicken als vielmehr vor der immer spürbaren eisigen Luft, welche uns meist um die Ohren streicht.
Am Nachmittag bin ich mit meinen persönlichen Aufzeichnungen endlich wieder einmal so weit heran, dass ich mir eine Lesestunde leiste. Jene Heftchen mit den verführerischen Fotos sind zumeist schon vergriffen, so dass ich nicht unzufrieden bei einer anderen Zeitschriften- Lektüre lande.
In einem Beitrag geht es um die zunehmende Gewalt unter Jugendlichen an den Schulen, besonders in Großstädten. Es drängt mich schon nach kurzer Zeit dazu, mit den anderen darüber ins Gespräch zu kommen. In Dresden wohnend, haben sie darüber sicherlich ihre eigene Meinung und ihre eigenen Erlebnisse.
In kürzester Zeit entwickelt sich daraus eine handfeste Auseinandersetzung unter allen Zeltinsassen, welche die ganze Breite unserer heimischen Tagespolitik zerpflückt. Die Unterschiedlichkeit unserer Ansichten und Argumente auf diesem Feld lässt dagegen Gedanken und Empfindungen über jenen Achttausender hinter dem Zelt fast unbedeutend erscheinen. Dabei erfordert unser selbst gewähltes Ziel hier von uns allen bereits das Äußerste an Einsatz. Andererseits wird mir auf diese Weise wieder einmal in Erinnerung gerufen, wie weit entfernt die krassen Realitäten der heutigen Welt von jenem rosaroten politischen Idealismus aus unseren Schulzeittagen mittlerweile auszumachen sind.
Vor nicht viel mehr als 30 Jahren gelang es den Franzosen erstmals, den Gipfel dieses Berges zu erreichen. In ihren Beschreibungen können wir von einem steilem Aufstieg über Eis und Firn – dem entscheidenden Zugang zum Gipfelgrat – auf den letzten 200 Höhenmetern lesen. Heute gibt es selbst dort oben in über 8000 Metern an jener Stelle kein zusammenhängendes Schneefeld mehr, in welchem die Frontzacken unserer Steigeisen sicheren Halt fänden.
Welchen Weg werden wir dort dann für uns in diesen Tagen noch finden können? Hat das alles vielleicht ebenso mit jenen Ansprüchen zu tun, denen wir im Jahr 1998 in unserem sonstigen Alltag ausgesetzt sind?

Sonntag, 19. April

Die Sonne hat mittlerweile mit ihren immer wärmer brennenden Strahlen jenen Schneefeldern, die uns noch vor Wochen zum Alptraum gerieten, mächtig zugesetzt. Dabei hat sich der Schnee in manchen Gebieten zu äußerst exotisch aussehenden Gebilden, ähnlich den Stalagmiten in Tropfsteinhöhlen, verändert. Es reizt mich, diese Gebilde, aber auch die frühlingshaften Veränderungen um unsere Zelte herum mit dem Fotoapparat einzufangen.
Sonst aber kreisen unsere Gedanken immer noch um einen möglichen Ersatz für jenes Zelt von Lager II, das durch den Sturm zerstört wurde. Wir haben nicht unendlich viele weitere Hochlagerzelte in unserem Gepäck. So wird entschieden, jenes Zelt, in dem Meutz zusammen mit unserer umfangreichen Kommunikationstechnik schläft, gegen ein älteres Ersatzzelt auszutauschen. Sein bisheriges Zelt werden wir in den nächsten Tagen mit nach oben nehmen, um es auf dem Makalu-La als Lager III zu benutzen. Wir helfen alle mit, und nach 20 Minuten ist dieser Umzug abgeschlossen.
Am Nachmittag lassen wir es uns noch einmal gut gehen. Immer wenn die Sonne um diese Zeit zumeist von Wolken mit leichtem Neuschnee verschluckt wird, verbringen wir – in unseren Schlafsäcken liegend – den Rest des Tages auf beschauliche Weise, so gut sich dies den Umständen entsprechend einrichten lässt. Mit Lesen oder Musikhören über unsere zentrale „Lagerdiskothek", drei großen Thermoskannen mit Kaffee, Milch und Tee, dazu nepalesische Kekse und sächsischen Stollen, kann man es auch bei Minusgraden noch ganz gut aushalten. Mingmar kommt ebenfalls herüber, leistet uns auf unsere Aufforderung hin gern Gesellschaft und versucht mit seinen Englisch- und sogar Deutschkenntnissen mehr über unser Leben in Europa, in Deutschland zu erfahren. Dann wird es schon wieder dunkel, und die wirkungsvollste Heizung, welche sich hier betätigen lässt, ist der bekannte Gongschlag auf die große Bratpfanne im Küchenzelt, von der wir zum warmen Abendessen gerufen werden.
Später am Abend in unseren Schlafsäcken ergibt es sich so, dass Götz auf originelle Weise noch einmal zu jenem leidigen Thema Schule zurückkommt. Wie wir in unserer Runde alle wissen, baute er über einige Jahre für mehrere Dresdner Schulen in deren Turnhallen künstliche Kletterwände auf und regte so auch für manche aus der Bahn geratenen Jugendlichen ein völlig neues Betätigungsfeld für ihre Freizeit an. Da konnte er von Erfahrungen berichten, denen wir mit unserer persönlichen Logik, aus unserem Gefühl heraus oft nicht viel entgegenzusetzen hatten, so dass wir von seinen Erlebnissen mitunter verblüfft waren. Besonders erheiternd wurde es für alle, als Götz in seiner typisch bildhaften Erzählweise von einem besonderen Wandertag erzählte, bei dem er eine Schulklasse direkt hinaus zu den Felsen des Elbsandsteins führen sollte.
Da ein Abenteuer mit Kletterseil angekündigt war, saßen auch einige Eltern jener Jugendlichen morgens mit im Zug. Beim Anblick von Götz, für gewöhnlich auch nicht gerade das Bild eines Diplomsportlehrers mit „Bügelfalte" verbreitend, waren die Eltern schon zu Beginn ein wenig verunsichert. Als jedoch an der nächsten Bahnstation zwei

weitere ein wenig seltsame Gestalten das Zugabteil betraten, stand einigen besorgten Müttern dann vollends das Entsetzen ins Gesicht geschrieben. – Einen der beiden, der ein buntes Tuch durchs Haar gewunden hatte und vermutlich noch ein wenig unausgeschlafen gegen das Licht blinzelte, vergleicht Götz rückblickend ein wenig sarkastisch mit „einem siebzigjährigen Hippie, der unter Drogen steht". Gemeinsam mit seinem Partner, der eine Art indisches „Fahrtenmesser" am Gürtel trug, stellte er sich als weiteres kletterndes Begleitpersonal für den Wandertag vor ...
Und wie ist diese kuriose Geschichte zu Ende gegangen? fragen wir alle neugierig. Für beide Seiten sehr aufschlussreich, wie wir von Götz im Folgenden schmunzelnd erfahren. Nicht nur die Schüler dieser Klasse, sondern auch ihre am Morgen von einigen Äußerlichkeiten noch so verstörten Eltern waren sich am Nachmittag darüber einig, dass dieser Tag zur tollsten Unternehmung wurde, die sie seit langem erlebt hatten.
Inzwischen wackelt der kalte Nachtwind leicht an unserem Zelt. Morgen wird es mit unserer Faulenzerei vorbei sein. Nach sorgfältiger Abwägung zwischen Wetterverhältnissen und Zeitplanung wollen wir alle zum entscheidenden Aufstieg Richtung Gipfel aufbrechen. Keine Frage – auch für uns wird es die tollste Unternehmung werden, die wir bisher erlebten. Hoffentlich halten sich dabei die Überraschungen in Grenzen, welche auf uns dort oben sicherlich noch warten.

Zum Gipfel, gemeinsam oder besser geteilt?

Montag, 20. April

Mit Gelassenheit beginnen wir erst am späten Vormittag auf jenen mittlerweile altbekannten Pfaden unseren Aufstieg hinauf zum ABC. Vorher gilt es beim Packen unserer Rucksäcke noch einmal kühlen Kopf zu bewahren. Wenn alles klappt, könnte der heutige Marsch da hinauf fast unser abschließender und der entscheidende werden. Denn an den folgenden Tagen wollen wir über unsere bereits errichteten Hochlager weiter hinaufsteigen, so dass sich bei einem solchen Ablauf ohne Komplikationen unser erster Besteigungsversuch zum 8463 Meter hohen Gipfel des Makalu am kommenden Freitag entscheiden würde.
Ausgeruht und gut akklimatisiert, kommen wir gleichmäßig voran. Beim Überqueren des Gletschers werfen wir unsere wie stets nicht nur mit Watte gefüllten Rucksäcke von den Schultern und genießen während einer gemütlichen Pause bei tiefblauem Himmel und Sonne noch einmal die phantastische Bergkulisse um uns. Diese Umgebung versetzt uns in eine gelöste und zuversichtliche Stimmung, so dass unsere beschwingten Plaudereien gar nicht so schnell ein Ende finden wollen.
Auch nach Wochen bleibt es für mich ein nicht so recht fassbarer Traum – hier direkt am Fuße eines der gewaltigsten Berge dieser Welt zu sitzen. Und wenn wir im gleichen

Moment unseren Blick weiter gen Westen schweifen lassen, wird die wilde Kulisse dieses Tales von der abweisenden Südwand des Lhotse und unmittelbar dahinter von einem noch höheren, vom allerhöchsten Punkt – dem strahlend weißen Gipfel des Mt. Everest – abgeschlossen. So nahe, scheinbar einen Steinwurf nur entfernt, könnte man wohl nach einem Marschtag an seinem Fuße stehen, wenn – ja wenn anstatt dieser Mond-landschaft nur ein gangbarer Weg bis dorthin führte. Aber gerade die abenteuerliche Unwegsamkeit ist es wohl, welche diese aller Zivilisation fern entrückte Landschaft auszeichnet und sie so hoffentlich auch in der Zukunft überdauern lässt.
Bei unserem Weitermarsch kreuzen wir zwangsläufig auch wieder jene Passagen, wo sich buchstäblich das gesamte Geröll dieses Berges über unseren Köpfen zum Abwurf bereit zu halten scheint. Zuerst muss ich im Stillen wieder an die meterhoch aufgeschichteten Pyramiden etwa aus Cola-Büchsen in unseren Supermärkten denken, bei denen man in seiner Phantasie zu gern eine der untersten Dosen herausgezogen hätte. Doch wenn wir hier, selbst in respektvollem Abstand, zeitweise nach Deckung suchen, weil es soeben wieder Steine sind, welche jedoch wie Fußbälle durch die Luft geschwirrt kommen, verblassen alle Phantasien mit Cola-Büchsen.
Unsere Gruppe zieht sich ein wenig auseinander. Auch die Pfade, für die wir uns mit dem Kopf oder den Füßen zuweilen entscheiden, sind streckenweise unterschiedlich. Obwohl im letzten Drittel dieses Weges die Steilheit beständig zunimmt, hat sich heute unser Tempo fast noch erhöht. Mir scheint es wie ein stiller Wettkampf zu unserem Ziel. Mit einer individuellen Kombination von persönlichem Laufrhythmus, Pulsfrequenz und Wegauswahl – der kürzeste Pfad zwischen den Steinen ist nicht immer der schnellste – geht es bergan. Niemand von uns denkt in diesem Moment an die von den heutigen Medien so gern strapazierten Kategorien in Sekunden oder „Platzierungen".
Für uns geht es mit dem Ausblick auf die extremen Anforderungen der kommenden Tage vor allem darum, schon einmal kurz „Gas zu geben" und dabei möglichst ganz tief in sich selbst hinein zu lauschen, erspüren zu können, wie man sich fühlen wird, wenn es viel weiter oben dann letzten Endes um alles gehen wird.
Als ich in diesem Sinne heute von den Küchenboys am ABC als Erster eine Tasse voll dampfender Zitrone erhalte, ist es vor allem die Zufriedenheit über den eigenen Ruhepuls, welcher mich hoffen lässt, in jenem nur dünn besiedelten Niemandsland unserer Erfahrungen jenseits der 8000-Meter-Marke weiterhin handlungsfähig zu bleiben.
Hier vor Ort, in 5300 Meter Höhe, zeigt sich wenig später erst einmal, dass die intensive Sonnenstrahlung in den vergangenen Tagen unser Aufenthaltszelt offenbar so sehr aufheizte, dass die ebene Schneeunterlage, die wir ursprünglich aufgeschüttet hatten, nahezu zusammengeschmolzen ist. In diesem jetzt sehr unebenen Zustand unseres Zeltbodens müsste zum Beispiel Heiko sein weiteres Expeditionsleben noch um einiges mehr den indischen Yoga-Gewohnheiten angleichen. Unter der Isomatte seines Schlafsacks wölbt sich fast einen halben Meter hoch der ungemütliche Abdruck eines runden Steins.
So heißt es neben dem üblichen Räumen und Umpacken der Rucksäcke als Erstes: die Schlafkabinen ausräumen, vom Überzelt lösen und danach die Schneereste am Rande

unseres Lagers zusammenschaufeln, um auf diese Weise noch einmal eine bequemere Unterlage für unseren Schlaf zu modellieren. Danach liegen wir endlich bei Kaffee, Milch und unserem heimischen Stollen in den Schlafsäcken und vertreiben uns die Zeit.
Von nun an wird es nicht nur mit jedem Tag weiter nach oben gehen. Auch wird dabei nun vorläufig jede Nacht zur letzten in dem Sinne, dass es in jedem höheren Lager sichtlich ungemütlicher, lebensfeindlicher ist.
Lange und oft hatten wir in diesen Tagen über unsere Strategie bei einem möglichen Gipfelversuch nachgedacht, diskutiert, gestritten. Mit nur 6 Leuten, die wir sind, blieb bereits in den vergangenen Wochen unsere Beweglichkeit für wechselseitige Ruhetage oder Ablösung und Verstärkung bei Wetterkapriolen beschränkt.
Bei einem Gipfelversuch alles auf eine Karte, das heißt wettermäßig auf nur einen einzigen Versuch oder Tag zu setzen, galt als nicht sonderlich besonnen. Andererseits war es uns unter den bisherigen Umständen mit unseren begrenzten Kräften in der vorangegangenen Aufstiegsetappe leider nicht gelungen, den 7400 Meter hohen Makalu-La zu erreichen, um dort wie geplant unser Lager III zu errichten. Ebenso fehlten uns nun die letzten 200 Meter einer Fixseilstrecke, welche für einen sicheren und zeitsparenden Aufstieg noch befestigt werden mussten.
Sich bei dieser noch verbleibenden schwierigen Aufgabe der Fixseilabsicherung, beim Ausrüstungstransport und Aufbau des Lagers III in zwei einzelne Dreier-Gruppen zu teilen, provozierte ein neues Risiko. Bei nur einem Ausfall in einer solchen Seilschaft wäre eine verbleibende Zweier-Gruppe leistungsmäßig danach zu keiner der beiden wichtigen Aufgaben mehr in der Lage gewesen.
Mit unseren Erinnerungen an die großen Anstrengungen des Aufstiegs in jener Eisrinne zum Makalu-La entschlossen wir uns daher, mit der Mannschaftsstärke unserer Aufstiegsgruppe auf eine doppelte Sicherheit zu setzen, dafür aber das Risiko eines ungünstigen Wetterzeitpunktes gemeinsam tragen zu müssen.
Ein weiteres Problem würde dabei bestehen bleiben. Beim wiederum nachfolgend notwendigen Aufbau des Lagers IV in möglichst 7800 Meter Höhe wäre mit dem planmäßig mitgeführten einzelnen Zelt nur noch für drei von uns zum Schlafen Platz gewesen.
Theoretisch ließ dieser Umstand nur zwei Varianten zu: Wir steigen alle sechs bei gutem Wetter und allgemein guter Verfassung gemeinsam weiter bis zu jenem vorgesehenen Lagerplatz in 7800 m, wobei beide Zelte des Lagers III in 7400 Meter wieder abgebaut und mit aller Ausrüstung komplett zu Lager IV umgewandelt würden. Nur diese Variante würde allen Mitgliedern der Gruppe ohne kräftezehrendes Warten in dieser Höhe die Aussicht auf einen Gipfelversuch offen halten.
Ein erzwungener Rückzug bei Wetterverschlechterung birgt freilich das Risiko in sich, die Zelte von Lager III im Abstieg noch einmal neu errichten zu müssen oder aber den Weg direkt bis zu Lager II in 6500 Metern zu schaffen. Diese zweite mögliche Variante kalkulierte außerdem nüchtern, dass unsere körperliche Verfassung oberhalb von Lager III möglicherweise nicht mehr so einheitlich fortbestehen würde, es Ausfälle unter uns geben könnte. In dieser Situation wäre eines der vorläufig zwei Zelte von Lager III auf

dieser Höhe wie üblich in seiner Funktion stehen geblieben, und der weitere Auf- oder Abstieg hätte sich ohne die angedeuteten Transport- oder Übernachtungsprobleme gelöst. Ein wenig stellt sich bei all diesen Überlegungen in der Magengegend schon ein flaues Gefühl ein – wie vor einem Auftritt oder Angriff?

Dienstag, 21. April

Als die belebenden Strahlen der Sonne endlich unsere Zelte erreichen, weicht die frostige Kälte, unser Kreislauf, unsere Gelenke erwachen aus ihrer Erstarrung. Ein Morgen wie jeder andere? Nein, die Spannung über den Verlauf der kommenden Tage liegt offensichtlich in der Luft und wird in einer gewissen Nervosität spürbar. Noch müssen die letzten Ausrüstungsgegenstände, vor allem Nahrungsmittel und Brennstoff, als Nutzlast in allen Rucksäcken verteilt werden.
Doch vorher rufen unsere beiden einheimischen Köche noch einmal ins Küchenzelt. Ist das Frühstück heute von besonders auffallender Vielfalt und Reichhaltigkeit bestimmt? Kann man so etwas hier oben in über 5000 Meter Höhe einfach erwarten? Mir ist durchaus noch anderes in Erinnerung. Zumindest im Vergleich zu unserer ersten Himalaya-Fahrt 1994 zum ebenfalls über 8000 Meter hohen Shisha Pangma, bei welcher unser Frühstück über Wochen fast ausschließlich aus einem halben Dutzend Müsli-Sorten bestand, leben wir hier geradezu überschwänglich. Mit Rührei, Brot und Ketchup begonnen, kann die Mahlzeit nach Belieben mit Kaffee, Tee, Milch oder Kakao vorgesetzt und mit Schinken, Käse, Salami – oder wer Appetit hat, auch mit Fisch – beendet werden.
Danach wird es fast ein wenig feierlich, als sich schließlich Mingmar bei jedem einzelnen von uns verabschiedet mit guten Wünschen auf Erfolg und eine glückliche Wiederkehr. Er ist nicht nur unser Sirdar, sondern ein guter Freund, welcher unser Vorhaben täglich mit Engagement und seinen Erfahrungen begleitete. Seine spürbare Sympathie macht uns fast ein wenig verlegen. Minuten später erst, als unsere Füße unter der Last des Rucksacks von Felsblock zu Felsblock balancieren, finden wir unsere innere Ruhe wieder.
Ab heute haben wir nun auch alle unsere Daunenkleidung im Gepäck. Aber der Weg zu Lager I ist weit, und um Gewicht zu sparen, ziehe ich meine Daunenhose bereits hier unten an und lasse die Hose aus Goretex zurück.
Nach anderthalb Stunden erreichen wir das viel höher gelegene Basecamp der Russen und Bulgaren. Heute wollen wir dort natürlich noch einmal guten Tag sagen. Der Empfang ist herzlich, und wie sich wenig später herausstellt, spricht ihr Expeditionsleiter hervorragend deutsch. Ja, unsere Welt ist klein. Doitschew, auch als Kameramann in den Bergen bekannt, hat vor Jahren in Deutschland, in Leipzig, studiert. Nachdem wir dann miteinander etwas vertrauter geworden sind, erzählt er mir, dass sein bester Freund in jenen Studientagen aus Pirna, meiner Heimatstadt, stammte. Im weiteren Gespräch

erfahren wir noch manche interessante Einzelheiten über den schwierigen Routenverlauf unseres Aufstiegs in der Gipfelregion. Doitschew empfiehlt uns, im obersten Abschnitt während des Aufstiegs zum Gipfelgrat ein Seil zur Sicherung zurückzulassen. Im vergangenen Jahr sollen an dieser Stelle zwei russische Alpinisten noch im Abstieg tödlich verunglückt sein.
Nach dem anregenden Meinungsaustausch scheiden wir von unseren spontanen Gastgebern in sehr kameradschaftlicher Stimmung. Leider wird die unterschiedliche Bauart unserer Sprechfunkgeräte eine Verständigung mit den Bulgaren in den folgenden Tagen nicht mehr ermöglichen. Ausgeruht und gestärkt von noch einigen Gesten ihrer Gastfreundschaft, verschwindet ihr Lager während des weiterführenden Aufstiegs wieder langsam aus unserem Blickfeld.
Wenig später gelangen wir an jene schon altbekannte Stelle, an der unser schmaler Weg auf mehreren hundert Meter Länge von den bizarren Gebilden eines Hängegletschers bedrohlich überragt wird.
Den Bulgaren und Russen fehlt es nicht an Humor. Am Beginn dieser heiklen Passage haben sie gut sichtbar einen Steinschlaghelm auf einem Felsblock abgelegt. Allerdings haben schon die kleinsten Eistrümmer, welche nun wahllos verstreut auf unserem Pfad liegen, die mehrfache Größe jenes witzigen Helmes.
Hier gehen wir zumindest einzeln hindurch. Es herrscht Totenstille. Selbst das Schnaufen meines hastigen Atems versuche ich zu unterdrücken, um mit den Ohren vielleicht erahnen zu können, falls sich dort, fast fünfzig Meter über mir, etwas bewegen sollte. Immer wieder geht unser Blick nach oben, und ich versuche mir ständig im Geist als Fluchtmöglichkeit einige Schritte nach links oder auch rechts offen zu halten. Sicherlich Illusion, aber eine moralische Beruhigung wenigstens.
Es würde wohl keine zwei Sekunden dauern, bis solch ein unheimliches Eisgebilde bei uns hier unten einschlagen würde. Dagegen bewegen wir uns mit unseren schweren Rucksäcken geradezu wie Schnecken zwischen dem Geröll und kurzen Eisflächen entlang.
Anders als die riesigen, fast immer in Unruhe befindlichen Geröllhänge am Fuße des Berges ist das Eis des Gletschers hier oben völlig still und gibt uns auch nicht den Gang seiner Uhr zu erkennen. Angesichts jener vor uns in die Höhe wachsenden Wände, eines zu Eis erstarrten Zeitmaßes, gehen uns in diesen Dimensionen wohl alle Relationen verloren. Unter meiner Jacke, in einer Innentasche fühle ich wieder jenes Seidentuch des Panchen-Lama bei mir. Ob es wohl anders als wir erspüren kann, in welchem Moment der Gletscher unsere Annäherung zulassen wird?
Es gibt nur diesen einen Weg, das wurde schon während unserer ersten Erkundung deutlich. Ein halbes Dutzend Mal sind wir seitdem bereits hier durchgekommen. So muss auch heute wieder jeder von uns versuchen, so schnell es irgend geht diesen Eingang zum Gletscher hinter sich zu bringen.
Danach beginnt sich unser Horizont in die Ferne erneut zu weiten. Aber auch das Ende unseres heutigen Weges liegt noch fern. Es ist besser, sich immer nur auf den nächsten Schritt zu konzentrieren, nur den nächsten Hügel oder markanten Felsblock als Ziel in

den eigenen Horizont einzubeziehen. Besonders die letzten hundert Meter an steilen Felsschrofen hinauf werden hier in 6000 Meter Höhe mein noch so souveränes Befinden vom Vortag im ersten Keuchen und Schnaufen übertönen.

Als wir am späten Nachmittag schließlich wieder vor unseren beiden Zelten im Lager I stehen, können wir beruhigt feststellen, dass sowohl die Zelte als auch unsere existenzbestimmende Ausrüstung während unserer einwöchigen Abwesenheit keinen Schaden erlitten haben.

Mittwoch, 22. April

Unseren mittlerweile vertrauten weiteren Aufstieg zu Lager II beginnen wir am Vormittag wieder mit großer Ruhe. Wären nicht diese schweren Rucksäcke, könnte man

es als eine beeindruckende Wanderung wie auf einer riesigen Terrasse empfinden. Vorbei an unseren gut sichtbaren Markierungsstangen, passieren wir in zwei Dreiergruppen gesichert durch das Seil die Zone der großen Gletscherspalten. Später wird der Abstand untereinander ein wenig größer. Als ich unseren schon üblichen Rastplatz erst in dem Moment erreiche, als George, Meutz und Götz sich gerade wieder auf den Weg begeben, beginne ich zu spüren, dass dies

heute wohl nicht mein Tag werden wird.
Besonders die nachfolgende Steilstufe im Eis wird diesmal ein ungewöhnlich zäher Kampf gegen mich selbst. Die anderen sind bereits 150 Meter vor mir. Eine fast riesige Entfernung unter diesen Verhältnissen. Meine Welt, mein Horizont scheint sich auf 3, allerhöchstens 5 Meter verkürzt zu haben. Das ist die Strecke, welche ich ohne Pause gerade noch hintereinander steigen kann.
Auch die Sonne hat mittlerweile ihre Kraft verloren. Das nun folgende farblose Grau hat nicht nur von der Umgebung rings um uns Besitz ergriffen – es ist im Begriff, auch in mich hineinzudringen, trübt das eigene Vertrauen, nagt an der verbleibenden Kraft. Die Zeit scheint stillzustehen, es dauert endlos lang, bis der Hang sich in seiner Steilheit wieder zurücklegt und ich irgendwann endlich über seine Kuppe hinweg sehe. Der große flache Kessel breitet sich aus, an dessen gegenüberliegendem Ende die Zelte unseres Lagers stehen. Die Gefährten werden vor mir wieder sichtbar, und der erste scheint es bald geschafft zu haben.
Obwohl auch mich der Weg erst einmal leicht abwärts führt, habe ich zu meinem zeitlupenmäßigen Aufstiegstempo nicht mehr viel hinzuzusetzen. Die anderen sind bereits mit dem Auspacken ihrer Rucksäcke beschäftigt, als schließlich auch ich unser Lager erreiche. Ich fühle mich jetzt so erschöpft, dass es nur noch zum Hinsetzen auf meinen Rucksack reicht. Was ist heute nur los mit mir? Ich finde keine Erklärung.
Die schweren Rucksäcke, die wir seit Wochen nach oben tragen, werden vermutlich bei jedem Spuren der Anstrengung hinterlassen haben.
Doch das ist der Preis für unsere sportlichen Vorstellungen, einen solchen Berg aus eigener Kraft zu besteigen. Die gängige Praxis der meisten Expeditionen in den letzten Jahren sieht oft anders aus. Da werden nicht nur die gesamten Ausrüstungsgegenstände durch einheimische Träger nach oben befördert – selbst der Aufbau aller Zelte und das sonstige Einrichten bis in die obersten Hochlager wird oftmals von erfahrenen Sherpas ausgeführt.
Später, nachdem langsam das klare Denken in den Kopf zurückfindet, gehe ich, inzwischen im Schlafsack liegend, noch einmal gedanklich alle Gegenstände der Reihe nach durch, welche mit ihrem Gewicht beim morgigen Aufstieg meinen Rucksack füllen werden.
Nein, da gibt es eigentlich nichts, worauf ich noch verzichten könnte. Der einzige Luxus, den ich mir in Erinnerung meiner Probleme 1994 am Shisha Pangma leisten wollte, ist das Mitführen einer zweiten Thermosflasche. Die eine mit Tee und eine zweite mit heißer Suppe gefüllt, sollten sie mir während des Aufstiegs – zumindest am Gipfeltag – den in dieser Höhe chronisch vorhandenen Flüssigkeitsmangel mindern helfen.
Das andere, was noch Gewicht kostet, wäre mein Fotoapparat. Aber ohne ihn an solch einem Berg unterwegs zu sein – das habe ich eigentlich noch nie fertig gebracht ...
Auch für die anderen wird es morgen kein Spaziergang, und das Beste, was uns heute Abend noch zu tun bleibt, ist eine kräftige Mahlzeit. Unter dem Vorbehalt, dass in dieser Höhe auch dem eigenen Körper nicht mehr alles bei der Stärkung hilft und schon gar nicht alles schmeckt, legt Götz gleich erst einmal die Tüten mit der Fertignahrung zur

Seite. Angefangen von ihrem bunten Etikett mit appetitlichen Fotos, spricht eigentlich auch sonst nichts gegen dieses einfach zuzubereitende und nahrhafte Essen – außer der Tatsache, dass es Karsten und Götz schon von dem Gedanken daran schlecht wird.
Während ich unseren erst am Boden mit Wasser bedeckten Topf auf dem Kocher weiter kontinuierlich mit Schnee fülle, können wir uns schließlich auf Kartoffelpüree einigen. Dazu werde ich unter dem Beifall der Bergfreunde noch eine Dose mit Fleisch, gemischt mit Salami- und Schinkenstückchen, aufbraten. Einer der Töpfe wird zur Weiterbenutzung noch schnell ins Nachbarzelt gereicht, bevor wir unser eigenwilliges Menü mit einer weiteren Tasse voll Suppe, dazu Brot, Käse und sehr viel Tee in der Dunkelheit beenden.

Unsere Stimmung gestaltet sich trotz mancher Bedenken vor allem durch die Zufriedenheit des Essens gut, und so finden wir mit der nötigen Zuversicht auch bei aller Enge in unseren Schlafsäcken Ruhe. Schlafen bedeutet an diesem Ort, sich wenigstens sicher zu fühlen, nicht zu frieren und möglichst ohne verstopfte Nase sich über die Stunden der Nacht von der einen auf die andere Seite zu wälzen und so irgendwie liegend hoffentlich doch ein wenig Ruhe zu finden.

Schwerer Entschluss

Donnerstag, 23. April

Noch vor 5 Uhr überwinde ich mich wieder, den Reißverschluss des Schlafsacks zu öffnen und unseren Kocher anzuwerfen. Unsere Thermosflaschen haben wir bereits gestern Abend gefüllt, und so hat der Zeiger auf meiner Uhr die siebente Stunde noch nicht vollendet, als wir für unseren Abmarsch eigentlich fertig sind. Ohne die belebenden Strahlen der Morgensonne herrscht hier im Zelt wie immer noch eisige Kälte.
Aber heute scheint sich auch das Wetter da draußen verschlechtert zu haben. Seltsame Wolkengebilde ziehen über den Horizont herauf, und ein unangenehmer Wind streicht um die Zelte.
Durch jenen von Meutz errichteten Schneewall sind wir hier zwar recht gut geschützt.

Trotzdem stellt sich die Frage, ob uns diese eisige Luftströmung bei unserem jetzigen Aufstieg nicht schon völlig auskühlen würde, da wir uns infolge der großen Steilheit nur langsam vorwärts bewegen können. Noch ein missglückter Versuch würde unnütze Kräfte verbrauchen, und so beschließen wir, die Entwicklung des Wetters in der nächsten Stunde vorerst noch abzuwarten.
Nachdem sich die Verhältnisse doch zu stabilisieren scheinen, stehen wir gegen 8 Uhr schließlich alle vor unseren Zelten und legen Klettergurt und Steigeisen an.
Was verspreche ich mir nun selbst von dem heutigen Tag, wie fühle ich mich? Das werde ich gewiss erst später, während unseres Aufstiegs erspüren. Doch vorerst sind es meine Zehen, von denen ich wohl gleich gar nichts mehr spüren werde. Unangenehm und seltsam, wo ich doch gerade in diesem Jahr auf einen optimalen Kälteschutz für meine Füße sehr viel Aufmerksamkeit verwendet hatte.
Mit ausreichend großen Thermo-Innenschuhen, die auch noch für 3 Paar Socken Platz bieten, und außerdem sehr aufwendigen Einlegesohlen hoffte ich in diesem Jahr alles dafür Machbare unternommen zu haben. Andere von uns wollen es sogar mit Einlegesohlen versuchen, die sich für begrenzte Zeit elektrisch beheizen lassen ... – trotzdem.
Wenn der Organismus aus nur schwer nachzuvollziehenden Gründen die Aktivitäten des eigenen Blutkreislaufes hier oben plötzlich verändert, sich die Durchblutung aus äußeren Teilen wie Händen oder Füßen zurückzieht – dann können möglicherweise selbst Heizspiralen, Schafwollsocken oder Thermoschuhe kaum noch Wunder bewirken.
So befindet sich nun auch jene zweite Thermoskanne nicht mehr in meinem Gepäck. Schweren Herzens habe ich darauf doch verzichtet, im Gegensatz zu meinen ursprünglichen Vorstellungen, sie für den Gipfelversuch weiter mit nach oben zu tragen. Selbst im leeren Zustand wiegt der Behälter aus Edelstahl mehrere Hundert Gramm, und so summieren sich die Gewichte. Zelt, Kocher und Zubehör fürs nächste Lager, die sich auch noch in meinem Rucksack befinden, kann ich gewiss nicht herausnehmen.
Meine Bergkameraden plagen ähnliche Gedanken. Wie ich mit einiger Betroffenheit später erfahre, haben sich Heiko und George bei jenem Poker zur Gewichtsreduzierung sogar dazu entschlossen, ihren Schlafsack hier zurückzulassen. Das klingt absurd, doch wären beispielsweise die weiter oben noch benötigten Eisschrauben, Sicherungsseile oder Markierungsstangen eine bessere Alternative zum Verzicht gewesen?
Jetzt geht es nicht mehr um Gemütlichkeit, sondern vor allem darum, auch unter geringsten Ansprüchen für sich selbst unseren gewählten Aufstieg endlich weiter nach oben zu führen. So glauben auch meine beiden Bergkameraden mit ihrer persönlichen Wahl der Gewichtsreduzierung das kleinere Übel in Kauf zu nehmen und hoffen in ihrer dicken Daunenhose und ebensolchem Anorak die kommenden Nächte einigermaßen zu überstehen. Die trotz alledem noch immer bedenklich vollen Rucksäcke werden uns allen bei der heutigen steilen Etappe in jedem Fall tüchtig zu schaffen machen.
Auch ich lasse noch etwas zurück – meinen Fotoapparat.
Das fällt mir sehr schwer. Doch gibt es heute für uns alle nur ein Ziel – das Ende dieser steilen Eisrinne zu erreichen. Nur da oben und keinen Meter früher, erst hinter dem

sichtbaren Grat – in 7400 Metern auf dem Makalu-La, werden wir unsere Zelte wieder errichten können. Dort will ich unbedingt dabei sein, jeder für seinen Preis.
Und danach, die nächsten beiden Tage Richtung Gipfel? Nein – jetzt ist nicht der Zeitpunkt, darüber wieder ins Grübeln zu verfallen. Wir gehen los, der Grat des Makalu-La über uns ist alles, woran ich denke. Heute Abend noch möchte ich endlich über ihn hinweg schauen können – mit eigenen Augen sehen, was einige Fotos von Postkarten und Luftaufnahmen nur schemenhaft erkennen lassen.
Meutz ist schon auf dem Weg. Ich versuche ihn einzuholen. Aber sein aufgenommenes Tempo ist so erfrischend, dass ich am Ende Mühe haben werde, ihm im gleichen Abstand überhaupt noch zu folgen. Nach ungefähr anderthalb Stunden kommen wir an jene Stelle, wo unsere Fixseil-Trasse beginnt. Gleich wird es noch steiler werden, und jeder von uns nimmt noch einmal seinen Rucksack von den Schultern.
Irgendwie bin ich verunsichert. Ich bringe die Frage ins Spiel nach der möglichen Situation, falls einer von uns nicht weiterkommt: Was würde mit dem Teil dieser Ausrüstung, welcher für die folgenden Etappen ebenso unverzichtbar bliebe? Ich dränge auf eine Antwort. Götz vereinbart ein Handzeichen, mit dem wir notfalls solche Probleme rechtzeitig signalisieren.
Während George und Meutz sich bereits langsam zum Weitergehen fertig machen, krame ich noch in meinen Taschen nach einigen geeigneten Bissen für den Magen. So unmittelbar hinter dieser ersten Anstrengung liegt das Bedürfnis danach fast bei null. Es wird Mühe kosten, über den schon ausgetrockneten Mund noch etwas hinterschlucken zu können. Doch entspricht es meiner Erfahrung, dass es unter diesen Verhältnissen

ohne regelmäßige Energiezufuhr mit der Leistungsfähigkeit sonst recht bald zu Ende geht. Aber auch so bin ich mit meinem bisherigen Vorankommen nicht sonderlich zufrieden. Soll ich schon hier in 6800 Metern zu jenen Energiekonzentraten greifen, mit denen ich vor zwei Wochen noch 1000 Meter tiefer so gute Erfahrungen gesammelt hatte?
Voller Hoffnung beiße ich schließlich in eine der Tafeln hinein, mit Apfelgeschmack – doch erwartet meine Zähne dabei der Widerstand eines Knochens. Gefroren ...
Minutenlang wie auf einem Stück Rinde herumkauend, fühle ich schließlich neue Kraft in mir aufsteigen. Ist es wirklich so, dass diese biochemisch anders aufgespaltenen Substanzen und Mineralien sich vom Organismus auch hier in großer Höhe problemloser in Energie umwandeln lassen?
Langsam klettere ich an den ersten Fixseilpassagen höher. Bald glaube ich es immer deutlicher zu spüren, bis die Überzeugung endgültig zurückkehrt. Vielleicht schon in drei oder auch erst in sechs Stunden – bei meinem jetzigen Befinden werde ich heute jedoch mit Sicherheit noch das Plateau hinter dem Makalu-La erblicken.
Mit dieser beruhigenden Gewissheit steige ich in den nächsten zwei Stunden weiter. Aber Weg und Zeit bekommen in dieser endlosen Rinne ihre eigene Dimension. Gemeinsam mit Heiko unseren anderen vier Gefährten kontinuierlich folgend, überfällt mich später eine ungewohnte Müdigkeit. Wie bei einer nächtlichen Autobahnfahrt muss ich nun immer wieder meine Augen aufreißen, um meine erschlaffende Konzentration abzuschütteln. Mit der Zeit überträgt sich diese unerklärliche Schlappheit auf alle meine Bewegungen, selbst auf mein Denken. Auch bei Heiko scheint irgendwie die Puste weg zu sein.
Wie ist das nur möglich, schon hier – noch weit unter unserem 8000-Meter-Limit von 1994 am Shisha Pangma?? Wieder mindestens bis zu dieser Höhe hinaufzukommen, war für uns eigentlich Ehrensache! Dafür habe ich noch intensiver trainiert als damals vor vier Jahren.
In meiner Erinnerung tauche ich noch einmal in jene Trainingskulisse der letzten Wochen vor unserem Aufbruch ein. Eine sehr steile Straße 200 Höhenmeter hinauf, auf den heimischen Borsberg.
Mit schweren Bergschuhen dort bergan rennend, versagten meine Beine damals im ersten Versuch bereits auf halber Höhe. Vor Erschöpfung fiel ich fast um.
Doch trotzdem blieb von diesen Episoden eigentlich ein anderer, vor allem optischer Eindruck in mir zurück. Mein Wille für jeden weiteren Schritt nach oben ließ mich immer wieder aufs Neue mit den Augen über die Weite des Elbtales emporsteigen, zumeist schon bei Dunkelheit mit dem hellen Schein einer unendlichen Lichterkette – der Kulisse Dresdens. Immer wieder ein phantastischer Anblick.
So fühlte ich mich später zufrieden und stark, als ich dieses Bild dann ein Dutzend Mal hintereinander vor meinen Augen aufsteigen und wieder versinken sah, ohne vorher in meinem Lauf innegehalten zu haben.
Und jetzt? Unser Abstand zu George, Meutz, Götz und Karsten scheint immer größer zu werden. Für meine Zuversicht bald eine deprimierende Entfernung. Aber noch immer

liegt die zweite Hälfte unseres heutigen Aufstiegs vor uns. Die Gefährten müssen wissen, was mit uns los ist, ob wir tatsächlich unseren Teil der Hochlagerausrüstung bis nach oben bringen werden. Die Situation zwingt uns zu einer Entscheidung – jetzt, sofort! Nur schweren Herzens gebe ich gemeinsam mit Heiko schließlich das vereinbarte Zeichen ...
Götz macht uns daraufhin von oben verständlich, mit Karsten erst einmal auf uns warten zu wollen. Mit Heiko quäle ich mich weiter. Endlos langsam, während den beiden da oben beim Warten für den weiteren Ablauf des Tages die Zeit zu rennen beginnt.
Kann die junge Generation manche Episode nachempfinden, wenn Menschen in hohem Alter an einer Treppe – auch mit einem soliden Geländer zum Festhalten – zuweilen die Kraft zu verlassen scheint ...?
Hier in dieser Höhe ist dann naturgemäß jeder zu einer sehr langsamen und gleichmäßigen Gangart gezwungen. Aber mit meiner Steigklemme am Fixseil in der einen und dem Eispickel in der anderen Hand schaffte ich anfangs in diesem etwa wie ein Kirchturmdach geneigten Gelände noch 5, mitunter 8 oder gar 10 Schritte hintereinander. Auch wenn man sich jedesmal die jeweilige Anzahl der Schritte wirklich vornehmen muss, um nicht der Versuchung zu unterliegen, nach den nächsten zwei wieder stehen zu bleiben.
Allmählich werden meine Erholungsphasen jedoch immer länger, weshalb ich dieses persönliche Limit wieder und wieder reduzieren muss. Karsten und Götz inzwischen noch 20 Meter von uns entfernt ausmachend, bin ich mittlerweile bei einem Rhythmus von nur noch drei Schritten hintereinander angelangt. Zwar hätte ich durchaus die Kraft, jedesmal noch doppelt so weit zu steigen. Aber nachdem ich bereits bei Schritt Nr. 3 stehen geblieben bin, beginnt – erst während dieser Pause – die Welt um mich herum plötzlich ganz dunkel zu werden.
Ich stehe wie mit geschlossenen Augen und höre nur Götz oder Heiko etwas sagen. Dabei taumle ich ein wenig in meinem inneren Gleichgewicht, bevor es nach 5 oder 10 Sekunden um mich herum endlich wieder „hell“ wird.
Dieses beunruhigende Spiel wiederholte sich für mich bereits während der vergangenen hundert Meter und verstärkt sich nun noch. Selbst die letzten 5 Meter unterhalb von Götz werden für mich zu einer mühseligen, nur schrittweise zu bewältigenden Entfernung, ähnlich der noch fehlenden Armlänge eines Nichtschwimmers bis zum rettenden Ufer. Dann endlich, endlich kann ich mich mit meinem Klettergurt in die Sicherung seines Standplatzes einklinken.
Es bedarf keiner weiteren Worte, das mein jetziger körperlicher Zustand mit Nachdruck beschreibt, dass ich in dieser Minute den Punkt meiner zwingenden Umkehr erreicht habe. Auch Heiko glaubt in diesem Moment ebenso für sich entscheiden zu müssen – leider.
Was wird aber nun mit der Ausrüstung in unseren Rucksäcken, die von den Gefährten in weiteren Hochlagern unbedingt benötigt wird? Es fällt mir schwer, es gedanklich noch zu erfassen, welche Dinge das im Einzelnen in meinem Rucksack sind.

Ich komme mir beinahe wie ein Hochseilartist vor, als ich in meinem abgesetzten Rucksack zu kramen beginne. Mit meinen Knien presse ich ihn zum Gleichgewicht gegen den vereisten Hang und beginne damit, die einzelnen Gegenstände herauszureichen. Kocher, Töpfe, Suppenbeutel, Tee und Käse versuchen wir nun mit Mühe noch in die Rucksäcke von Karsten und Götz hineinzustopfen. Eine falsche Bewegung nur, und die Gegenstände verschwinden unter uns auf Nimmerwiedersehen.
Dabei reduziert Götz unter diesen mit Bedacht ausgewählten Dingen noch einmal drastisch. Fast habe ich den Eindruck, er wolle das Thema Verpflegung für den weiteren Aufstieg von der Tagesordnung streichen. Schließlich halte ich auch noch das zweite Hochlagerzelt in der Hand. Wer soll es tragen?
Einfach unmöglich. Meine Bergkameraden sehen mit erzwungener Nüchternheit dem neuen Umstand entgegen, sich das verbliebene 3-Mann-Zelt für die nächsten Nächte eben zu viert teilen zu müssen. Meine Betroffenheit erreicht ihren Höhepunkt, als ich abschließend auch noch ein weiteres Seil von Heiko unter Karstens Rucksackdeckel stopfe und eine Schneeschaufel an der Außenseite befestige. Einfach Wahnsinn, mit diesem Gewicht weitersteigen zu müssen.
So verabschieden wir uns mit den bescheidenen Wünschen, dass jeder von uns sein Tagesziel glücklich erreichen möge. Karsten und Götz bei ihrem weiteren Aufstieg, mittlerweile ähnlich übermäßig wie die Sherpas bepackt. George und Meutz unerreichbar weit, inzwischen ca. 80 Meter über uns mit der Weiterführung des Fixseils beschäftigt, winken uns zu.
Für Heiko und mich gilt es nun beim Abstieg einen klaren Kopf zu behalten, um beim Abseilen unser Seilgeländer nicht im Zufassen zu verfehlen. Unser auf diese Weise schlagartig gestiegenes Fortbewegungstempo vermindert jedoch nicht unsere Erschöpfung.
Besondere Mühe kostet es für unsere Abseilmanöver die schwer nach unten hängenden Fixseile zwischen ihren Befestigungen an jenen Snowbars immer wieder aufs Neue durch unsere „Abseilacht“ und Karabiner einzufädeln. In diesen Momenten, wenn der Rucksack wieder unmittelbar nach hinten zieht und meine Standfestigkeit vor allem durch die Frontzacken der Steigeisen fixiert bleibt, steigt jenes prickelnde Gefühl wie bei einem ungesicherten Kletterweg in mir auf. Diese Empfindungen sorgen bei unserem erlösenden Abstieg dafür, nicht vollends in eine schläfrige Gleichgültigkeit zu verfallen. Eine unbekümmerte Gleichgültigkeit, in welche anderenorts ohne Risiko vielleicht der abendliche Heimweg manches Wirtshausbesuchers hinüberdämmert.
Fast schon ein wenig abwesend, jedoch mit Erleichterung, registriere ich das Ende unserer Fixseilstrecke, und nach einigen weiteren beherzten Sprüngen über einzelne Gletscherspalten torkeln wir schließlich knapp zwei Stunden später wieder vor unser altes Lager.
Jetzt, am späten Nachmittag, ist das Wetter richtig angenehm geworden, und um unsere bisher einsamen Zelte hat sich ein unerwartetes Leben und Treiben entwickelt. Die Bulgaren und Russen sind heute das erste Mal bis hier herauf gestiegen, um nun ihren Lagerplatz zu errichten. Auch eine österreichische Gruppe treffen wir wieder, welche unmittelbar neben uns ihr Zelt aufbaut.

Während einige Zeit später die Russen und Bulgaren wieder den Abstieg antreten, kommen wir mit den Österreichern ins Gespräch. Sie wollen heute hier oben übernachten, um am morgigen Tag gleich über unsere Spuren zu versuchen ein erstes Mal den Makalu-La zu erreichen. Wie jede andere Expedition haben sie ebenfalls das Material zur Errichtung jener 600 Meter langen Fixseilstrecke hinauf zum Sattel mitgebracht. Sie hätten uns dabei auch gern geholfen – verteilen sich doch diese Anstrengungen auf viele Schultern leichter. Doch unser diesjähriger Zeitfahrplan ließ solche Kooperation mit anderen Alpinisten kaum zu. So bleibt den Bergfreunden aus Österreich nicht viel mehr, als sich für unsere bereits geleistete Sicherungsarbeit in der Aufstiegsroute freundlich zu bedanken.
Immer wieder geht mein Blick nach oben, um den weiteren Aufstieg unserer Gefährten zu verfolgen. Wir müssen uns dafür einige hundert Meter von den Zelten entfernen, um den oberen Teil der Eisrinne besser einsehen zu können. Die Sonne sinkt mittlerweile fühlbar weiter, denn nach und nach kriecht die Kälte des Abends über unsere Körper wieder nach oben.
George und Meutz sind inzwischen nicht mehr zu sehen. Haben sie endlich den oberen Rand dieses endlosen Hanges erreicht? Doch noch immer sehe ich Karsten und Götz im oberen Abschnitt. Bewegen sich diese beiden winzigen Punkte eigentlich noch vorwärts? Wir können sie jetzt nicht fragen, wie es ihnen geht, der nächste Funkkontakt ist erst für den späten Abend vorgesehen.
Ja, sie bewegen sich.
Doch empfinde ich voller Unruhe, dass sich die Bewegungen jeder Schnecke scheinbar mit größerer Dynamik vollziehen. Auch hier unten lastet es förmlich auf meinem Rücken, meinen Armen und Beinen: Es sind die entsetzlich schweren Rucksäcke der beiden, die ihre Bewegungen fast zum Stillstand bringen. Dabei bleibt Meutz und George nichts anderes übrig, als auf sie zu warten. Denn das einzige Zelt, welches ihnen allen miteinander jetzt zur Verfügung bleibt, befindet sich im Rucksack von Götz.
Welcher Weg wird der kürzere: jene sich immer noch dahinziehenden Meter der Gefährten hinauf bis zum erlösenden Grat – oder die verbleibende Bahn der Sonne, bevor sie hinter den Bergen am Horizont untertaucht?
Noch wird meine bange Frage in den nächsten Momenten nicht beantwortet werden, und so gehe ich wieder zurück zu unseren Zelten, um den Kocher zum Schneeschmelzen weiter in Gang zu halten. Eine halbe Stunde später, gegen 19 Uhr, wird es um unsere Zelte bereits düster, als ich mich noch einmal aufmache, um nach den Gefährten Ausschau zu halten.
Der Makalu-La, 800 Meter hoch über uns, leuchtet bereits im letzten Licht des Tages, als ich Götz und Karsten soeben hinter dem Horizont jenes Grates untertauchen sehe. Das spätere abendliche Gespräch über Funk bringt Heiko und mir endlich die ersehnte Nachricht, dass unsere Gefährten erschöpft, jedoch alle miteinander ihr Zelt als Lager III in 7400 Metern bezogen haben. Nun sind sie ebenso wie wir damit beschäftigt, sich mit Hilfe ihres Kochers das beengte Leben im Zelt so angenehm wie möglich zu

gestalten. Und das bedeutet ununterbrochen Schnee schmelzen, Wasser kochen, Suppe und Tee in unendlichen Mengen mühsam zubereiten, um dem scheinbar unstillbaren Durst und Flüssigkeitsmangel zu begegnen.
Ein inhaltsreicher Tag geht zu Ende, aufregend und widersprüchlich zugleich. Können wir mit seinem Verlauf zufrieden sein? Die noch lebendige Erinnerung daran, körperlich fast bis zum Äußersten gegangen zu sein, jedoch bei noch wachem Verstand die Vernunft zur Umkehr gefunden zu haben, macht mir fürs erste den Schmerz über die eigene Kapitulation erträglich. Nun sind unsere Gedanken, alle Hoffnungen auf die Gefährten hoch über uns gerichtet. Mögen sie morgen einen erfolgreichen Tag bestehen!

Freitag, 24. April

Waren es nun unsere schweren Rucksäcke oder war es doch noch irgendetwas anderes, was Heiko und mich gestern daran hinderte, den gemeinsamen Weg bis zum Ende mitgehen zu können? Wir wissen es nicht.
Während ich so in diesen Morgen mit halbgeschlossenen Augen hinüberdämmere, gehen mir noch einmal die monatelangen Vorbereitungen, all die aufgewandte Mühe, Zeit und Nerven durch den Kopf. War es dies alles wert, um dann so unerwartet umkehren zu müssen?
Wozu die ganze Schinderei, wenn es mit der aufgebauten Kondition letztendlich doch nicht klappt? Die Enttäuschung, im entscheidenden Moment ausgefallen zu sein, schmeckt bitter.
Was wird mich jetzt wohl am meisten bedrücken?
Ist es die unerfüllte Sehnsucht, über den markanten Grat – hoch oben am Makalu-La – selbst hinwegschauen zu wollen? Ist es die fehlende Erklärung für die Ursache der eigenen körperlichen Krise oder das schlechte Gefühl, meinen Gefährten auf dem weiteren Weg jetzt nicht mehr zur Seite zu stehen?
Ich weiß es selbst noch nicht. Es wird wohl Zeit und vielleicht auch mehr Abstand zu diesem Berg brauchen, um die Relationen zwischen seiner Höhe und dem Inhalt unseres bisherigen Weges erneut zu betrachten.
Besinne ich mich lieber: Der Traum eines jeden von uns, dem Gipfel nahe zu kommen, hatte immer einen sehr nüchternen Hintergrund. Sich ebenso als Teil einer gemeinsamen Aufgabe zu fühlen, einzustehen für den Erfolg aus der Pyramide aller unserer Bemühungen. Auch um dabei vielleicht nur als Brücke, als unscheinbare Treppenstufe herzuhalten, selbst um dabei den Weg bis ganz nach oben vielleicht nur einem einzelnen von uns ermöglichen zu können.
Wenn auch unsere vier Gefährten gewiss weiterhin auf uns hier zählen, so bleibt es mir im Moment dennoch nur ein schwacher Trost, den wärmenden Schlafsack diesmal nicht vor Ankunft der Sonne öffnen zu müssen.
Trotzdem richte ich mich auf, um durch einen Spalt des geöffneten Zelt-Reißverschlusses

nach draußen zu schauen. 6 Uhr ist es gerade einmal, die Umgebung unseres Lagers noch in eisige Schatten gehüllt. Doch scheinbar nur ein kleines Stück vor uns, wie stumme Wächter am Horizont, grüßt bereits im gleißenden Morgenlicht das gewaltige Bergmassiv des Mt. Everest und des Lhotse mit einer riesigen Schneefahne im Wind zu mir herüber. Einfach phantastisch dieser Anblick, immer wieder.
Spontan entschließe ich mich zu einem Foto. Daraus wird aber nichts, denn als ich den Auslöser betätigen will, muss ich wieder einmal feststellen, dass der von den nächtlichen Temperaturen noch eingefroren ist. Ähnlich wie um diese Zeit zumeist auch Käse, Wurst oder Brot. So lege ich mich wieder hin und beginne über die Tage unseres weiteren Aufenthaltes hier oben nachzudenken.
Keine Frage, natürlich werden Heiko und ich hier bleiben und ausharren, als Nachhut gewissermaßen. Wer wollte voraussehen, was die nächsten Stunden mit sich bringen würden? Werden Situationen entstehen, in welchen unsere Nähe den Gefährten bei ihren Aktionen noch Hilfe ermöglicht?
Außerdem zeigte sich bereits bei unserer ersten Verbindungsaufnahme gestern Abend, dass die Sendeleistung ihres Sprechfunkgerätes nur noch bis zu uns hier ins Lager II reicht. Vermutlich erzeugt der zwischen uns liegende Sattel „Makalu-La" einen Funkschatten, so dass wir von jetzt an gewissermaßen als Übermittlungsstelle für alle Nachrichten zu unserem ABC oder bis zum Basecamp wirken.
Entsprechend unserer Vereinbarung vom Vorabend meldet sich um 8 Uhr auf meinen erneuten Anruf wiederum Götz auf dem Sprechfunkgerät aus Lager III. Wie er berichtet, haben alle vier die vergangene Nacht auch in dem beengten Zelt ganz gut überstanden. allerdings stecken ihnen die Anstrengungen des vergangenen Tages noch sichtlich in den Knochen.
Deshalb und weil ihr heutiger Aufstieg zum nächsten Lagerplatz (IV) in 7800 Metern als ein kürzerer gilt, haben sie sich vor dem Aufbruch noch einmal etwas Ruhe gegönnt. Nach dem Frühstück werden sie in den nächsten Minuten mit dem Abbau des Zeltes beginnen, da sie es, ähnlich einem mitgeführten Schneckenhaus, heute nun als zukünftiges Lager IV verwenden müssen. Wir wünschen ihnen einen erfolgreichen Tag und verabreden unseren nächsten Funkkontakt für heute Abend ab 18 Uhr zu jeder vollen Stunde.
Gemeinsam mit Heiko bin ich zu dieser morgendlichen Zeit gerade mal dabei, neben Brot und Käse abwechselnd mit Tassen voller heißer Suppe oder einem erneuten Topf mit dampfendem Tee zu stärken. Die vier Österreicher sind vorhin wie angekündigt zu ihrer Erkundungstour zum Makalu-La aufgebrochen. Ich beneide sie um ihre kleinen sichtbar leichten Rucksäcke, mit denen sie in den folgenden Stunden auch recht zügig vorankommen. Sie haben lediglich ein kleines leichtes Zelt dabei, welches ebenfalls schon oben hinter dem Grat errichtet werden soll, und wollen noch bis heute Abend wieder hierher zurückkehren. War es nun wirklich mein schwerer Rucksack, der mich gestern scheitern ließ?
Während ich noch an unserem Frühstück kaue, kommt mir die Idee, es wie die Österreicher mit dem Aufstieg heute einfach noch einmal zu versuchen – ohne Gepäck. Ich

will es ausprobiert haben, noch immer grübelnd auf der Suche nach meiner verlorengegangenen Kondition der vergangenen Tage.
Das Wetter scheint heute sehr angenehm zu werden, und so rüste ich mich schon Minuten später dazu, den Fußstapfen der Österreicher zu folgen. Eigentlich fühle ich mich wieder gut beisammen, und so könnte es mir vielleicht sogar doch noch gelingen, mit eigenen Augen auf jenes Plateau hinter dem gewaltigen Grat über uns zu schauen.
„Spätestens zum Abendessen wirst du mich wieder hier ankommen sehen", rufe ich Heiko noch zu und bin schon auf dem Weg. In meiner dicken Daunenkleidung und weiter oben dann immer an unserem Fixseil entlang fühle ich mich sicher.
Jedoch scheinen meine Vorstellungen heute schon bald aus anderer, unerwarteter Sicht sabotiert zu werden. Mit stetig zunehmender Höhe, schon bald werden es wieder 7000 Meter sein, scheint die Lufttemperatur um mich herum dennoch geradezu ungewöhnlich anzusteigen. Die Sonnenstrahlen entwickeln heute eine Intensität, nicht anders als würde ich mich an einem Mittelmeerstrand befinden. Und das in Daunenkleidung ... Einfach alles irgendwie unglaublich, unrealistisch, dass ich es selbst kaum wahrhaben will. Jedoch fließt mir ab jetzt der Schweiß in Strömen.
So herrlich unbeschwert ich mich ohne Rucksack noch zu Beginn meines Aufstiegs gefühlt hatte, stellen sich trotz alledem nun zunehmend die gleichen Symptome eines Sauerstoffmangels wie bereits gestern ein. Mit einem sehnsüchtigen Blick der Eisrinne weiter nach oben folgend, treffe ich heute schneller die nüchterne Entscheidung.
Es hat keinen Zweck – irgendetwas Unbekanntes hindert mich in diesem Jahr, in diesem Moment daran, weiter nach oben zu steigen. Fast auf der gleichen Höhe wie gestern kehre ich wieder um.
Als ich am Nachmittag unser Zelt erreiche, fühle ich mich jedoch noch stärker geschwächt als nach dem gestrigen Abstieg. Auch Heiko liegt apathisch im Zelt auf seinem Schlafsack. Die Hitze ist es – hier in über 6500 Meter Höhe – , die uns an diesem Tage zu schaffen macht ... Nur bei geöffnetem Eingang läßt sich der Wärmestau in unserem Zelt noch regulieren. Mit Unterhaltungen über Erlebnisse in Freizeit und Beruf aus vergangenen Jahren versuchen wir uns über die restliche Zeit des Nachmittags abzulenken.
Doch mit immer größerer Spannung sehen wir der vereinbarten Zeit des Sprechfunkkontaktes mit unseren Gefährten im nächsten Hochlager entgegen. Jedesmal zur vollen Stunde, laufe ich mit Heiko von unserem Zelt den Hang noch ein ganzes Stück talwärts. Hier sind die Empfangsbedingungen Richtung Gipfel wesentlich besser, doch haben wir bei unseren ersten beiden Versuchen um 18 Uhr und 19 Uhr wenig Glück damit. Nur die aufgeregte Stimme Mingmars aus dem Basecamp meldet sich immer wieder; auch er will etwas über die aktuelle Situation von uns erfahren.
Während unseres Abendessens begebe ich mich nochmals auf den Weg zu dem sich vor uns erstreckenden Plateau. Endlich ist die Stimme von Götz zu vernehmen. Er scheint in diesem wichtigen Moment nicht sehr gesprächig zu sein, und einige seiner Bemerkungen hinterlassen das Gefühl von Unzufriedenheit.
Aus seinen kargen Worten kann ich mir nur ein ungefähres Bild zusammenreimen, dass

es Gründe gegeben haben muss, welche einen planmäßigen Aufstieg behinderten, und dass sie deshalb noch nicht die angestrebte Höhe von 7800 Metern für einen Gipfelversuch erreichten.
Ist jenes Eisfeld, welches über zwei Tagesetappen vom Gipfelgrat des Makalu nach unten zieht, doch von anderer Beschaffenheit, als es sich bisher über blasse Luftaufnahmen darstellte? An welcher Stelle ist seine Überquerung möglich? Oder erweist sich seine Passage doch als ein schwer überschaubares, durch Wind und Sonne stark zerklüftetes Labyrinth, welches zusätzlich das Vorankommen erschwert? Meine stille Grübelei bleibt ohne Antwort.
„Was wollt ihr morgen nun tun?", frage ich schließlich zurück. Götz zögert noch mit der Antwort. „Wir sind bereits beim Kochen für unsere Thermosflaschen. Wenn das Wetter stabil bleibt, gehen wir sehr zeitig, so gegen 4 Uhr los und – versuchen den Gipfel!"
Ich muss ihm nicht sagen, dass dies aus einer Ausgangshöhe von weniger als 7800 Metern ein sehr langer, sehr anstrengender Weg werden wird. Jedoch – das Zelt noch einmal abbauen, mit dem ganzen Gepäck einen weiteren Tag in dieser Höhe für ein erneutes Hochlager weiter aufsteigen? Kann man das Wetterglück so lang herausfordern, und fühlen sich die Gefährten – erst übermorgen Richtung Gipfel – dann vielleicht nicht ebenso schlapp wie ich bereits heute Nachmittag?
Niemand kann solche Fragen beantworten. Zu viert, in ihrer Daunenkleidung eng nebeneinander kauernd, werden George, Meutz, Karsten und Götz mit ihrer großen Herausforderung und allen damit verbundenen Risiken mindestens für die nächsten 24 Stunden auf sich allein gestellt bleiben.
Wir vereinbaren, unser Sprechfunkgerät ab Mittag in Dauerbetrieb auf Empfangsbereitschaft zu schalten – für eventuelle außergewöhnliche Mitteilungen. Ansonsten wie üblich – zu jeder vollen Stunde. Ich wünsche ihnen „eine glückliche Rückkehr – Ende – ."
Genügend Ereignisse, um auch hier unten nicht mehr aus dem Grübeln herauszukommen.
Nachdem ich mit Heiko das restliche Abendessen recht schweigsam beendet habe, ziehen wir uns wenig später in der Dunkelheit in unsere Schlafsäcke zurück. Draußen leuchten die Sterne in bestechender Helligkeit, und es ist kein Wind zu spüren.

Quälende Ungewissheit

Sonnabend, 25. April

Irgendetwas läßt mich munter werden, als es noch völlig finster ist. Ich lausche in die Nacht hinein – es ist nichts. Oder doch?
Als ich soeben meine Augen wieder geschlossen habe, spüre ich ein ungewohntes Blitzen. Was war das? Ich schaue auf die Uhr – 4 Uhr.
Die Gefährten werden sich soeben ihre Schuhe und Steigeisen im Schein der Stirnlampen anlegen. Jetzt zuckt es wieder hell und geräuschlos durch die Zeltleinwand. Ein

Scheinwerfer? Nein, unmöglich – viel heller ist es!
Die Abstände zwischen den blendenden Lichtstrahlen verringern sich. Es sind Blitze, das Wetterleuchten eines Gewitters muss es sein.
Innerhalb von Minuten steigern sich diese zuckenden Lichteffekte zur Intensität eines Feuerwerks. Ich lausche in die Nacht hinaus. Nicht das geringste Geräusch ist zu vernehmen, einfach gespenstisch. Also müssen diese Gewitter noch sehr weit weg von uns sein, irgendwo draußen in den Vorbergen des Himalaya. Vielleicht über einem jener dicht bewaldeten Täler, durch welche wir tagelang aufwärts stiegen. Gewaltige Naturereignisse waren uns innerhalb der letzten Wochen ja nicht zu knapp beschert worden. Aber ein Gewitter, hier oben? Das fehlte buchstäblich gerade noch. Was werden unsere Leute in ihrer jetzigen Situation von dieser Sache halten? Wird Götz seine Vorstellungen von „Wenn das Wetter stabil bleibt ...“ noch mit solch unheimlichem Lichterspiel des Himmels vereinbaren können?
Noch immer lausche ich angestrengt – aber auch weiterhin ist kein Donnern zu vernehmen. Doch etwas anderes wird mir plötzlich bewusst. Schon am gestrigen Tag war mir irgendwie seltsam, doch ich wollte es einfach nicht wahrhaben – ich habe Zahnschmerzen. Vorerst lässt sich dieser Ärger nicht näher lokalisieren, doch wirkt das pulsierende Hämmern in den Kiefern zermürbend, und ich taste im flackernden Licht dieser Nacht nach meiner kleinen Medizintasche.
Der Morgen empfängt uns unschuldig mit seinem ersten Tageslicht, als wären die Schatten der vergangenen Nacht von keinerlei Regung erhellt gewesen. Die kältestarrenden Verhältnisse der letzten Stunden wandeln sich heute nach dem Erstrahlen der Sonne in kürzester Zeit in fast schon sommerliche Temperaturen.
Was wir zuerst noch mit erstauntem Kopfschütteln quittieren, entwickelt sich zunehmend zu einem handfesten Problem. Auch wenn es auf uns selber wie Ironie wirkt, bedrängt uns immer mehr eine Frage: Wohin weicht man in sechseinhalbtausend Meter Höhe den stechenden Strahlen der Sonne und vor allem ihrer unerträglichen Hitze aus ...? Tatsächlich heizt sich die Luft in unserem Zelt sehr schnell wie in einem Gewächshaus auf oder besser wie in einem abgeschlossenen Auto, das in der prallen Sonne steht. Dabei können wir unser „Auto“ nicht einmal verlassen. Wo sollte man auch hingehen, zumal ein Baum, der uns kühlenden Schatten spenden, in dieser Höhe natürlich auch nicht in Sicht ist.
So gestalten wir unser weiteres Dasein nur noch erträglich, indem wir uns fast aller Kleidungsstücke entledigen. Wenig später helfen wir uns damit weiter, die beiden Eingänge unseres Zeltes so weit es geht zu öffnen.
Wo sind wir hier nur hingekommen? Bereits unser Frühstück in zunehmender Appetitlosigkeit beiseite schiebend, ertragen wir die gegenwärtige „Hitzewelle“ nur noch durch jene Luftbrise, welche durch die geöffneten Zelteingänge schwach zu uns herein weht. Wo werden unsere Leute jetzt wohl sein?
Ich bin gegenwärtig zu sehr mit mir selbst beschäftigt, als dass ich unsere Gefährten bei ihrem anstrengenden Aufstieg in Gedanken intensiver verfolgen könnte.

So wird es schließlich Mittag. Die gewaltigen Eistrümmer, die etwa 150 Meter hinter unseren Zelten wie ein riesiger Schutzwall steil in die Höhe ziehen, scheinen für die Ewigkeit bestimmt. Zum größten Teil unter Schneemassen begraben, lassen sie ihre blau schimmernden Spitzen stumm und scheinbar unbeweglich über unseren Lagerplatz schauen. Durch ihre beachtliche Höhe verdecken sie nicht nur den direkten Blick auf unseren Weiterweg hinauf zum Makalu-La, sondern behalten in ihrer Steilheit für mich einen Hauch von Unheimlichkeit. An derartige Ängste auf solch einer Bergtour zwangsläufig gewöhnt, waren mittlerweile auch andere Expeditionen in ihrer Standortwahl für ein Lager direkt neben unseren Zelten gelandet.
So, wie ich eben mal wieder Zeit habe, in derartige Grübelei zu verfallen, bemerke ich im Aufschauen einige Veränderungen.
Unabhängig von der bereits in unserem Zelt herrschenden „Affenhitze" lassen die erbarmungslosen Strahlen der Sonne inzwischen jene turmhohen Schnee- und Eisgebilde über uns nicht mehr nur merkwürdig speckig glänzen. An einigen Stellen beginnt es sogar zu tropfen.
Gerade als ich ein wenig geistesabwesend nochmals über unsere Daunenbekleidung sinniere, gibt es einen dumpfen Knall.
Im selben Moment, wo ich schlagartig vor unserem Zelt mit meinen Socken im Schnee stehe, sehe ich etwa 300 Meter seitlich von uns einen Teil jener bizarren Gebilde aus einer fast hundert Meter hohen Wand grollend in sich zusammenbrechen. Nur wenige Sekunden dauert es und verbindet unbewußte Erinnerungen mit dem Eindruck an einen überdimensionalen, Respekt einflösenden Schneemann, welcher von der stechenden Wärme der Sonnenstrahlen durchtränkt, jedoch plötzlich morsch in sich zusammenfällt.
Übrig bleibt ein riesiges Trümmerfeld, unter welchem wohl die Zelte aller Expeditionen Platz gefunden hätten ... Ein wenig blass schauen wir hinüber und kommen mit den Österreichern erneut ins Diskutieren, inwieweit sich unser Lagerstandplatz von jener Stelle da drüben hoffentlich unterscheiden wird.
Unser erhitztes Gemüt wird jedoch recht bald schon wieder spürbar abgekühlt, als graue Wolkenschleier über den Horizont heranziehen und ein leichter Wind aufkommt. Die Sicht um uns herum trübt sich, und als es schließlich anfängt leicht zu schneien, ist darüber wohl kaum mehr als eine Stunde vergangen.
Dieser Wetterumschwung lenkt unsere Gedanken wieder zurück zu unseren Gefährten oben am Gipfel.
Wenn uns auch ihre gegenwärtige Situation noch unbekannt ist, so werden sie doch so oder so morgen gewiss wieder hier bei uns eintreffen. Und dann geht es gewiss endlich talwärts. Bereits gestern nach meiner Rückkehr wurde es mir recht deutlich, dass man hier oben offenbar automatisch mit jedem weiteren Tag in seiner körperlichen Konstitution spürbar abbaut. Ich glaube es jedenfalls im Gefühl zu haben, nur noch bis morgen hier oben bleiben zu können, wenn ich aus eigener Kraft überhaupt wieder sicher nach unten steigen will.
Vorerst gehen Heiko oder ich weiterhin zu jeder vollen Stunde auf unserem Plateau einige

hundert Meter talwärts, um unsere Empfangsbedingungen für den erhofften Sprechkontakt zu verbessern. Der Nachmittag verstreicht jedoch ohne Echo auf unser Rufen über den Sender.
Hat es wirklich einer von uns ganz hinauf – bis zum Gipfel geschafft? 16 Uhr ist es jetzt, ganz sicher müssen sich nun alle auf dem Rückweg befinden.
In unserem Zelt läuft das Sprechfunkgerät seit Mittag ununterbrochen auf Empfangsbetrieb. Mit einer speziellen Schaltung in sogenanntem Sparbetrieb soll dies ohne übermäßige Belastung der Akkus möglich sein. Vor allem aber hoffen wir, dass unsere Ungewissheit endlich durch irgendeine Nachricht beendet wird. Aber über den Lautsprecher ist nichts anderes zu vernehmen als ein gleichmäßiges Rauschen – nun schon stundenlang.
Es wird Abend – immer noch Schweigen. Wir versuchen es uns damit zu erklären, dass Karsten, George, Meutz und Götz sich vermutlich noch immer im Abstieg befinden. Für sie alle gewiss ein langer, unheimlich anstrengender Tag. Keiner wird mehr überzählige Energie haben, um das Sprechfunkgerät unterwegs aus dem Rucksack zu holen, solange keine außergewöhnlichen Ereignisse dazu Anlass geben.
Und wieder begibt sich Heiko zum Sprechkontakt aus unserem Zelt. Inzwischen ist es dunkel geworden, bereits nach 20 Uhr. Ich schaue ihm erwartungsvoll ins Gesicht, als er zurückkommt – Heiko schüttelt nur mit dem Kopf.
Natürlich haben die Gefährten alle Stirnlampen dabei, und wir müssen diesem schwierigen Gipfel einfach zugestehen, dass er sich nicht im Handstreich bewältigen lässt. wie jedoch unter diesen wieder verschlechterten Wetterbedingungen den Rückweg, das Zelt wiederfinden, und jetzt noch bei Nacht? Unsere Phantasie ist nun nicht mehr zurückzuhalten, malt all jene denkbaren Komplikationen aus.
Heikos Geduld scheint inzwischen am Ende zu sein. Er will etwas unternehmen, etwa die Freunde der bulgarisch-russischen Expedition benachrichtigen.
Ich halte dies noch nicht für angebracht. Bis jetzt haben wir von unseren Gefährten keine Nachricht, aber auch kein Notsignal erhalten. Die Bulgaren haben natürlich ihren eigenen Aufstiegszeitplan, und so empfinde ich es als ein wenig unfair, sie zu diesem Zeitpunkt schon auf unsere Beunruhigung, unseren Verdacht hin für eine mögliche Hilfsaktion zu mobilisieren. Schließlich einige ich mich mit Heiko darauf, die Situation am nächsten Morgen noch einmal neu abzuwägen.
Mittlerweile zeigt sich, dass die Akkus unseres Sprechfunkgerätes in der Dauerbetrieb-Schaltung scheinbar doch überfordert sind. Bis 23 Uhr wiederholen wir unsere Versuche einer Funkverbindung zu jeder vollen Stunde – erfolglos. Schließlich schalten wir unseren Empfang ab.
Heiko entfernt die Akkuzellen aus dem Gerät, und ich will versuchen, sie mit der Wärme im Schlafsack über Nacht wieder ein wenig aufzumöbeln. Wir kommen uns hilflos vor, haben regelrecht ein schlechtes Gewissen, in diesem Moment hier im warmen Schlafsack Geborgenheit zu verspüren. So quälen wir uns im Halbschlaf unruhig über die restlichen Stunden der Finsternis.

Sonntag, 26. April

Wir müssen uns zunehmend dazu zwingen, in vernünftigem Umfang noch etwas zu essen und zu trinken, um nicht selbst körperlich immer weiter abzubauen. Während ich mich mit ungewohnter Anstrengung so dem Schneeschmelzen widme, hat sich Heiko bereits vor 8 Uhr wieder in seine Bergschuhe gezwängt, um es außerhalb des Zeltes erneut mit der Funkverbindung nach oben zu versuchen.
Als er schließlich zurückkommt, hat sein Gesicht einen recht verstörten Ausdruck. Er wirft voller Erregung das Sprechfunkgerät durch den Zelteingang, und bald darauf überschlägt sich seine Stimme. Völlig aufgelöst erzählt er, was ihm Götz endlich über Funk berichtete.
Er und Meutz sitzen oben am Makalu-La im Zelt der Österreicher und sind damit beschäftigt, sich ihre Erfrierungen an den Füßen anzuschauen. George will sich dagegen schon bald entlang der Fixseilstrecke zu uns nach unten durchschlagen. Wenn die Sonne höher steht und es wieder wärmer wird, wollen die beiden anderen ebenfalls nach unten folgen.
Was aber ist mit Karsten los?
Voller Entsetzen berichtet Heiko, dass Karsten seit heute Nacht verschwunden ist. Alle vier seien sie während des Abstiegs bei Schneetreiben in die Dunkelheit geraten, ohne ihr Zelt wieder zu finden. Die ganze Nacht hätten sie erfolglos gesucht, und irgendwann sei dann Karsten einfach nicht mehr da gewesen.
Das bedeutet, unsere Gefährten sind seit über 24 Stunden auf den Beinen. Ohne Zelt und seit langem nun wohl auch schon – ohne etwas zu trinken. In dieser Höhe, die ganze Nacht – es übersteigt meine Vorstellung, so etwas durchstehen zu können. Heiko ist völlig deprimiert, hat er doch zu Karsten durch weitere sportliche und private Kontakte besonders persönliche Beziehungen.
Ich bin über dem Inhalt jenes von uns so lange ersehnten Funkkontaktes nun ebenfalls schweigsam und sprachlos geworden. Bis eben waren unsere Befürchtungen nur ängstliche Phantasien, jetzt überfallen uns Realitäten. Diese Berge ringsherum verbinden sich für uns vor allem mit stillen Träumen, Begeisterung und großer Ehrfurcht vor dieser Landschaft. Etwas anderes, auch jene Allgegenwärtigkeit mancher Gefahren, ist uns allen bewusst, jedoch von niemandem gesucht. Aber in meinem Geist sehe ich nun doch schon unsere heutigen Probleme auf den reißerischen Titelseiten gewisser Tageszeitungen auftauchen.
Endlich komme ich wieder zur Besinnung – hier ist jetzt unser Platz, nicht um zu spekulieren, sondern um zu handeln.
George wird sich also schon bald auf den Weg zu uns herunter begeben. Und wie sieht es mit der tatsächlichen Verfassung von Meutz und Götz aus? Ihre Füße haben etwas abbekommen. Wie gut können sie so noch laufen, mit den Frontzacken der Steigeisen

im Eis stehen? Und was ist mit ihren Fingern, ihren Händen – können sie sich damit noch verlässlich an den Fixseilen festhalten?
Wir wissen es vorerst nicht. Doch werden sie unsere Hilfe gut brauchen, wenn sie nur erst einmal wieder hier unten sind.
Gemeinsam mit Heiko beginne ich wieder damit, auf unserem Kocher Schnee zu schmelzen. Wir wollen Tee kochen, so viel wie möglich, so viel wie wir hier in Gefäßen aufbewahren oder warmhalten können. Das wird, wie wir wissen, sowieso eine ganze Weile dauern.
Ein neuerlicher Funkkontakt ist vorerst nicht vereinbart, doch befriedigt es mich trotzdem nicht, hier auf unsere Gefährten einfach nur zu warten. Kann ich damit helfen, ihnen vielleicht doch schon entgegenzugehen?
Abgesehen von den Zahnschmerzen, welche mich weiterhin plagen, würde ich in meiner jetzigen Verfassung im Anstieg wohl auch nicht mehr weit vorankommen. Und die Möglichkeit, dann noch anderen körperliche Unterstützung leisten zu können, bleibt wohl ebenfalls sehr beschränkt. Also sinnlos?
– Nein, plötzlich kommt mir eine andere, bestimmt sehr wirkungsvolle Idee. Ich werde schon etwas von dem Tee den Gefährten entgegentragen – eine ganze große Flasche voll!
Ich bereite mich darauf vor, indem ich mich jetzt noch einmal für eine Viertelstunde völlig entspannt auf meinen Schlafsack lege. Die intensiven Strahlen der Sonne scheinen uns für den heutigen Tag schon wieder eine Hitzeschlacht anzukündigen. So bin ich aufgeregt wie am Beginn eines recht sonderbaren Wettkampfes.
Tatsächlich ist es schon wieder so warm, dass man meint, auch in den Badelatschen wie einst bei den Stadtrundgängen in Kathmandu vor das Zelt treten zu können. Nein, die schweren Bergschuhe, verbunden mit Steigeisen und Gamaschen, bleiben mir natürlich nicht erspart. Ansonsten jedoch trage ich heute keine Daunen, kein Goretex – nichts weiter als eine dünne Strumpfhose mit T-Shirt, Sonnenhut und Gletscherbrille.
Sich heute hier oben buchstäblich nur mit einer Badehose zu bekleiden, verhindert wiederum nur die Sonne, deren intensive Strahlen vermutlich in nur wenigen Minuten nicht nur Sonnenbrand, sondern alsbald einen Sonnenstich verursachen würden.
Heiko reicht mir seine große Trinkflasche aus dem Zelt heraus. Jeden zusätzlichen Ballast scheuend, binde ich sie lediglich an eine lange Bandschlinge und hänge mir diese kurzerhand um den Hals. Gestützt auf meine Skistöcke, verlasse ich so gegen 10 Uhr unser Zelt.
Wir können George über uns in jener Eisrinne nicht sehen. Doch wie ich vermute, ist er bereits seit geraumer Zeit oben vom Makalu-La aus entlang den Fixseilen im Abstieg. Irgendwo müssen wir uns treffen. Während ich ihm so von unten entgegenkomme, hat George im gleichen Moment seine eigenen Erlebnisse:
George: Meutz und Götz sind mit der Untersuchung ihrer erstarrten Füße beschäftigt. Aber das Zelt der Österreicher hier oben am Makalu-La ist völlig leer. Kein Schlafsack, kein Kocher, nichts zu trinken. Weshalb sollte ich noch länger hier bleiben?
Ich bin entschlossen, sofort weiterzugehen, abzusteigen, bevor mir Müdigkeit oder weitere

Entkräftung die Glieder lähmen.
Inzwischen hat der Neuschnee jedoch die Verhältnisse in der nach unten führenden Rinne völlig verändert. Unser letztes Fixseil, das wir im Aufstieg noch gelegt hatten, ist jetzt unter den Schneemassen unsichtbar begraben. Ich kann seinen Anfang an jener Stelle, wo die unsympathische Eisrinne schon beginnt gefährlich steil zu werden, nicht erkennen. So wende ich mich wieder zurück und brülle zu Götz hinauf, er solle mich dieses erste Stück mit unserer restlichen Reepschnur nach unten sichern. Aber ich warte und warte – ewig, die Zeit quält sich unerträglich dahin. Obwohl mich nach dieser fürchterlich kalten Nacht die ersten Strahlen der aufsteigenden Sonne wie eine Erlösung überfluten, spüre ich inzwischen meine Füße nicht mehr. Kalt, ja kalt sind sie jetzt geworden!
Noch immer warte ich. Aber am Zelt kurz über mir bewegt sich nichts. Sind die beiden noch dort? Wo aber sollten sie denn sonst sein! Soll ich wieder umkehren? Nein – nicht noch einmal über den abschüssigen Eiswulst nach oben, keinen Schritt. Aber – es bleibt mir am Ende überhaupt nichts anderes übrig, als erneut nach oben zu klettern, um nach dem benötigten Sicherungsseil zu schauen.
Als ich aus diesem Grunde wenig später noch einmal vor dem Zelt stehe, sehe ich das restliche Seil neben dem Zelteingang liegen. Haben die zwei mich falsch verstanden? Ich bin ärgerlich.
Aber hier im Schnee steckt ja sogar noch ein Snowbar von uns. Den könnte ich mitnehmen, um daran weiter unten einfach selbst unser letztes Stück Seil im Firn zu befestigen, bevor es in der Rinne wieder so richtig brenzlig wird. So werde ich mich eigenständig sichern, um endlich das Ende unserer eigenen Fixseilstrecke unter dem Schnee zu finden. Ich nehme den Eispickel von Meutz, der gerade zur Hand ist, um mit seiner stabilen Haue den im Eis festgefrorenen Snowbar herauszuhebeln.
So ein Mist, das blöde Ding ist zu sehr angefroren – jetzt ist auch noch der Pickel von Meutz zerbrochen. Sein gutes Stück, Erinnerung und Wegbegleiter seit vielen Jahren. Da wird er aber fluchen – trotzdem sitzt der Snowbar noch immer fest.
So ramme ich weiter unten schließlich den abgebrochenen Schaft des Eispickels in den Firn, befestige unser restliches Seil zu meiner Sicherung daran und beginne langsam abzusteigen. Dabei durchpflüge ich den Pulverschnee mit meinem Eispickel immer wieder aufs Neue von links nach rechts, wie beim Minensuchen. Doch das dauert lang und zerrt nochmals an den Nerven, bis ich auf diese seltsame Weise endlich das obere Ende des vor Tagen von uns bereits gelegten Fixseils unter dem Schnee ertaste.
Nun ist's gelaufen, hoffe ich und hänge mich zum Abseilen in den unsichtbaren Strick, welcher sich, von jetzt an rückwärts weiter nach unten tretend, glücklicherweise ohne großen Kraftaufwand aus dem blendend weißen Pulver rausziehen läßt. So geht das, als ich gerade an einer bereits während des Aufstiegs heimtückisch steilen Stelle das Gefühl bekomme, mein Gleichgewicht zu verlieren. Das kann doch gar nicht sein, denke ich noch. Jetzt im Sonnenschein hebt sich der blendend weiße Schnee tadellos von den steil abfallenden Konturen der Felsen neben mir ab. Dann bemerke ich, wie das Fixseil, an dem ich eigentlich hänge, plötzlich von oben über den Schnee zu mir herunter gerieselt

kommt, und im gleichen Augenblick kippe ich dann auch wirklich nach hinten ins Leere ... Fassungslos begreife ich dennoch, was jetzt geschieht. In diesem Moment sind meine Empfindungen, alles Nachdenken wie blockiert, währenddessen eine unkontrollierte Rutschpartie steil nach unten beginnt.
Ich glaube, instinktiv gelingt es mir irgendwie, doch noch wenigstens auf dem Rücken zu liegen und dabei meine Beine „in Fahrtrichtung" zu bringen. Irgendetwas Schwarzes kommt dabei immer wieder haarscharf an meiner Nase vorbeigeflogen. Es muss der Eispickel mit seiner schönen scharfen Haue sein, der noch immer lose an meinem Handgelenk baumelt.
Wieso hab ich diese Krücke noch nicht hinten am Rucksack verstaut, wie ich es sonst doch eigentlich immer beim Abseilen praktiziere?? Ja – richtig, bis zuletzt scharrte und stocherte ich damit ja in dem endlosen Schnee nach dem rettenden Fixseil herum.
Doch wenn ich jetzt nicht sofort den Eispickel wieder unter Kontrolle, an seinem Schaft zu fassen bekomme – ja dann habe ich wohl in Kürze von seiner sonst so gut im Eis klemmenden Spitze gleich noch einige Sommersprossen im Gesicht ...
Tatsächlich, bei einer der nächsten Schleuderbewegungen bekomme ich hinter meiner Handschlaufe den Schaft endlich zu fassen. Doch fast im gleichen Moment gibt es einen dumpfen Schlag – ich bin soeben wie die Rennrodler an die Bande gegen die Felsen hier am Rande der Eisrinne gekracht. Damit kommt meine, wie es eben noch schien „letzte Abfahrt" schlagartig für einen Moment zum Stillstand.
Irgendwie gelingt es mir in diesem Augenblick, mit den Steigeisen und meinem Eispickel unter dem Pulverschnee unsichtbar wieder Halt zu finden. Langsam wird mir klar, dass ich mittlerweile in der leichten Linkskurve unserer Aufstiegsrinne angelangt bin. Noch halb benommen vom Schreck der letzten Sekunden, registriere ich nur den Schnee, endlosen Schnee im steilen Hang, ohne Fixseil. – So richtig kann ich doch nicht mehr realisieren, was jetzt eigentlich Sache ist.
Nach einer Weile versuche ich, mich auf dem noch immer steilen Hang weiter langsam abwärts rutschen zu lassen. Dabei kann ich den Eispickel ganz gut zum Bremsen und Lenken einsetzen. Unsere Fixseilstrecke bleibt weiterhin – zumindest in meinem Bewusstsein – vorhanden, auch wenn sie unter dem Neuschnee unsichtbar ist. Dafür entwickelt sich in meiner Phantasie die nächste Horrorvorstellung: So in mittlerer Geschwindigkeit womöglich auf einen jener Snowbars, welche so schön ein bis zwei Handbreit aus dem Firn herausspießen, vielleicht noch drauf zu rutschen ... Aber ich bin mittlerweile wohl schon zu weit nach rechts gedriftet, um von unseren eigenen Sicherungen aufgespießt zu werden. Doch bleibt mir am Ende nichts anderes übrig, als noch einmal ausgiebig nach links über den abschüssigen Hang zu queren um wieder die richtige Route zu erreichen.
Nach dieser Traverse glaube ich, den schwierigsten Teil des Abstieges endlich bewältigt zu haben und beginne mit einer weiteren per Eispickel gesteuerten Rutschpartie nach unten. Auf diese Weise gelange ich so recht und schlecht in dem mittlerweile wieder vertrauten Gelände weiter abwärts. Doch plötzlich ist der Boden unter mir weg, ich spüre

Leere. Im gleichen Moment ein unangenehmer Aufprall – Stillstand.
Verdammt, das muss die kurze Steilstufe gewesen sein, jene letzte verschneite Gletscherspalte, an deren Fuß unsere Fixseilstrecke begann. Warum nur habe ich sie nicht rechtzeitig erkennen können?
Mein Rücken schmerzt, jetzt fühle ich mich ganz schön angeschlagen. Nach einer Weile versuche ich es wieder. Nun mit Laufen. Doch ohne Skistöcke als Stütze liege ich bald wieder im Schnee. Nur noch runter, dort unten wieder etwas nach rechts, glaube ich. So weit kann es doch gar nicht mehr sein. Steht da nicht schon jemand? Es könnte Heiko sein, aber unsere Zelte sind gar nicht zu sehen?
Während sich für George auf diese Weise die Ereignisse in den letzten Minuten geradezu überschlagen, stapfe ich noch ahnungslos dem unteren Ende seiner unfreiwilligen Abfahrt entgegen. Bekleidet gerade so wie bei einem Leichtathletikwettkampf auf dem Sportplatz, ohne den geringsten Ballast, strengt mich trotzdem jeder weitere Schritt nach oben ungeheuer an. Ich weiß, dass ich höchstens bis zum Beginn unserer Fixseilstrecke komme. Für das nachfolgende noch steilere Gelände fehlt mir einfach die Kraft. Trotzdem hoffe ich George schon jetzt ein Stück tiefer zu treffen und halte ständig nach ihm Ausschau.
Als ich wieder nach Luft ringend stehen bleibe, wird er tatsächlich auf dem riesigen Schneehang über mir sichtbar. Aber schon aus der Ferne erscheinen seine Bewegungen seltsam. George steht oder geht nicht mehr aufrecht. Meistens liegt er im Schnee und lässt sich einfach auf dem Hang herunterrutschen. Dabei steuert er mühsam mit dem Eispickel und seinen Steigeisen die Abfahrt. Nun hat auch er mich entdeckt und kommt langsam auf mich zu.
Ja, es ist natürlich George, doch erkenne ich ihn kaum wieder. Noch nie habe ich im Gebirge jemanden erlebt, der von den überstandenen Strapazen so gezeichnet war.
Er versucht etwas zu sagen, doch seine Stimme lässt es nicht mehr zu, bleibt stumm. Schnell reiche ich ihm Heikos Trinkflasche. Sein Mund scheint so ausgetrocknet, dass es ihm Mühe bereitet, überhaupt noch zu schlucken. Abwechselnd trinkt und spuckt er, wie im Bemühen, einen verstopften Durchlass wieder freizubekommen.
Schließlich muss ich ihm die Flasche wieder sanft entwenden, um für den Durst der anderen noch etwas zu behalten. Seit nunmehr über 30 Stunden auf den Beinen, dabei ununterbrochen zwischen 7000 und 8000 Meter Höhe unterwegs – und das alles mit vielleicht nur einem drei viertel Liter Trinkflüssigkeit über die ganze Zeit. Es ist schwer vorstellbar, wie man das übersteht ...
Er versucht, mir einiges zu erzählen. Doch klingt dies in meinen Ohren eher wirr und zusammenhanglos. So bleibt mir vorerst auch weiterhin unklar, was meine Bergfreunde in den letzten Stunden wirklich durchgemacht haben. Der Anblick von George erklärt jedoch ausreichend, mit welchem extremen Einsatz sie sich den Weg bis hier herunter zu unserem Zelt, zu Kocher, Schlafsack und Verpflegung erkämpfen – jenen Dingen, welche in dieser Höhe erbarmungslos über das Leben entscheiden.
Eine seiner Bemerkung wird mir im Gedächtnis haften bleiben, als George unvermittelt

hinzugefügt: „*Jetzt müssen wir auf diesen Sch ... haufen noch einmal rauf – die ganze elende Schinderei wieder von vorn ...*“
In ihrer Ironie lässt sie den Preis der Entbehrungen ahnen, welche mit der Besteigung eines solchen Berges verbunden sind. Nachdem George so weit hergestellt ist, dass er sogar fluchen kann, trennen wir uns.
Während er nun ganz süchtig abwärts auf die folgenden Tee-Vorräte zustolpert, die Heiko für ihn im Zelt schon zubereitet, will ich Götz und Meutz mit meiner begehrten Flasche immer noch ein Stück aufwärts entgegengehen. Dabei schaue ich erneut angestrengt nach oben, in der Hoffnung, die beiden recht bald zu entdecken. Nachdem meine Augen so in dieser endlosen Eisrinne schon mehrfach suchend auf- und abgeglitten sind, glaube ich endlich in ihrem oberen Teil zwei dunkle Punkte zu erkennen. Tatsächlich, sie bewegen sich, und ich fühle mich erleichtert.
Inzwischen sind wieder die ersten Wolken der Mittagsstunden aufgezogen und begegnen nun meinen wiederholten Blicken nach oben mit einem nebligen Schleier. Eine Stunde vielleicht noch und wir befänden uns in unmittelbarer Reichweite. Aber nun muss ich wohl stehen bleiben, denn meine Beine versagen mir fast den Dienst.
Einige Zeit später reißen die Wolkenschleier über mir plötzlich wieder auf und geben den Blick nach oben erneut frei. Doch was ist das? Die beiden von mir so hoffnungsvoll erspähten Punkte befinden sich noch immer an der gleichen Stelle.
Ist da irgendetwas passiert – mit den Steigeisen oder gar mit dem Fixseil? Angestrengt starre ich weiter auf diese Punkte.
Doch nun, von meinem jetzigen Standpunkt aus wird mir langsam klar – zwei Felsen sind es wohl nur, die ich in der letzten halben Stunde für Meutz und Götz gehalten hatte ... Wo aber bleiben die beiden? Vorerst beschließe ich zu warten.
Wenig später verdichten sich die Wolken wieder, und mein erlebbarer Horizont, in welchem ich die zwei entdecken könnte, verkürzt sich auf nur wenige Wegminuten. Selbst das Stehen hier im steilen Hang fällt mir zunehmend schwerer, übersteigt wohl bald meine Kraft. Eine kleine Weile will ich noch hoffen und warten, danach muss auch ich zurück.
Aber was wird mit dem Tee in meiner Flasche? Was kann ich nur tun, damit die beiden jene begehrten Schlucke auch ohne mich in ihre Hände bekommen? Im Schnee werden sie die Flasche gewiss nicht bemerken.
Doch da – natürlich, die Markierungsstange über mir! Wenn ich die Flasche daran anbinde, müsste ihnen das bei ihrem Abstieg hoffentlich auffallen.
30 Meter nach oben sind es wohl bis zu dieser Markierungsstange – für mich jetzt ein weiter Weg. Doch unter mir, nicht mal halb so weit, steht ja schon die nächste Stange, wie verlockend! Aber nein – das kommt nicht in Frage. Ich nehme den Weg nach oben.
Als ich dort angelangt, ziemlich außer Atem meine Idee verwirklicht habe, kehre ich nach einigen Abwärtsschritten schließlich noch einmal um. Die Flasche, direkt an der Stange hängend, scheint optisch noch immer zu unscheinbar.
Nachdem ich nun das Ganze noch einmal ein wenig schräg in den Schnee hineinramme,

erinnert es an eine Angelrute – mit einem dicken „Köder“ daran hängend. So wird es auffallen, so werden Meutz und Götz ihren Tee entdecken.
Meinen darauffolgenden Abstieg zu unserem Lager II mit Heiko und mittlerweile auch George bringe ich in einer derart mäßigen Verfassung hinter mich, dass ich glaube, diesen Weg zum letzten Mal gegangen zu sein.
Georges Durst entspricht natürlich dem eines Fasses – ohne Boden. Während Heiko ihn zwischendurch immer wieder mit Fragen überhäuft, übernehme ich in alter Gewohnheit erneut meine Regie zwischen Kocher und den Töpfen. Die Propangas-Flamme faucht auf vollen Touren, um wieder den nötigen Nachschub aus Schnee in Teewasser umzuwandeln.
He, George – hast du eine Vorstellung, was mit Karsten geworden ist? Heiko schaut ihn bei dieser Frage jetzt wieder sehr ernst an.
George: Karsten hat während des Abstieges gemeinsam mit uns nach dem Zelt gesucht. Dabei haben wir uns dann irgendwie aus den Augen verloren. Alles Suchen und Rufen war schließlich umsonst, wir erhielten in der Finsternis kein Zeichen mehr.
Ich glaube aber, dass Karsten noch in verhältnismäßig guter Verfassung war. Sich irgendwie bis zum Morgen durchzuschlagen, es könnte ihm eigentlich ebenso wie uns geglückt sein – vielleicht hat er das Zelt sogar finden können.
Nur dieses unübersichtliche Gelände. Den Götz hatte es heute Nacht da oben mal ganz schön erwischt. Noch mal Schwein gehabt. Sollte freilich auch Karsten einen dieser heimtückischen Felsabsätze nicht bemerkt haben, dann ...
Er spricht den Satz nicht mehr weiter.
Aber auch wir wollen uns einfach nicht damit abfinden, dass sich über das noch immer ungeklärte Verschwinden von Karsten keine Hinweise finden lassen sollten. Während wir uns über die verbleibenden spärlichen Möglichkeiten einer Hilfe weiterhin die Köpfe heiß reden, bleibt vorerst die Hoffnung, mit dem Eintreffen von Götz und Meutz vielleicht doch noch zusätzliche Anhaltspunkte zu erhalten. So müssen wir uns schweren Herzens weiter gedulden – mit zermürbendem Abwarten.
Diese Situation zwischen quälender Hilflosigkeit und erzwungenem Nichtstun martert schon bald unsere Empfindungen. Wir können nicht weiter einfach so stumm nebeneinander sitzen bleiben. Das halte ich nicht aus.
Wenigstens um das Schweigen zu unterbrechen, frage ich George, wie er denn in entgegengesetzter Richtung bei unserem gemeinsamen Aufstieg Richtung Makalu-La vor drei Tagen zusammen mit Meutz über die steilen Passagen der Eisrinne hinweggekommen sei. Noch zögernd beginnt George zu erzählen:
Bevor Götz und Karsten auf euch am Depot warteten, hatten wir nach eurem Signal bereits damit begonnen, unser gesamtes Gepäck in den Rucksäcken wieder neu zu verteilen. Es war klar, dass sie von euch dann noch vieles würden übernehmen müssen. Deshalb bekamen auch wir von Karsten und Götz noch einmal „Nachschlag“, welchen wir mit süßsaurer Miene oben auf unsere Säcke schließlich draufstopften. Dabei hatten wir uns inzwischen wegen der mörderischen Schlepperei darauf geeinigt, nur mit einem Zelt

für uns vier auszukommen, falls Heiko und du tatsächlich umkehren würdet. Als ihr beide vielleicht eine Stunde später Karsten und Götz erreicht hattet, befand ich mich mit Meutz ungefähr 80 Meter weiter oben. Vorerst änderte sich an den Verhältnissen in der Rinne nicht viel – steiler, harter, aber mit den Steigeisen recht guter griffiger Firn.
Die folgenden Passagen sind mir noch so lebendig vor Augen, als würde ich sie soeben erleben: Ich arbeite mich also mit den beiden Eisbeilen in der Hand Schritt für Schritt höher, und Meutz sichert von unten. Da macht es nicht viel, dass meine Sicherungspunkte, die Snowbars, manchmal 30, 40 Meter voneinander entfernt stekken. Immer wieder versuche ich dabei zum Fixieren auch etliche Meter alter Seilstücke von früheren Expeditionen zu verwenden. Das heißt, nur wenn sie sich dicht unter der Schneeoberfläche befinden, kann ich die Seile einigermaßen herausziehen.
Doch immer öfter muss ich dabei mit dem Eispickel hacken wie ein Weltmeister. Befindet sich dieses Material noch in brauchbarem Zustand, befestige ich es neu an unseren eigenen Snowbars oder trenne manchmal auch einige Seilstücke einfach ab, um sie an anderer Stelle unseres Aufstiegs erneut zu verwenden. Auf diese Weise sparen wir von unserem eigenen Material, von dem wir nicht wissen, ob wir es weiter oben noch einmal nötiger haben werden. Dabei ist der Firn noch so tief, dass ich selbst unsere großen, 60 cm langen Snowbars bis zum Anschlag im Hang versenke.
Dann kommt die leichte Linksbiegung der Rinne, wie du dich sicherlich erinnerst, und die Hangneigung beginnt unmerklich, aber beständig noch einmal zuzunehmen.
Das war so von unten überhaupt nicht zu erkennen. Mit dieser noch größeren Steilheit, am Ende wohl über 50 Grad, verringert sich nun aber die bis jetzt so beständige Firndecke im Hang. Ich muss aus unserem Sortiment immer kürzere Snowbars verwenden, weil sie beim Einschlagen jetzt oft auf den felsigen Untergrund treffen. Gerade so wie ein Nagel, welcher unter dünnem Putz sogleich auf den Beton knallt, ohne den rechten Halt zu finden.
Mehrfach versuche ich nun, durch das Ausweichen nach links oder weiter rechts von der normalen Aufstiegslinie in dieser ungemütlichen Rinne bessere Sicherungspunkte zum Einschlagen der Snowbars zu finden. Aber der Erfolg wird immer magerer. Noch einige Dutzend Meter höher, die verdammte Rinne ist nun so richtig steil geworden, hört der spärliche Firn ganz auf.

Und was nun?

Ich denke, ich spinne, jetzt Ist das Gestein fast nur noch von dünnem Wassereis überzogen! Da ist einfach nichts anderes mehr.

Und an den Rändern der Rinne direkt in die Felsen ausweichen?

Kannst du auch voll vergessen. Das sieht ebenfalls vereist und brüchig aus. Einige Eisschrauben versuche ich noch zu setzen. Doch haben die in dem schlechten Eis wohl vor allem unserer Moral als Halt gedient.
Geradezu wie auf Eiern balancierend, versuche ich mich trotzdem vorsichtig mit meinen beiden Eisbeilen und auf den Frontzacken stehend weiter nach oben zu tasten. Ihr habt zu dieser Zeit wahrscheinlich gerade Karsten und Götz mit eurem Plunder wie die Kamele

beladen. Inzwischen geht mir durch den Kopf: wenn du hier jetzt nicht drüber kommst, dann können wir wirklich alle gleich einpacken ...

Ich schwindle mich also an diesem morschen Eiszeug höher, nein, eigentlich ist es knochenhart, total spröde – gerade so, als wenn du ständig mit dem Pickel einen Spiegel in tausend Scherben zerhaust. Richtig Angst habe ich, dass sich dabei diese ganze Platte plötzlich wie eine Eisscholle löst. Du lieber Himmel – zuerst mault Meutz noch, dass ihm der Steinschlaghelm fehlt, wenn ich weiter so viel Eis nach unten werfe.

In den entscheidenden Minuten hat er aber dann wohl auch nur noch die Luft angehalten. Wenn ich dort abmarschiert wäre ... Die letzten Snowbars nur noch wie Zahnstocher in der Tapete. 20, 25 Meter bis zu ihm – ich hätte einen Riesensatz gemacht und dann – wir wären beide wohl noch vor euch wieder unten an Lager II gewesen.

Heiko: Dann hättest du ja noch mal mit dem ganzen Krempel nach oben gemusst.

Richtig, und deshalb bin ich dann auch lieber an dieser haarigen Stelle nicht abgeschmiert.

Danach wurde es aber endlich wieder besser. Das heißt, plötzlich musste ich mich wieder mal durch tiefen Schnee wühlen. Später führte die günstigste Spur auch mal eine Weile direkt am linken Rand der Rinne aufwärts, fast sogar mehr in den Felsen. Aber inzwischen legte sich der Hang in seiner Steilheit auf den nächsten zwei Stunden wieder langsam zurück.

Diese Passage hatte uns auf alle Fälle noch einmal viel Zeit gekostet – und auch Kraft. Von der verdammten Hackerei außerdem nach brauchbarem Fixseil im Eis waren meine

Arme inzwischen wie Blei. So löste mich vorn bei dieser Schinderei auch Meutz zuweilen ab, oder wir gingen weiter oben auch gemeinsam.
Mehrfach glaubten wir bereits den Schluss dieser endlosen Eisrinne zu erkennen. Doch war dies stets nur eine Verflachung unseres Anstiegs, hinter welcher sich erneut ein scheinbares Ende am Horizont aufbaute. In dieser Krümmung des Hanges verloren wir nun zeitweise auch Karsten und Götz aus den Augen, und als sich meine Nerven aus ihrer Verkrampfung lösten, dämmerte mir inzwischen etwas anderes.
Der Wind hatte hier oben plötzlich wieder zugenommen, und ich brüllte zu Meutz hinunter: „Wer hat eigentlich das Zelt?"
„Das muss Götz oder Karsten haben", tönte es daraufhin von ihm zurück ...
Irgendwann gingen dann die Zeiger meiner Uhr auf sieben. Die Sonne schaute nur noch flach über den Horizont, und der Wind um uns wurde nun so richtig ungemütlich. Kein Wunder, die Ränder dieser endlosen, 600 Meter langen Rinne liefen an dieser Stelle zu beiden Seiten in ein unüberschaubares Schneeplateau aus.
Jetzt endlich hatten wir den Sattel des Makalu-La erreicht. Unser Fixseil aus dem Rucksack von Meutz war aufgebraucht, aber das verdammte Zelt! Wären Karsten und Götz in diesem Moment nicht endlich über der letzten Wölbung dieser Rinne aufgetaucht, dann hätten wir uns wohl in Kürze den Hintern abgefroren.
Als unser Zelt, Lager III, eine Stunde später endlich stand, hatte die Sonne dann wirklich schon ihre letzten Strahlen dieses Tages ausgehaucht. Das leichte Flattern des Zeltstoffes im Wind war inzwischen ja keine unbekannte Melodie mehr für unsere Ohren. Die Kocher schienen sich ebenfalls erst mal etwas spuckend an die windige Umgebung gewöhnen zu müssen. Das war auch kein Wunder, wo wir nun direkt in der Mulde jenes riesigen V-förmigen Sattels hockten. Er bildet den Abschluss jener gewaltigen Mauer zum Makalu-La, durch welchen sich an dieser Stelle die Luftmassen hindurchdrängen.
Und wie hast du nun dort oben schlafen können – so ohne Schlafsack?
Mit vier Leuten in dieser engen Hütte, ein belastendes Durcheinander, sag dich dir. Als wir nach Stunden dann auch von der Kocherei die Nase voll hatten, brauchte ich mich eigentlich nur noch umfallen zu lassen. Meine Füße im Rucksack, die Daunenjacke als Zudecke, habe ich eingekeilt zwischen den anderen drei mit ihren schönen Schlafsäcken fast wie im Hotel von Kathmandu gelegen.
Nun hören wir von draußen Geräusche und – tatsächlich, es sind Meutz und Götz. Geradeso wie vom Rheuma Geplagte schieben sie sich nacheinander langsam durch unseren Zelteingang. Der Rückweg, nein die Strapazen der ganzen letzten drei Tage sind es wohl, welche den beiden unübersehbar anzumerken sind.
Trotz alledem sind wir nun gemeinsam sehr glücklich, uns hier in diesem Kreise überhaupt wieder zu sehen. Keine Fragen oder Antworten sind es, die wir als erstes untereinander austauschen. Es ist wiederum eine große Tasse Tee für jeden, die den Ausdruck sichtlicher Erlösung und Zufriedenheit vermittelt und uns dabei vorerst wohl mehr sagt als Worte.
In diesem Moment aber unterbrechen Heiko und ich schließlich doch jene durststillende

Idylle und stellen erneut die für uns wohl wichtigste Frage:
Was ist mit Karsten?
Beide halten im scheinbar ununterbrochenen Trinken inne und in ihrem Gesichtsausdruck vollzieht sich eine Änderung.
Meutz: *Bis zu dem Zeitpunkt, als wir heute Vormittag das Österreicherzelt oben am Makalu-La verließen, blieb leider auch für uns Karsten weiterhin verschollen.*
Jedoch als wir vorhin im Abstieg deine Teeflasche fanden, blickten wir noch einmal zurück, die ganze Rinne bis hinauf zu ihrem oberen Ende. Dort war ein Punkt, dort bewegte sich etwas!
Götz: *Richtig – es sah wirklich so aus, als klettere ganz oben noch einer in den Fixseilen. Du weißt ja, mit diesen Punkten oder Felsen in der Ferne und in unserem Zustand ist das zwar so eine Sache. Zumindest war ich mir mit Meutz in diesem Moment darüber einig, dort oben noch etwas Ungewöhnliches zu erkennen, was sich nach unten bewegt, und dass es Karsten sein müsste.*
Wenn das stimmt, das wäre ja großartig!
Meutz: *Es muss einfach Karsten gewesen sein!*
Götz: *Obwohl die aufgezogenen Wolken unsere weitere Beobachtung des Terrains verhinderten, gehen wir jetzt davon aus.*
In meinen Ohren klingt diese unerwartete und geradezu wundervolle Beobachtung noch immer so unglaublich, dass ich daraufhin für mich selbst und zu den anderen gewandt es einfach noch einmal aussprechen muss:
So, wie ihr das vorhin beobachtet habt, können wir also tatsächlich darauf hoffen, dass Karsten wirklich bald wieder bei uns ist!
Götz und Meutz nicken mir zu und erneut fülle ich ihnen ihre Tassen mit dem belebenden heißen Tee.
In dieser nun seit Wochen kargen und mit Annehmlichkeiten wie etwa „Biergärten“ etwas dünn besiedelten Gegend waren mir in manchen Momenten die leuchtenden Augen von Götz aufgefallen. Besonders auch dann, wenn anfangs im Basecamp unter unserer sonst so rein funktionellen Ausrüstung zwischen Steigeisen und Höhennahrung manchmal vereinzelt sogar noch Dinge wie einige Bierflaschen auftauchten.
Eben jetzt hat er wieder diesen genießerischen Blick auf meine Hände gerichtet. Seinen begeisterten Komplimenten nach könnte ein Außenstehender fast annehmen, ich hätte einen ganzen Kasten seines Lieblingsgetränks bis hier nach oben organisiert.
Doch gilt seine Zufriedenheit lediglich jenen Thermosflaschen und dem kompletten Kochgeschirr, welches ich immer wieder aufs Neue mit Schnee zum Schmelzen und abschließend mit Teebeuteln versehe.
...Ich hab' wirklich geglaubt, ich träume, als wir vorhin am Hang plötzlich die Teekanne an der Markierungsstange baumeln sahen.
Götz kommt diese Bemerkung noch mit solcher Begeisterung über die Lippen, als hätten sich auf diese Weise all unsere gegenwärtigen Probleme erledigt. Doch schließlich geraten die drei über einzelne Episoden vergangener Stunden ins Plaudern. Die indivi-

duellen Empfindungen kommen dabei noch einmal hoch, wie jeder die Ereignisse seit dem gestrigen Morgen auf den letzten Wegabschnitten unterhalb des Makalu-Gipfels selbst erlebte.
Da für Heiko und mich bis zum jetzigen Moment viele Zusammenhänge unerklärlich geblieben sind, dränge ich nun Götz spontan dazu, ein wenig detaillierter und geordneter vom Ablauf der letzten beiden Tage zu erzählen. Wie ist es eigentlich zu erklären, dass ihr mit dem Aufstieg für Lager IV nicht wie vorgesehen die 7800 Höhenmeter erreichen konntet?
Götz : Wenn ich mir die Sache so recht überlege – dann begann die ganze Geschichte, zumindest in meinen Augen, schon vor 3 Tagen hier, genau in diesem Zelt unseres Lagers II. Wie oft vor einem Gipfelangriff konnte ich auch damals, noch gemeinsam mit euch zu dritt nur recht unruhig und schlecht schlafen. Alle möglichen Eventualitäten rasten mir durch den Kopf.
Götz streckt erneut die Hand aus, um sich von mir seine geleerte Tasse wieder mit Tee füllen zu lassen, und beginnt noch einmal seine Erinnerungen zu beschreiben – so, als würde er sie soeben erst erleben. ... Auf den Gipfel will ich, hämmert es mir immer wieder durch den Kopf, während ich schlaflos im Zelt liege. Zuvor aber, mahnt mich mein Verstand, bleibt uns morgen die Aufgabe, die Fixseile anzubringen, welche hinauf bis zum Makalu-La noch nicht vollständig befestigt sind. Unsere Rucksäcke werden bereits so recht schwer sein, und mit einigem Schrecken denke ich dabei an das Depot auf 7100 m. Dort wartet ja außerdem ein zusätzlicher Teil der Ausrüstung auf uns.
Am folgenden Morgen dann finde ich unser Aufstiegstempo anfangs recht gut. Doch spätestens nach unserer kurzen Rast merke ich, dass mit euch beiden, Heiko und Frank, irgendetwas nicht mehr so richtig stimmt, ihr nicht den besten Eindruck hinterlasst. Hoffentlich haltet ihr durch, denke ich noch. Wir brauchen euch unbedingt, mindestens heute – gemeinsam für den Aufstieg bis zum Makalu-La!
Ab den kleinen Felsen beginnt es steiler zu werden, und nun sind auch wir sofort langsamer. Die Rucksäcke sind jetzt eigentlich schon zu schwer für diese Höhe. Aber der Plan – Alpiner Stil und trotzdem noch die Fixseile bis hinauf legen – erfordert einfach unser übermäßiges Gepäck. Schlafen, Essen, Kochen und außerdem die ganze Kletterausrüstung – ihr wisst ja selbst. Trotz meines inneren Fluchens auf das Gewicht des Rucksacks fühle ich mich weiterhin gut in Form und genieße am Fixseil hängend die Blicke in die Tiefe.
Erst viel später wird mir bewusst, dass ihr beiden, Heiko und Frank, mittlerweile ganz schön weit zurückgeblieben seid.
Über mir haben Meutz und George bereits das Depot erreicht und dabei unsere vorhandene Fixseilroute noch einmal verbessert. Auf der rechten Seite der Rinne hängt in den Felsen eine alte Fixseilrolle. Karsten quert hinüber, um das Seilmaterial für unseren weiteren Aufstieg noch zu bergen. Das war an dieser Stelle eine riskante Angelegenheit, und ich spüre Angst. Nach 30 Minuten hat er es geschafft, aber die Zeit kommt mir endlos vor.
Dann sehe ich, wie ihr von unten plötzlich das verabredete Zeichen gebt. Nun müssen wir

darauf gefasst sein, unser gemeinsames Tagesziel – die Oberkante dieser endlosen Rinne – nicht mehr zusammen erreichen zu können. Während ich nun mit Karsten auf euch warte, hab ich mich bereits einigermaßen seelisch und moralisch darauf eingestellt, durch zusätzliche Ausrüstungsgegenstände von euch dann endgültig meinen Rucksack zu überfüllen. Doch als es dann schließlich so weit ist und ihr uns noch einen erfolgreichen Weg wünscht – ich kann euch sagen! Mit dem weiter angewachsenen Gewicht des Rucksacks auf dem Rücken gebe ich mir eigentlich kaum noch eine Chance, den Sattel über uns am Ende der Rinne zu erreichen!
Aber so schnell will ich nicht aufgeben. Obwohl die Sonne bereits immer weiter dem Horizont entgegensinkt, kämpfe ich mich störrisch weiter nach oben. Am lauten Schnaufen von Karsten merke ich, dass es ihm ähnlich geht. Inzwischen beginnen George und Meutz damit, die letzten Fixseilstrecken zu legen. Es gibt dabei Probleme mit Blankeis. George hat den leichtesten Rucksack und steigt vor. Langsam können wir uns dabei den beiden wieder nähern. Doch bald liegt eine besonders heikle Kletterpassage – die Schlüsselstelle dieser Rinne – vor uns und gestaltet den weiteren Aufstieg verdammt unangenehm. Sehr steil, hartes splittriges Eis, manchmal nur die alten Fixseile und ein schwerer Rucksack. Mit Steigklemme und Eispickel kämpfe ich mich voran und habe nach besonders schweren Zügen manchmal das Gefühl, gleich zu ersticken. Langsam dunkelt es, der Tag ist vorbei, und ich verspüre starke Unruhe. Endlich legt sich die Rinne, und nach zwei Seillängen erreichen wir total kaputt, aber glücklich den Makalu-La – das Tor zum Gipfel.
Ich werfe kaum noch einen Blick auf die Umgebung – los, schnell das Zelt, unser Lager III, aufbauen und hinein in den Schlafsack. Zu viert ist es verdammt eng, aber ein zweites Zelt konnten wir nach eurem Ausfall einfach nicht mehr erschleppen. Wir kochen und kommen danach aber auch nicht zur Ruhe. George hatte aus Gewichtsgründen, wie ihr ja wisst, keinen Schlafsack dabei. Ohne Schuhe im Zelt friert er so schließlich doch an den Füßen. So steckt er seine Füße bei mir mit in den Schlafsack. Bald schmerzen mir vom gekrümmten Liegen sämtliche Knochen, und ich bekomme noch einmal Wut auf euch, Heiko und Frank. – Beide wart ihr schon 8000 Meter hoch – warum nur ausgerechnet heute nicht, wo wir doch diesmal lediglich zu sechst sind??
Ja – und warum sind wir am nächsten Tag mit dem Lager IV nicht wie vorgesehen auf 7800 Meter gekommen? Eigentlich beginnt es auch diesmal mit einem strahlenden Morgen, die Sonne kracht bereits aufs Zelt, und so bin ich anfangs wirklich voller Zuversicht – wir werden bis auf Lager IV gehen. Etwa 500 Höhenmeter, eine gut machbare Distanz für heute – so glauben wir. Vor mir, kaum mehr als 10 Kilometer entfernt, erhebt sich der Gipfel des Mt. Everest. Ich klopfe George auf die Schulter. Morgen der Makalu, und dann in zwei Wochen vielleicht sind wir noch einmal am Everest. Alles Elend der Nacht ist bei mir nun vergessen. Ich bin euphorisch. Schnell gegessen und getrunken, das Zelt zusammengepackt – und los geht's.
Doch spätestens seit wir unsere Rucksäcke wieder auf dem Rücken haben, drückt uns alle das massive Gewicht zu Boden, und jeder spürt den Verlauf des gestrigen Tages

erneut in seinen Gliedern. Deshalb entschließen wir uns gleich am Zelt noch einmal zu einer Gewichtsverringerung. Dabei fällt die Wahl freilich schwer, unter unserer Ausrüstung eine nochmalige Reduzierung zu erreichen. Dann starten wir endlich.
Obwohl der riesige Hang anfangs noch verhältnismäßig flach in seiner Steigung scheint, bereitet uns allen das Laufen unerwartete Schwierigkeiten. Der Schnee ist vom Wind sehr hart gepresst, und ständig schauen Gesteinsbrocken dazwischen hervor. Es ermüdet,

mit den spitzen Zacken der Steigeisen dazwischen herumzustolpern. Trotzdem vergessen wir dabei nicht, unseren Aufstieg mit einigen Stangen und Fähnchen zu markieren. Anfangs fällt die Orientierung noch etwas schwer, aber bald wissen wir, wo's lang geht. Der Gipfel taucht auf, und davor liegt noch ein Eisbruch – da müssen wir durch, das letzte Hindernis für heute.
Irgendwie erscheinen mir heute Meutz und Karsten recht langsam in ihrem Schritttempo. Immer mal wieder müssen wir auf sie warten. Bei Karsten ist außerdem noch ein auffallend starker Reizhusten dazugekommen.
Noch einmal machen wir Halt und gehen erneut das Gewicht unserer Ausrüstung durch. Können wir noch etwas entbehren? Das restliche Fixseil und ein komplettes Kletterseil? Nein – wo sonst, wenn nicht hier unter dem Gipfel des Makalu sollten wir diese Dinge brauchen! Aber wir haben noch immer eine ganze Menge Snowbars dabei. So entschließen

wir uns an dieser Stelle noch einmal, deren Anzahl zu reduzieren. Sie waren gleichermaßen für die Verankerung unserer Zelte vorgesehen und kalkuliert. Jedoch ist uns bewusst, dass wir ja unser zweites Hochlagerzelt bereits gestern zurücklassen mussten. So bleiben nun auch genau abgezählt entsprechende Snowbars hier im Schnee stecken. Zu Hause, im Elbsandsteingebirge, hätte ich über das Gewicht dieser paar Aluminiumstäbe nur lachen können.

Ich mache mir Sorgen, und nach weiteren zwei Stunden ist dann auch alle meine Euphorie am Schwinden. Es bleibt von nun an ein tristes Stapfen – der Kampf um jeden Atemzug hat uns wieder eingeholt. Später müssen wir miterleben, wie sich auch das Wetter spürbar eintrübt und schließlich gravierend verschlechtert. Es beginnt nämlich zu schneien, und schon bald darauf können wir kaum noch etwas von unserer Umgebung erkennen. An einer Felsbarriere halten wir an. Dahinter ist eigentlich ein guter Platz zum Zelten. Aber der Höhenmesser lässt dies im Grunde noch lange nicht zu. Gegen 14 Uhr ist es erst, wo sollen wir aber hin? Weiter, einfach so in das weiße Nichts?

Es ist wirklich ein Elend, wohl alle haben in diesem Moment einfach die Nase voll. Was soll's – schlagen wir also doch schon jetzt das Zelt auf, auch wenn damit das Lager IV nun viel zu weit unten liegen wird. Schweigend verrichten wir gemeinsam die nötigen Handgriffe.

Danach halten wir im Zelt eine Lagebesprechung ab. Es gibt nur zwei Möglichkeiten. Eigentlich nicht einmal das – eher nur noch eine. Da bei einer Sicht „gleich Null" ein weiterer Aufstieg jetzt sowieso nicht mehr möglich ist, bleiben so vorerst auch einige durch das schwere Gepäck aufgetretene Erschöpfungserscheinungen für unser heutiges Weiterkommen ohne Auswirkungen.

Jetzt, von dem zermürbenden Nebel und dem endlosen Tanz der Schneeflocken unter dünnem Stoff abgeschirmt, sagt mir mein nüchterner Verstand doch, dass es schon besser wäre, mit unserem Zelt noch einmal loszugehen. Aus dem zwingenden Grund, wirklich heute weitere Höhenmeter gewinnen zu müssen. Dabei scheint es mir natürlich selbst haarsträubend zu sein für diese Vorgabe unser soeben errichtetes Zelt erneut abzubauen.

Auch weiterhin nimmt uns allerdings das anhaltend schlechte Wetter eine Entscheidung ab. Trotzdem bleibt unsere momentane Position mit ihrer niedrigen Ausgangshöhe stehen und provoziert für einen Gipfelangriff noch lange Diskussionen. Wir wissen alle nicht so recht, wie es jetzt weitergehen soll.

Von hier noch einmal absteigen will natürlich keiner, weil wir unserem Ziel eigentlich schon so nahe sind. Auch würden wir dabei sogleich unsere Zeitreserven vergeben und bei den nachfolgenden Plänen uns recht schnell in weitere Bedrängnis bringen. Aber mit dem Zelt und dem gesamten anderen Krempel am morgigen Tag noch einmal weiter aufsteigen – für diese erneute Schlepperei ist auch keiner mehr zu begeistern. Dann müssten wir mit all den Lasten ja noch durch den Eisbruch, und außerdem würde sich unser Aufenthalt hier oben in der Todeszone um einen weiteren Tag verlängern. Und vielleicht mitten zwischen den Eistürmen die Nacht verbringen zu müssen – da schaue ich mir dann doch lieber einen Horrorfilm im Fernsehen an.

So laufen gerade wegen der noch bevorstehenden Wegsuche durch den Gletscher all unsere taktischen Varianten schließlich auf einen halbherzigen Kompromiss hinaus. Bis jetzt auch optisch von den mit Sicherheit zu erwartenden Schwierigkeiten im Gipfelbereich zu weit entfernt, bezeichnen wir den morgigen entscheidenden weiteren Aufstieg als eine „Erkundungstour mit Gipfelchancen".
So ist es dann wohl auch gekommen. Ihr wisst selbst gut genug, wie nahe beieinander, aber auch wie weit voneinander entfernt dort oben solche Chancen zwischen Reiz und Risiko oder auch zwischen Erfolg und Niederlage liegen.
Heiko: Erzähl doch weiter! Wie ist es denn nun von Lager IV aus gestern Morgen weitergegangen?
Götz: Die verbleibende Nacht in Lager IV bringt natürlich auch kaum noch eine Erholung. Immer diese quälenden Stunden vor dem Aufbruch Richtung Gipfel. Wohl keiner von uns findet dabei wirklichen Schlaf. Erst das stundenlange Kochen für unsere Thermoskan-nen. Und was bleibt danach? Es ist einfach schon zu hoch, und jetzt auch noch zu viert – wirklich sehr eng in diesem Zelt. Dazu diese unruhevollen vielen Gedanken, welche nicht aus meinem Kopf weichen wollen. Bis zum veabredeten Aufbruch bereits vor 3 Uhr bekomme ich kaum ein Auge zu.
Als wir damit beginnen, uns anzuziehen – nein, so etwas hab ich bisher noch nicht erlebt! Für uns alle ist es im Zelt viel zu eng. So verziehe ich mich, die Schuhe noch lose wie Pantoffeln an den Füßen, mit der Stirnlampe nach draußen vor den Eingang. Eine eisige Kälte schlägt mir sofort entgegen, und mein Magen, der von der fürchterlichen Beengtheit bereits ein wenig gestaucht scheint, lässt mich die aufkommende Übelkeit nur mit Mühe herunterwürgen .... Dieses Gewühle, bis wir endlich alle in den Sachen drin stecken, erscheint uns endlos.
Doch dann gegen 4 Uhr geht's endlich los. Das Wetter durchwachsen, mit diesem seltsamen Blitzen und Leuchten am Horizont schon ein bisschen unheimlich. Aber jetzt - müssen wir uns, noch schlotternd vor Kälte, erst einmal intensiv bewegen. Vor allem die Zehen in den Schuhen haben es nötig, um aus solch einem „Kaltstart" heraus vor ihrem weiteren Absterben bewahrt zu werden. Bei Meutz ist es in dieser ungemütlichen Stunde mit den Zehen schon einmal besonders kritisch. Er unternimmt alles Mögliche, um sie wieder warm zu bekommen. Gelingt das aber nicht, hat er mir schon angekündigt, spätestens in einer Stunde wieder umkehren zu müssen.
Im begrenzten Schein der Stirnlampen kommen wir jedoch mit unseren heute leichten Rucksäcken gut voran. Noch am vergangenen Abend, als es wieder kurz aufklarte, hatten wir uns das Gelände hinüber bis zum Beginn des riesigen Gletscherbruchs gut eingeprägt. So erreichen wir tatsächlich bereits in der ersten Morgendämmerung die Unterkante jener sich ab hier in der ganzen Breite aufrichtenden Eistürme.
An welcher Stelle es dort am besten hindurch oder besser darüber hinweg führen könnte, hatten wir auch am vergangenen Abend noch vom Zelt aus nicht abschätzen können. Unsere ursprüngliche Absicht, das ganze wilde Terrain auf seiner rechten Seite zu umgehen, müssen wir jedenfalls schnell wieder aufgeben.

Nach einigem Suchen hin und her, hinauf und hinunter findet Meutz schließlich das Ende eines alten Fixseils, welches an einer hoffnungsvollen Stelle aus dem Eis heraus schaut. Er klettert mit Hilfe seines Eispickels und der Steigeisen mißtrauisch, wie er ist, neben diesem Seil nach oben. Tatsächlich zeigt sich dort auch, dass dieses Seilende wirklich nur ganz dünn an einer Eisplatte angefroren ist. Absolut nichts, um sich daran festhalten zu können. Er befestigt an dieser Stelle sogleich ein neues Stück Seil.

Auf diese vorsichtige Weise kommen wir gut durch die ersten Hindernisse. Inzwischen ist es richtig hell, und mit den ersten Strahlen der Sonne wird es auch endlich wärmer. Das empfinden wir alle als recht angenehm, trotzdem wechselt unsere Stimmung je nach Schwierigkeit und Vorankommen zwischen den Eistürmen mehrfach. So gelangen wir immer wieder aufs Neue zwischen den Eiswänden, einem Labyrinth gleich, an Stellen, die Orientierungsprobleme hervorrufen. Die harmlosesten Kommentare lauten dabei noch: „Hier ist das alles aber schon wieder sehr komisch ...“ Mehrfach müssen wir uns in solchen Momenten teilen und auf diese Weise gleichzeitig in völlig entgegengesetzten Richtungen den weiteren Weg erkunden. Das geht wie in einem Krimi ab. Die Suche endet dann entweder plötzlich mit einer meterhohen Eisbarriere oder auch vor einer finsteren Spalte. Zweimal haben wir uns so in diesem Wirrwarr von Eistürmen völlig verrannt. Schließlich entdecken wir eine steile Rinne, und als deren Oberkante erreicht ist, scheint

das Ende dieses Irrwegs in Sicht.
Den Abschluss bildet allerdings noch ein langer Quergang oberhalb einer bodenlosen Gletscherspalte. Eine Kletterstelle, welche sich nur mit zwei Eisbeilen und Seilsicherung bewältigen lässt. Richtig abschüssig, einfach unangenehm. An der schmalsten Stelle hast du wirklich direkt vor dir die senkrecht nach oben führende Eiswand. Die Zacken der Steigeisen scharren dabei auf einem nur noch Zentimeter schmalen Absatz, und der Rucksack scheint dich nach hinten zu ziehen – direkt in die gruselige Spalte.
Nachdem George rüber ist, wollen wir dort eigentlich auch noch ein Fixseil legen – für den Rückweg. Aber dann sind wir mit unserem verbleibenden Seilmaterial knausrig und nachdenklich geworden. Wer weiß, wofür wir diese Meter weiter oben vielleicht noch nötiger brauchen, und so sichern wir mit dem Kletterseil, welches natürlich nicht an dieser Stelle verbleibt.
Danach endlich sind wir durch den Eisbruch! Bei einer kleinen Pause entdecken wir auch einen geeigneten Punkt, an welchem unser Zelt als Lager IV gut hingepasst hätte. Aber das war gestern einfach nicht zu schaffen. Nein, hier wird uns endgültig klar, dass wir die anstrengende und zeitaufwendige Wegsuche durch diesen Gletscherbruch unter den gegenwärtigen Verhältnissen mit dem gesamten Gepäck wohl kaum in einem Ritt direkt unten vom Makalu-La aus hätten bewältigen können.
Ich blicke auf die Uhr – Mittag ist es inzwischen geworden – und bin entsetzt, wie viel Zeit die Suche durch den Eisbruch gekostet hat.
Beim weiteren Aufstieg kommen wir dann immerhin ganz gut voran, und der Chomolönzo liegt irgendwann unter uns. Wir sind jetzt 8000 Meter hoch. Mittlerweile nimmt die Steilheit des riesigen Hanges weiter zu und erreicht einen Winkel, welcher das Gehen zusätzlich erschwert. Die Füße noch normal aufzusetzen wird zunehmend unbequemer, dafür ist es fast schon zu steil. Jedoch auch noch nicht steil genug, um sich beim Höhersteigen konsequent der Frontzacken an den Steigeisen zu bedienen.
Meutz ist etwas zurückgeblieben, und wir warten auf ihn. Währenddessen sondieren wir erneut das Gelände über uns.
Mittlerweile fast neben uns befindet sich die Aufstiegsrinne der französischen Erstbegeher, welche links vom Gipfel zum Grat hinaufzieht. Sie wirkt auf uns als kaum begehbar. Wie schon befürchtet, befindet sich in dem steilen Felsgelände kaum noch Schnee oder Eis, welches den weiteren Aufstieg mittels unserer Eisgeräte unkomplizierter gestalten würde als eine reine Felskletterei in dieser Höhe. In diesem Moment erscheint unerwartet eine Rinne, jenes schneebedeckte Couloir direkt vor uns, welches zum rechten Gipfelgrat zieht, als wesentlich gangbarer. So entschließen wir uns endgültig, in diese Richtung weiter aufzusteigen.
Doch als Meutz wieder heran ist und uns gerade etwas zuruft, schneit es bereits. Schon einige Zeit vorher hatten wir natürlich registriert, dass die Sonne verschwunden war und der Himmel sich beständig zuzog. Bis jetzt wollen wir uns davon aber nicht aufhalten lassen und gehen weiter. George und ich voran, gefolgt von Karsten und in einigem Abstand von Meutz. Er scheint seine sonstige Stärke unter den heutigen Bedingungen

nicht mehr wiedererlangt zu haben.
Die Zeit schreitet fort – aber ich glaube an den Gipfel. Unser Tempo ist für diese Höhe immer noch gut.
Nun hat sich das Wetter noch weiter verdüstert, jedoch gibt es auch jetzt kaum Wind. Wir werden im Abstieg in die Nacht kommen. Aber wenn schon – ohne Wind, glaube ich, ist es zu schaffen. Inzwischen beginnt es jedoch immer stärker zu schneien, das erschwert natürlich unser weiteres Vorankommen. Dann stellt sich uns eine Eisbarriere in den Weg. Wir brauchen ziemlich lange, um sie zu überwinden.
Da brüllt schließlich Meutz von unten, wir sollten doch mal warten. Will er umkehren? Zumindest drängt er auf eine erneute Beratung unter den jetzigen Verhältnissen.
Meutz: Ja – eine nochmalige Diskussion über unser weiteres Vorgehen hielt ich spätestens in diesem Moment für notwendig. Ich hatte Bedenken, dass wir bei diesem Schneefall abwärts unsere Spuren nicht mehr wiederfinden könnten. Das Ganze würde dann eine Nachtaktion werden. Und dazu hatte ich keine Lust, gewiss ebenso Angst und vor allem auch keine Kraft mehr. Das ist zwar immer nur sehr schwer einzuschätzen. Aber ich glaubte, dass der Weg bis zum Gipfel doch zu weit ist, zumindest für mich war das zu diesem Zeitpunkt vermutlich nicht mehr zu schaffen. Der George war gleich noch ein paar Meter höher geklettert. Er ahnte wohl, worum es bei unserer Diskussion ging, konnte sich aber mit diesen Gedanken sicherlich nur schwer abfinden.
George: So war es! Denn an dieser Stelle nun doch plötzlich aufzugeben – das konnte ich in diesem Moment überhaupt nicht verstehen. Natürlich hatte es geschneit, und der Tag war ebenfalls schon ganz schön fortgeschritten. Doch die Entscheidung, ob unser Aufstieg zum Gipfel eine wohlgeordnete, abgesicherte Angelegenheit oder aber eine ungemütliche, sehr harte Auseinandersetzung werden könnte, brauchten wir, so glaubte ich, eigentlich nicht noch einmal zu erörtern. Zu diesem Zeitpunkt sah ich uns sowieso schon voll in die Nacht hineingehen.
Nicht dass ich mir den Berg mit der Brechstange hätte holen wollen. Aber ich fühlte mich noch gut und empfand in diesem Moment das Wetter nicht als unzumutbar, die ganze Situation für uns nicht unbedingt als extrem gefährlich. Vielleicht noch 3 bis 4 Stunden zum Gipfel, glaubte ich. Danach im Abstieg hätte uns die Nacht so oder so eingeholt. Das wäre uns auch bei einer sofortigen Umkehr nicht erspart geblieben. Warum also deshalb nicht weiterhin durchziehen?
Wer weiß, aus welchen Gründen auch immer, ob wir es überhaupt noch einmal bis hierher schaffen, grübelte ich. Auch wenn es an diesem Tage vielleicht wirklich nicht mehr bis auf den Gipfel reichen wird, so sollten wir es doch zumindest versuchen, so weit wir noch kommen!
Der Moment zum Aufgeben war bei mir einfach noch nicht erreicht.
Götz: Je nachdem, wie man die Umgebung unter der körperlichen Anstrengung und vor allem unter der Dauereinwirkung des Sauerstoffmangels noch wahrnimmt und beurteilt. Wohl für jeden, nicht nur für uns, wäre es unter diesen Verhältnissen schwierig gewesen, die eigenen gefühlsmäßigen Wahrnehmungen noch objektiv zu beurteilen. Realitäten zu

erkennen und dementsprechend auch zu handeln.
In diesem Augenblick war auch meine Motivation für den Gipfel noch immer ungebrochen. Aber Meutz konnte unten am Beginn des Eisbruchs den heiklen Quergang unmöglich allein im Abstieg ohne Seilsicherung bewältigen. Und hier in dieser eisigen Schneewüste allein sitzen bleiben, um auf uns zu warten – das war ebenso absurd. Was nun? – Einer musste in jedem Falle gemeinsam mit Meutz zurück.
Wenn dies nun wirklich notwendig wurde, sollte das logischerweise jemand sein, der in diesem Moment vielleicht auch nicht mehr ganz so gut drauf war. Von mir hätte ich das zu diesem Zeitpunkt eigentlich nicht gesagt, doch scheute ich mich davor, in diesem Zusammenhang eine Konfrontation auszulösen. Nur nicht auch noch dafür jetzt hier Nerven lassen.
Die ganze verfahrene Situation machte mich irgendwie müde, und so sah ich schließlich in einer gemeinsamen Umkehr mit Meutz vielleicht eine bequeme Lösung. In diesem Augenblick der Weg des geringsten Widerstands für mich.
So begann ich zusammen mit Meutz von diesem Punkt also wieder mit dem Abstieg.
Anfangs ging das sehr schnell, doch schon bald kostete es uns Mühe, die eigenen Spuren der vergangenen zwei Stunden noch zu erkennen. Teilweise tasteten wir mit unseren Augen wie Kurzsichtige direkt über der Schneeoberfläche entlang, um so die Reste der Vertiefungen dieser Spuren manchmal noch erahnen zu können. Auch für die sonstige Orientierung mussten wir immer mal wieder minutenlang warten, weil der Nebel einfach zu dick war, bestenfalls 5 bis 6 Meter Sicht zuließ.

Und wie ist es dann unter diesen Verhältnissen mit eurem Aufstieg weitergelaufen, George?

George zögert noch einen Moment, als wolle er sich das ganze Geschehen zunächst selbst noch einmal vergegenwärtigen: Während unseres weiteren Anstiegs muss ich an Meutz denken und versuche, seine Entscheidung irgendwie zu verstehen. Für mich ist klar, dass wir noch immer die Chance haben, den Gipfel zu erreichen. Jetzt liegt Neuschnee in der Wand, doch ich fühle mich stark. Ich schaue weiter nach oben und sehe den Gipfel, kaum mehr als 250 Höhenmeter entfernt. Ich weiß, dieser Weg wird uns in die Nacht bringen, doch wenn wir schnell sind, wird das erst während unseres Abstiegs, hier unten in bekanntem Gelände passieren.
Für mein Empfinden hat sich das Wetter jedenfalls nicht drastisch verschlechtert. Es gibt zumindest keine Anzeichen für zunehmenden Wind oder gar Sturm, außer diesem lästigen Schneefall eben. Später sagt mir dann Karsten, dass auch er bei dem gleichmäßigen, langsamen und monotonen Gehen gar nicht mehr so recht bemerkt hat, ob der Schneefall wirklich stärker wurde.
Aber bald schon erschwert der Neuschnee zunehmend unser Vorankommen. Auf einer ebenen Fläche wäre das auch noch nicht weiter schlimm. Jedoch in der jetzt einsetzenden Steilheit des Hanges beginnen wir in der hohen Schneedecke mit unseren Füßen ganz schön herumzurudern.
Nachdem wir vorher bereits einige kleinere Aufschwünge überwunden haben, kommen wir

schließlich vor einer steilen Eiswulst – vielleicht 3 Meter hoch – erst einmal zum Stehen. Darüber scheint dann jene Rinne, das Messnercouloir, zu beginnen. Der letzte Wegabschnitt bis zum Gipfelgrat, und wir sind schon nahe daran, uns symbolisch gegenseitig zuzuprosten. Wie bereits an den bisherigen Steilstücken will ich mich auch hier auf den Frontzacken meiner Steigeisen und mit den beiden Eisbeilen in der Hand über das Eis hinweg arbeiten. Aber der viele Neuschnee über dem Eis bereitet einige Probleme. Teilweise verschwinde ich fast bis zum Oberkörper in dem Wirbel der Schneeflocken.
Als ich gerade so mitten in der Wand stecke, löst sich plötzlich ein ganzes Schneefeld aus diesem weißem Pulver. Im Moment noch ein ganzes Stück höher in der Rinne über uns, bewegt sich die Schneewolke jedoch in Sekunden auf uns zu.
Ich versenke meine beiden Eisgeräte so tief es geht im Firn und muss abwarten.
Als ich einen Moment zu Karsten unter mir schaue, zeigt der inzwischen ebenfalls Aktion und springt hektisch herum, um sich noch so schnell es irgendwie geht an einer geeigneten Stelle mit seinem Eispickel zu verankern.
Dann jagt es wie in einem Wasserfall über uns hinweg. Es ist schlagartig um mich herum alles weiß, und die Schneemassen drücken mit ziemlicher Kraft gegen meinen Oberkörper. Das Atmen fällt schwer – überall Schnee, in der Nase, den Augen, selbst in den Ohren. Nach ca. einer Minute, und die kann verdammt lang sein, liegt der Gipfel wieder klar vor mir. Sauber abgefegt von einer zum Glück wirklich kleinen Neuschneelawine, scheinen die Zacken des Felsgrates vor uns zum Greifen nah.
Was ist das bis da hoch schon für eine Entfernung – zu ebener Erde nicht einmal eine lächerliche Runde auf dem Sportplatz. Fünf Wochen haben wir bisher gebraucht, um jetzt hier an diesen Punkt zu kommen!
Deshalb stehe ich eigentlich noch immer unter dem Eindruck, dass uns auch dieser Schneerutsch soeben nicht unbedingt großartig zurückwerfen muss, wenngleich ein solcher Lawinenabgang natürlich ein ernstes Alarmsignal setzt.
Da aber ruft Karsten von unten zu mir herauf: „He, George, denk von mir, was du willst. Ich hau jetzt ab hier."
Wahrscheinlich realisiert er besser, dass es diesmal sehr knapp war. Einen Moment überlege ich noch, allein weiterzugehen – Blödsinn!
Wie spät ist es inzwischen eigentlich? Karsten schaut auf die Uhr, und nun bin ich doch einigermaßen darüber erschrocken, wie viel Zeit schon wieder vergangen ist, seitdem wir uns von Meutz und Götz getrennt haben. Würden wir jetzt weitergehen, dann läge noch immer der entscheidende Teil dieses letzten Wegabschnittes vor uns. – Die gesamte Schneerinne und dann der Gipfelgrat, mit den sicherlich heiklen Kletterstellen direkt in die Dunkelheit hinein?
Nein, ich muss einfach einsehen, dass wir schon jetzt durch den Schnee kaum noch vorwärts gekommen sind, und so beschließen wir gemeinsam die Umkehr.
Irgendwie fühle ich schon, dass ich diese Stelle nicht noch mal erreiche und werde innerlich ganz ruhig.
Jetzt im Abstieg merke auch ich, dass in den letzten zwei Stunden ungewöhnlich viel

Neuschnee dazugekommen ist. Alles ist kontrastlos weiß um uns. Einmal falle ich in eine vielleicht anderthalb Meter tiefe harmlose Schneemulde hinein – einfach weil unter manchmal völlig aufgehobenen Sichtbedingungen jegliche optischen Anhaltspunkte für den Gleichgewichtssinn verloren gehen.

Konntet ihr zwischenzeitlich von Meutz und Götz unter euch mal etwas erkennen?

George: Nein – die Sicht reicht in der Regel nicht weiter als 50, höchstens 100 Meter. Manchmal tauchen rechts von uns die ersten Konturen der Felswand zum Gipfel auf. Trotzdem bin ich dann erstaunt, wie relativ schnell wir doch wieder zum oberen Ende des Eisbruchs zurückgelangen. Dort holen wir Götz und Meutz auch wieder ein.

Meutz: Vielleicht war im ersten Teil unseres Abstiegs das Schneetreiben noch dichter, George. Deshalb zögerten wir einfach immer wieder mal: Verlief der bereits unsichtbare Rückweg nun möglicherweise doch eine Handbreit weiter nach links oder rechts?
Die Vorstellung, nun vielleicht an der falschen Stelle wieder auf den Eisbruch zu stoßen, mahnte uns zur Vorsicht. Jede erneute Richtungsbestimmung überlegten wir uns deshalb lieber dreimal, und genau solche Probleme hatte ich schon irgendwie befürchtet.

George: Okay – inzwischen war es mir schon klar – , diese Nacht würde noch lang werden.

Götz: Ich war sehr froh, als ihr dann bei uns eingetroffen seid, wir wieder beisammen waren. Jetzt würden wir den Weg kennen und uns die Zeit für einen zweiten Versuch nehmen, dachte ich so bei mir.
Inzwischen auf dem weiteren Abstieg, brauchten wir gleich am Beginn des Eisbruchs, jenes unangenehmen Querganges, noch einmal viel Zeit. Wir legten ein Fixseil. Aber am Ende musste ich erneut zurück, da sich der Rest unseres Seils, das wir unbedingt noch brauchen würden, nicht mehr abziehen ließ. Als wir das endlich geschafft hatten, wurde es auch schon dunkel und damit alle weitere Orientierung schwierig. Immer wieder waren wir jetzt mit der Wegsuche beschäftigt – heraus aus dem Eisgewirr. In manchem dieser aufreibenden Momente entstand in mir weniger ein Gefühl von Verzweiflung – eher innere Wut, die sich in spontanem Gelächter über unsere kraftraubenden Aktionen in diesem finsteren Eislabyrinth entlud.

Meutz: Dort ungefähr begann es, dass meine Füße spürbar kälter wurden. Immer wieder das Herumstehen und Warten. Ich glaube, jene Stelle, von der du gerade sprichst, an welcher wir besonders lange nach dem Weg suchten – das war genau dort, wo wir am vergangenen Vormittag eigentlich das Markierungsfähnchen hatten befestigen wollen.

Götz: Dieses Missgeschick mit der Markierung eben für diesen Punkt war schon recht ärgerlich.

Meutz: Aber danach, Götz, hattest du ja mit deiner unverschämten Ausdauer einen Durchgang zu unserem letzten Fixseil gefunden. Ich habe es noch in den Ohren, wie du plötzlich von ganz weit unten aus der Dunkelheit heraufriefst: „Ich glaube, jetzt hab ich's. Wie es aussieht, steckt hier unten unsere Eisschraube." So war's dann auch, und wir waren alle unheimlich froh darüber.

Götz: Ja – das letzte Fixseil blieb wohl einer unserer wichtigsten Wegabschnitte. Nur mit

dessen Hilfe gelangten wir aus den Eisblöcken bis hinunter in die Schneerinne, welche zum Zelt des Lagers IV führen sollte.
Wenn ich mich jedoch so recht besinne, war es vorher Karsten gewesen, welcher trotz des anhaltenden Schneetreibens und der Dunkelheit nach intensiver Suche den entscheidenden Ausgang aus unserem Labyrinth fand!

Wodurch ist es aber nun zu jenem Zwischenfall mit Karsten gekommen? Wie habt ihr euch verloren, und wo kann er in der letzten Nacht geblieben sein? will ich jetzt mit Heiko von den anderen wissen. Meutz erzählt von den aufreibenden Stunden der Nacht ...

Als wir endlich das untere Ende des Gletscherbruchs erreichten, waren wir sehr erleichtert. Die Konturen des Geländes, die wir uns beim Aufstieg eingeprägt hatten, hatten sich durch den Neuschnee inzwischen tatsächlich stark verändert. Nach all den bisherigen Anstrengungen gerieten wir an dieser Stelle erst einmal wieder in beste Stimmung. Voller Zuversicht glaubten wir daran, den restlichen Weg bis zu unserem Zelt noch in der nächsten Stunde zu bewältigen. Das wurde auch höchste Zeit, denn mittlerweile begann sich unser schon sehr anstrengender Tag zu einer ebensolchen Nacht zu verlängern. Schon lange verhüllte die Finsternis alles, und die damit einhergehende Kälte begann immer spürbarer an uns heraufzukriechen.
Aber dann das Unfassbare: Es verging eine Stunde, eine zweite, und kein Lager kam in Sicht. Wo waren wir inzwischen eigentlich, wo das Zelt? Wir bildeten Suchtrupps und bemühten uns immer wieder in alle Richtungen das Gelände zu erkunden. Auch Karsten war daran intensiv beteiligt – bis zu jenem Augenblick, als ihn die Finsternis verschluckt zu haben schien und wir uns plötzlich eines entsetzlichen Irrtumes bewusst wurden.

In diesem Augenblick übernimmt hier im Zelt wieder Götz den Gesprächsfaden und verfällt sogleich in seine augenblicksbezogene Erzählweise, bei der wir ihm gleichsam selbst noch einmal über die Schulter schauen: Auch mir laufen diese Episoden nochmals lebendig vor Augen ab. Die Zeit quält sich weiter dahin. In diesem Moment, denke ich, ist mir meine persönliche Situation fast schon ein wenig gleichgültig geworden.
Trotzdem glaube ich unbedingt das Zelt finden zu müssen. Mit unserer Orientierung hatte es mittlerweile ja noch einige Meinungsverschiedenheiten gegeben. Doch bin ich davon überzeugt, mich in dieser Frage nicht zu irren – einfach so als Götz Wiegand, der es bisher immerhin bereits auf zwei dieser verdammten 8000er geschafft hatte. So suche ich mit größter Verbissenheit weiter.
Ich begebe mich linker Hand auf einen halsbrecherischen Quergang, in dem festen Glauben, dahinter endlich auf unser ersehntes Zelt zu stoßen. Der Schein meiner Stirnlampe wird bereits immer schwächer, und die anderen sind in diesem Moment aus meinem Sichtbereich verschwunden.
An einer felsigen Steilstufe rutsche ich dann plötzlich aus, knalle im Reflex den Eispickel noch irgendwie in den Fels. Aber der Ruck ist so stark, dass es mir den Schaft des Pickels einfach aus der Hand reißt. Im selben Moment verschwindet der Boden unter meinen Füßen, und ich falle und falle.
Dabei geht mir komischerweise nichts anderes durch den Kopf, als in diesem Augenblick

Lindes Eisaxt einzubüßen. Unser Computermann und unentbehrlicher Helfer bei allen Nachrichtenverbindungen nach Dresden, in die Heimat. Er hatte mir sein gutes und nicht ganz billiges Stück mitgegeben – sicher um das Ding auf dem Weg zum Gipfel einzuschlagen, nicht aber um es jetzt in irgendeine Spalte zu werfen. Ein dumpfer Aufschlag beendet meine Gedanken der Anteilnahme.

Mein Bewusstsein scheint weiterhin zu funktionieren, registriert langsam, dass ich irgendwo auf dem Boden liege. Es ist nicht hart, keine Steine sind es. Meine Hand, die Beine – ich kann sie bewegen, und als ich versuche, meinen Kopf zu drehen, wird mir bewusst, auf einem Schneehaufen zu liegen.

Dann geht mein Blick wieder nach oben in die Dunkelheit, und ich kann nur ahnen, hier soeben meterweit in die Tiefe gestürzt zu sein.

Da hinauf gibt es kein Zurück. So steige ich den Hang unter mir einfach abwärts.

Langsam wird es eng. Der Eispickel weg, die Batterien der Stirnlampe am Ende – um mich finstere Nacht.

Aber irgendwie stört mich das Ganze nicht mehr sonderlich. Mit der Zeit gewöhnen sich meine Augen ein wenig an die schwachen Konturen in der Dunkelheit.

Als ich später mit George und Meutz wieder zusammentreffe, erzählen sie mir jedoch, dass Karsten mir auf dem Quergang gefolgt sei, welchen ich vor einiger Zeit zur Erkundung nach links einschlug. Das habe ich jedoch nicht bemerkt und ihn auch nicht mehr gesehen.

Meutz: Auf diese Weise blieb dann Karsten auf einmal verschwunden. Was nun?

Er antwortete nicht mehr auf unser Rufen und Pfeifen. Inzwischen über 20 Stunden auf den Beinen, war von uns einfach keiner mehr in der Lage, mit einer systematischen Suchaktion zu beginnen. Die Finsternis der Nacht deckte sowieso alles zu. Auch unsere Meinungen über den jetzigen Standort sowie den richtigen Abstieg zum Zelt blieben weiterhin unsicher. So konnten wir in dieser Situation scheinbar nichts anderes mehr tun, als darauf zu hoffen, dass Karsten das Zelt gefunden hatte.

Nachdem wir uns gemeinsam zu dieser schweren Entscheidung durchgerungen hatten, gingen wir weiter. Schon seit Stunden spürte ich inzwischen meine Zehen nicht mehr, und meine Angst vor Erfrierungen wurde immer größer. Deshalb trieb ich immer wieder zum zügigen Abstieg. Von euch wussten wir über Funk, dass am Makalu-La ein Zelt der Österreicher stehen soll. Das war jetzt unser Ziel. Nur die Silhouetten des Chomolönzo und vom Makalu II dienten uns jetzt noch als Orientierung.

Götz: Da gab es dann noch eine ganze Menge seltsamer Erscheinungen. Als wir uns später der Orientierung wegen wieder etwas verteilten, hatte ich über lange Zeit hinaus das Gefühl – ich spürte es einfach ganz deutlich –, dass nicht weit von mir noch jemand entlanggeht. Den Eindruck hatte ich, weil ich glaubte, schon die ganze Zeit eure beiden Stirnlampen rechts von mir zu erkennen.

Meine Verwunderung, meine Verwirrung stiegen jedoch mehr und mehr, als ich feststellen musste, dass sich diese beiden Lichter mittlerweile fast seit einer Stunde nicht mehr vom Fleck bewegten.

Dann hörte ich wieder ganz deutlich die Stimmen von euch beiden – jetzt aber von vorn

oder mehr von der linken Seite. Jedenfalls aus einer ganz anderen Richtung als jene zwei hellen Leuchtpunkte, welche ich bis jetzt für eure Stirnlampen gehalten hatte.
War das dann dort oben vielleicht doch Karsten?
Jedoch dieser Hang über mir erschien sehr steil. Wie konnte er da nur hinaufgekommen sein? Und warum sollte er nun plötzlich zwei Stirnlampen haben?
So lief ich ihm ein Stück entgegen. Da bewegte sich die Lampe plötzlich nach unten, und ich schrie ... – nichts. Unschlüssig ging ich wieder zurück, dabei begann das Licht wieder nach oben zu schweben.
Was ich sah, schüttelte mich geradezu, oder standen mir schon alle Haare zu Berge? So wie sich diese Lichtpunkte verhielten, müssten es eigentlich Sterne gewesen sein. Aber mit dem Sternenhimmel kannte ich mich doch aus. Es gab keine Sterne, welche mit solch einer außergewöhnlichen Helligkeit leuchteten!
Erlag ich hier bereits meinen Halluzinationen? Nein – in diesem Moment fühlte ich mich wirklich hellwach. Gerade aus diesem Grund stürzten mich meine Beobachtungen in Ratlosigkeit.
Meutz: Jedenfalls erreichten wir erst früh so gegen sechs Uhr den Sattel.
Aber auch andere Expeditionen schienen hier schon dramatische Stunden erlebt zu haben, wie ich mich früherer Berichte entsinne.
George ist dann sogleich weiter abgestiegen, wie ihr ja wisst. Götz und ich machten erst noch drei Stunden Pause, bevor auch wir in der Rinne nach unten folgten.
Inzwischen hat Götz mit verzogenem Gesicht auch die Innenschuhe seiner Bergstiefel von den Füßen gezogen. Danach noch die Socken. Seine Zehen, nun ja – von den ersten Zeichen der Erfrierungen schillern sie mittlerweile bereits in allen Farben, rot, grün, gelb und blau ... als hätte jemand mit einem Hammer kräftig und gleichmäßig darauf herumgeschlagen.
Der Nachmittag bewegt sich inzwischen auf die vierte Stunde zu, als George und Götz langsam unruhig werden. Offenbar haben sie sich bereits am Morgen zum Ziel gesetzt, trotz oder gerade wegen ihrer lädierten Füße noch heute so weit wie nur möglich nach unten abzusteigen. Meutz, dessen Füße es wohl am ärgsten erwischt hat, sieht das ebenso.
Obwohl auch für mich bereits gestern feststand, bei meiner immer spürbarer werdenden Schwäche keinesfalls länger als bis zum heutigen Tag hier oben zu verweilen, zögere ich nun. Wenn Karsten noch hier auftaucht, wovon die anderen überzeugt scheinen, muss von uns unbedingt noch einer hier sein. Unser Kocher läuft schon wieder, um für die bereits ausgeleerten Trinkgefäße neuen Nachschub zu schaffen.
So entschließe ich mich doch dazu, noch eine weitere, dann aber allerletzte Nacht zu bleiben. Auch Meutz entscheidet sich letztendlich dafür, seinen weiteren Abstieg noch einmal mit einer Pause bis morgen zu unterbrechen.
Er kann mit seinen inzwischen geschwollenen Füßen nur noch langsam laufen. Da wäre es für einen weiteren Abstieg, gar bis zu unserem ABC, wirklich sehr anstrengend und eigentlich auch schon zu spät.
In dieser ein wenig unruhigen Stimmung zwischen Verweilen und Aufbruch vernehmen wir von draußen plötzlich wieder Geräusche. Im nächsten Moment schon schaut ein

Kopf zum Zelteingang herein – es ist Karsten ...
Wenn auch in den vergangenen Wochen wohl keiner von uns zu knapp mit manch arger Abwechslung und dergleichen unangenehmen Überraschungen bedient gewesen war – in diesem Moment empfinden wir alle sein bisher nur erhofftes Auftauchen als einen der glücklichsten Augenblicke unser gesamten Reise.
Ich werde nachdenklich. Wie oft mag ich solche Momente großer Erleichterung schon erlebt haben. – Hier in den Bergen? Meine Gedanken streichen weit zurück und erkennen, selten ähnlichen Augenblicken voller Ehrfurcht und Dankbarkeit begegnet zu sein.
Wir lassen Karsten kaum die Ruhe, mit den Lippen an seiner gefüllten Tasse zu verweilen, und bestürmen ihn unaufhaltsam mit unseren Fragen.
So viel wird aufs Erste klar, dass es ihm tatsächlich gelang, noch zum Ende der Nacht mit einigem Glück das von allen gesuchte Zelt wiederzufinden. Im Gegensatz zu George, Meutz und Götz kam er dadurch bereits in der Morgendämmerung in die Lage, seinen Durst mit Hilfe des Kochers zu stillen und vor der Hölle des Schnees endlich wieder in seinen Schlafsack zu entfliehen.
„Aber ihr hattet doch eure Stirnlampen. Wie konnte es nur sein, dass du dich den anderen nicht mehr bemerkbar machen konntest?“
George, Götz und auch Heiko sind mittlerweile im Aufbruch, als mir Karsten entgegnet:
Morgen werden wir uns alle unten im ABC wiedersehen. Lass mich davon weiter erzählen, wenn wir dort vielleicht bei einem gemütlichen Kaffee beisammen sitzen werden.
Schon ist Karsten dabei, ebenfalls in seine Schuhe zu fahren und einiges in seinem Rucksack umzupacken. Danach wird er sich mit seiner geleerten Tasse zum Gruß erhoben ebenfalls von uns verabschieden, um den anderen nachzueilen, die bereits vor einigen Minuten mit dem heute noch langen Abstieg begannen.
Mit einem Schlage ist es nun wieder ruhig geworden. Doch nun ist es eine Stille ohne diese quälende Ungewissheit, welche Heiko und mir bis heute Morgen so anhaltend die Nerven strapazierte. Gemeinsam mit Meutz werde ich noch für eine Nacht hier ausharren, um bei Anbruch des morgigen Tages hoffentlich in guter Verfassung ebenfalls den langen Abstieg anzutreten.
Jetzt, bis zur Dunkelheit, ist es für mich kein Problem, Meutz in seinem noch immer sehr ausgelaugten Zustand mit weiteren heißen Getränken oder verschiedenen Suppen wohltuende Unterstützung zu erweisen. Wenn unser weiterer Abstieg nun auch als gesichert gelten kann, versetzt ihn das Aussehen seiner Füße doch in zunehmende Angst und Sorge. Im Unterschied zu meinen eigenen unerfreulichen Erfahrungen mit Erfrierungen hat er bereits an diesem Abend mit spürbaren Schmerzen zu kämpfen. Ich glaube, ihm mit dem Hinweis Zuversicht verschaffen zu können, dass sich die Schmerzen in seinen Zehen immerhin als ein Lebenszeichen für das geschädigte Gewebe verstehen ließen.
Mittlerweile habe ich meine Stirnlampe gelöscht, und so umgibt uns auch hier im Zelt wieder die nächtliche Finsternis. Mir persönlich bleibt es einfach weiterhin schwer vorstellbar, dass es meinen Gefährten gelingen konnte, nach diesem so anstrengenden Tage auch noch eine solche Nacht zu überstehen, und ich frage Meutz nach weiteren Einzelheiten.

So kommt er noch einmal über den Ablauf der vergangenen Nacht ins Erzählen. Obwohl direkt neben ihm liegend, sehe ich nichts von ihm. Jedoch die Beschreibungen von Meutz sind so hautnah, dass auch ich mich dabei unmittelbar in jene Odyssee der vergangenen Nacht versetzt fühle ...

Meutz: Kurz nachdem wir gestern Abend also im Abstieg wieder den oberen Rand des Eisbruchs erreicht hatten und die Dunkelheit schon bald darauf einzusetzen begann, fangen mir immer deutlicher spürbar die Kräfte an zu schwinden. Bereits in völliger Finsternis finden wir schließlich die entscheidende Eisschraube, die uns endlich auf einer Abseilstrecke den Weg aus dem Labyrinth des Gletscherbruchs freigibt. Nachdem diese Passage des Eisbruchs schon reichlich Nerven und Kraft gekostet zu haben schien, fühlen wir uns an seinem Ende unendlich erleichtert. Ein Glücksgefühl überfällt alle in diesem Moment so stark, dass wir uns spontan gemeinsam umarmen.

Mittlerweile ist es bereits 22. 00 Uhr. Es ist Neumond, und der Schein der Stirnlampe reicht gerade mal bis zu den Füßen. Bei dieser Kälte, 25 Grad Celsius unter null, halten die Batterien auch nicht mehr allzu lange. Wir sind geschafft, aber trotzdem in guter Stimmung. Denn jetzt, wieder zu Füßen dieses Eislabyrinths, auf ebenem Schnee, gelten die restlichen vielleicht nur 1000 Meter in Luftlinie fast als ein Kinderspiel. Wir schätzen, maximal noch eine Stunde bis zum rettenden Lager, dann die eiskalten Füße in den Schlafsack, heißen Tee und etwas zu essen. Der Gedanke daran gibt erneut Kraft.

Mittlerweile sind George und Karsten schon wieder ein Stück vorausgegangen. Ich folge gemeinsam mit Götz. Zwar können wir sie schon nicht mehr sehen, laufen aber sicher in ihrer frischen Spur.

Ohne in der Finsternis etwas erkennen zu können, wissen wir eigentlich alle aus dem Gefühl heraus, wie unser Zelt zu erreichen ist. Nur noch abwärts laufen und dabei beständig über den Hang nach links queren. Auf diese Weise müssten wir auf die Felsrippe stoßen, an deren Rand unser Zelt steht. Wenig später gelangen wir so im Dunkeln noch einmal an eine Stelle in diesem Schneefeld, die ich glaube sogar noch vom Vortag wiederzuerkennen.

Aber bereits kurze Zeit danach sage ich spontan zu Götz: „Irgendetwas stimmt hier nicht." Ich weiß nicht, irgendwie gefällt mir diese Linie unseres Weges nicht, der wir aber nun zwangsläufig auf der Spur von George und Karsten folgen.

Alsbald biegt dieser Weg der beiden noch immer unsichtbar Vorangehenden noch weiter nach rechts ab und führt sodann über eine flache Mulde in einen Kessel hinab.

– Natürlich mussten wir auch noch mal einen Rechtsbogen einschlagen. Jedoch hier? Das schien mir viel zu zeitig. Als wir auf diese Weise schließlich den Grund dieses Talkessels erreichen, wird es mir dann endgültig klar. Das Geländeprofil ist gänzlich unbekannt, dafür gibt es wohl nur eine Erklärung: Wir sind völlig falsch!

Bei einer erneuten kurzen Rast im Schnee sitzend, überlegen wir nun, was zu tun ist. Eigentlich müsste man jetzt den ganzen Hang noch einmal zurück nach oben steigen, bis zu jener Stelle unserer vermutlich falschen Rechtskurve. Jedoch – diese „Vernunft" erscheint hier wohl mehr als graue Theorie.

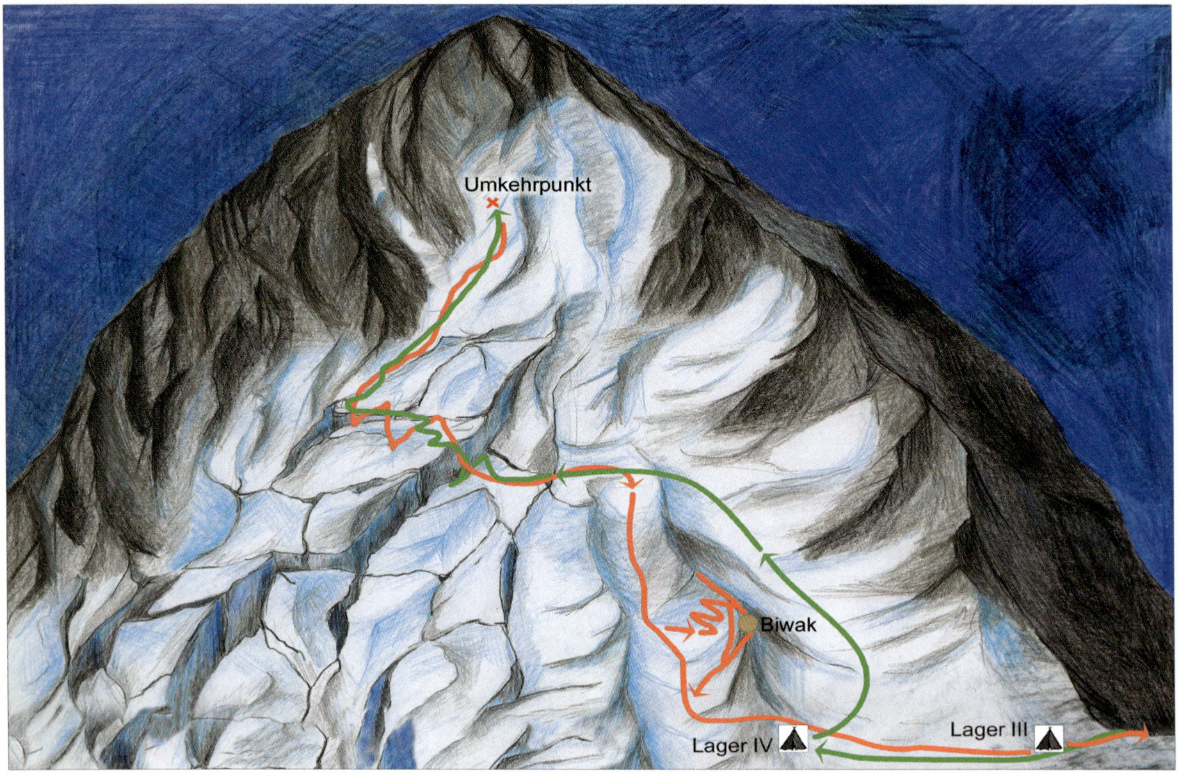

Wir sind nicht irgendwo in den Alpen unterwegs, sondern noch immer in über 7600 Meter Höhe und außerdem seit mehr als 20 Stunden auf den Beinen. Jetzt in der Finsternis dort oben noch einmal nach der umstrittenen, falschen Rechtskurve suchen, den Hang erneut hinaufsteigen?? Wohl keinem von uns scheint das aussichtsreich oder konditionell vorstellbar. Außerdem sind wir inzwischen über die weitere Orientierung keinesfalls mehr einheitlicher Meinung.

George beharrt weiterhin darauf, nach rechts gehen zu müssen. Götz ist ebenso wie ich der Meinung, dass wir unser Zelt eher in der entgegengesetzten Richtung – nämlich linker Hand – suchen müssten. Ich wiederum glaube außerdem, dass es uns in dieser Situation am wenigsten Kraft kosten würde, unseren bisherigen Weg nun auch weiterhin geradeaus zu verfolgen. Der Kessel scheint sich in einem weiter abwärts fallenden Korridor fortzusetzen.

Es ist wie ein Alptraum. Seit Stunden schon beginnt es mir noch an einer ganz anderen Stelle zu „drücken". Nun halte ich es nicht mehr länger aus und will mir für meine „Bedürfnisse" ein ruhiges Plätzchen suchen ... Solcher Platz ist wahrhaftig genügend da, nur mit der Gemütlichkeit – da hapert es mächtig!

George versucht während dieser Zeit zu verschnaufen und ein wenig Ruhe zu finden. Doch setzt er sich dabei nicht in den Schnee. Seinen Eispickel in den Hang geschlagen, sich anschließend auf den Schaft stützend und mit der Handschlaufe das Gleichgewicht haltend, döst er regungslos vor sich hin.

Inzwischen hat sich Götz auf unsere gemeinsame Absprache hin schon einmal auf den

Weg begeben, um das Gelände, links von uns zu erkunden. In der Finsternis rufen wir uns dabei in Abständen gegenseitig etwas zu, um akustisch Verbindung zu halten. Irgendwelche Neuigkeiten ergeben sich daraus aber nicht. Schließlich brüllen wir erneut hinüber: „He, Götz, was ist denn nun los?" Und er darauf: „Noch immer nichts, kein Weg, und das Zelt ist, so glaube ich, wohl auch nicht hier ..."
Daraufhin verständigen wir uns so weit, dass er aus seiner Linksquerung versuchen will, gleich direkt nach unten abzusteigen und wir uns so weiter vorn in Richtung des noch immer abwärts führenden Korridors wieder treffen werden.
Mittlerweile hat sich offenbar auch Karsten dazu entschlossen, Götz auf seinen Spuren nach links zu folgen. Er ist vermutlich mit dem Ergebnis der Suche nicht zufrieden und will in dieser Richtung noch einmal Ausschau halten.
In dieser Situation trennen wir uns also, wie wir natürlich glauben nur kurzzeitig, auch noch von Karsten und steigen leicht abwärts, um auf diese Weise mit den beiden wieder zusammenzutreffen.
Es gelingt mir, auch George wieder etwas von seiner Rechtsorientierung abzubringen. So ist er denn bereit, den Weg mit mir erst einmal fortzusetzen, obwohl seine Skepsis bleibt. Götz steht irgendwann wieder vor uns, ein bisschen durcheinander, wie mir scheint. Wenig später wird mir dann auch bewusst, dass seine Stirnlampe offenbar nicht mehr funktioniert und auch sein Eispickel verschwunden ist. Wir brauchen auch nicht lange zu fragen, als er uns schon erzählt, dass dieser Abstieg ein ziemliches Elend gewesen sei. Eine äußerst unangenehme Kletterei zwischen den vereisten Felsen. Am Ende sei er dann auch noch irgendwo hinuntergestürzt. Das Eisbeil von Linde sei nun wohl auch futsch.
Von seinen neuesten Abenteuern ein bißchen verstört, bringt uns noch etwas anderes wieder zur Besinnung. So platze ich denn auch mit meiner Unruhe heraus: „Wo ist denn Karsten?"
Götz: „Das weiß ich doch nicht."
Wir völlig verblüfft darauf zu ihm: „Aber der ist doch hinter dir hergelaufen!"
Große Ratlosigkeit – wir beginnen alle drei wie besessen nach ihm zu rufen und zu pfeifen ... Nichts, noch einmal ... – und wieder nichts, absolut nichts ist mehr von ihm zu sehen oder zu hören! Dazu kommt das fatale Ergebnis der Bemühungen von Götz, Hinweise auf den richtigen Weg beziehungsweise unser Zelt zu finden.
Wenn sich also auch links von uns kein Anhaltspunkt zur richtigen Orientierung findet, dann ... Jetzt bin auch ich völlig sprachlos, verunsichert, weiß den Behauptungen von George mit seinem ganz anderen Richtungssinn nichts mehr entgegenzusetzen.
Inzwischen scheint es wenigstens mit dem Schneien aufgehört zu haben. Da überrascht uns Götz plötzlich mit einer neuen Feststellung.
„Seht mal da drüben!" Und er deutet mit seiner Hand in die Finsternis.
Was, wo?
Dort! Dort drüben steht unser Zelt! Da gehen wir jetzt gleich alle hin.
Ja, was meint er denn nun eigentlich damit? Diese unregelmäßigen Konturen des Horizonts, die sich kaum merklich gegen den Sternenhimmel abheben? Was will er da nur

gesehen haben? Etwa da drüben? Durchaus – dort hebt sich etwas Gleichmäßiges wie ein dreieckiger Schatten in den Himmel.
Aber es sieht doch viel größer aus. Ist es der schwache Schimmer eines Felsgrates? Richtig – es kann eigentlich nur die Gipfelpyramide des Chomolönzo sein. Der über 7400 Meter hohe nördliche Vorgipfel des Makalu, welchen mancher von uns ganz gern noch als zusätzliches Gipfelziel gemeistert hätte. Meint er etwa diesen Zacken damit?
Nein, in dieser Richtung kann ich wirklich nichts erkennen, was einem Zelt ähnelte. Das sage ich dann auch zu Götz.
Nein, er beharrt darauf – dort drüben steht unser Zelt.
Ich: „Du spinnst doch!"
Götz: „Dann gehe ich eben allein da rüber!"
Nein – im Moment ist mit ihm da einfach nicht mehr zu reden. Und tatsächlich geht jetzt Götz einfach in diese Richtung los.

Was hält aber George in diesem Moment eigentlich davon? frage ich dazwischen. Meutz muss ein wenig lachen.

Der stapft ihm erst mal hinterher. Offenbar entspricht die eingeschlagene Richtung sowieso mehr seiner hartnäckigen Orientierung.
Nachdem wir uns schließlich großzügig mit Götz darauf geeinigt haben, dass er ja in seiner Richtung mal nach dem Zelt schauen könnte, läuft er dann meistens schon ein Stück voraus oder seitlich von uns. Ohne seine Stirnlampe ist er allerdings meist unsichtbar, wir verständigen uns weiterhin durch Zurufe.
Irgendwann folgt dann noch einmal eine Steilstufe, welche wir erneut überwinden müssen. So ein richtig unangenehmes Gelände mit abschüssigen Felsschroffen und teils lockerem Geröll. Dazu alles noch mit Neuschnee überzuckert, wir schlittern darauf im trüben Licht unserer Stirnlampen mächtig umher.

Ich will wissen, seid ihr dabei nun wieder zusammen, und wie steht es mittlerweile um deine Füße?

Nein, Götz befindet sich weiterhin ein wenig seitlich – noch immer besessen von seiner Überzeugung oder wenigstens Hoffnung, unter den undeutlichen Linien am Horizont die Umgebung unseres Zeltes wiederzuerkennen.
Als wir das unsympathische Steilstück endlich hinter uns haben, scheint sich der Korridor erneut zu einem großen Kessel zu erweitern. Der Charakter des jetzigen Geländes bestärkt uns in der Meinung, dass es für uns in dieser Nacht nur noch einen Weg geben kann – weiter bis zum Makalu- La, zum Zelt der Österreicher, von dem du uns über Funk vor zwei Tagen berichtet hattest.
Zu dieser Zeit – ja, eigentlich hatten wir inzwischen das Gefühl für Zeit fast verloren. An dieser Stelle jedenfalls, irgendwann zwischen tiefer Nacht und noch fernem Morgen, merke ich schon, dass es mit meiner verbleibenden Kraft langsam zu Ende geht. Gerade jetzt, wo der Weg endlich wieder überschaubar und eben zu werden scheint.
Glücklicherweise haben wir uns in den letzten Stunden fast nur noch bergabwärts bewegen müssen. Inzwischen aber geraten wir schon bei der kleinsten Gegensteigung

rasend schnell an körperliche Leistungsgrenzen. Noch immer habe ich mir einen winzigen Schluck zu trinken in meiner Flasche aufgespart. Der Gedanke daran hilft mir etwas. Meine Füße aber? Die sind inzwischen kaum noch zu spüren. Und das macht mir Angst. Doch haben wir in diesem Moment wohl keine große Wahl. Wenn ich mich hier hinsetzen würde? Hier jetzt mitten im Schnee – um vielleicht die Schuhe auszuziehen, die Füße zu massieren? Einfach so hinsetzen – ja, das wäre schön. Nein, nein, nur das nicht! Manch einer ist aus solchen angenehmen Träumen dann nicht mehr aufgewacht. Wir müssen vor allem versuchen, das Zelt der Österreicher zu erreichen – jetzt gleich und ohne weiteres Zögern. So gehen wir weiter, lange noch.

Plötzlich schlägt mir George auf die Schulter und deutet mit seiner Hand rechts nach oben zum Horizont. „He, Meutz! Schau mal dort drüben! Da ist etwas, es scheint so, als ob da jemand steht! Siehst du die zwei Stirnlampen?“

Tatsächlich – ein ganzes Stück weg am Horizont leuchten zwei Punkte, wirklich so ähnlich wie Stirnlampen. Wer, ich meine – was kann das nur sein?

Fürs Erste sind wir von dieser Erscheinung beide ein wenig verwirrt, und während unsere Füße langsam weiter durch den Schnee stolpern, streichen unsere Blicke erneut verstohlen da hinüber. Komisch – jetzt ist einer der beiden hellen Punkte hinter einer Felszacke verschwunden und taucht wenig später links davon wieder auf.

Ich zweifle noch immer an meiner eigenen Wahrnehmung und bin von unseren Beobachtungen irritiert.

Jetzt in der Nacht hier bei uns? Wer sollte aber ausgerechnet da oben an dieser steilen Felszacke herumlaufen?

George: „Sieht doch aber tatsächlich so aus.“

Ich: „Das kann doch nicht sein.“

George: „Aber sie bewegen sich doch!“

Während wir noch miteinander diskutieren, scheinen die beiden Lichter nun aber wieder stillzustehen. Das macht mich schließlich stutzig, und so laufe ich nochmals einige Schritte zurück.

Jetzt ist plötzlich nur noch eine Lampe an.

Kopfschüttelnd laufe ich wieder zu George – und jetzt sehe ich erneut zwei Lichter.
Was wir sehen, scheint so aufregend, jedoch es zu begreifen, in unserem Zustand darüber noch vernünftig nachdenken zu können, ist fast zu viel. Auch George ist von diesem Phänomen immer noch beeindruckt, da fällt mir plötzlich auf, dass gemessen an der Entfernung bis zu den Felsen der Lichtschimmer der scheinbaren Stirnlampen uns noch mit völlig ungeminderter Intensität erreicht.
Nein – das kann doch nicht sein! Auf diese Entfernung – auf den Leuchtpunkt eines Glühwürmchens nur noch müsste sich das Licht auf diese Distanz vermindert haben. Sollten es vielleicht doch nur Sterne sein?
Als wir später wieder einen flachen Hügel emporstapfen müssen, klärt sich für uns endlich der ganze Spuk auf. Zwar leuchtender als alle anderen, werden diese beiden Lichter doch tatsächlich zu besonders hell strahlenden Gebilden des Himmels. Nein, keine Stirnlampe, welche vielleicht nach uns Ausschau hält, sondern nur zwei dieser zahllosen Himmelslichter, die in kaltem Glanz von dort oben auf uns herabschauen. Ja, so ist es, und im gleichen Maße, wie unsere Erregung wieder schwindet, erfasst die Ernüchterung der eisigen Nacht ringsum erneut von uns Besitz ...
Noch einmal geraten wir über der Entscheidung für die günstigste Richtung unseres weiteren Weges in Verlegenheit.
Parallel zu Götz, der auf unser Rufen zuletzt nicht mehr antwortete, erkundet George erneut das nachfolgende Gelände. Auch vor möglichen Spalten müssen wir inzwischen wieder auf der Hut sein. Irgendwie, immer in leicht schlangenförmigen Bögen weiter stapfend, glauben wir uns inzwischen auf einer Position – bereits ein ganzes Stück Götz vorauslaufend. Jetzt, ohne das bisherige Bergablaufen, habe ich mit meinem Weiterkommen spürbare Probleme und falle ein wenig hinter George zurück. Doch schon wenig später komme ich plötzlich wieder dicht an ihn heran. Was ist nur los?
George steht wie versteinert auf der Stelle und starrt hypnotisiert in eine Richtung. – Einige Schritte vor ihm wird im trüben Schimmer der Stirnlampe irgendetwas Merkwürdiges sichtbar. Was ist das? Sitzt dort nicht jemand? Dann schlägt uns unvermittelt eine Stimme entgegen – es ist die von Götz. Wie kommt der denn plötzlich hierher, wo wir ihn doch noch viel weiter hinter uns vermutet hatten? Darüber muss George wohl ziemlich verblüfft gewesen sein.
Aber wir müssen weiter. Der neue Tag beginnt inzwischen zaghaft zu dämmern, und unser qualvoller nächtlicher Abstieg muss endlich ein Ende finden. Dann, bei weiter fortschreitender Morgendämmerung wird die schon vertraute Einkerbung des lang gestreckten Grates sichtbar. – Der Makalu- La, jetzt können wir ihn fast greifen!
Jedoch das Zelt – wo ist das Zelt der Österreicher?? Das gibt's doch gar nicht. Wir können es nirgendwo entdecken. Verwirrt und resigniert müssen wir uns noch einmal zu einer Pause in den Schnee fallen lassen. Unsere ganze Hoffnung, jenes nun aber nicht erkennbare Zelt der Österreicher, lässt meine entkräfteten Beine jetzt enttäuscht zusammenklappen.
Nach dieser von Erschöpfung diktierten Pause rappeln wir uns erneut hoch und schleichen das letzte Stück eines flachen Gegenhanges nach oben. Nach kaum weiteren

10 Minuten können wir endlich über dessen Kuppe schauen und – das Zelt der Österreicher wird aus eurer flüchtigen Erwähnung für uns nun endlich greifbare Realität!
Unsere letzten Schritte und Gedanken scheinen sich förmlich zu überstürzen. Endlich etwas trinken können, einen Kocher, vielleicht Schlafsäcke, aber wenigstens Isomatten vorfinden. Endlich erst einmal ausruhen, sich hinsetzen, ein wenig schlafen können!
Wir öffnen den Eingang und – trauen unseren Augen kaum! Das Zelt ist völlig leer. Nichts, überhaupt nichts befindet sich auf dem kahlen Fußboden oder an seinen Wänden. Von diesem Anblick sind wir wie betäubt. Auch außen oder neben dem Zelt absolut nichts. Eine Schneeschaufel bleibt das Einzige , was wir an Ausrüstung anstelle vielleicht einer Notverpflegung finden können.
So beginne ich damit, meine Schuhe auszuziehen. Natürlich ist mir klar, sie schon seit Stunden nur noch als gefühllose Stümpfe benutzt zu haben. Der erste Anblick wirkt auf mich dann doch schockierend. Kalt und erstarrt, fast wie all jene Dinge aus dem Tiefkühlschrank, lässt sich mit den Fingernägeln eine dünne Eisschicht direkt von der Haut abkratzen. Dieser Zustand macht mich ratlos, auch wenn es mit den Füßen von Götz nicht viel besser auszusehen scheint.
Nachdem wir so im Zelt die Wärme der aufgehenden Sonne noch etwas abgewartet und mit den Händen dabei immer wieder versucht haben, ein wenig Schnee gegen unseren quälenden Durst zu schmelzen, begeben wir uns am Vormittag ebenfalls auf den weiteren Abstieg, wie du weißt. So haben wir wieder das rettende Lager bei euch erreicht.

Dies alles ist vielleicht nur damit zu erklären, dass der Körper in Lebensgefahr noch einmal Energien freisetzt, welche unter normalen Verhältnissen verborgen bleiben.
Aber lässt es sich eigentlich noch rechtfertigen, durch diese Gipfelaktion in solch außerordentliche Gefahr zu geraten? Während ich einzuschlafen versuche, beginne ich darüber noch einmal nachzudenken.
Dass wir jetzt, heute und hier an einem der beeindruckendsten Berge des Himalaya unsere persönlichen Sehnsüchte und Herausforderungen zu erfüllen hoffen, beschreibt den vorläufigen Höhepunkt gemeinsamer Bergfahrten über Jahre. Begleitet von vielen Anregungen und sicherlich ebenso manch gut gemeinten Ratschlägen, gestalteten sich unsere bisherigen Unternehmungen jedoch vor allem durch die dabei selbst gewonnenen Erfahrungen zwischen Erfolg wie auch Niederlagen.
Werden es dabei aber auch Außenstehende mit Vernunft oder Logik nachvollziehen können oder überhaupt wollen, wenn zum Beispiel Götz in dieser Nacht vermutlich erstmals selbst die ernsten Auswirkungen von Halluzinationen durchlebte?
Wie denke ich darüber, kann ich nachempfinden, wenn die bisherige Kontrolle über einen geplanten Ablauf langsam schwindet, die Geschehnisse unerwartete Eigendynamik entwickeln?
Auch meine eigenen Erkenntnisse beziehen sich in diesem Falle weniger aus Dokumentationen. Mein beeindruckendstes Erlebnis, das ich damals selbst aus der Gipfelregion des achttausend Meter hohen Shisha Pangma mit nach Hause genommen hatte, war wohl,

die nahe Grenze zur Halluzination schon zu spüren, die Gewalt über persönliche Entscheidungen mit Vernunft dabei aber glücklicherweise noch nicht verloren zu haben.
Aus diesen Erinnerungen rührt zumindest meine eigene Vermutung, dass sich solch bedrohliche Gefährdungen durch Rauschzustand in dieser Höhe nicht im Voraus und schon gar nicht mit einem „Maßband“ ermitteln lassen.
Und der Entschluss von George, auch einen Abstieg in die Nacht mit nüchterner Kalkulation in Kauf zu nehmen?
Soviel ich weiß, ist George vor zwei Jahren am Mt. Everest schon einmal in der Nacht unterwegs gewesen. Damals handelte es sich sogar um einen geplanten Aufstieg zwischen verschiedenen Hochlagern in über 7000 Meter Höhe. Gemeinsam mit zwei weiteren Gefährten hatte er sich aus taktischen Erwägungen ebenso ganz bewusst zu solch einer nächtlichen Aktion entschlossen.
Wer auch sonst, wenn nicht die Betroffenen selbst sollte solche Entscheidungen in wichtigen Augenblicken treffen? Dabei Erfahrungen für die eigene Grenze des Machbaren nicht nur zu bestätigen, sondern immer wieder neu auszuloten und gegebenenfalls ein weiteres Stück nach vorn zu verschieben – das zeigt wohl Ziel und Inhalt, nicht nur für Bergsteiger.
Hermann Buhl provozierte bereits vor mehr als 40 Jahren in den Alpen eine Durchsteigung der Watzmann-Ostwand bei Nacht und im Alleingang, bevor er sich an den 8125 Meter hohen Nanga Parbat wagte. Und bevor nicht Reinhold Messner der praktische Gegenbeweis gelang, galt eine Besteigung des Mt. Everest ohne Sauerstoff aus medizinischer Sicht als unmöglich.
Unabhängig von den vielen Faktoren von der eigenen geistigen und körperlichen Verfassung bis zu den ungewissen Wetterverhältnissen liegt die Entscheidung auf Erfolg an einem solchen Gipfeltag nicht zuletzt in einem gesunden Verhältnis zu einem kalkulierten Risiko. Ein solches ist, wie ich glaube, kaum zu vermeiden, wenn man unter den komplexen Verhältnissen des Hochgebirges eigene Erfolgsaussichten nicht hinter einer Liste von Sicherheitsgarantien nur noch auf einen statistischen Restbetrag zusammenschrumpfen lassen will.
Zweifellos bewegt sich dabei das Umfeld des Höhenbergsteigens in weniger geordneten Verhältnissen, als es etwa mit dem kurzgeschnittenen Rasen eines Tennis- oder Golfplatzes realisiert wird. Doch sind auf diese anders gearteten Bedingungen ihre Herausforderer in der Regel eingestellt, welche sich von der besonderen Faszination dieser Landschaft und Natur angezogen fühlen.
Voller Hoffnung darauf, am nächsten Tag endlich wieder in die belebenderen Höhenzonen tief unter uns im Tal zu gelangen, versuchen wir bis dahin noch einmal Schlaf zu finden.

Montag, 27. April

Das Wetter ist friedlich, als wir nach unserer morgendlichen Pflichtmahlzeit damit beginnen, unsere Rucksäcke zusammenzupacken. Noch sind es fast 2 Wochen bis zu jenem Tag, an welchem der Hubschrauber uns von diesem wilden und einsamen Ort wieder abholen wird – wieder zurück in unsere so völlig andere Welt.
Schon heute Morgen bewege ich mich fast wie in einem Film, der ein wenig zu langsam abläuft. Dazu dieser zermürbende Druck in meinem Unterkiefer. Doch muss ich meine Gedanken zusammennehmen, um beim Packen nicht die Übersicht zu verlieren. Werde ich das Lager hier oben wiedersehen?
So, wie ich mich im Moment fühle, richte ich mich wohl eher auf einen endgültigen Abstieg ein. Das hat zur Folge, dass mein Rucksack sich erneut bis zum Rand füllt.
Auf unsere Skistöcke gestützt, laufen wir dann beide langsam abwärts. Meutz hat seine geschwollenen Füße gerade noch so wieder in die Schuhe bekommen. Sie bereiten ihm natürlich Schmerzen, und so läuft er vorsichtig, nur Schritt für Schritt. Als uns auf dem oberen Gletscherplateau jener flach ansteigende Gegenhang erwartet, komme ich ins Schnaufen und muss immer wieder stehen bleiben, wie bei einem Steilaufstieg. Dann erreichen wir endlich den oberen Punkt, von dem es nun nur noch abwärts gehen wird.
Noch einmal schauen wir auf unsere Zelte am anderen Ende der großen Schneemulde zurück. Darüber beginnt sich jene Eisrinne steil nach oben zu ziehen, in welcher für uns alle vor 5 Tagen ein dramatischer Aufstieg begann. Wie ein steinernes Monument grüßt uns weit darüber der Gipfelgrat des Makalu im tiefen Blau des Himmels. Wartet er auf unsere Wiederkehr?
Rein rechnerisch, ist noch immer ausreichend Zeit für eine nochmalige Erholungsphase, um nach wochenlangem Kampf unter den gewaltigen Felswänden dieses Berges einen erneuten Aufstiegsversuch zu jenem dunkelbraun leuchtenden Punkt seiner Gipfelpyramide zu unternehmen. Doch werden sich die leichteren Erfrierungen bei Götz und George innerhalb von Tagen auskurieren lassen? Bei meinen Erfrierungen damals dauerte es Jahre. Wir blicken erneut in die Runde. Immer noch scheinen uns die meisten der unendlich vielen Gipfel und Firngrate zu Füßen zu liegen.
Jetzt beginnen wir jedoch über den Steilaufschwung vor uns kontinuierlich abwärts zu steigen. Erstaunlich, kaum 200 Meter tiefer habe ich bereits das Gefühl, einem leicht geöffneten Sauerstoffventil näher zu kommen. Wir legen unsere Steigeisen ab, unter welchen der von den Sonnenstrahlen bereits aufgeweichte Schnee des nun ebenen Gletschers anzustollen beginnt.
Nach etwa 2 Stunden erreichen wir schließlich unsere Zelte des Lagers I. Von diesem Weg, den wir an anderen Tagen im Abstieg bereits in fast 30 Minuten bewältigten, bin ich jetzt so geschwächt, dass es gerade noch bis zu den Zelten reicht.
Gierig trage ich mit der Schaufel einen kleinen Haufen Schnee zusammen, während

Meutz im Zelt bereits einen Kocher in Betrieb setzt. Es scheint uns geradezu unmöglich, diesen Abstieg weiter fortzusetzen, ohne uns vorher nicht erneut gestärkt und ausgeruht zu haben. Mit einem zusätzlichen zweiten Kocher beschleunigt Meutz inzwischen unsere Aktivitäten, so dass wir bereits nach weniger als einer halben Stunde den belebenden Tee schlürfen und mit unseren Löffeln in Suppentöpfen klappern. Noch eine Stunde vergeht, und wir fühlen uns so weit erholt, das wir den weiteren Abstieg fortsetzen können.
Tatsächlich gelingt uns das folgende Steilstück über die nun einsetzenden Felsblöcke und das Geröll mit zunehmender Sicherheit. Der Himmel hat sich inzwischen wieder einmal zugezogen, als uns einige Bergsteiger der tschechischen Expedition entgegenkommen. Mühsam, jedoch in gleichmäßiger Beharrlichkeit vorsichtig über die Steine balancierend, arbeitet sich so auch Meutz dem unteren Ende des Gletschers entgegen. Die Schmerzen in seinen Füßen machen ihm zu schaffen. Dagegen scheint sich mein Schwächezustand bei abnehmender Höhe zu verflüchtigen.
Im Bulgaren-Camp sind wir von den Gefährten offenbar bereits gestern angekündigt worden. Karina, ihre freundliche Expeditionsärztin, steht schon bereit. Während ich mich erst einmal damit begnüge abzuwarten, mit welchen Konsequenzen jene erste fachkundige Begutachtung unseres Erfrierungsfalls ausgeht, werden Meutz bereits im Zelt Schuhe und Strümpfe von den geschwollenen Füßen gezogen.
Die Miene von Karina bleibt ernst und nachdenklich, als sie wenig später damit beginnt, mit übergestreiften Gummihandschuhen, Desinfektionslösung, Pinzette und Tupfer das erfrorene Gewebe zu säubern und zu untersuchen. Die Sonne strahlt ungetrübt am Nachmittagshimmel, und die Zeit verrinnt, ohne dass ein Ende dieser ersten, glücklicherweise fachkundigen Behandlung abzusehen wäre.
Meine Blicke streifen mittlerweile durch dieses Lager, welches mit seinen vielen bunten Zelten und Wimpeln, den mehr als zwei Dutzend Alpinisten und Sherpas einen recht geschäftigen Eindruck vermittelt. Es ist das Basecamp dieser Expedition. Die unmittelbare Nähe zum Berg, der direkte Anstieg von hier bereits bis ins erste Hochlager erscheinen verlockend. Doch empfinden wir diesen imposanten Ort, schon mit einem ersten Rundblick über die nächsten Bergketten hinweg, eigentlich als viel zu hoch, um hier in mehr als 5500 Meter Höhe zwischen den einzelnen Aufstiegsetappen noch ausreichend Erholung erlangen zu können.
Während ich über diese Zusammenhänge noch grüble, werden inzwischen Lage auf Lage von imposanten Verbänden über den betroffenen Fuß meines Gefährten gelegt. Unmittelbar danach wird Meutz in einem geräumigen Schlafzelt auf eine weiche Unterlage gebettet, und die Expeditionsärztin hängt ihn außerdem an den Tropf, über welchen dem Blutkreislauf von Meutz in den nächsten Stunden noch zwei große Beutel mit speziellen Infusionslösungen zugeführt werden.
An einen weiteren Abstieg bis zu den Kameraden in unserem Lager weiter unten ist heute so mit ihm nicht zu denken. Karina meint, dass Meutz unbedingt zur weiteren Betreuung und Behandlung wenigstens bis morgen hier oben in ihrer Nähe bleiben sollte. Erst

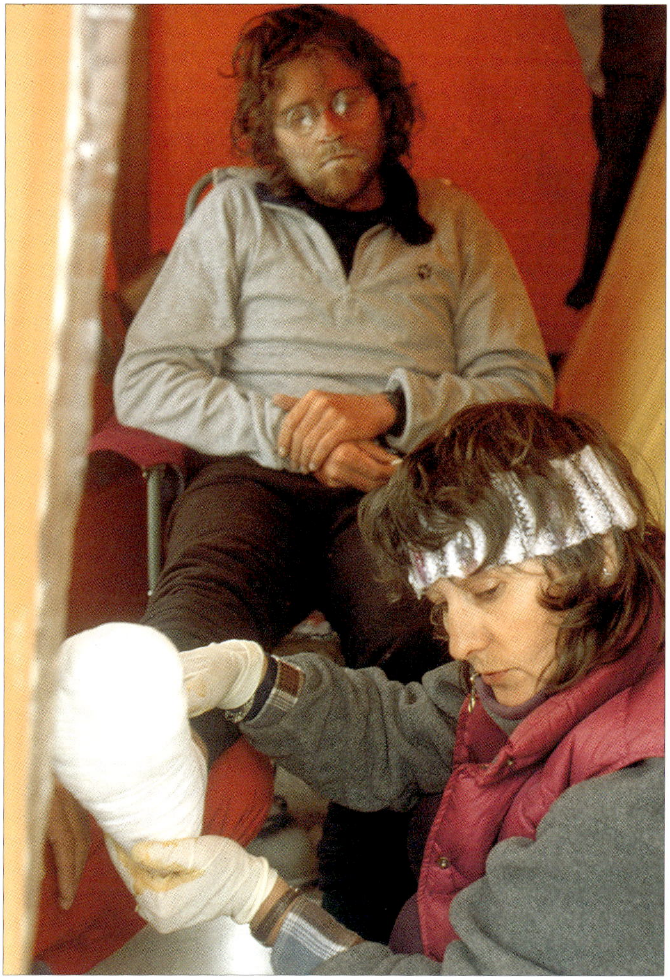

dann könne man weitersehen.
Nach dieser mit medizinischer Gewissenhaftigkeit getroffenen Einschätzung verdüstert sich das Gesicht von Meutz noch einmal zusehends. Da ist es kaum notwendig, dass er mir seine Betroffenheit mit Worten verdeutlicht. Tatsächlich scheint ihn im Moment der Zustand seiner Zehen fast weniger zu entsetzen als jene Ankündigung, nicht weiter mit absteigen zu dürfen. Anders als für uns, würde heute für ihn der Abstieg bis zum Basecamp mehr als nur weniger „dünne Luft“ mit größerem Komfort bedeutet haben. Gemeinsam mit unserer Trekkinggruppe aus Dresden erreicht heute auch seine Freundin Antje unser Basecamp. Nicht allein, dass sie sich bisher für die Vorbereitung und Begleitung der Trekkingtour außerordentlich engagierte – ihr Geburtstag steht außerdem bevor. Und da soll es sich Meutz nun hier auf einer großen Luftmatratze gemütlich machen, nicht einmal mit einer Funkverbindung zum Basecamp – wo doch für alle anderen von uns der Kontakt mittels Satellitentelefon inzwischen wieder bis nach Hause reicht? Wirklich eine fatale Situation!
Ich hatte in der vergangenen Stunde bereits versucht, von hier aus unsere Gefährten im Tal über Funk zu erreichen. Jedoch erfolglos, von diesem Standort aus befinden sich zu viele Berg- und Geländeformationen zwischen uns, welche den Funksignalen den Weiterweg versperrten.
Wir bedanken uns für die große Hilfsbereitschaft der Bulgaren, und nachdem sie uns noch einmal versichern, durch diese zusätzliche Unterbringung hier in ihren Zelten keine besonderen Umstände zu haben, entschließe ich mich den restlichen Weg bis in unser eigenes Lager, das ABC anderthalb Wegstunden tiefer, zu steigen.
Meutz behält unser Sprechfunkgerät hier. Mit dem restlichen Strom der Batterien hoffen wir uns morgen über den weiteren Ablauf noch einmal verständigen zu können, wobei ich glaube, dass mir vom tiefer gelegenen Standort unseres ABC heute Abend noch eine

Sprechverbindung hinaus bis in unser Basecamp gelingen wird.
Unser vorläufiger Abschied geschieht mit ein wenig Traurigkeit, jedoch mit Blick auf die zwingenden Umstände einer medizinischen Betreuung gleich hier vor Ort in Ruhe und mit Fassung.
Durch unsere mittlerweile wiederholten Abstiege über dieses Terrain beginnen sich in meinem Gedächtnis selbst im Chaos dieser übereinander getürmten Felsblöcke zaghaft erste räumliche Vorstellungen von unsichtbar bleibenden Pfaden und Entfernungsrelationen zu bilden. Im letzten Licht des scheidenden Tages empfangen mich schließlich die beiden Küchenboys vor unseren Zelten mit freundlichen Grüßen.
Während sie sich sofort daranmachen, mir in ihrem rußgeschwärzten Küchenzelt eine leckere Mahlzeit zu bereiten, will ich 18 Uhr – zur vollen Stunde – gleich noch einmal versuchen, eine Sprechverbindung hinunter zum Basecamp zu bekommen.
Tatsächlich meldet sich auf meinen Ruf sogleich auch Heiko, um zu berichten, dass sie nach ihrem Abmarsch heute Morgen, von meinem jetzigen Standort aus, mittlerweile wohlbehalten im Hauptlager angelangt sind. Gerade noch rechtzeitig, um unsere Trekkinggruppe begrüßen zu können, welche heute Nachmittag nach 10-tägigem Marsch von Kathmandu aus mit Flug bis Tumlingtar hier nun den Fuß des Makalu erreichte. Antje ist ebenfalls dabei. Natürlich hatte sie sich schon lange auf ein glückliches Wiedersehen mit Meutz gefreut. Schließlich werden die geplanten drei Aufenthaltstage für die Trekker schnell verflogen sein. Und außerdem hofft Antje darauf, morgen hier in den Bergen gemeinsam mit allen Freunden ihren Geburtstag zu feiern, obwohl es im Moment fast danach aussieht, als würde ausgerechnet Meutz dabei fehlen.
Da eine direkte Funkverbindung bis zu ihm nicht möglich ist, möchte Antje, über unsere Komplikationen bereits unterrichtet, natürlich jetzt gleich von mir noch einmal Näheres erfahren. Wie geht es jetzt Meutz? Wird er morgen absteigen, oder ginge alles schneller, wenn sie zu unserem Lager hinauf laufen würde? So kann ich ihr vorerst nur noch einmal versichern, dass sich Meutz medizinisch in guten Händen befindet. Weitere Entscheidungen sollten jedoch erst morgen erörtert werden.
Nun will ich wissen, in welcher Verfassung denn sie sich selbst wie auch die anderen Mitglieder ihrer Trekkinggruppe nach dem langen Anmarsch befinden. Antje erwidert, dass wohl alle noch die ungewohnte Höhe von 4700 Metern spüren würden. Einige seien von diesen belastenden Umständen körperlich auch ein wenig mehr angegriffen. So kann ich sie davon überzeugen, von einem sofortigen weiteren Aufstieg auch für sich selbst abzusehen. Auch für uns war diese nachfolgende Etappe zum ABC noch vor Wochen außerordentlich anstrengend.
Wir hoffen trotzdem alle, Meutz am nächsten Tag noch bis ins Basecamp zu seinen Gefährten und Freunden herunterzubringen. So vereinbare ich mit Antje einen neuen Funkkontakt, sobald ich von den morgigen Einschätzungen der bulgarischen Expeditionsärztin über Meutz Weiteres erfahre.
Unser sonst so geselliges Aufenthaltszelt hier oben im ABC bleibt heute Abend leer und einsam. Für einige Zeit finde ich noch im flackernden Licht zwischen Petroleumlampe

und den fauchenden Kochern im Küchenzelt bei den zwei Sherpas Platz und Geborgenheit. Sie begleitet mich später bis in unser Nachbarzelt, in den Schlafsack.
Endlich zurück aus jenem Terrain der winzigen Hochlager, in welchen der Lebens- oder Überlebensraum innerhalb des Zeltes lediglich dem Umfang der ausgebreiteten Hände entsprach und wo die große Höhe durch den Sauerstoffmangel Stunde um Stunde, lautlos tagtäglich das eigene Leistungsvermögen aushöhlte.
Und nun?
Nach Wochen voller Kampf um den Berg sitzen wir vorerst abgeschlagen wieder an seinem Fuße. Ist es wirklich eine Niederlage?
Wohl eher eine aufregende Geschichte mit vielen Erlebnissen und Erfahrungen, welche sich unmöglich zu einer Antwort mit Ja oder Nein verkürzen lassen.
Wer von uns hätte bei diesem anspruchsvollen Ziel auf Erfolgsgarantien spekulieren wollen, als wir vor fast 7 Wochen in Dresden den Zug bestiegen? Wer hätte dafür garantieren wollen, dass wir alle heil – lebend zurückkommen? Keiner, niemand! Vielleicht eine Versicherung? Jedoch bestenfalls unter dem geschäftlichen Aspekt, die Form der Schadensersatzleistungen zu formulieren.
Nein – wir haben viel, manche von uns wohl alles gegeben, dem Gipfel dieses Berges näher zu kommen. Am Ende wurde das Risiko schon mit Eiseskälte spürbar. Doch haben wir den äußersten Punkt zur Umkehr noch erwischt, Glück im Unglück gehabt. Wir sind wieder hier, vorerst in sicherer Distanz zu den unkalkulierbaren Verhältnissen dort – ganz oben, auf den letzten tausend Metern rund um den Gipfel des Makalu.
Der Gedanke an einen erneuten Aufstiegsversuch bleibt unter den Gefährten weiterhin wach. Abwarten, unsere gegenwärtige Situation erst noch einmal analysieren, meine ich. Vorerst spüre ich noch immer meine Zufriedenheit, wirklich gemeinsam wieder hier unten in Sicherheit zu sein.
Was für morgen immer noch bleibt, ist die Aufgabe oder Frage, wie wir Meutz den weiten Weg hier über das ABC bis hinunter zum Basecamp bringen wollen. Wie soll er denn mit seinem dick verbundenen Fuß, welcher in keinen Schuh hineinpasst, laufen können? Und ihn tragen – über die endlosen Berge von Geröll und wackelnden Felsblöcken? – Das kann ich mir einfach nicht vorstellen.

Dienstag, 28. April

Das Gespräch am Vormittag mit Meutz über Funk ergibt als aktuelle Situation nach einem erneuten Verbandswechsel durch Karina, dass er heute hinunter ins Basecamp transportiert werden könnte. Transportieren?? – in diesem Gelände, wie soll ich das verstehen ...
Er berichtet mir, dass ihm die Bulgaren versichert hätten, die Sherpas würden sich auf solche Transporte verstehen. Sie seien damit vertraut, nicht nur Lasten, sondern mitunter auch Verletzte in ihren traditionell geflochtenen Tragkörben zu befördern.
Jedoch, in diesem fürchterlichen Gelände von solch einem Sherpa getragen zu werden,

welcher gut einen Kopf kleiner ist als wir und dabei wohl kaum an die 60 Kilo wiegt – das kann ich mir beim besten Willen nicht ausmalen.
Wir verbleiben dennoch so, dass ich mich wieder auf den Weg zum Bulgaren-Camp begeben werde, um mit dem Rucksack von Meutz auf dem Rücken diesen unvorstellbaren Transport ins Tal zu begleiten. Allerdings, so fügt Meutz hinzu, muss mit den Trägern, welche sich für diese Aktion bereit erklären, noch der Preis ausgehandelt werden.
Minuten später berichte ich unseren Leuten im Basecamp über den aktuellen Stand der Dinge. Daraufhin meldet sich Mingmar, unser Sirdar, noch einmal zu Wort. Er bietet an, uns mit einigen seiner Sherpas vom Küchenzelt entgegenzukommen, um bereits hier vom ABC aus den Weitertransport hinunter ins Tal zu übernehmen.
Mit den Küchenleuten, welche sonst beim Marsch mit ihren Tragkörben voller klappernder Töpfe und anderer leichter Utensilien noch immer verhältnismäßig gut bedient scheinen, will er kommen? Und außerdem noch der weite Weg bis hier herauf, wo es doch schon verhältnismäßig spät am Tage ist?
Wieder bin ich sehr ungläubig. Doch was soll ich über die Arbeit der Sherpas Skeptisches sagen, wo wir doch regelmäßig durch ihre Leistungsfähigkeit zum Staunen veranlasst werden.
Bei meinem nachfolgenden Aufstieg zu den Russen und Bulgaren lasse ich mir bewusst Zeit und durchstöbere mit meinen Augen noch einmal die tausendfachen Gesteinsbruchstücke, welche in der Sonne so verschiedenfarbig leuchten.

Oben angekommen, spüre ich sofort die unter den dortigen Trägern herrschende aufgeregte Stimmung, gerade wie auf einem Basar, die sich offenbar auf das Feilschen um den besagten Trägerpreis bezieht. Ein sehr stämmiger Sherpa, groß und kräftig an Wuchs, wie ich noch keinen sah, baut sich vor uns auf und gibt zu verstehen, dass er bereit wäre, die „Last" nach unten zu tragen – ganz allein, aber für 6000 Rupien.
Für die finanziellen Vorstellungen der Einheimischen eine ungeheuer große Summe. Doch wären wir töricht uns, im hier gebräuchlichen Stil des Handelns und Feilschens nicht ebenso das Angebot der Gegenseite vortragen zu lassen.
Schließlich landen wir so nach einiger Zeit auf dem halben Preis, und der Wortführer jener zweiten Gruppe von Sherpas ist zu unserem Erstaunen wieder einmal „Claudia".

Claudia-Migma-Doma, wie wir sie gern im Spaß nannten, ist offenbar mit den Trägern der uns nachfolgenden Expedition hier hoch zum Makalu zurückgekehrt und hat, so wie wir sie kennen, auch jetzt keine Probleme damit, als Wortführer der Männer ihres Dorfes aufzutreten.
Inzwischen haben die anderen Sherpas tatsächlich mit einer ihrer Macheten ein großes Stück Wandung aus einem der geflochtenen Tragkörbe herausgeschnitten. Übrig bleibt ein Naturgebilde, welches man mit viel Phantasie als einen zu groß oder wohl doch eher zu klein geratenen Schalensitz bezeichnen könnte. Auf seinen Boden wird zur Polsterung und besseren Isolation noch mein Schlafsack gestopft, und danach tragen sie Meutz schon aus dem Zelt heraus, um ihn sofort in ihr sonderbares Tragegeschirr hineinzusetzen. Mit einer Isomatte am Rücken wird er danach auf seinem neuen Sitz festgebunden, fast ebenso wie die Sherpas auch ihre sonstigen Expeditionslasten zusammenhalten. Für seine Füße bekommt er jedoch noch zwei Schlaufen, ähnlich den Steigbügeln eines Sattels. Die Träger verstehen sich auf ihr Handwerk.
In diesen Minuten erläutert Karina, von Doitschew sogleich übersetzt, für mich noch einmal den Zustand von Franks erfrorenen Zehen und deren weitere medizinische Betreuung. Dass Meutz getragen werden muss, ergibt sich neben seinen Schmerzen und der nun stark eingeschränkten Beweglichkeit vor allem aus einem weiteren Umstand: Die bereits angeschwollenen Blasen an seinen Füßen würden sich beim Laufen öffnen und so die Gefahr einer Wundinfektion provozieren. Trotzdem ist auch weiterhin ein regelmäßiger Verbandswechsel für seine Erfrierungen notwendig. Die Bulgaren haben für ihn sogar noch einiges an speziellen Präparaten zur Durchblutungsförderung mitgegeben. Dinge, die für sie selbst wichtig und nur begrenzt vorhanden waren. Außerdem erhalten wir von ihnen hilfreiche Kontakte und gute Verbindungen für einen passenden Arzt in Kathmandu.
So scheiden wir heute Nachmittag in großer Dankbarkeit voneinander, eine freundschaftliche Erinnerung an jene Zeiten, in welchen auch uns das Schwarze Meer oder das bulgarische Piringebirge praktisch näher schien als Hamburg oder die Alpen. Unter den jetzigen wirtschaftlichen Bedingungen in Bulgarien muss für sie die Finanzierung einer solchen Expedition noch ungleich schwieriger verlaufen als für uns. Keine Frage, dass wir diese menschlich so angenehme und kameradschaftliche Bekanntschaft nicht nur in guter Erinnerung behalten, sondern uns nach dieser Expedition dafür auch noch irgendwie hilfreich revanchieren werden.
Mit einem Gebrüll, als gelte es eine ganze Herde Yaks anzutreiben, feuern die Sherpas mittlerweile jenen Träger an, der als Erster versucht, sich mit der Traglast „Frank Meutzner“ auf dem Rücken aufzurichten. Ein eher schmächtig ausschauender Mann, von seiner Statur vietnamesischen Straßenhändlern bei uns zu Haus ähnlich, erhebt sich mit der Hilfe seiner Gefährten mit jenem in dicke Kleidung gehüllten Alpinisten auf seinem Rücken zum Gehen.
Dieser Anblick – mir will scheinen, unsere gewöhnlichen Erfahrungen mit der eigenen Schwerkraft sind in diesem Moment aufgehoben. Nach dem vorerst noch ebenen

Geröllplateau geht es über ein leicht geneigtes Eisfeld abwärts. Natürlich ohne Steigeisen, werfen die nebenher und vorauslaufenden Sherpas ständig mit großer Kraft Steine auf das Eis. Mit diesen Schlägen soll die glatte Oberfläche aufgeraut werden und den einfachen Gummisohlen ihrer Turnschuhe einen beseren Halt ermöglichen.
Danach aber beginnt endgültig das chaotische Durcheinander von großen und kleinen Felsblöcken, Gesteinsschutt und Schlamm. Wieder weisen dem Träger mit seiner entsetzlichen Last vorauseilende Sherpas den Weg. Sie prüfen die einzelnen Steine und dirigieren teilweise jeden einzelnen seiner Schritte. Katzengleich tasten sich so die Füße jenes menschlichen Schwertransporters tatsächlich über alle Unebenheiten von Stein zu Stein.
Vier oder fünf Minuten mögen vergangen sein, als Meutz in seinem Tragkorb auf einem großen Felsblock abgesetzt wird und es zu einem beinahe fliegenden Wechsel zwischen den Trägern kommt. Der nächste wird sich den Tragriemen über die Stirn legen, und so geht es für die kommenden zwei Stunden in einem fort.
Manchmal gibt es Momente, wo diese ganze unglaubliche Schinderei unvermittelt aus dem Gleichgewicht zu kippen droht, der Tragkorb mit Meutz gefährlich ins Wanken gerät. Doch sofort stützen immer wieder ein Dutzend Hände und Schultern sich gegen solch einen beängstigenden Fall. Auch ich habe „Claudia“ meine für das eigene Gleichgewicht so gern verwendeten Skistöcke gegeben, um vielleicht für unvorhergesehene Zwischenfälle die Hände frei zu haben.

„Claudia“ dagegen fühlt sich mit den Teleskop-Stöcken sehr wohl. Nicht dass sie diese „Krücken“ der westlichen Alpinisten für ihr Gleichgewicht nötig gehabt hätte. – Nein, sie trägt die von mir als so nützlich empfundenen Ausrüstungsgegenstände mit einer Würde, fast wie ein König das Zepter, oder benutzt sie wie ein Lehrer seinen Zeigestock, um die Sherpas aus ihrem Dorf ein wenig hin und her zu dirigieren ...
Auf diese Weise geschieht das für mich immer noch Unglaubliche, dass wir ohne weiteren Zwischenfall die Zelte unseres ABC am zeitigen Nachmittag erreichen.
Hier haben die beiden unermüdlichen Küchenboys für uns bereits ein leckeres Mittagsmahl zubereitet, das wir uns sogleich, draußen auf den Felsblöcken hockend und Meutz noch in seinem Tragkorb sitzend, schmecken lassen.
Tatsächlich hat es Mingmar zusammen mit drei Sherpas von seinem Küchenteam geschafft, den langen Weg unten vom Basecamp in den wenigen Stunden seit unserem letzten Funkkontakt bis hier herauf zu bewältigen. Er hat auch das von den anderen Trägern geforderte Geld für den bisherigen Abschnitt des Weges mitgebracht. Mit zufriedenen Gesichtern nehmen sie Minuten später die ausgehandelten 3000 Rupien in Empfang. Für zweieinhalb Stunden harter Arbeit eine für sie stolze Geldsumme, wenn man bedenkt, dass auch heute noch die einfachen Träger weiter unten in den Tälern mit ihren Lasten bis zu 50 Kilo über einen ganzen Tag, das heißt für 6 bis 10 Stunden Arbeit, zuweilen nicht mehr als etwa 80 Rupien verdienen.
Mingmar sagt zu mir, dass er sich für seine Landsleute dennoch schäme, eine Notsituation finanziell so auszunutzen.
Das sei nicht immer so gewesen. Doch müsse es wohl das Geld der zahlreichen Expeditionen sein, welches inzwischen auch hier bei den Einheimischen deren Charakter verändert habe. Er will uns aber zeigen, dass nicht alle Menschen in Nepal so sind. Für ihn und seine drei Leute soll es aufrichtig gemeinte Hilfe bedeuten, im Gebirge bei Not füreinander da zu sein.
Ich frage ihn, wie er gemeinsam mit nur drei Mann, das sind weit weniger als die Hälfte der bisherigen Trägergruppe, nun aber die restliche Distanz bewältigen wolle, welche dazu fast noch dreimal so lang ist wie die bisherige.
Er erwidert mir, diese Aufgabe ebenfalls als eine Art sportliche Herausforderung zu sehen, für die es unter den ständig in Trekking- und Expeditionseinsatz stehenden Sherpas seiner Agentur regelmäßiges Training, sogar Wettkämpfe gebe.
Seine Begleiter drängen inzwischen wieder zum Aufbruch, um auf dem Rückweg nicht doch noch in die Finsternis zu geraten.
Während ich auf die Bitte von Meutz hin anhand seiner eiligen Beschreibungen nun noch einige seiner Ausrüstungsgegenstände und Kleidungsstücke im Aufenthaltszelt unseres ABC zusammensuche, beginnen Mingmar und seine drei Helfer mit ihrer außergewöhnlichen Traglast bereits mit dem weiteren Abstieg. Bis ich alle die gewünschten Dinge gefunden und schließlich in meinem Rucksack verstaut habe, vergeht noch einige Zeit.
Das beunruhigt mich aber nicht, da ich es für ein Leichtes halte, die schon vorausgehende Gruppe wieder einzuholen. Mein Rucksack ist mit Meutz’ und meinen eigenen

Sachen nun wieder bis ganz oben hin gefüllt, als ich schließlich gegen 16 Uhr das Lager verlasse.
Doch fühle ich mich für den weiteren Weg in guter Verfassung. Zügig verfolge ich den meist unscheinbaren Pfad und komme gleichmäßig vorwärts. Es kann nicht lange dauern, bis ich die Trägergruppe mit Mingmar vor mir wieder einholen oder sie zumindest von weitem sehen werde.
Doch sooft ich auch während des Laufens Ausschau nach ihnen halte, kann ich doch nichts entdecken. Seltsam – sollte es wirklich so sein, dass sie gerade wieder von Felsblöcken verdeckt oder in Mulden untergetaucht sind, wenn ich wieder einmal von einer Erhebung aus die nächsten tausend Meter der Seitenmoräne vor mir und des Gletschers seitlich mit den Augen absuche?
Meine Schritte werden immer schneller, jedoch der anhaltende Umstand, niemanden zu sehen, keinen einzigen sich bewegenden Punkt weit und breit um mich herum wahrnehmen zu können, wird mir immer unerklärlicher. Nicht viel mehr als eine halbe Stunde Weg können sie vor mir gewesen sein. Ich weiß absolut nicht, was ich davon halten soll.
Als ich dann die Stelle erreiche, an welchem der Pfad den Gletscher in seiner ganzen Breite überquert, rufe ich noch einmal in alle Richtungen. – Stille, nichts außer Rauschen ist zu hören, niemand meldet sich.
Fünf Leute sind es, die können doch nicht einfach verschwunden sein. Narren mich jetzt schon meine Sinne?
Wirklich dumm, wo ich sogar ein Sprechfunkgerät bei mir habe. Jedoch haben wir keinen zeitlichen Sprechkontakt vereinbart. Der Weg war klar, das Wetter gut – niemand wird jetzt darauf hören, wenn ich rufe. Ich versuche erst einmal nicht weiter darüber nachzudenken. Denn langsam zieht die Dämmerung herauf, und ich werde mich jetzt auf meinen eigenen Weiterweg konzentrieren müssen.
Als ich irgendwann später schließlich die letzte Biegung des Weges erreiche, ist es bereits dunkel, doch sehe ich nun in der Ferne die Lichter unseres Basecamps leuchten. Nach einer weiterenViertelstunde sind dann auch Geräusche und die undeutlichen Stimmen seiner Bewohner zu hören. Es sind lustige Stimmen, Rufe und Lachen, was mir von dort entgegenschlägt. Als ich bei den Zelten ankomme, registriere ich nur flüchtig im Halbdunkel mir fremde Gestalten, für welche ich ebenfalls unerkannt bleibe. Aber plötzlich wird mein Name gerufen. Es ist Antje, die mich erkannt hat, und so bin ich wenig später von Heiko, Karsten und einigen der Trekking-Leute aus Dresden umringt.
Dann kommt auch schon Meutz aus dem Aufenthaltszelt gehumpelt und begrüßt mich ebenfalls freudig. Darüber bin ich sehr froh, jedoch ebenso sprachlos, und mir kommt dabei jene Geschichte vom Hasen und dem Igel in den Sinn ...
„Hallo Meutz – bist du nun doch selber zu Fuß bis hier heruntergerannt oder vielleicht mit dem Hubschrauber hierher geflogen? Ich bin euch doch zügig gefolgt, ohne unterwegs Blumen zu pflücken. Wie kann es dann nur sein, dass du bereits hier bist?“
Meutz, tatsächlich einige Minuten vor mir angekommen, ist auch fassungslos und voller

Bewunderung für Mingmar und seine anderen drei Träger.
Du kannst es dir einfach nicht vorstellen, mit was für einem Tempo die vier mit mir auf ihrem Rücken runter ins Tal gelaufen sind! Es war geradeso wie bei einer Meisterschaft. Wie bei einem Staffellauf flog ich in meinem Tragkorb bereits nach wenigen Minuten immer wieder aufs Neue von einem auf den nächsten Rücken der Sherpas. Auf den letzten guten Wegabschnitten hier kurz vor dem Lager sind sie mit mir obenauf sogar im Dauerlauf vorwärts gekommen. Dabei haben sie sich gegenseitig angefeuert und ihre Lieder gesungen ...
Daraufhin bleibt mir wie den anderen Umherstehenden nichts mehr zu sagen. – Nein, Geld wollten sie im Gegensatz zu der anderen Gruppe in diesem Fall nicht annehmen, fährt Meutz schließlich fort. Doch mit etwas anderem, da werden wir uns schnell einig, können wir uns vielleicht für ihre unerhörte körperliche Leistung ein wenig revanchieren, ohne ihre ehrenhafte Gesinnung zu verletzen.
Ich hole aus unseren Vorratstonnen hier im Basecamp einen stattlichen Schinken und noch einige andere Leckereien und bringe diese ins Küchenzelt für Mingmar und seine Träger.
Den ganzen Abend über werden wir dann aus ihrem Zelt noch jene für uns so fremdartig bleibenden Lieder hören. Gefärbt von Freude und Traurigkeit, erinnern sie uns wieder an den rauen und körperlich harten Alltag der Leute in diesem Teil der Welt. Aber sie vermitteln uns vielleicht auch einen Hauch Nachdenklichkeit darüber, was in diesem Land, hier oben kurz unter den Bergen, ohne Fernsehen und Auto wohl Glück und Zufriedenheit bedeuten mögen.
Nun werde ich von den anderen mit hinüber in unser Esszelt gezogen. Gerade wie bei einer großen Geburtstagstafel sitzen dort bereits meine anderen Berggefährten gemeinsam mit den zwölf Trekking-Gästen aus Dresden.
Fremde Gesichter, nein – langsam erinnere ich mich, in unserer Vorbereitungszeit auf diese Expedition mit ihnen schon einmal ein gemeinsames Wochenende im Elbsandsteingebirge verbracht zu haben. Doch muss ich mich in meinem Gefühl erst einmal darauf einstellen, nun so plötzlich von einem Dutzend Landsleuten umgeben zu sein, welche ebenso wie wir diesen Weg um die halbe Welt mit dem abschließenden tagelangen Fußmarsch hinter sich gebracht haben.
Auch wenn wir um unseren einzigen Tisch nur sehr eng aneinander gedrängt Platz finden, erscheint mir das heutige Abendessen nach unseren Hochlager-Menüs in jedem Fall festlich. Schon bald verliere ich die Übersicht zwischen den heute so zahlreich aufgetischten Gängen.
Erste zaghafte Gespräche ergeben sich nun mit den am Tisch links und rechts von mir sitzenden Trekking-Leuten. Die Berichte von ihrem Weg in den letzten Tagen klingen in meinen Ohren ein wenig märchenhaft. Sie erzählen von grünen Wiesen und Blumen, wo sich in unserer eigenen Erinnerung nur die Bilder von endlosen Schneeflächen, Versinken in hüfttiefen Schneemassen und ewig kalten, nassen Füßen finden.
Die neugierigen Wanderfreunde sind von der bisher erlebten Landschaft begeistert, auch

wenn einigen von ihnen die ungewohnte Höhe der letzten Tage und die grelle Sonnenstrahlung ganz schön zugesetzt haben.
Inzwischen bringt Mingmar einen riesigen Kuchen mit Sahnehäubchen, jene von uns bei früherer Gelegenheit schon als Makalu-Torte getaufte Spezialität, herein und entzündet darauf einige Kerzen. Eine Geburtstagstorte? – Ja, nun dämmert es mir wieder. Antje hat ja heute Geburtstag, den wir natürlich feiern. Da werde ich ihr gleich noch gratulieren.
Jetzt ist es hier im Zelt so richtig gemütlich und stimmungsvoll geworden. Zwei der großen chinesischen Benzinlampen fauchen leise vor sich hin, und auf dem langen Tisch brennen viele Kerzen. Der ganze Raum ist von vielfältigem Stimmengewirr erfüllt, und in den eng aneinander stehenden Stuhlreihen und zwischen anderen provisorischen Sitzen kreisen je nach Geschmack einzelne Exemplare von Bierflaschen, Wein, aber auch hochprozentigere Flüssigkeiten, welche, will man ihren selbst gestalteten Etiketten glauben, wahlweise als „Gebirgskräuter", „Yeti-Spezial" oder sogar „Gefrierschutzmittel" angeboten werden. Langsam lichten sich die Stuhlreihen am Tisch, die Trekking-Gäste hoffen auf einen guten Schlaf in ihrer zweiten Nacht auf einer Höhe von 4700 Metern.
Schließlich sitzt mir Karsten gegenüber, und ich sehe die Gelegenheit gekommen, mir nun endlich auch von ihm noch einmal genau über jene dramatische Nacht unter dem Gipfel erzählen zu lassen.
„Wie ist es dir nur gelungen, das lebensrettende Zelt von Lager IV doch noch zu finden?"
Karsten denkt zurück und beginnt mir dann zu erzählen:

Ich erinnere mich, wie unser Höhenmesser endlich genau jene Höhe anzeigt, auf welcher unser Lager eigentlich stehen müsste, doch der Platz, an welchem wir uns jetzt tatsächlich befinden, ähnelt der Umgebung unseres Zeltes nicht im Entferntesten. In dieser Neumondnacht ist kaum noch eine Kontur zu erkennen, ich glaube fast – es ist die dunkelste Nacht meines Lebens.
Wir suchen weiterhin verbissen nach dem richtigen Weg. Immer wieder seitlich ein Stückchen hoch und dann schließlich trotzdem wieder runter. Zur Umkehr werde ich meist immer dann wieder gezwungen, wenn ich auf Blankeis stoße. Richtige meterbreite Bänder sind das, welche den ganzen Hang immer wieder quer oder diagonal durchziehen. Götz erkundet das Gelände ebenso wie ich. In diesem Moment befindet er sich in dem unüberschaubaren Hang weiter über mir. Dabei kommt es mir so vor, als würden Meutz und George bereits seit fast einer Stunde an einem Fleck stillstehen. Irgendwie sind sie während dieser Zeit recht passiv, ich weiß nicht so recht warum.
Aber auch ich habe mittlerweile trotz meiner Bemühungen zwiespältige Gefühle. Während ich immer wieder auf den Höhenmesser schaue, wird mir zunehmend deutlicher, dass es eigentlich fast aussichtslos sein muss unter diesen Umständen der völligen Finsternis unser Zelt finden zu wollen. Wahrscheinlich habe ich diese Gedanken aber wieder versucht zu verdrängen – einfach, um nicht zu resignieren, sondern selber in Aktion zu bleiben.
So suche, bewege ich mich tatsächlich ständig weiter. Hin und her, dabei immer wieder

einmal bei George und Meutz vorbei kommend und dann wieder auf- und abwärts, meist vom Eis zur Umkehr gezwungen. Vor diesen spiegelglatten und glasharten Flächen habe ich großen Respekt, schrecke einfach immer wieder davor zurück, sie ohne Sicherung zu queren. Der trübe Schein meiner Stirnlampe lässt es dabei ja schon nach 3, höchstens 4 Metern buchstäblich im Dunkeln, ob ich mich beim Weitergehen vielleicht im nächsten Moment schon über einem gefährlichen Abgrund bewegen würde.
Auf diese Weise vergehen die Minuten, Stunden endlos, sinnlos. Götz hat sich inzwischen immer weiter nach links entfernt. Er klettert irgendwo schon hoch über mir, dann höre ich ihn rufen: „Hier scheint es zu gehen."
So folge ich also seinen Spuren aufwärts, bis zu einer Art Quergang. Ich weiß, dass Götz hier eben noch rübergegangen sein muss. Aber der begrenzte Lichtkegel der Stirnlampe lässt mich nicht erkennen, wohin die Reise über die nächsten Meter dann führen würde. Weder zur Seite hin noch nach unten bekomme ich in diesem Moment eine Vorstellung davon. Meine gesamte geländemäßige oder klettertechnische Einschätzung der nächsten Meter reduziert sich auf einen einzigen Begriff – einen Gang in die Finsternis. So kommt es dann wohl auch.
Nein – dieser Quergang ist wirklich das Allerletzte! Das Eintauchen der Beine in den grundlosen Pulverschnee bei jedem Schritt wie in einen Sumpf. Meine Füße scheinen keinen Halt zu finden, alles um mich herum gibt nach, scheint bei jeder Bewegung langsam am Steilhang hinabzurutschen. Der Eispickel gleitet haltlos durch den lockeren Schnee, und die Zacken meiner Steigeisen scharren meist nur geräuschvoll über sprödes Eis oder abschüssige Felsen. Mir fehlt die Luft, um über Götz laut zu fluchen. In abenteuerlicher Kletterei – die Haue des Eispickels muss dabei stellenweise sogar in einer haltlosen dünnen Felsspalte verklemmt werden – schwindele ich mich bis zu einem abschließenden Felsgrat hinüber.
Als ich von dort weiter spähe, ist aber auch hier von dem vermuteten Zelt keinerlei Anhaltspunkt zu entdecken. Ich sehe nur die Spuren von Götz, welche jedoch schon nach wenigen Metern wieder genau um 180 Grad drehen, das heißt – wieder zurück nach unten führen. Noch einmal folge ich diesen ein Stück zurück. Dann enden die Abdrücke im Schnee jedoch plötzlich an einem steilen Felsabbruch. Der schwache Lichtschein meiner Lampe verliert sich unter mir in der Finsternis. Wieder wende ich mich zurück, bis zu jenem Grat, dem ich bereits gefolgt war. Aber Götz bleibt einfach verschwunden. Dafür fehlt mir jetzt völlig die Erklärung.
Von der körperlichen Anstrengung in den letzten Minuten erst einmal verschnaufend, setze ich mich auf einen Stein und beschließe zu warten. Auch wenn mir im Moment das Fehlen von Götz unbegreiflich erscheint, habe ich keinerlei Zweifel daran, dass mir George und Meutz auf diesem entsetzlichen Weg in Kürze folgen werden. Was sollen sie denn sonst tun? Mit der Zeit rede ich mir immer mehr ein, die beiden vorhin noch bemerkt zu haben, wie sie mir bereits folgten.
Ich stehe wieder auf, eile erneut das Stück zurück bis zu diesem Quergang, um nach Meutz und George Ausschau zu halten. Wenn sie dann ebenfalls hier sind, werden wir

unsere Lage erst einmal völlig neu besprechen. Wir sollten versuchen, unseren Standort noch einmal zu überdenken. Müssen entscheiden, in welche Richtung wir von hier weitergehen wollen.
Wieder stapfe ich den Berg bis zum Grat hinauf, um mich hoffentlich inzwischen doch noch ein wenig orientieren zu können. Vielleicht ist die dort oben plötzlich endende Spur von Götz nur ein seitlicher Verhauer. Oder ist er auf der gleichen Spur nur bis zu den Felsen am Grat zurückgekehrt und dann noch weiter direkt ein Stück aufwärts gestiegen? Ich starre in die Dunkelheit. Doch es ist nichts zu erkennen, was meinen Vermutungen zu einem schwachen Anhaltspunkt verhelfen könnte – absolut nichts!
Schließlich blicke ich noch einmal viel weiter nach oben und bekomme geradezu einen Schreck. Dort leuchtet genau in einer Einkerbung zwischen zwei Felsen eine Lampe. Das muss Götz sein!
Wieso aber ist er denn noch einmal so weit nach oben gestiegen? Das Licht scheint irgendwie zu flackern, zu blinken. Er gibt mir Zeichen, denke ich! Dann steht dort vielleicht sogar unser Zelt. Noch einmal so weit nach oben zurück – das hätte ich wirklich nicht gedacht. Um ihn von hier aus zu rufen, ist es jedoch schon viel zu weit.
Da fällt mir ein – meine eigene Stirnlampe, natürlich, mit ihr könnte ich ihm ja ebenfalls Zeichen geben. In meiner Aufregung fällt mir kein bestimmtes Signal ein, und so beginne ich einfach damit, meine Lampe ein- und auszuschalten. Immer wieder gebe ich abwechselnd meine Blinkzeichen und starre danach angestrengt nach oben – einige Minuten lang. Doch es ändert sich überhaupt nichts, bis ich selber langsam stutzig werde. Inzwischen ist sogar – gleich daneben – noch eine zweite Lampe sichtbar geworden. Das ist doch überhaupt nicht möglich!
Auf diese Weise wird mir dann jene optische Täuschung langsam bewusst, welche wohl auch euch, George und Meutz, in ähnlicher Weise während dieser Nacht genarrt hatte. Diese beiden Sterne sind im Vergleich zu den anderen einfach ungewöhnlich hell erschienen und haben sich dabei so seltsam dicht beieinander befunden.
Nach dieser Ernüchterung steige ich dann noch einmal die wenigen Meter hinab bis zum Beginn dieses haarsträubenden Querganges. Noch immer hoffe ich auf meine beiden Gefährten. Doch meine Erwartungen werden enttäuscht. Im Gegenteil!
Wenig später erkenne ich tief unter mir jetzt ganz sicher zwei Lichter. Ich täusche mich nicht – die Lampen bewegen sich deutlich. Das müssen dann Meutz und George sein! Die beiden haben jetzt wohl aufgegeben, denke ich, und wollen offensichtlich weiter abwärts das nächste Lager am Makalu-La erreichen.
Von dem bisherigen Auf und Ab, dem Warten wird mir die Sinnlosigkeit meines Tuns bewusst. Den harten Quergang gleich neben mir will ich auf keinen Fall zurück klettern und über die Abbruchkante will ich im Dunkeln erst recht nicht absteigen.
Hat es überhaupt einen Sinn in dieser Finsternis noch irgendwohin gehen zu wollen? In diesem riesigen Gelände, wo ohne Licht doch jeder Stein und jeder Grat so ähnlich, eigentlich gleich aussehen. Dazwischen jenen winzigen Punkt unseres Zeltes noch finden zu wollen – einfach sinnlos.

Aber nachdem es aufgehört hat zu schneien, ist das Wetter jetzt stabil. Natürlich ist es kalt, gewiss an die minus 25 Grad, jedoch sternenklarer Himmel und kaum Wind.
So entscheide ich mich notgedrungen für ein freies Sitzbiwak, hier oberhalb des Abbruchs. Auf diese Weise hoffe ich, vielleicht am besten den kommenden Morgen, das erste Licht für den weiteren Abstieg abzuwarten. Ich ziehe alles an, was an Kleidung noch im Rucksack zu finden ist, und setze mich anschließend auf ihn. Auf meiner Uhr erkenne ich, dass es mitlerweile auf 2 Uhr zugeht.
Obwohl mir der Ernst der Situation durchaus bewusst ist, fühle ich mich in diesem Moment jedoch innerlich ungewöhnlich ruhig, ja fast romantisch – allein in dieser Höhe unter dem Sternenhimmel. Ringsherum die Silhouetten der anderen großen Berge. Besser jetzt abwarten, als mit Gewalt noch einen Fehltritt in die Finsternis zu riskieren. An einen Sturm in der gegenwärtigen Situation darf ich freilich nicht denken.
Etliche Stunden ist es mittlerweile her, dass ich die letzten Schlucke aus meiner Thermoskanne getrunken habe. Sie ist schon lange leer, als ich jetzt im Sitzen einen immer quälenderen Durst verspüre. Einfach Schnee zu essen kann bekanntlich verhängnisvoll werden, und so stopfe ich davon zwei, drei Hände voll in die Thermoskanne. Dann stecke ich mir diese unter die Daunenjacke und lasse die Öffnung zum Kragen herausschauen. So versuche ich den Schnee mit meinem Atem zu schmelzen. Aber bei dieser Kälte ist da einfach nichts zu machen. Ich muss mich weiter gedulden, denn nun verzögert die Isolation der Thermoskanne meine Bemühungen erfolgreich ...
Das andere sind vor allem meine Füße, um die ich nun bei dieser Kälte zunehmend Angst bekomme. Durch eine frühere Unternehmung, bei der ich mir meine Zehen schon einmal leicht angefroren habe, ist mir die Vorstellung daran eigentlich immer ein Horror geblieben. Ich glaube fast, dass meine Aufmerksamkeit im Gebirge seitdem buchstäblich zur Hälfte mit diesem Thema verbunden ist. Beim Aufstieg ebenso wie beim Abstieg – wirklich immer. Speziell für unseren Gipfelversuch habe ich mir deshalb auch diese elektrisch beheizbaren Einlegesohlen in meine Schuhe gelegt.
Aber wie ihr ja selber wisst, scheinen auch diese Dinger in der Verkaufsverpackung wesentlich überzeugender zu wärmen, als man das unter einem durchblutungsgestörten Fuß vielleicht noch erwarten darf. Bei voller Wärmeleistung sind die Akkus nach einer knappen Stunde am Ende. Ich bewege krampfhaft die Zehen in meinen Schuhen. Hoffentlich kommt bis zum Morgen nicht doch noch stärkerer Wind auf, denn sich hier im Geröll einzugraben, wäre undenkbar.
Am Horizont hebt sich schwach die Silhouette des Chomolönzo und von Makalu II gegen den Sternenhimmel ab. Nach und nach spüre ich die beißende Kälte um mich nicht einmal mehr so sehr. Schläfrigkeit befällt mich langsam. Wie viele Stunden sind wir inzwischen eigentlich auf den Beinen?
Später werde ich dann richtig müde und nicke mehrmals leicht weg. Glücklicherweise bringt mich wohl doch der Frost jedes Mal schon bald wieder zu Bewusstsein. Dann aber spüre ich plötzlich meine Füße nur noch ganz schwach. Erneut versuche ich mich hochzureißen und beginne halb benommen, jetzt die Bewegungen im Schuh wieder zu forcieren.

Heilfroh bin ich, als es schließlich langsam zu dämmern anfängt. Erst ist es ja nur ein schwacher Schimmer am Horizont. Aber mit der Zeit, vielleicht eine halbe Stunde später, beginnt diese Kulisse richtig stimmungsvoll zu werden. Ein Panorama, wie wir es bis dahin wohl noch nicht erlebt hatten. Alle Gipfel der Reihe nach von Lhotse, Everest, Chomolönzo und Makalu II beginnen rot aufzuleuchten. Sogar den östlichsten aller Achttausender – den Kangchendzönga – erblicke ich jetzt ganz rechts von mir. Ein sonderbarer Traum mit offenen Augen. Im Kopf bin ich inzwischen fast schon wieder hellwach. Auch glaube ich, mich körperlich eigentlich noch fit zu fühlen. Langsam wäre es Zeit dafür, den weiteren Abstieg zu versuchen.
Doch als ich meine Glieder jetzt bewegen will, sind sie wie eingeschlafen. Von den letzten Stunden der Nacht, verbunden mit jener Kälte, scheine ich mich in einer eigenartigen körperlichen Starre zu befinden. Es dauert dann wohl noch weitere 20 Minuten, bis ich es schaffe, wieder auf die Beine zu kommen und meinen Kram zusammenzupacken.
Als ich später damit beginne, das Gelände vor mir in Augenschein zu nehmen, genauer zu sondieren, bleibt mir der Mund offen stehen.
Fast genau unter mir – vielleicht 200 Meter Luftlinie entfernt – erblicke ich unser Zelt! Ich weiß nicht, ob ich jetzt fluchen oder staunen soll. Aber meine Gedanken werden recht schnell wieder abgelenkt, denn der Weg bis dahin ist kein Weg, welchen ich einfach so hinunterlaufen könnte. Nach wenigen Metern erreiche ich bereits jene Abbruchkante, an welcher ich mich heute Nacht nicht mehr weiter gewagt hatte.
Jetzt sehe ich eine Spur in diesen Abbruch hineinführen. Also musste Götz heute Nacht hier an dieser Stelle doch noch weiter abgestiegen sein.
Der weitere Verlauf lässt mir die Haare zu Berge stehen. Da sind wieder meterlange Blankeisfelder, auf welchen ich nur die haltlos kratzenden Spuren seiner Steigeisen steil abwärts schlittern sehe. Beendet wird manche dieser Rutschpartien schlagartig durch einen aufrecht stehenden Felsblock. Ohne angelegten „Sicherheitsgurt" immer ein kräftiger Ruck, der durch den ganzen Körper geht.
Aber eine andere Möglichkeit der Abwärtsbewegung sehe ich nicht. Ich will jetzt so schnell, wie es nur irgendwie geht, das Zelt erreichen. Ist Götz da unten überhaupt angekommen? – denke ich noch im Stillen. Aber seine Spur führt weiter und trifft am Ende mit einer zweiten, der von Meutz und George, zusammen.
Auch mir bleibt jetzt keine andere Wahl, als den Schleifspuren von Götz – ebenso über das Blankeis – zu folgen. Glücklicherweise sehe ich jetzt, wo meine Fahrt hingeht, und kann so bei noch einigen unfreiwilligen Rutschpartien zumindest deren Ende – ohne Felsblock und harten Aufprall – ein wenig steuern. Wirklich – so richtig ungesund das Gelände!
Dabei in dieser Höhe und dazu auf nüchternen Magen, geht mir gleichzeitig durch den mürrischen Kopf. Wieder erinnere ich mich an die beiden Lichter, die ich heute Nacht hier unten leuchten sah. Ja – das müssen die Lampen von Meutz und George gewesen sein! Vielleicht haben sie es bis ins Zelt geschafft, denke ich, während ich mich noch immer über diesen widerspenstigen Hang plage!

Endlich komme ich unserem Lager näher und erkenne, dass da jemand im Zelteingang liegt und zu mir heraufschaut. Einer von den Gefährten ist es, oder winkt er mir sogar zu? Wieder stolpere ich ein Stück tiefer.
Was aber ist das jetzt? Die für mich nun deutlich sichtbare Spur der anderen – sie führt überhaupt nicht zum Zelt.
Von oben wird mir beim jetzigen Anblick plötzlich klar, dass sie weiter den Hang abwärts zeigt. Vielleicht 100 Meter seitlich des Lagers verläuft die Spur meiner Gefährten unbeeindruckt geradeaus. Vorbei an unserem Zelt. In der Finsternis dieser Neumondnacht haben sie es überhaupt nicht erkannt und sind weiter abwärts daran vorbeigelaufen!
Mit etwas weichen Knien erreiche ich einige Zeit später endlich unseren Zufluchtspunkt – jenen Ort, welchen wir in der vergangenen Nacht alle umsonst gesucht haben. Ich öffne hastig den Eingang und schaue hinein.
Niemand ist hier.
Wenigstens aber mein Schlafsack, unsere Töpfe und der Kocher. Erst in diesem Moment wird mir so recht bewusst, wie sehr ich, nach nunmehr 30 Stunden, diese drei Dinge inzwischen brauche – jetzt sofort!
Ich kann es kaum noch erwarten, bis jener von mir in den Topf gefüllte Schnee zu Wasser schmilzt, gar zu sieden beginnt. Endlich wieder etwas trinken können!
Zwischendurch schlafe ich immer wieder kurz ein. Nachdem mit mehreren Töpfen voller Schnee mein größter Durst erst mal gestillt scheint, verkrieche ich mich schließlich noch für einige Zeit in meinen Schlafsack. Ich setze mir die Frist, spätestens 12 Uhr das Zelt zu verlassen und den Weg nach unten anzutreten, denn ich weiß, ein noch längerer Aufenthalt in dieser Höhe kann fatale Folgen haben.
Gegen 10 Uhr beginne ich, mir über mein notwendiges Weiterkommen Gedanken zu machen. Eigentlich ist es so schön zu schlafen. Aber jetzt muss ich mich zwingen, doch vernünftig zu sein und abzusteigen.
Die Sonne brennt inzwischen schon wieder gewaltig auf unser Zelt. Das Wetter scheint stabil zu bleiben. Vor allem aber ist es so unheimlich warm geworden, dass ich mit seltsamer Großzügigkeit beschließe, all meine warme und mittlerweile so lästige Daunen-Kleidung im Lager zurückzulassen. In diesem Moment glaube ich einfach bei der nächstbesten Gelegenheit – fast zu jeder beliebigen Zeit – nach hier oben zurückkehren zu können.
So verlasse ich das Zelt bei sommerlichen Temperaturen, lediglich mit leichtem Rucksack und meiner dünnen Fleece-Bekleidung auf der Haut. Im Lager II und I hole ich euch wieder ein. In diesem Moment bin ich überglücklich dass wir diese lange Nacht schließlich alle überstehen konnten.

Alle haben Karsten zugehört. In einem kurzen Moment der Stille und des Nachdenkens murmelt noch irgendwer von – Gebetsfahnen ... da möchten wir beim Panchen-Lama wohl besser gleich 'nen Wiederholungstermin festmachen.

Dass bei diesem Aufstiegsversuch sich auch das Glück auf unserer Seite befand, bleibt wohl die argloseste Erklärung für den Umstand, dass wir heute Abend hier alle wieder beieinander sitzen.

In den folgenden Minuten entwickelt sich bei Karsten, George, Meutz und Götz, meinen vier Bergfreunden, welche die Erinnerung an diese nächtlichen Stunden vereint, ein nochmaliges Nachdenken über jene dramatischen Augenblicke. In erregter Spontanität durchlebenen sie dabei erneut die unterschiedlichsten Situationen. Wenn ich selbst mitunter Mühe habe, diesen Beschreibungen bildlich zu folgen, so faszinieren mich doch vor allem ihre so lebendigen Dialoge und Empfindungen.

So nimmt Meutz unseren Gesprächsfaden noch einmal auf:

Nach der Durchquerung des Gletscherbruchs waren wir uns alle doch so sicher, das Zelt von Lager IV schon bald zu erreichen. Zwar hatten wir uns aus der Situation heraus für den restlichen Abstieg wieder in zwei Gruppen geteilt, aber warum seid ihr dann nur so schnell weitergelaufen, so dass wir uns schon bald nicht mehr sahen?

George: Meiner Ansicht nach waren wir immer beisammen! Ein Grund, weshalb wir uns auf dem eigentlich kurzen Wegstück bis zum Zelt doch noch so verfranzten, liegt außerdem in einem anderen Umstand, glaube ich.

Erinnert ihr euch noch an unseren Aufstieg hinauf vom Makalu-La? Erst war das Gelände unübersichtlich, und schon zum Mittag hin trübte sich das Wetter ein, fing an zu schneien. Und unser Aufbruch Richtung Gipfel am nächsten Morgen vom Zelt des Lagers IV aus – wieder bei Nacht, noch im trüben Licht der Stirnlampen. Wir sind über den riesigen Hang gelaufen, aber von seinem eigentlichen Geländeprofil haben wir wegen der eingeschränkten Sichtverhältnisse eben doch nicht viel mitbekommen. Auch gefühlsmäßig.

Hier unter den Verhältnissen und Extrembedingungen des Himalaya versucht man sicherlich bei möglichst allen Dingen nach bestem Wissen oder wenigstens in gutem Glauben zu handeln. Und trotzdem können sich manche dieser Entscheidungen im Nachhinein noch als recht verhängnisvoll herausstellen. Viele Stunden später zeigt sich das dann – manchmal ohne – dass du über die ganze seitdem verstrichene Zeit noch irgendeinen Einfluss darauf nehmen könntest.

Aber unabhängig davon – sicherlich hatten wir dann im Abstieg nach diesem langen Tag wohl alle auch schon nicht mehr ganz so richtig getickt. Meine Güte, und mit dem letzten Schluck zu trinken – an diesem blöden Quergang im Eisbruch muss das gewesen sein. Dort habe ich die verbliebenen Tropfen aus meiner Thermoskanne regelrecht ausgelutscht und dachte noch bei mir – jetzt ist's sowieso egal ... Seit den vergangenen Schlucken irgendwann nachmittags, das war bereits so lange her – ich glaube fast, ich hatte inzwischen schon gar keinen Durst mehr.

Karsten: Na ja, für mich war's wirklich die Erlösung, als ich mir morgens im wiederentdeckten Zelt von Lager IV endlich etwas zu trinken kochen konnte. Doch waren wir wohl nicht die Einzigen hier am Berg, die gelitten oder eingebüßt haben. Erinnert ihr euch noch an die Ausrüstung oben in der Rinne unterm Makalu-La?

Meutz: Ja wirklich, das waren ja ganze Rucksäcke, die dort hingen. Und alle inzwischen meist völlig unter dieser Eisschicht verborgen. Dort konnte man noch unzählige Packungen von Suppen und sogar eingeschweißten Batterien finden. Einmal hab' ich es versucht, die Sachen wieder dem Eis zu entreißen. Aber zwecklos – alles war geradeso wie in Glas eingegossen.

George: Während des Aufstieges im Zugang zum oberen Eisbruch haben wir eben viel zu viel Zeit mit der Wegsuche verloren. Als ich mich anfangs dieses steile Eisfeld hinaufarbeitete, dachte ich noch immer, dass es so ganz gut laufen könnte. Allerdings der Götz hinter mir – das kam mir dann schon wie eine halbe Ewigkeit vor.

Götz: Das kann doch gar nicht sein – an dieser Stelle fühlte ich mich doch noch bestens in Form.

Meutz: Eigentlich war doch die ganze Aktion in diese Richtung überflüssig. Was seid ihr dort oben in dem steilen Hang nur so extrem herumgeturnt? Weiter nach links abwärts gequert ging die Sache schließlich viel leichter. Sogar ein Stück altes Fixseil schaute dort aus dem Eis heraus.

George: Bei uns war aber auch so etwas zu sehen, und vielleicht wäre unsere Variante sogar die kürzere geworden.

Hätten wir es dafür während des Aufstieges im Eisbruch nur mit unseren Markierungen besser in den Griff bekommen. Ihr wisst schon, welche Stelle ich meine.

Als ich schließlich nachts im Abstieg bei der hoffnungslosen Sucherei gemeinsam mit Karsten dann in diesen schrägen Wänden umherschaute – das war wirklich das Allerletzte. Völlig ungesichert, mit den Steigeisen durch den tückischen Neuschnee, so unwohl hab ich mich nur selten gefühlt.

Immer wieder 20 Meter hin und her. Aber der Lichtkegel unserer Stirnlampen verliert sich dabei fast wirkungslos in der Dunkelheit. Ebenso wie das Licht aufgeblendeter Autoscheinwerfer im Nebel unangenehm reflektiert, werden vom Schein unserer Lampen lediglich die tanzenden Schneeflocken rings um uns erleuchtet. Die eigentliche Umgebung bleibt weiterhin unsichtbar. Immer wieder reibe ich mir die Augen, um dahinter vielleicht doch etwas zu erahnen.

Und wenn es endlich mal wieder so weit ist, dann denkst du plötzlich – ganz genau, das ist die Stelle, an welcher wir auch heute Morgen schon waren!

Doch wenn ich mich im selben Moment herumdrehe, dann sage ich mir – nein, an dieser Stelle warst du eigentlich noch nie ...

Götz: Ja, das war genau an jenem verflixten Punkt, an welchem wir morgens eine Markierung setzen wollten.

Meutz: Ich hatte noch etliche Markierungsfähnchen bei mir und glaubte, Götz würde an diesem Tag die dazugehörigen Stangen am Rucksack tragen.

Götz: Nein, ich hatte ebenfalls Markierungsfähnchen, weil du am vergangenen Tag ja schon die Stangen bei dir getragen hattest.

Meutz: Ja, irgendwie war die Aufteilung dieser beiden Dinge im Wirrwarr des Anziehens am frühen Morgen untergegangen. Idiotischerweise standen wir deshalb über den Tag beide mit den Markierungsfähnchen da und konnten sie nicht mehr wie gewohnt im Schnee gut sichtbar befestigen.

Karsten: Noch immer steht mir das Bild jenes Punktes lebendig vor Augen, an dem ich

gemeinsam mit George entgültig umkehrte. Als uns kurz zuvor die Lawine überrollte, da glaubte ich schon, wir tauchen überhaupt nicht mehr aus diesem weißen „Wasserfall“ auf.
Meutz: Der Schneefall hatte dort oben wirklich zugenommen. Teilweise war der Tanz der Flocken so dicht, dass ich mich gemeinsam mit Götz bereits vor Einbruch der Dunkelheit manchmal einfach hinsetzen musste, weil wir absolut nichts mehr sahen. Nur noch Weiß – vor, über und unter uns.
George: Im Abstieg, bei unserem später wieder gemeinsamen Quergang an der heiklen Stelle im Gletscherbruch, da glaubte ich, die Zeit bleibt stehen. Meine Güte, einfach fürchterlich, wie lange das bei jedem Einzelnen dauerte. Aber da waren wir wohl schon alle ziemlich geschafft, und auch ich brauchte sicherlich nicht weniger Zeit.
Aber das Verrückteste war, als Karsten am Ende des Gletscherbruchs plötzlich über mir ausrutschte und mit seinen Steigeisen auf meinem Rücken landete. Nicht gerade die feine englische Art. Jedoch angenehmerweise blieben seine spitzen Zacken dabei in dem Gerümpel meines Rucksacks stecken.
Götz: Da war aber mein Sturz über diese finstere Felswand sicherlich noch ungemütlicher. Ohne funktionierende Stirnlampe bin ich danach fast wie ein Blinder weitergestolpert. Selbst den „Krückstock“, das schöne Eisbeil von Linde, habe ich in diesen Schrecksekunden eingebüßt.
George: He, Götz – einige Zeit später warst du ja gleich noch einmal in Flugstimmung. Erinnerst du dich an den Steilabbruch, wo du unbedingt in die Finsternis hinab absteigen wolltest? Da musste ich mit dir schon ganz schön hart diskutieren, weil du einfach nicht von deinem Kurs abzubringen warst.
Aber die Krönung war ja wohl der Chomolönzo, der von dir fast zu unserem verlorenen Zelt aufgewertet worden wäre. Nein, der Wiegand immer mit seinen cleveren Sprüchen: „100 pro, ich sage euch – da vorn steht unser Zelt!“...
Götz: Die ganze Sache verhielt sich eigentlich schon ein bisschen anders, ernster. Ich meine, dass es in dieser Nacht natürlich auch für mich einige Situationen gab, in welchen mir der gestresste Körper, die nervliche Anspannung, sicher auch die große Höhe schon ganz schön übel mitgespielt haben. So kam es wohl zu jenem Moment, als ich dann wirklich noch einmal glaubte, unser Lager zu sehen.
Jetzt, nur zwei Tage später, kann ich mich über meine seltsame Phantasie nur noch wundern. Aber in jener Stunde hat dies alles auf mich so ungewöhnlich gewirkt, als wäre es wirklich nicht weit weg – vielleicht 50 oder 100 Meter nur. Auch jetzt noch erinnere ich mich an jedes Detail, als würde ich es soeben erst erleben:
Als Meutz und George dort auf mich zukommen, will ich sie gleich hinüberschicken, denn sie haben noch Eispickel und Stirnlampe. Aber die zwei sind plötzlich zu mir sehr zurückhaltend, und George sagt zögernd, es wäre weit entfernt, außerdem ginge es hier an diesem Punkt zu steil hinunter.
Ich brülle die beiden sogar an, doch umsonst. So gehe ich schließlich alleine los.
Aber in der Tat, an dieser Stelle verfällt der Hang in unangenehme Steilheit, und wieder muss ich endlos klettern. Wirklich – tiefer, tiefer und immer noch tiefer. Vielleicht

100 Meter bis auf den Gletscherboden. Unbegreiflich: Das, was ich für das Zelt gehalten habe, ist danach aber immer noch genauso weit weg. So stolpere ich auf dem Gletscher weiter.
In der Dunkelheit nichts sehend, erlebe ich auf diese Weise noch einmal einen Schritt ins Leere. Es ist alles wie ein Alptraum. Schon wieder schlittere ich ziemlich unkontrolliert nach unten. Wieder unangenehm tief und diesmal auch ein wenig hart – dafür aber ungesund ...
Egal, aber dann – ist der „Lämpchenmann" von vorhin plötzlich wieder da! Der, welchen ich für Karsten gehalten hatte.
Ist er's oder ist er's doch nicht?
Rechts in meinen Augenwinkeln erscheint dazu außerdem plötzlich ein weiteres Männlein. Bei meinen fragenden Blicken nach Karsten nickt es mir dann auch deutlich zu.
Aber wenn ich mich herumdrehe, ist Karsten wieder weg – genauso wie alle anderen.
Schade – denn ich weiß ja, wo das Lager ist. Meine Gefühle diktieren mir – weiter, weiter, immer weiter, mal stolpere, stürze ich. Aber trotzdem – ich muss einfach weiter zu unserem Zelt.
Was beginnt denn nun auf einmal so orange zu leuchten – herrlich orange, total orange, einfach orange, nur orange?
Das Zelt ist weit weg, aber dafür ist das Orange da. Ich setze mich auf einen Stein und schaue auf das Orange. Dieses Männlein im rechten Auge ist jetzt in meinem linken Auge angekommen und nickt mir wieder zu. Meine zuletzt schwebende Vorstellung von Karsten ist jetzt wieder weg. Es gibt nur noch Orange.
Nun begreife ich es! – Das allererste Licht des anbrechenden Tages ist es, welches die Bergrücken am Horizont mit dieser zarten Färbung langsam wieder aus dem Dunkel der Nacht zurück holt.
Nach einer Stunde vielleicht ist das Orange verschwunden, es ist zu Gelb geworden. Hell ist es geworden – jetzt sehe ich das „Zelt"!
Es ist jedoch nur ein riesiger Stein hier oben am Hang des Makalu II.
Dann fällt mir langsam wieder ein – ach ja, am Makalu-La soll ja noch ein Zelt stehen – das der Österreicher. Und dorthin wollten wir ja irgendwann in dieser Nacht. Hoffentlich ist es nicht mehr so weit. Ich stolpere los und komme langsam wieder zu mir. Dann sitze ich wieder, habe jetzt kalte Füße, und die Sorge um die anderen quält mich.
Wenig später sehe ich zwei Gestalten – Meutz und George – und gehe auf sie zu. George umarmt mich. Wieder muss ich an Karsten denken, meine Knie werden mir ganz weich, und ich bin in diesem Moment völlig deprimiert.
Später, im Morgengrauen endlich am Zelt der Österreicher, kriechen wir schon wie im Traum durch den Eingang. Ich will hier auf Karsten warten, Meutz hat Angst um seine Zehen. Wir haben beide Angst und ziehen schließlich die Schuhe aus.
Vom ersten Anblick meines rechten Fußes bin ich schockiert. Er scheint völlig gefroren, ist einfach hart, ein lebloser Gegenstand – einfach außerhalb meines Ich's.
Mit den Strahlen der Sonne wird es im Zelt warm. Wir bekommen entsetzlichen Durst,

und ich beginne damit, einfach Schnee zu lutschen. Meutz ist eingeschlafen, und auch mir fallen noch die Augen zu. Später werde ich von rasenden Schmerzen in meinen Zehen wieder wach.
Wir müssen mit dem Abstieg beginnen.
Im Becher der Trinkflasche versuche ich noch ein wenig Schnee zu schmelzen. Es werden 4 Schlucke. Zwei für mich, zwei für Meutz. Dann brechen wir auf.
Karsten ist nicht gekommen, aber wir können jetzt nicht noch einmal aufsteigen, um ihn zu suchen. Dafür sind wir selbst einfach zu fertig. Unsere tiefe Hoffnung darauf, dass er doch noch hinterherkommen würde, erfüllt sich dann ja fast unwirklich noch, als wir ihn während unseres Abstiegs auf einmal weit über uns – als winzigen Punkt – entdecken.
Das alles sind Stunden, die ich wohl nie vergessen werde! Gemeinsam erlebt mit euch allen. Und dazu gehörst du, George, bei vielen Erlebnissen in besonderem Maße. Das hoffe ich auch für die nächsten Tage und ebensolche zukünftigen Bergfahrten.
Aber mit deinem Herumunken bleib erst mal schön auf dem Teppich. George, auch bei dir hatte in dieser Nacht die Phantasie noch kräftig Konjunktur. Erst wolltest du mit „Scheinwerfern", den Sternen am Horizont, kommunizieren, und am Ende hast du mich ja auch noch fast für ein Gespenst gehalten. Oder waren es noch aufregendere Erscheinungen, denen du auf die Spur gekommen warst?
George: Na, das habe ich doch nur im Spaß gesagt – deine Spuren waren es doch vor allem, welche mich an jener unerwarteten Stelle so verblüfft hatten!
Meutz: Jedenfals, die Sache mit dem abgebrochenen Eispickel, George, das war ja dann doch noch eine wüste Geschichte.
Die Reste meines schönen Pickels hat er als Snowbar noch irgendwo im Schnee versenkt, und ich bekomme mein gutes Stück nie wieder zu Gesicht. An dessen Stelle mit 'ner Eisschraube in der Hand hab ich mich dann das erste Stück nach unten gefürchtet.
Aber der George ist ja noch für ganz andere Überraschungen gut. Als in der Rinne weiter unten die Fixseile dann plötzlich wieder unter dem Schnee verschwanden, waren wir erst mal ganz schön sauer.
In dem Moment, wo wir jedoch wenig später seine abwärts führenden Schleifspuren durch den Schnee entdeckten, dachte ich nur noch – was für ein verrückter Kerl. So richtig konnten wir die ganzen Zusammenhänge eben auch nicht mehr realisieren. Selbst über eine Rampe führte seine Spur, geradeso wie über eine Sprungschanze. Irgendwie glaubten wir, der lässt sich hier einfach hinabrutschen, um nicht mehr die Fixseile aus dem Schnee herausbuddeln zu müssen ...
Götz: Ich war auch ziemlich geplättet und dachte noch so bei mir – so steil hinabfahren, das würde ich mich wirklich nicht trauen ...
Heiko: Und weiter unten hat George ja dann auch noch die Sherpas fast zu Tode erschreckt!
Meutz: Was hat der Verrückte denn dort noch alles angestellt?
George: Na, bis wir beim Abstieg schon wieder ziemlich ausgetrocknet im Bulgaren-Camp ankamen, hattest du doch sicherlich noch 5 Flaschen Tee in dich reingekippt und

schon friedlich in deinem Schlafsack geschlummert.
Die Bulgaren hatten dann erfreulicherweise auch noch etwas für meinen Durst.
Heiko: Wohl noch edlere Getränke?
George: Nein, nicht, was du denkst. In unserem Zustand – da wäre ich todsicher von nur einem einzigen Schluck Alkohol aus den Latschen gekippt.
Ich habe dort noch einmal mit heißem Tee und Zitrone auftanken können. Das war für den Hals sehr angenehm.
Ich hätte aber doch auf sie hören und gleich noch bei ihnen übernachten sollen.
Götz: Da warst du wohl wieder einmal stur wie der Stier?
George: Ich glaubte, eben noch unbedingt euch hinterher – bis in unser ABC – zu müssen. Da ist es schon auf Mitternacht zu gegangen – wohl etwas übertrieben, diese Aktion von mir.
Karsten: 2 Uhr nachts ist es gewesen, als du endlich bei uns im ABC ankamst.
„Halt mal, wenn ich jetzt richtig rechne, George, dann waren – dann sind das am Ende ja 47 ... fast 48 Stunden, die du seit eurem Aufbruch oben von Lager IV ununterbrochen unterwegs gewesen bist!“
Er zuckt nur gleichgültig mit den Schultern.
George weiter: Ich bin inzwischen selber auch nur noch recht langsam vorangekommen. Unterwegs hatte ich dann später das Gefühl, die Socken in meinen Schuhen hätten sich irgendwie verwickelt. Als ich mich deshalb noch einmal hinsetzte und den rechten Schuh auszog, sah ich dann die Bescherung. Meine Erfrierungen – nicht die Strümpfe, sondern die geschwollenen Blasen waren es, welche sich inzwischen geöffnet hatten und dabei nun ein wenig in Falten legten ...
Später habe ich dann auch noch echt Bedenken bekommen, so in der Finsternis überhaupt unser großes, aber dunkelblaues Zelt zwischen den Steinen zu erkennen. Eigentlich hatte ich ja wirklich geglaubt, einer von euch Spezies würde zu diesem Zweck noch mal ’ne Lampe oder irgendsoetwas raushängen.
Karsten: Haben wir ja auch getan, George! Aber nur bis Mitternacht – danach rechneten wir einfach nicht mehr mit dir und glaubten, dass du wohl doch bei den Bulgaren übernachtest.
George: Jedenfalls stolperte ich so mit meiner Stirnlampe zwischen den endlosen Felsblöcken talwärts und glaubte von Zeit zu Zeit im Halbdunkel so etwas, irgendetwas wie eine Art Tier weghuschen zu sehen.
Meutz: Wer von euch beiden war denn nun das Gespenst?
George: Na das habe ich mich in diesem Moment auch gefragt.
Aber ihr wisst ja von den Gewohnheiten der Sherpas, sich einfach zwischen die Felsen zu legen um auszuruhen oder zu schlafen. Dabei stellen sie doch auch ihre Holzstütze, sonst zum Absetzen ihrer Traglasten gedacht, so eigenartig hinter sich in die Steine. Wie ’ne Vogelscheuche bei uns, ich meine – wie eine Art Wächter, wohl gegen die bösen Geister.
Götz: Jetzt weiß ich, wer der „böse Geist“ vom Makalu war ...
George: Ja – ich meine, also irgendwie haben mich die ahnungslosen Träger so spät in der Nacht vielleicht wirklich für etwas, oder jemanden gehalten. Die müssen mich jedenfalls verwechselt haben.

Meutz: Die haben dich wohl nicht höflich gegrüßt?
George: Die sind manchmal weggerannt, glaube ich.
Heiko: Kein Wunder, wenn die Sherpas ihre Tarife immer höher schrauben ...

Mittlerweile ist es spät geworden. Langsam verstummen die Gespräche. Emotionen und Erinnerungen von vier Männern, welche vor kurzem erst dieses Erlebnis teilten. Im Grunde für alle gemeinsam und trotzdem von jedem auf seine Weise so verschiedenartig empfunden, hat mich dieser erneute Gedankenaustausch erstaunt, fasziniert und aufgewühlt.
Es wird Wochen oder Monaten dauern, die bewegenden Stunden noch einmal aus größerem Abstand und vielleicht anderer Sichtweise neu zu betrachten. Einer Analyse, vor der, wie ich glaube, man unabhängig von vielleicht naseweis erhobenen Zeigefingern anderer – vor allem aber gegenüber sich selbst zu bestehen hat.
Heute sind wir nicht Zuschauer einer Filmsequenz mit jenen meist so unfehlbaren Leinwandhelden gewesen, sondern Zeugen von Erlebnissen, wie sie unser Leben ohne Schminke tatsächlich ablaufen lässt.
Wir löschen das Licht und taumeln inzwischen etwas benommen alle nacheinander hinaus in die sternübersäte Nacht, um in den Schlafsäcken unseres Gemeinschaftszeltes Ruhe zu finden.

Mittwoch, 29. April

Am Morgen, als wir von den schon wärmenden Sonnenstrahlen auf dem Zelt wach werden, genießen wir es vorerst alle, ohne den sonstigen Zeitdruck durch wichtige Aufgaben oder Tagesetappen noch ein wenig in unseren Schlafsäcken verweilen zu können. Die Erinnerung hält vergangene Tage wach, an denen wir schon manches Mal das weniger aufreibende Leben im Basecamp genießen konnten.
Aber irgendwann ertönen schließlich doch wieder die Glocken der Küchenleute zusammen mit ihren bekannten Sprüchen – tea is ready, breakfast is ready ...!
Gemeinsam mit den zwölf Trekking-Besuchern aus Sachsen erwacht dann schließlich doch wieder das gewohnte Leben in unserem Lager, und ein Viertelstündchen später finden wir uns alle an der langen Frühstückstafel ein, welche inzwischen unter freiem Himmel errichtet ist. Die noch üppigen Vorräte an einigen besonders leckeren Bissen aus unseren Vorratstonnen lernen nun auch unsere Gäste aus Dresden schnell zu schätzen und zu genießen. Dies alles zusammen mit dem großartigen Blick auf die verschiedenen mächtigen Steilwände um uns.
Bei diesem Schmaus geht es gewiss nicht um Kaviar, sondern eher um recht bodenständige Dinge, wie einige Scheiben Speck, Brot, eine gute Tasse Kaffee, Ölsardinen, Rührei, Kakao, etwas Obst oder für seltenere Geschmäcker gar Müsli. Auf dieser Ebene be-

wegen sich unsere bescheiden gewordenen Ansprüche und glücklichen Empfindungen. Jeder, wie er mag, alles nacheinander oder auch durcheinander verzehrend, fühlen wir uns an diesem Mittwochmorgen in aller Ruhe fast wie bei einem heimischen sonntäglichen Frühstück gut aufgehoben.

Nachdem das eifrige Kosten und Kauen um die aufgesparten und als besonders schmackhaft geltenden Vorräte nachlässt, kann ich mit halbem Ohr noch ein kurzes Gespräch zwischen Karsten und einem der Trekkingleute verfolgen. Letzterer war bei einem Teil unseres Gedankenaustausches am gestrigen Abend offenbar ungläubiger Zeuge geworden.

Jetzt fragt er nochmals erstaunt, ob denn Karsten während seines nächtlichen Sitzbiwaks nicht erwartet hätte, von seinen Gefährten gesucht zu werden.

Ich selbst käme wohl ein wenig in Verlegenheit, auf diese Frage jetzt auf Anhieb Antwort zu finden. Nicht so Karsten:

Nein, dass meine Gefährten anstelle nach dem lebensrettenden Zelt nun auch noch nach mir zu suchen beginnen würden, das ist mir dort oben eigentlich kaum in den Sinn gekommen. Normalerweise handelt erst einmal jeder eigenverantwortlich in dieser Höhe. Anders wäre das unter solch Extrembedingungen wohl auch kaum möglich. Kameradschaft ist sehr angenehm, und ich habe sie in den vergangenen Wochen unter uns auch kaum vermisst.

Doch glaube ich nicht, solch Gefühl beliebig und in jeder Situation in Anspruch nehmen zu können. Wenn man auf so einen Trip startet, sollte man das vor allem mit sich selbst ausgemacht haben und den rechten Moment für die Umkehr nicht verpassen.

Nachdem Karsten zuletzt in Alaska auf dem Mount McKinley, dem „kältesten Berg", wie man sagt, stand, weiß er, wovon er spricht, denke ich so bei mir.
Langsam lichten sich wieder die dichten Stuhlreihen um uns, und gemeinsam kommen wir sechs schließlich mehr und mehr darauf zu sprechen, wie es nun um unsere weiteren Ansprüche, Wünsche, Pläne oder Hoffnungen auf jenen gewaltigen Berg hoch über uns – den Makalu – steht und wie es weitergehen wird oder kann.

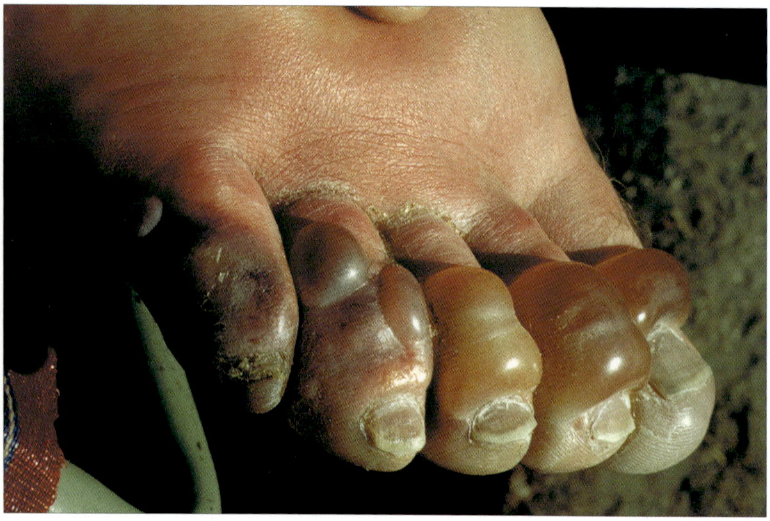

Götz hat nebenbei seine beiden Füße, von Schuhen und Strümpfen befreit, vorsichtig auf einen Hocker neben sich gelegt. Wie ich es bereits vor drei Tagen noch oben in Lager II befürchtete, haben sich auf seinen Zehen mittlerweile unangenehm aussehende zentimeterdicke Blasen gebildet. Dieser Anblick ernüchtert vorerst alle weiteren direkten Diskussionen über einen nochmaligen Aufstiegsversuch zum Gipfel dieses immer noch so faszinierenden Berges. So kommen wir erneut auf die Erfrierungen von Meutz zu sprechen, den es dort oben in jener dramatischen Nacht ohne Zelt wohl am ärgsten erwischt hat. Karina, die bulgarische Ärztin, hatte sich für eine möglichst schnelle Rückkehr nach Kathmandu zur besseren medizinischen Behandlung ausgesprochen. Mindestens jedoch für eine regelmäßige Reinigung des erfrorenen Gewebes, verbunden mit dem täglichen Wechseln seiner Verbände.
Diese Betreuung ist mit unserer eigenen medizinischen Ausrüstung hier im Gebirge nur unzureichend bis zu der geplanten gemeinsamen Rückkehr in anderthalb Wochen zu realisieren. Deshalb wäre es erzwungenermaßen für Meutz wahrscheinlich doch besser, bereits in den nächsten Tagen vorzeitig mit dem Hubschrauber zurück nach Kathmandu zu fliegen.
Schweren Herzens entschließen wir uns zu dem Anruf per Satellitentelefon. Ein solcher Flug wird zusätzliche 6000 $ kosten. Doch das ist jetzt Nebensache, Hauptsache, das Wetter der nächsten Tage macht diese Aktion auch möglich. Schon morgen wollen die Piloten starten, erfahren wir einige Zeit später.
Ein bitterer Moment, unsere bisherigen gemeinsamen Wochen nun so unerwartet schnell beendet zu wissen. Doch hoffen wir, damit für Meutz in dieser bedenklichen Situation trotzdem das Beste zu tun.

Was aber werden wir fünf Hierbleibenden in den kommenden Tagen noch ausrichten können und wollen?
Die Füße von George sind ebenfalls von Erfrierungen gezeichnet. Das bedeutet mindestens 4 bis 5 Tage oder besser noch eine ganze Woche Pause, Erholung, wenn die Illusion eines erneuten Aufstiegsversuches durch die bereits vorhandenen Frostschädigungen nicht gar völlig fraglich bleibt. Andererseits bringen so viele Ruhetage uns danach mit dem eigenen Zeitplan bis zum festgelegten Hubschrauber-Rückflug in Bedrängnis.
Um sich wenigstens diesem unangenehmen Zeitdruck zu entziehen, schlagen einige Gefährten die Verlängerung der gesamten Expedition und somit auch die Verschiebung unseres eigenen Abfluges um eine zusätzliche Woche vor. Das klingt einleuchtend, auch wenn diese Variante noch genügend Fragen und Probleme offen lässt.
Auch ich sehe einer Verlängerung des so schon überzogenen Urlaubsfonds meiner Arbeitsstelle nur mit gemischten Gefühlen entgegen. Wie wollten wir außerdem zu fünft in dem zurückgebliebenen Drei-Mannzelt oben am Makalu-La durch die Nacht kommen? Das geht nicht! Noch einmal ein zusätzliches Zelt bis da hinauf tragen?
Inzwischen mit beinahe chronischen Zahnschmerz-Attacken im Unterkiefer beginne ich mehr und mehr zu ahnen, durch welche Umstände meine körperliche Leistungsfähigkeit bereits vor Tagen untergraben wurde. Nein – unter diesen Voraussetzungen bliebe ein erneuter Aufstieg für mich doch wohl eher eine unsinnige und gefährliche Illusion.
Unsere Entscheidungen um diesen Berg entstanden jedoch in den letzten Wochen stets aus der Gemeinschaft – und so wird es auch heute sein. Für die mehrheitlich weiterhin vorhandene Motivation zu einem nochmaligen Aufstiegsversuch fällt sodann der allgemeine Entschluss für den verlängerten Aufenthalt. Nicht zuletzt auch deshalb, weil sich unsere dafür noch einmal benötigte Ausrüstung und Verpflegung bereits in den Hochlagern befindet.
Mein persönliches Nachdenken in diesem Moment reduziert sich zuletzt jedoch nur noch auf eine einzige Frage. Wem nutzt ein verlängerter Aufenthalt, wenn ich hierbleibe?
Angeschlagen in meiner Leistungsfähigkeit, werde ich weder für mich noch für meine Gefährten oben am Berg etwas bewegen können. Zu Hause jedoch gibt es Planungen, stehen Termine!
Meine Empfindungen sträuben sich gegen die eigenen Überlegungen. Noch ein vorzeitiger Abschied, die Bergfreunde dann nur noch zu viert hier zurücklassen?
Aber die traumhafte Umgebung, von der wir uns in den vergangenen Wochen gemeinsam faszinieren ließen, ist eine Welt auf Zeit, nicht beliebig loszulösen von unserem gewöhnlichen Alltag. Auch ich muss handeln, eine Entscheidung treffen – zwischen Emotionen und Verstand.
Die Gefährten versichern mir, dass für ihren erneuten Versuch mein weiteres Bleiben zur Unterstützung nicht unbedingt notwendig ist. Aus diesen nüchternen Überlegungen heraus beginne ich, über die Möglichkeit nachzudenken, gemeinsam mit unserer Trekkinggruppe wieder den Fußmarsch zurück in Richtung Kathmandu anzutreten. Auf diese Weise könnte ich unseren entbehrungsreichen Anmarschweg nun noch einmal in

der blühenden Phase des Frühlings neu erleben. Gleichzeitig würde ich rechtzeitig zu unserem planmäßig gebuchten Rückflug in knapp zwei Wochen wieder in Kathmandu eintreffen. Nach unserer inzwischen wochenlangen Belagerung des Makalu wäre das auch für mich eine unerwartete Wendung, nun mit einem ganz anderen, ebenso durchaus reizvollen Ausgang.

Götz hält seine vom Frost gezeichneten Füße noch immer nachdenklich in der wärmenden Sonne ausgestreckt, währenddessen wir in den letzten anderthalb Stunden gemeinsam wichtige Entscheidungen für den weiteren Ablauf der kommenden drei Wochen getroffen haben. Bereits morgen werden die Trekking-Leute wieder ihren Rückmarsch antreten.

Sollte ich mich ihnen wirklich auf diesem Weg anschließen, bleibt für mich bis dahin noch einiges zu tun. Vor allem oben im ABC – dort befindet sich von mir gewiss noch ein ganzer Rucksack voller persönlicher Ausrüstung und Verpflegung, welchen ich in diesem Falle den Gefährten nicht zusätzlich zu ihrem eigenen Rücktransport bis hier hinunter ins Basecamp überlassen muss.

Das aber bedeutet – auch ich müsste, jetzt sofort, noch einmal aufbrechen, um diese Dinge noch heute selbst wieder bis hierher zu tragen. Eine Strecke, welche uns zum Beginn unseres Aufenthalts unter diesem Berg manchmal fast das Gruseln lehrte. Doch die 5000 Höhenmeter, die einigen Trekkern noch immer Schwindelgefühle bereiten, empfinden wir nach den vergangenen Wochen fast schon als erholsam, und so wird es hoffentlich auch mir keine Probleme mehr bereiten, mich jetzt am späten Vormittag noch einmal auf diese Tour zu begeben.

Bevor ich mich jedoch dieser aufreibenden Notwendigkeit stelle, wird meine Neugier weiterhin von einem sehr angenehmen Umstand entfesselt. Er liegt neben mir auf dem Tisch in Form eines großen Briefumschlages.

Es ist Post von zu Hause, welche ich vorhin von Antje einigermaßen überrascht erhielt. Ein dicker Brief, welcher in den vergangenen Wochen den gesamten Weg vom Dresdner Bahnhof über Zug und Flugzeug und schließlich all die Tage der Trekkingtour mitmachte – bis hierher in eine Wildnis, welche man neuerdings über Satellit, für gewöhnlich jedoch mit keinem Postboten erreicht.

Als ich die Seiten auseinanderfalte, kommt mir, mit Buntstift schwungvoll festgehalten, ein Pferd über eine Wiese mit vielen Blumen entgegengelaufen. Der gegenwärtig schönste Traum meiner neunjährigen Tochter hat auf diesem Bild wieder einmal erstaunlich lebendige Züge angenommen. Selbst mein zwölfjähriger Sohn scheint vom Malen erneut angesteckt. Einigermaßen sprachlos halte ich nun von ihm ein Bild, nein viele Bilder – eine ganze Comic-Serie in den Händen. Eigentlich kaum selbst ein Leser dieser „Literatur“, hat er hier jedoch einige Szenen unserer „Reise zum Berg Makalu“ mit bemerkenswerter Phantasie bildlich festgehalten. Ich glaube, diese Bilder meiner Kinder bringen mehr zum Ausdruck, als es die beigefügten kindlichen Zeilen vermögen.

Von meiner Frau ist ein bruchstückhafter Abriss ihrer so unspektakulären, „gewöhnlichen“, aber eben doch oft recht aufreibenden Alltagserlebnisse und mancher damit

verbundenen Empfindungen beigefügt. Seltsam irgendwie, so plötzlich davon zu lesen, sich dessen – ein wenig nur – wieder bewusst zu werden. Waren wir in den vergangenen Wochen vielleicht doch ein bisschen zu sehr mit uns selbst beschäftigt?
Ich blättere in jenen Stimmungsbildern von zu Haus. – Montag, 30. 3., und lese:
„Die Kollegin ist immer noch krank, das heißt – Dienstplan neu gestalten und damit für mich in dieser Woche wieder ein bis zwei Bereitschaftsdienste zusätzlich. Mit anderen Worten: Morgen, Dienstag: Rettungsdienst, Mittwoch: Zusatzdienst, Freitag: Dienst, Samstag evtl. zusätzlich auch noch Dienst! Ich bin satt.
Zu Hause auch noch anderer Alltagsfrust. Ich weiß im Moment nicht, wie ich es packen soll. Nach einer halben Stunde, die ich die Wohnung wischend und heulend verbracht habe, schaffe ich es, mich bei den Kindern zu entschuldigen für meine überzogenen Reaktionen. Aber der Frust sitzt heute tief. Ich weiß auch nicht, wen ich verantwortlich machen soll. Mich? Frank? Die erkrankte Kollegin? ...“
Was war bei uns eigentlich an diesem Tage geschehen?
Lang ist's schon her, ich blättere in meinen eigenen Aufzeichnungen, lese und erinnere mich – ach ja, der Tag mit dem extremen Schneefall im Basecamp. Unser Zelt brach in der Nacht unter den Schneemassen zusammen, und wir schaufelten alle gemeinsam wie die Weltmeister ... Nicht gelogen, und natürlich eine phantastische Story für die Zeitungen. Doch was sollte unsere „Abenteuer“ über jene stilleren Einsätze in heimischer Kulisse so erheben?
Jetzt sind wir jedoch noch immer hier – inmitten einer zauberhaften Natur unter den ganz großen Bergen dieser Welt, von welchen wir jahrelang glaubten, sie immer nur im

Traum erleben zu können.
Ich frage einige unserer Besucher aus Dresden, ob sie kurz entschlossen diese Gelegenheit nutzen wollen, gemeinsam mit mir unser vorgeschobenes Basecamp auf der anderen Seite des Makalu kennenzulernen. Mittlerweile haben sie davon gehört, dass dies kein Spaziergang ist, und so winken sie bei diesem Angebot dankend ab.
Noch schnell die Thermoskanne im Küchenzelt gefüllt und einige Bissen vom Frühstückstisch verstaut, es vergehen keine 20 Minuten mehr, und ich bin zum Abmarsch bereit. Erscheint dieser Weg auch noch immer anspruchsvoll und lang, ist er uns mittlerweile doch gut bekannt, und so will ich mich ganz unbeschwert von Gepäck vor allem noch einmal auf die großartige Landschaft besinnen, welche uns hier umgibt.
Zügig, wenn auch mit ein wenig Wehmut, komme ich voran. Dabei immer wieder erstaunte Blicke auf die so vielfältig leuchtenden, in der Sonne gar schimmernden mineralischen Gesteinsbrocken rund um meine Füße werfend, entschließe ich mich an einer besonders schönen Stelle auf dem Grund des Schago-Gletschers nach knapp zwei Stunden noch einmal zu einer kurzen Rast. Eigentlich herrscht um mich herum völlige Stille, als ich mich noch ganz in Gedanken versunken einige Zeit später von meinem steinernen Sitzplatz wieder erhebe.
Plötzlich ein Knirschen über mir. Ein mächtiger Felsblock mit mehreren Metern Durchmesser beginnt sich zu bewegen und rutscht, sich dabei dann dumpf polternd überschlagend, einen Abhang hinunter. Nach Sekunden bleibt er schließlich wieder liegen – nur Meter entfernt von jener Stelle, an der ich soeben noch gesessen habe ...
Einen solch großen Felsblock in Bewegung, das habe ich noch nicht erlebt. Ja, der gewaltige Gletscher, dessen Eis nur unsichtbar unter den ebenso riesigen Geröllmengen begraben scheint – er ist in Bewegung! Er fließt, unmerklich langsam – jedoch unaufhörlich.
Den Rest meines Weges, hinauf bis ins ABC, bewältige ich dann ohne weitere Zwischenfälle. Als ich schließlich dort oben meine restliche Ausrüstung geordnet und verstaut habe, erwarten mich die beiden Sherpas im Küchenzelt schon wieder zu einem liebevollen Mittagsmahl.
Ein Abschied für immer? – Vor allem Abschied von einer erlebnisreichen Zeit hier oben mit manch schweren Stunden, jedoch auch Momenten voller Begeisterung.
Ich schaue wieder in die Runde, der Gletscher-Eisbruch weiter oben in Richtung Lager I, die steilen Wände hinauf zum Makalu-La und schließlich – fast direkt über uns – die abweisend steile Westwand des Makalu mit seiner Gipfelpyramide. Auf der anderen Seite des Tales weitere, unendlich viele Felsgrate und Eiswände, so weit das Auge blicken mag. Eine faszinierende Landschaft, welche nur einmal sehen zu können schon zu einem bleibenden Erlebnis wird.
Aber von dort, ganz weit hinten, scheint schon wieder eine sehr dunkel ausschauende Wolkenfront heranzuziehen. Inzwischen fühlen wir uns hier unten auf jenen Pfaden am Fuß des Berges eigentlich sicher, trotzdem werde ich mich nun aber beeilen, wieder meinen Rückweg anzutreten.

Im Aufstieg noch bei strahlendem Sonnenschein, wird das Tal bald von einem dichten Schneegestöber überschüttet, kaum dass ich mich eine halbe Stunde weit von unserem Lager entfernt habe. Später begegnet mir noch einmal eine Gruppe Sherpas mit ihren Lasten auf dem Weg hinauf zum Bulgaren-Camp. Die Situation im wilden Tanz der Schneeflocken und einer erstaunlicher Dunkelheit am eigentlich hellichten Tage ist schon beinahe gespenstisch, so dass wir uns gegenseitig mit einem freundlichen Gruß darüber aufzumuntern suchen.
Wie schon sooft, erreiche ich dann unser Basecamp bei dichtem Schneetreiben am späten Nachmittag. Das Lager liegt bei diesem Wetter wie ausgestorben da, und ich finde alle seine Bewohner in den Zelten Schutz vor dieser ungemütlichen Wetterstimmung suchend. In den Schlafsäcken liegend, umgeben von den bekannten Kübeln voller dampfender Getränke, weiß man sich mit der üblichen Musikkulisse und mehreren nepalesischen Kekspackungen bei einiger Plauderei einzurichten.
Als ich in diesem Moment aus meinem Rucksack noch einige Portionen an Schokolade und gar Marzipan dazwischen werfe, handle ich mir eine Menge Komplimente ein. Mit dem Hinweis auf weiteren Nachschub kann ich diesbezüglich den restlichen Inhalt von Verpflegungstonne Nr. 17 empfehlen. Allerdings – sie steht oben im ABC ... Die Gefährten lachen.
Schließlich mühe ich mich später nach dem Essen, im Lichtkegel der Stirnlampe einen beeindruckenden Stapel meiner persönlichen Ausrüstung zu sortieren, zu entscheiden zwischen dem, was vorerst noch hier verbleibt, und jenen Dingen, die für die Wanderung der nächsten Tage nützlich sein werden.
Da werde ich wohl doch jene Sonderportion von Schinken oder Salami hier zurücklassen, um lieber den Walkman und manche Musikkassetten für die noch folgenden Abende bei mir zu haben.

IV. KAPITEL

Eine Trekkingreise

Blumen statt Schnee

Donnerstag, 30. April

Während die Sherpas der Trekking-Gruppe am zeitigen Morgen noch damit beschäftigt sind, die Zelte abzubauen und ihre üblichen Lasten zusammenzuschnüren, wird in der Ferne jenes uns schon so vertraute Brummen des Hubschraubers schnell deutlicher hörbar. Als der „Heli“ Minuten später vor unserer gewaltigen Bergkulisse aufsetzt und mit weiter heulendem Triebwerk auf seinen Fluggast wartet, gilt es vorläufig Abschied zu nehmen. Für Emotionen bleibt dabei nur begrenzte Zeit, da mit Meutz als wichtigem Organisator in vielen Dingen und bisher alleinigem Betreuer unserer umfangreichen Kommunikationstechnik und Elektronik fast noch bis zum letzten Augenblick organisatorische Dinge seines Fachs zu besprechen bleiben.
Gestützt auf seine Skistöcke, humpelt er schließlich unter dem Luftwirbel der Rotorblätter zur Eingangsluke. Seine Freundin Antje verzichtet unter diesen Umständen auf den Rückweg mit der Trekkinggruppe und wird Frank im Hubschrauber direkt zurück nach Kathmandu begleiten.
Natürlich hätte auch mir bei dieser Gelegenheit mein Rückweg per Hubschrauber freigestanden. So verlockend ein solcher Flug zwischen den Bergen des Himalaya sicher auch sein mag, ziehe ich gegenüber diesem vielleicht 3-stündigen Flugerlebnis dann doch lieber den Fußmarsch vor. Das wird zwar gewiss wieder anstrengender, jedoch von jenen so unendlich vielen optischen Reizen und neuen Blickwinkeln über viele Tage verspreche ich mir das größere Erlebnis. Was sollte ich außerdem noch eineinhalb Wochen wie Tausende anderer Touristen in Kathmandu herumsitzen, dessen organisatorische Möglichkeiten die Exotik dieses Landes kennenzulernen gewiß selten nur bis hier hinauf in diese romantischen Täler reicht?
Deshalb steige ich nicht ein, sondern stehe mit meinem Fotoapparat nur wenige Meter entfernt in Erwartung des nächsten Fotomotivs, bei welchem im Start die Fahrwerke des Hubschraubers ganz dicht über meinem Kopf davonschweben werden. So geschieht es Momente später dann auch, als sich dieses stählerne, scheinbar riesige „Insekt“ vom Boden laut brummend erhebt und dann nach weniger als einer Minute hinter dem Horizont der nächsten Talbiegung verschwunden ist.
Für Meutz, wie wir später von ihm erfahren, waren diese Momente besonders bitter. Noch durch das Fenster schauend, wurde er aus dieser faszinierenden Bergwelt in nur wenigen Minuten hinausgetragen – aus einer Kulisse, in die wir uns mit monatelangen

Vorbereitungen und dann erst nach tagelangen Märschen hatten vorarbeiten können. Aus dieser Welt unserer Sehnsüchte, verbunden mit einem großen Ziel, flog er nun davon, von einem Tag auf den anderen – ohne überhaupt Zeit gefunden zu haben, sich innerlich auf diesen unerwarteten Abschied einstellen zu können.

Zurück in unserem Aufenthaltszelt, glaube ich meinen Augen nicht zu trauen. Hier stehen plötzlich mehrere Kartons übereinander gestapelt, und meine Gefährten sitzen gedankenversunken im Halbkreis darum – jeder mit einer Flasche Bier in der Hand ...

Solche Getränke, gewöhnlicherweise sind die hier oben fast ebenso schwierig zu beschaffen wie auf dem Mond. Da hat offenbar der Organisationstrieb eines besonders eifrigen Expeditionsteilnehmers dafür gesorgt, die ungenutzte Transportkapazität des Hubschraubers auch für den Herflug schon ein wenig zu belegen.

Unsere Moral ist an diesem Morgen angegriffen. Vielleicht hilft der Gerstensaft ein wenig – nicht nur über die nächsten traurigen Minuten. Vielleicht ist's in den kommenden Tagen ebenfalls durchblutungsfördernd – auch für noch einige arg in Mitleidenschaft gezogene Füße oder Zehen.

Mittlerweile verabschieden sich die Teilnehmer der Trekkingtour wieder von uns. Sie sind bereit und wollen sich heute auf die erste Etappe ihres Rückweges begeben. Wir wünschen ihnen Gesundheit und einen erlebnisreichen „Nachhause"-Weg.

Ich zögere mit meinem Aufbruch. Zuvor möchte ich noch einmal schnell bei meiner

Familie anrufen, um über meinen geänderten Ablauf des Rückweges zu berichten. Erst in Kathmandu wird das zum nächsten Mal wieder möglich sein.
Doch die mehrstündige Zeitverschiebung erfordert von mir dabei noch einige Geduld, um zu Hause das Telefon nicht bereits vor Beginn des Morgens klingeln zu lassen. Dann vergesse ich darüber, dass Nepal seine Uhren gegenüber Indien ja noch einmal eine Viertelstunde zurückgestellt hat. Es wird wieder einmal eine seltsame Situation, als ich so nur noch meinen Sohn halb verschlafen am Telefon erwische. Er ist bald auf dem Weg zur Schule, während uns hier schon die mittägliche Sonne auf den Kopf zu brennen beginnt.
Danach ist es schließlich auch für mich so weit. Ich nehme meinen Rucksack und packe die letzten Kleinigkeiten in meine Deckeltasche. Was bleibt uns nach den vielen gemeinsamen Wochen noch zu sagen?
Nach einer Reise um die halbe Welt – natürlich ist es bei dem ganzen Aufwand, um bis hierher zu kommen, gewiss jede Gelegenheit wert, noch einen erneuten Versuch zu unternehmen. Niemand von uns konnte erwarten, diesen Berg im Handstreich zu nehmen. Ich hoffe, dass meine Gefährten mit dem weiteren Aufstiegsplan noch eine Chance haben werden. Wenn nur die Voraussetzungen dafür stimmen.
Was aber wird mit den Erfrierungen? Diese Frage wird härter stehen als das stets notwendige Glück mit dem Wetter, glaube ich.

Jungs
– passt auf euch auf! Ich wünsche euch Glück, bis auf ein baldiges Wiedersehen –
in Dresden!

Ich verlasse das Zelt und stehe im grellen Licht der Sonne, welche das riesige Tal bis zum Horizont erleuchtet. Meine Blickrichtung geht von nun ab nicht mehr auf die gewaltige Südwand des Makalu, sondern zum entgegengesetzten, langsam abfallenden Ende des Talbodens.
Unsere Trekkinggruppe ist schon lange am Horizont verschwunden, doch hoffe ich sie in den nächsten Stunden wieder einzuholen. Ich überquere den Fluss, unsere Wasserstelle seit Wochen, und gehe über weitläufige Geröllfelder des Wasserlaufes bis zur Gegenseite den wieder ansteigenden Hang nach oben. Nur noch kleine Steine, aber vor allem Grasmatten mit frischem Grün umgeben mich dabei zunehmend, und ich muss zurückdenken, wie wir vor sechs Wochen noch als erste Vorhut hier durch endlose Schneefelder stapften.
Nach etwa 30 Minuten komme ich an eine markante Biegung des Weges. Nur wenige Schritte weiter, und die eindrucksvolle Kulisse dieses Hochtales – mit den farbigen Tupfen der Zelte unseres Basecamps und jenem traumhaften und doch so unnahbaren Makalu-Gipfel – wird auf dem weiteren Weg endgültig meinen Blicken entschwunden sein.
Ich shaue noch einmal zurück und versuche dieses gewaltige Bild für immer in meinen Empfindungen festzuhalten. Endlich reiße ich mich von dem Anblick los und wende mich wieder um zum Weitergehen. Aber die Faszination der höchsten Berge wird uns mit ihren so unterschiedlichen Bildern noch tagelang begleiten.

Nun baut sich direkt vor mir die Nordwand des Makalu VI auf. Wie eine Mauer, kilometerbreit und weit über 7000 Meter hoch, haben ihre riesigen Eiskaskaden und Hängegletscher etwas fast Unheimliches, wie sie sich nun beim Näherkommen immer steiler vor meinen Augen erheben.
Ja – auf der gegenüberliegenden Seite dieses Tales, dort links oben müsste man noch einmal stehen! Der Ausblick wäre bestimmt gewaltig. Ein ganz anderer Standort. Wie würde von dort oben wohl unser Traumberg ausschauen und – wie mag wohl der Ausblick in das dahinter liegende Tal, auf die neuen, unbekannten Berge am Horizont sein?
Der Gedanke reizt mich plötzlich sehr. Ich schaue links nach oben. Es müssen 400, wohl eher an die 800 Höhenmeter bis hinauf sein. Ich schaue auf die Uhr – es geht auf 11 Uhr, wieder blicke ich nach oben. – Blödsinn, aber eben doch verlockend! Eigentlich ja nur ein langer, ebenmäßiger, von Moos und spärlichen Grasmatten durchsetzter Hang. Da würde dieser Höhenunterschied – wenn ich mich sehr beeile – vielleicht in anderthalb Stunden bis zu dieser vielversprechenden Aussicht zu schaffen sein.
Doch wenn ich dann bis zur Dunkelheit nicht mehr die Zelte der Trekkinggruppe erreiche? Das könnte freilich recht unangenehm werden.
Und wenn ich meinen Rucksack hier unten liegen lasse? Nur mit meinen Skistöcken in den Händen, dann wäre ich noch schneller. Eine teuflische Idee, welche meine Gegenargumente der Vernunft langsam auflöst.
Dieser Gedanke lässt mich nun plötzlich nicht mehr los, die Verlockung ist riesig. Innerhalb weniger Minuten entschließe ich mich dazu, es einfach zu versuchen – jetzt sofort.
Als ich unerwartet noch mehrere tiefe Bodensenken durchqueren muss, nur um den Fuß dieses Hanges zu erreichen, werde ich wieder ein wenig unsicher. Aber schließlich ist es so weit. Ich suche mir einen sehr großen, markant ausschauenden Felsblock, an welchem ich zum sicheren Wiederfinden meinen Rucksack deponiere. Den Goretex-Anorak um die Hüfte gebunden, in den Taschen einige Wegzehrung, Kompass und Fotoapparat umgehangen, stehe ich mit meinen Teleskop-Stöcken wie zum Start eines Wettkampfes bereit.
Ein Wettkampf gegen die Zeit – die Siegprämie: die Befriedigung meiner Neugier und ein sicherlich phantastischer Ausblick. Der „zweite Platz“: der restliche Weg bis in die Finsternis hinein, notfalls mit Freibiwak.
Aber im folgenden Aufstieg kann ich schnell feststellen, wie gut wir nach den vielen Wochen inzwischen an diese Höhen zwischen fünf- und sechstausend Metern angepasst sind. Fast im Laufschritt schaffe ich es, über den endlos erscheinenden Hang zwischen Flechten und Grasbüscheln an Höhe zu gewinnen. Der Talboden unter mir versinkt rasch in Bedeutungslosigkeit, und immer wieder schaue ich zurück, um dabei jene auffallenden Felsblöcke meines Start- und Rückkehrpunktes mit dem zurückgelassenen Rucksack nicht aus den Augen zu verlieren.
Gleichmäßig und tief durchatmend steige ich zielstrebig weiter nach oben. Ein mehrfacher Blick auf die Uhr erhält mir dabei eine Balance zwischen raschem Weitersteigen und meiner Hoffnung auf den ersehnten Ausblick, noch bevor mich die Zeiger der Uhr zur Umkehr zwingen werden.

Tatsächlich beginnt sich noch vor dem Ablauf jener mir selbst gestellten Frist der gewaltige Hang zurückzuneigen, und ich erreiche ein ebenes Plateau, das mir dann allmählich den Blick über eine sanfte Kuppe zu bisher unbekannten Horizonten freigibt. Zu meinen Füßen eröffnet sich ein neues Tal mit dem tiefblauen Leuchten eines unbekannten Bergsees. Darüber erheben sich weitere Bergrücken in kahler, wüstenhafter Gestalt, aber auch die nun vollständig sichtbaren Höhenzüge des Makalu V voller Schnee und Eis sowie noch andere Respekt ausstrahlende Gipfel.
Ich glaube, die Wölbung der Erdkugel zu verspüren, wenn ich so voller Bewunderung mit meinen Blicken am Horizont entlanggleite.
Mit meinen vermutlich fast fünfeinhalbtausend Höhenmetern bin ich allerdings noch nicht hoch genug, um rechts in der Ferne am Horizont gar schon den Kangchendzönga als östlichsten aller 8000er zu erkennen. Halb links von mir eröffnet sich noch einmal der Blick in die gewaltige Ostflanke unseres Berges – des Makalu, bevor meine Augen am westlichen Ende jenes Panoramas vor der riesigen Gestalt des Lhotse und Mt. Everest zum Stillstand kommen.
Nicht der höchste Punkt dieser Berge war es bisher, welchen wir erklommen hatten. Jedoch einen Blick über unsere bisherigen Horizonte hinaus werden wir, werde ich auf jeden Fall mit nach Hause nehmen. Das Atmen scheint mir jetzt fast unbeschwert bei diesem imposanten Blick über einen Teil unserer Welt. Mit diesem Panorama vor Augen, in meiner Erinnerung festgehalten, trete ich alsbald wieder meinen Rückweg an.

Wie in einem Fahrstuhl scheinen dabei nun die kleinen unerheblichen Dinge auf dem Boden des Tales wieder auf mich zuzueilen. Am Rucksack angelangt noch eine kurze Verschnaufpause mit einigen Schlucken aus der Thermoskanne, bevor ich mich zielstrebig auf den weiteren Weg begebe. Die Sonne zieht noch hoch am Himmel ihre Bahn, stelle ich mit Zufriedenheit fest, während meine Schritte mich eilig in den weiter abwärts führenden Teil des Baruntales tragen.
Die gewaltige Nordwest-Flanke des Makalu VI mit ihren wohl mehr als zweieinhalbtausend Meter hohen Eisflanken und Gletscherabbrüchen zieht mich nun erneut in den Bann. Entlang dem leise gurgelnden Gletscherbach gelange ich über alte Moränen und Geröllfelder kontinuierlich tiefer. Der Anteil von Wiesenmatten und Sträuchern nimmt langsam zu. Zwei oder drei Stunden später komme ich nach „Jank Kharka“, einer winzigen Siedlung, bestehend aus einigen unscheinbaren Steinhütten. Ein alter Hirte sitzt in typischer Haltung mit eingekreuzten Beinen auf dem Boden und sortiert Getreidekörner. Nur wenige hundert Meter davon entfernt bauten wir vor Wochen während unseres Anmarsches im dichten Schneetreiben unsere Zelte auf. Unbegreiflich!
Hier in noch über 4000 Meter Höhe endet eine alte Gletschermoräne, und das Tal fällt dahinter über einen breiten Wall spürbar ab. Alles ist grün! Ich sehe endlose Wiesen, durch welche sich das Schmelzwasser in mehreren kleinen Bächen mit vielen Schleifen hindurchwindet. Wenig tiefer beginnen Rhododendron- und Wacholderbüsche zu wachsen, bald gefolgt von den ersten Nadelbäumen.
Erlebe ich soeben den Einzug ins Paradies? Seit heute scheine ich nun der Umkehrung unserer vergangenen Erlebnisse und Entbehrungen entgegenzugehen. Allein, in nicht mehr unbekanntem Terrain, ohne schweren Rucksack, ohne nasse Füße vom Spuren in hüfthohem Schnee und ohne jenes sinnbildliche „Zusammenbeißen der Zähne“ genieße ich das unbeschwerte Laufen in dieser Landschaft mit ihren gigantischen Dimensionen.So gehe ich wie betäubt von dem plötzlichen und intensiven Grün langsam weiter die Hänge hinab.
Hier sehe ich erfreulicherweise nun auch einige versprengte oder zurückgebliebene Teile unserer Trekkinggruppe wieder. Manche von ihnen sind mit dem Fotografieren der ersten Blumen und Blüten beschäftigt oder liegen gar genüsslich schon auf dem weichen Gras. Weiter geht es, vorbei an dem gewaltigen Wasserfall und jener Felswand, an welcher mich im Aufstieg die von weit oben herabstürzenden Eiszapfen so faszinierten.
Nach einem neuerlichen Abschnitt voller Grasmatten und Büsche müssen wir plötzlich wieder auf ein mehrere Meter hohes Schneefeld hinaufklettern. Es sind die Reste einer gewaltigen Grundlawine, ähnlich dem Schuttkegel eines zerstörten Hauses. Der Schnee ist zu Tausenden kompakten Einzelsegmenten verdichtet, welche nun von zementartiger Härte zu sein scheinen.
Keine hundert Meter weiter taucht unser Pfad, von Felsblöcken gesäumt, in einen dichten Wald ein. Damals im Aufstieg haben wir hier unter einer meterhohen Schneedecke entnervt nach der Andeutung eines Weges gesucht. Jetzt ist aller Schnee verschwunden. Die deutliche Schneise unseres Weges versinkt dafür nun freilich allzu oft im Morast des

allgegenwärtigen Schmelzwassers. So balancieren wir immer wieder über Zweige und umgestürzte Baumstämme, den eigentlichen Weg nur zur Richtungsorientierung neben uns verfolgend.
Dann, bereits in einem Steilhang von einigen Laubbäumen umgeben, erreichen wir einen Wasserlauf, welcher mir vom Aufstieg noch als schneeumsäumtes Bächlein schwach in Erinnerung ist. Mit einem lässigen Schritt überquerten wir es ehemals. Jetzt suchen wir gemeinsam nach einer günstigen Stelle, um den fast überquellenden Wasserlauf überhaupt noch überwinden zu können, bevor sich sein gurgelnder Strom mit dem aufschäumenden Wasser des Barun vereint.
Auf diese Weise erreichen schließlich auch die Nachzügler der heutigen ersten Etappe des Rückweges den gewaltigen Felskessel von „Nehe Kharka". Auf der weitläufigen und romantischen Wiese sind von den Sherpas bereits die Zelte des gesamten Lagers errichtet worden.
Fürs Erste wird mir ein Zelt angeboten, in welchem ich die folgenden Nächte mit einem weiteren Zeltinsassen verbringen werde. Mein zweiter Rucksack, welchen einer der Sherpas bis hierher trug, steht schon bereit. Darin werde ich auf dem Rückmarsch für die nächsten Tage noch einige nützliche Dinge und Annehmlichkeiten stets bei der Hand haben, welche mir während des Anmarsches leider fehlten. Doch noch bevor ich dazu komme, davon so manches für den Abend auszupacken, geben die Küchenboys bereits das Signal zum Abendessen.
So sitze ich wenig später im halb geöffneten Zelteingang mitten in einer Runde noch nicht so recht vertrauter Gesichter, denn bisher kenne ich die zwölf Mitglieder der Dresdner Trekkinggruppe mehr oder weniger nur flüchtig vom Sehen. Auch die neuen Köche haben ihre eigene Handschrift. Schnell zieht die Dämmerung herauf, und langsam bildet sich während dieses Abendessens unter noch fremdem Zeltdach in mir erneut das Gefühl, angekommen zu sein. Vertraut und geborgen unter den gastfreundlichen Verhältnissen eines so fernen Landes.

Das schönste Tal der Welt?

Freitag, 1. Mai

Die Strahlen der Sonne dringen am noch zeitigen Morgen bereits durch das Zelt, als ich bekannte Geräusche wahrnehme. Es sind die Sherpas mit ihrem morgendlichen Tee am Zelteingang. Aber noch etwas anderes, mir völlig Unbekanntes geht da draußen vor sich. An jedem Zelteingang werden zusätzlich noch zwei Aluminiumschüsseln auf den Boden gestellt und sodann mit warmem Wasser zum Waschen gefüllt.
Natürlich kennen auch wir seit unserem Anmarsch die Sherpas als hilfsbereite und freundliche Menschen. Doch nun glaube ich meinen Augen nicht zu trauen. Es gibt dafür wohl nur eine Erklärung – ab heute bin ich nicht mehr auf Expedition, sondern auf

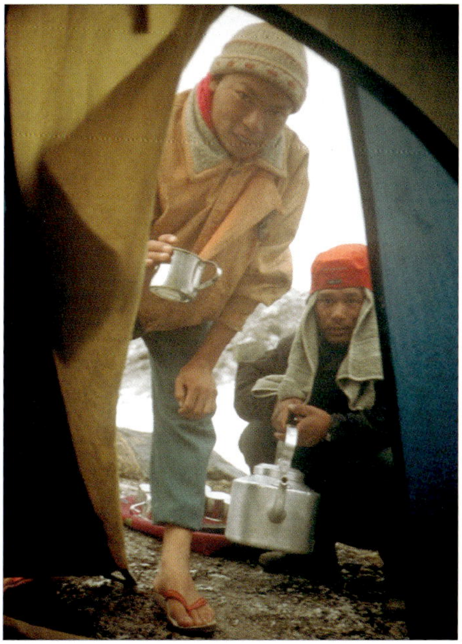

Trekking-Tour. Nur die Uhrzeit des Aufstehens – es ist kurz nach 6 Uhr – entspräche sicherlich nicht unbedingt jedem Urlaubergemüt. Dennoch haben auch wir an den folgenden Tagen einen nicht unbeträchtlichen Weg vor uns. Jedes unserer Schlafzelte muss leergeräumt, die eigenen Rucksäcke sogleich gepackt werden. Und während wir, dass heißt die zwölf Leute der Trekkinggruppe, noch über dem abwechslungsreichen Frühstück mitten auf der Wiese sitzen, beginnen die Sherpas bereits damit, das gesamte Lager sowie auch unsere Schlafzelte abzubauen. Bei diesen Beobachtungen wird mir endgültig klar – mein Urlaub hat begonnen!

Die Strahlen der Sonne haben schon an beträchtlicher Intensität gewonnen, als gegen halb acht Uhr unser noch vor kurzem so idyllisch ausschauendes Lager sich in zwei Dutzend gepackte Trägerlasten verwandelt hat. Dabei besteht die durchschnittliche Last der Sherpas aus zwei großen Rucksäcken der Trekker, welche meist zusätzlich noch mit ein bis zwei Zelten eng zusammengeschnürt werden. Wenig später setzt sich unser ganzer Zug, bestehend aus über 30 Leuten, langsam in Bewegung.

Natürlich ist mir bewusst, dass es sich heute um einen der reizvollsten Abschnitte unserer

ganzen Wanderung handeln wird. Wir laufen durch den oberen Teil des landschaftlich so berühmten Barun-Tales.
Mit den zahllosen riesigen Wasserfällen im Hintergrund an jenen himmelhohen Felswänden fange ich die ersten Fotomotive ein, als die Sherpas mit ihren beeindruckenden Lasten am Stirnband eine aus zwei Baumstämmen bestehende Brücke über den Fluss passieren. Weiter schlängelt sich unser Weg zumeist in unmittelbarer Nähe des

Wassers entlang. Je nach Geländeprofil laufen wir zuweilen aber auch einige Meter über dem Barun-Fluss an den Hängen der steilen Uferböschung. Dabei sind wir ständig von üppigem Pflanzenwuchs umgeben. Zur Linken, nahe dem Wasser hochstängelige, saftige Gräser und Büsche voller großflächiger Blätter. Zu unserer Rechten beginnen alsbald wieder jene scheinbar undurchdringlichen Rhododendron-Büsche, die sich nur wenig über uns am Hang in ganze Wälder mit den unterschiedlichsten Baumarten zu verlieren scheinen.

Wie besessen haste ich auf dem schmalen Pfad bald nach vorn oder bleibe wieder für Momente zurück, um auf meinen Fotos wenigstens einen Bruchteil jener idyllischen Landschaft festzuhalten. Dabei, wenn möglich, auch mit einigen der Sherpas, welche mit ihrer charakteristischen Kleidung und ihren Traglasten am Stirnband in dieser Welt einfach dazugehören.
So geht es über den ganzen Vormittag weiter und weiter. Immer wieder bleiben wir ste-

hen. Nicht so wie auf dem Hinweg, als uns der hohe Schnee, die entkräfteten und nassen Füße oder Wegunkenntlichkeit manches Mal zum Verschnaufen zwangen. Heute ist es ganz und gar nur die Lieblichkeit unserer Umgebung, welche zum Schauen und Verweilen einlädt.

An großen und wiederholt vielen kleinen Wasserfällen vorbei, wird das Tal zunehmend schmaler. Am Ende steigen seine Hänge wieder mit unheimlicher Steilheit in die Höhe, so dass uns, wie bereits während des Aufstiegs, erneut gewaltige Lehm- und Steinschichten über unseren Köpfen bedrohen. Die Reste dieser vermutlich eiszeitlichen Ablagerungen ziehen sich über Hunderte Meter an den Talwänden empor. Während wir inzwischen schon mehr als eine halbe Stunde lang durch einen endlosen Geröllhang wie winzige Ameisen kriechen, sehen wir die drohenden Abbruchlinien über uns, an welchen die Talfahrt all dieser steinernen Geschosse begann. Manchmal schaut zwischen diesen Steinen auch noch ein Baumstamm hervor, welcher jedoch nur noch den

Eindruck eines dutzendfach zerbrochenen Streichholzes hinterlässt. Schließlich lassen wir auch diesen immer ein wenig unheimlichen Abschnitt dieses Tales hinter uns, woraufhin der weitere Weg ins dichte Gestrüpp des Rhododendronwaldes eintaucht.

Wir steigen jetzt wieder bergauf und befinden uns am zeitigen Nachmittag einige hundert Meter über dem in der Tiefe rauschenden Barun-Fluss. Noch eine etwas heikle Passage an einer erneuten Abbruchkante, an welcher unser eigentlicher Weg gemeinsam mit einigen Bäumen

und Steinen hinab in die Schlucht des Barun-Flusses gestürzt zu sein scheint.
Uns bleibt dabei die Wahl, nach rechts in das dichte Unterholz auszuweichen oder sich auf einigen Metern direkt an diesem Abgrund entlangzutasten. Der dichte Wald abseits des Weges ist hier schon undurchdringlicher als manche Mauer oder Stacheldraht, weshalb wir auf die Trittsicherheit unserer Füße vertrauend direkt an den äußersten Bäumen des Abhanges vorbeiturnen. Die kräftigen Stämme scheinen unseren Händen dabei auf Ewigkeit Halt zu vermitteln, zumindest so lange der Boden für ihre Wurzeln und unsere Füße noch vorhanden bleibt.
Danach, am Fuße einer Felswand, erreichen wir endlich eine kleine Lichtung. Zwischen den Bäumen, an denen bereits die ersten Rhododendron-Blüten sichtbar werden, erstreckt sich unverhofft eine kleine Wiese auf ebenem Untergrund. Und wieder fühle ich mich an jene neuen, noch ungewohnten Urlaubsträume erinnert, als wir dort eine riesige Decke ausgebreitet vorfinden. Unsere Träger vom Küchenzelt und die Köche müssen bereits vor geraumer Zeit hier angekommen sein.
Wir werden alle eingeladen Platz zu nehmen und bekommen neben frischem Wasser nach Belieben jeder einen Teller, gefüllt mit einem duftenden Mittagsmenü, gereicht. Bratkartoffeln, gedünstetes Gemüse, gebratene Wurst, Pilze und noch so manche andere Leckerei lassen uns hier vor dem Kontrast der undurchdringlichen Wildnis fast die Augen übergehen. Nach solch unverhofftem, üppigem Mahl und jener abwechslungsreichen Aussicht über die nächsten Windungen des Baruntales hinweg nutzen die meisten der Trekkinggruppe diesen beschaulichen Augenblick zu einer Art Mittagsruhe mit geschlossenen Augen oder lockerer Plauderei mit den Weggefährten.
Es wird noch eine Weile dauern, bis ich die neuen, mir langsam vertraut werdenden Gesichter auch mit ihren Namen auseinander halten kann. Doch einiges über die Verschiedenartigkeit der Teilnehmer dieser erlebnisreichen Trekkingtour habe ich inzwischen erfahren. Im Alter zwischen 20 bis über 50, werde ich so in den folgenden Tagen noch recht verschiedene Charaktere vom Studenten bis zum Geschäftsmann näher kennen lernen.
Von den körperlichen Ansprüchen dieser Wanderung vielleicht unterschiedlich hart gefordert, vereint diese Gruppe von Männern und auch Frauen die Faszination und Neugierde, auf diese Weise ein besonderes Stück Landschaft kennenzulernen. Am Fuß eines der mächtigsten Berge der Welt beginnend, werden wir auf diesem Pfad in den nächsten Tagen wieder mehrere Vegetationszonen durchqueren, bevor die exotische Kulturlandschaft des Kathmandu-Tales erreicht ist.
Die Sonne scheint durch das im Wind leise rauschende Blätterdach auf unsere Gesichter, und erneut muss ich kopfschüttelnd an jene Szenen denken, als wir uns auf dem Hinweg hier durch hüfthohen Schnee wühlten.
Der letzte Wegabschnitt des heutigen Tages führt noch einmal steil bergan, bis wir unter den dichten Blättern der moosbewachsenen Bäume gegen 15 Uhr den altbekannten Übernachtungsplatz „Mumbuk" erreichen.
Gerade als die Ersten dort eintreffen, entlädt sich über unseren Köpfen ein heftiges

Gewitter. Dagegen hat unser „Reiseveranstalter“ nicht viel aufzubieten, außer unserer eigenen Regenbekleidung, und dem nötigen Maß an Geduld. Bei dem wolkenbruchartigen Niederschlag bieten die Bäume kaum Schutz, und wir müssen abwarten, bis die völlig durchnässten Sherpas erst eine halbe Stunde später ihre schweren Lasten auch mit all den Zelten erschöpft neben uns absetzen.
Heute schaut niemand gemütlich aus der Ferne zu, sondern gemeinsam helfen alle verfügbaren Hände beim Zeltaufbau mit. Der Regen versiegt so schnell, wie er kam, und noch bevor wir so recht dazu kommen, unsere Rucksäcke zu öffnen, den Schlafsack auszubreiten, wird vom fauchenden Kocher aus der erste Tee verteilt, welchem wie immer bald eine schmackhafte Suppe folgen wird. Vorbei ist es mit jenen winterlich- depressiven Tagen, an welchen die Rhododendronsträucher und mit ihnen auch alles andere im Schnee versank. Im Schlafsack liegend, werde ich es an diesem Abend noch genießen, über meinen Walkman klassisch-romantischen Melodien zu lauschen.

Sonnabend, 2. Mai

Heute werden wir bereits um 5 Uhr am Morgen aus unserer Ruhe gerissen. Auf Anregung des Sirdars der Träger so noch am Vorabend beschlossen, soll uns dieser frühe Start eine erfolgreiche Passage zurück über den noch einmal 4000 Meter hohen Doppelpass des Shipton La und Tutu La ermöglichen. Inzwischen haben wir dort oben nicht mehr mit Pulverschnee, sondern einer unendlichen Firn-Schneefläche zu rechnen. Da sie vom milden Nachfrost an ihrer Oberfläche hart gefroren ist, lässt sich darauf eigentlich recht gut laufen. Mit fortschreitender Tageszeit von der Sonne dann wieder zunehmend erwärmt, birgt sie jedoch bei unserem heutigen Marsch das Risiko, auf dieser nur dünnen Firnfläche einzubrechen – geradeso wie auf dem tauenden Flusseis des Frühjahrs. Vor allem unsere Träger mit ihren schweren Lasten hätten unter solch schlechten Verhältnissen dann große Probleme.

So vergeht heute Morgen keine Viertelstunde, bis die Träger erscheinen, um unsere nächtliche Bleibe, das Zelt, abzubauen. Wir bringen eilig unseren ungepackten Rucksack in Sicherheit. Noch

unschlüssig die Zahnbürste in den Händen haltend, begeben wir uns schließlich im ersten Morgenlicht hinüber zur bereits gedeckten Frühstückstafel. Wohin aber ist unser Küchenzelt verschwunden?
Die Sherpas müssen es bereits zusammengepackt haben. Auf dem unebenen Waldboden ist nur noch der lange und reichlich gedeckte Tisch samt unseren Hockern zum Sitzen stehen geblieben. Mit einem gekochten Ei für jeden und sogar wieder jener nepalesischen Variante von Eierkuchen für uns als Wegzehrung scheint dieser Tag eigentlich recht freundlich zu beginnen.
Von jenem sehr zeitigen Morgen einmal abgesehen, erweckt die Atmosphäre unseres jetzigen Frühstücks bei mir trotzdem noch einmal Erinnerungen vergangener Tage mit Wegen und Aufgaben jenseits aller Gemütlichkeit. Tatsächlich haben wir uns heute für die Bewältigung einer doppelten Tagesetappe entschieden. Sollte dabei wie erhofft bereits in den Morgenstunden die Passage des Doppelpasses über die noch angefrorene harte Schneedecke zügig gelingen, könnten wir vielleicht schon heute Abend zur Übernachtung wieder ein festes Dach über unserem Kopf haben.
Das bedeutet, die zivilisiertere Atmosphäre des ersten Dorfes um den Preis eines zuvor noch 1700 Meter tiefen Abstiegs bis ins Tal, direkt vom 4127 Meter hohen Shipton La aus zu erlangen – ohne die sonst übliche Zwischenübernachtung.
Gestützt auf unsere Skistöcke, steigen wir bei noch mäßiger Steigung bergan durch den morgendlichen, bereits lichtdurchfluteten Wald. Immer wieder laufe ich nach vorn oder bleibe für Momente zurück, um mit den Trägern und ihren abenteuerlich ausschauenden Lasten weitere stimmungsvolle Fotomotive festzuhalten. Sie bilden eine unglaubliche Silhouette mit dieser fast schon lieblichen Landschaft, und mich erfasst geradezu eine Art Jagdtrieb, welcher sonst eigentlich mehr einer anderen Gattung von Trophäensammlern nachgesagt wird.

Da gibt es kleine Lichtungen zwischen knorrigen Baumstämmen, auf denen im Sonnenlicht plötzlich Dutzende Blumen mit ihren frischen Blüten leuchten. In diese Kulisse hinein kommt mir jetzt einer der Küchenboys mit seinem dicken Tragekorb am Stirnband – einer riesigen Fuhre voll klappernder Pfannen, Töpfe und Deckel auf dem Rücken – entgegen.
Der Anblick solcher Blüten für meine

Augen nach Wochen noch immer – märchenhaft, „ich lege an“ und zögere aber plötzlich. Sollte ich bei diesem Vordergrund nicht doch noch darauf warten, bis vielleicht Rotkäppchen mit ihrem Körbchen am Arm hier vorbeikommt?

Langsam weichen die hohen Bäume allerlei Strauchwerk, hin und wieder sogar Rhododendron-Büschen mit einigen bereits geöffneten Blüten. So steigen wir beständig einen gut gangbaren Weg weiter am Hang hinauf, welcher mit diesen Ausblicken sicherlich in jedem Reiseführer der Alpen besondere Erwähnung gefunden hätte. Wieder erinnere ich mich in diesen Minuten an den Tag unseres Anmarsches – genau hier in diesem Abschnitt. Schneetreiben, gefährliche Lawinenfelder und uferloser Schnee hätten uns damals die Vorstellung eines empfehlenswerten Weges absurd erscheinen lassen. Heute, mit den Rhododendronblüten gegen blauen Himmel und den schneebedeckten Bergen in der Ferne, provozieren diese Bilder den Vergleich mit so manchen Kalenderblättern, deren Motive uns zu Haus manchmal eher traumhaft als der Wirklichkeit entnommen scheinen.

Aber auch uns holt im schon intensiven Licht der Morgensonne die Realität bald wieder ein. Die ersten Schneefelder beginnen, und ich ziehe mir vorsichtshalber schon mal die Gamaschen über. Wir gewinnen weiter an Höhe, und unser Weg verschwindet nun doch wieder langsam unter dem Schnee.

Schließlich beginnt der Frühling hier oben, jetzt Anfang Mai, wohl

soeben erst. Aber bereits in sechs Wochen werden an dieser Stelle schon wieder die dunklen Wolken des Monsuns mit ihrem endlosen Regen die Hänge überziehen.
Weiter geht es, und einige Zeit später werden wir tatsächlich bereits vor die Wahl gestellt, unsere weitere Spur direkt in eines dieser unangenehmen Schneefelder hineinzuführen oder aber, noch mit festem Boden unter den Füßen – auf einem flachen Moränenrücken fortzusetzen.
In dieser Höhe, der Festigkeit des dünn gefrorenen Firns über der grundlosen Schneedecke noch nicht so recht trauend, entscheiden wir uns für den Felsrücken. Auch mit Rücksicht auf die Träger mit ihren viel schwereren Lasten. Der Felsuntergrund ist jedoch mit dichtem und reichlich stacheligem Gestrüpp bewachsen, und es wird ein kleiner Zweikampf für jeden, sich durch diese unfreundliche Umgebung einen Weg zu bahnen. Nachdem wir so ein wenig genervt die letzten Vertreter der Vegetation hinter uns lassen, führt mittlerweile eine schwach sichtbare Spur weiter nach oben Richtung Sattel.
Ich bin vor einiger Zeit wieder bis zur Spitze unserer Trekkinggruppe gelangt, und während sie an einem Felsblock noch einmal kurz rasten, setze ich den Aufstieg in gewohntem Tempo weiter fort. Der erste Teil des heute noch vor uns liegenden Doppelpasses, der „Tutu La", 4075 m, ist, wie der Name „La" schon sagt, ein Sattel, der niedrigste Übergang eines Felsgrates – aber kein Gipfel. Es heißt, dass man von dort oben noch einmal eine gute Aussicht hinüber bis zum Makalu, unserem Berg, habe.
Da ich mir über die genaue Himmelsrichtung nicht völlig sicher sein kann und bei steigender Sonne die Wolkenbildung bald wieder einsetzt, habe ich so nebenbei beschlossen, mein Tempo nun doch noch einmal kräftig zu beschleunigen. Die rechte Seite des Sattels wird von einem stattlichen Gipfel begrenzt. Sollte mein Ausblick von unserem Pass für die erhoffte Sicht zum Makalu nicht ausreichend sein, könnte ich zu diesem Zwecke vielleicht noch einmal schnell dort hinüberqueren.
Mit diesen spontanen Überlegungen steige ich nun zügig bergan. Der Hang hat noch mehrere kleine Terrassen und steilere Abschnitte, während jene alte Spur plötzlich in einem großen Bogen weiter nach rechts verläuft. Was soll dieser seltsame Umweg, denke ich bei mir und entschließe mich, auf dieser riesigen glatten Schneefläche den direkten Weg in gerader Richtung zu nehmen. Bisher ist die Spekulation des Sirdars unserer Trekkinggruppe aufgegangen, und die dünne, aber noch harte Firnschicht des Schnees hat dem Gewicht der kleinen Fläche unserer Schuhsohlen standgehalten.
Selbstbewusst habe ich mich inzwischen schon einige Dutzend Meter von der bisherigen Spur entfernt, als ich plötzlich auf einen Hieb lautlos in der bisher so angenehm glatten Schneefläche versinke.
Ich weiß im ersten Moment gar nicht so recht, ob ich darüber erschrecken oder fluchen soll. Fast bis zu meinen Schultern bin ich soeben senkrecht in jenem Meer aus Schnee versunken. Es ist wirklich nicht zum Lachen, wie ich bald merke. Dem „Büblein auf dem Eise" gleich, welches auf dem heimischen Teich durch die zu dünne Eisdecke brach, wühle auch ich jetzt mit Armen und Beinen, um auf die bisher so haltbare Firnfläche zurückzukehren.

Nun aber rückwärts zum bisherigen Pfad gerichtet, komme ich trotzdem nicht mehr auf meine Füße, breche immer wieder ein. Die bis soeben haltbare innere Spannung, ähnlich einer Eisdecke, scheint jetzt unterbrochen. Dort, wo ich gerade noch aufwärts ging, bleibt mir nun nichts anderes übrig als eine kriechende Fortbewegung, die schwache Erinnerungen an gewisse militärische Übungen erweckt. Doch halt, erst vor Wochen bei dem grimmigen Schneesturm in unserem Basecamp, hatte ich mich ja schon einmal jener unfreiwilligen belustigenden Fortbewegungsart bedienen müssen.
Unter meinen Füßen spüre ich dabei die Hohlräume zwischen Zweigen und Buschwerk. Meine Vermutung wächst, dass jene alte Spur, welche ich verließ, nicht aus Zufall diesen großen Bogen beschrieb. Wer wird sie wohl auf der weiten Schneefläche, über oder auch um Verborgenes, so gelegt haben?
Ohne Zweifel ein Einheimischer, ein Sherpa ...
Vielleicht eine halbe Stunde später habe ich schließlich den höchsten Punkt des Tutu La erreicht. Die Sicht zurück, ebenso wie weiter nach vorn, ist klar. Jedoch keiner der markanten Berge in Richtung Everest oder Makalu lässt sich aus dieser Position bestimmen. So richten sich nun meine Augen kurz entschlossen nach rechts, zu jenem bereits in meine weiteren Kalkulationen einbezogenen Gipfel. 150 oder 200 Höhenmeter mögen es sein.
In meiner Erinnerung dämmert mir, mich mit solchen schnell erhofften „Ausflügen“ auch schon oft genug verschätzt zu haben.
Doch bis die letzten Träger hier oben ankommen werden, vergeht gewiss noch eine Stunde. Aus der Ferne nur unscheinbare Hänge aus gegliedertem Fels und einigen steilen Passagen aus Gras und Buschwerk einer Südseite, will dann schließlich vor Ort jeder einzelne Höhenmeter erst einmal bewältigt sein. Und so kommt es dabei wieder genauso, wie wir es alle in den Bergen schon oft genug selbst erlebten – die anfangs gegen den dunkelblauen Himmel ausgemachte Gipfelsilhouette erweist sich als Trugschluss.
Sie löst sich in Nichts, das heißt in einen weiteren, noch folgenden Gipfelhang mit etwas geringerer Steigung, auf – zu einem erneuten scheinbaren Grat gegen den Horizont. Danach folgt wohl noch einer und dann noch ein weiterer ... Aber irgendwann, wenn man nicht aufgibt – auf sieben- oder gar achttausend Metern meist erst nach Stunden und hier, in bescheidenen viertausend Metern, nach weiteren fünfzehn Minuten – steht man dann endlich doch vor einer letzten sanften Wölbung aus Schnee.
Nur fünf oder zehn Schritte vielleicht noch – und der Abschluss eines nicht immer einfachen, oftmals quälenden Berghanges taucht schließlich langsam unter den blauen Horizont. Meine Erwartungen an diese so übermächtige Erinnerung der letzten Wochen scheinen inzwischen ebenso in den Himmel gewachsen, der Aufzug meines Fotoapparates für dieses nochmalige Wiedersehen ist bereits gespannt. Und dann erhebt sich über die letzte Kuppe meines Aussichtspunktes schließlich die felsige Spitze einer sehr steilen Gipfelpyramide empor – in Eleganz fast mit jenem berühmtesten Berg in den Alpen zu vergleichen. Was sehe ich nun eigentlich vor mir?
Nein – das ist nicht unser Berg, nicht der Makalu! Keiner dieser ganz Großen des Himalaya-Hauptkammes ist von hier zu erblicken.

Ich schaue auf eine noch vorgelagerte Gipfelkette, welche in vielleicht fünf oder zehn Kilometer Entfernung in verwirrenden Strukturen das wild zerklüftete Gebiet des Makalu-Nationalparks durchzieht. Ihre Felsgrate versperren ganz gewiss an dieser Stelle meinem erwartungsvollen Blick die Sicht. Fast an die 6000 Meter mögen diese kühnen Felszacken in den dunklen Himmel ragen. Was wären das für ehrgeizige Gipfelziele an jedem anderen Ort dieser Welt!
Inzwischen sind die Wolken aus den Tälern schon höher gestiegen, es geht langsam auf Mittag zu. Nun erfassen sie auch jene imposante Felspyramide mir gegenüber an ihrem Fuß, und schon bald scheint dieser formschöne Gipfel einer Fata-Morgana gleich auf diesen Wolken zu schweben.
Auch für diesen Ausblick hat sich mein Aufstieg gelohnt, denke ich. Ich schaue zurück, nach der anderen Seite hinunter, auf unseren Pass, von welchem ich heraufgekommen bin. Dort laufen inzwischen die Träger, klein wie Ameisen und aufgefädelt wie auf einer Kette, bereits wieder auf der Talseite abwärts. Die ersten haben im folgenden Talkessel schon den 3950 Meter hoch gelegenen See Tutu Pokhari erreicht.
Zugefroren und unter Schnee begraben, wird er nur dadurch erkennbar, dass sich die Wasserfläche wie eine riesige Linse völlig eben aus dem sonst so unregelmäßigen Profil der unendlichen Schneefläche abhebt.
Nach meinem Abstieg fällt es mir nicht schwer, die letzten Träger wieder einzuholen, welche mittlerweile mit ihren beeindruckenden Lasten auf dem Rücken immer öfter durch die nun aufgetaute Schneedecke hüfttief einbrechen. Die nachfolgende Überquerung des zugefrorenen Sees nehmen wir lediglich durch unser auf Minuten weniger anstrengendes Gehen wahr. Dann erfolgt ein nochmaliger Anstieg, bis wir alle gemeinsam den höchsten Übergang dieser Trekkingtour, den 4127 Meter hohen Shipton La, erreichen.
Ich merke es den Trägern an, dass ihnen die Bewältigung des bisherigen Wegabschnittes mindestens so wichtig erscheint wie sicherlich uns – ihren Klienten. Für die „Sahibs“ aus Europa, welche zuvor vermutlich einen solch hohen Pass nie erreichten, tragen sie all die seltsamen Dinge durchs Gebirge. Für deren besser erträglichen Aufenthalt nehmen sie die elende Schufterei auf sich, verbessern jährlich mit dem so sauer verdienten Geld ein wenig ihr Leben – auch wenn sie selbst, allein notfalls wohl auch ganz ohne Ausrüstung, fast barfuß diesen Weg schaffen würden.
Ich habe noch eine kleine Delikatesse, ein kräftiges Stück Speck, in meinem Rucksack. Warum sollte ich es weiter mitnehmen, wo es doch von nun an im Grunde immer nur noch bergab gehen wird? Mit meinem Taschenmesser zerschneide ich den Speck in zwei Dutzend Scheiben und teile ihn auf.
Danach freuen wir uns schon auf den Abstieg. Aus der wärmenden Sonne tauchen wir jetzt genau an der Oberkante des folgenden Abhanges plötzlich in dunklen, dichten Nebel ein, als seien hier die Luftmassen mit scharfer Klinge zerschnitten. Ich sehe nichts mehr, nach 4 bis 5 Metern verschwindet unsere Spur vor und hinter uns in gleichförmigem Grau. Da fällt mir wieder ein, dass wir soeben jenes Gelände queren, in dem wir uns bereits

bei unserem Anmarsch vor Wochen gemeinsam mit den Sherpas in gefährlich steilen Schneehängen recht bedenklich verirrten. Genau diese Stelle hätte ich mir doch so gern noch einmal „bei Licht“ betrachten wollen. Und nun wieder dieser Nebel.
Aber heute folgen wir einer immer besser sichtbar werdenden Spur, und einige Zeit später begegnet uns sogar eine andere Trägergruppe, die mit Teilen von Expeditionsausrüstung Richtung Makalu unterwegs ist. „Namaste!“, tönt es mir entgegen, und ich erwidere den vertrauten Gruß jedem der Männer hier in der Einsamkeit.
Der Nebel lichtet sich nur wenig, aber die ewigen Schneefelder rings um uns zerfallen allmählich aus ihrer bisher so endlos scheinenden Geschlossenheit. Dann haben wir einen durch seine Schmalheit scharf begrenzten Bergrücken erreicht, an welchen ich mich noch schwach erinnere.
Hier wird vor meinen Augen plötzlich ein recht gut befestigter Weg sichtbar. Nein – an dieser Stelle sind wir damals doch nie gewesen! Oder vielleicht doch?
Jetzt versuche ich mir dieses ganze Gelände noch einmal vorzustellen – mit viel mehr Schnee. Ich bin noch immer sprachlos, aber nur so kann es gewesen sein. Dieser ganze Grat war völlig vom Schnee verweht. Richtig – hier haben wir uns damals, fast mit Seilsicherung, mühsam durch den Schnee nach oben gewühlt. Dazwischen immer wieder mit einigen befremdlichen Klettereinlagen, die Heiko zu der provozierenden Frage ermunterten, ob der Aufstieg zum Makalu vielleicht schon an diesem Grat beginnen

solle. In vielen Windungen folge ich nun dem Weg, steige abwärts über befestigte Steine, trete gar auf Stufen.
An diesem Nachmittag bleiben derart geordnete Wegeverhältnisse für mich noch ebenso ungewohnt wie vor Tagen das erste Grün in den Tälern. Die Nebelschwaden beginnen sich zu lichten, als wir gegen 14 Uhr das ehemalige Camp Kauma auf 3500 Meter Höhe erreichen.
Wie am Vortag beschlossen, werden wir hier nicht noch einmal übernachten, sondern uns nur für eine kurze Rast aufhalten. Ich lasse mir jetzt Zeit für meine Wegzehrung. Die Spannung wegen unserem heutigen Ziel, das Unbehagen angesichts möglicher Widrigkeiten während des Weges, scheinen sich langsam zu legen.
Als ich mich wieder erhebe, sind es nur noch wenige Minuten abwärts bis zu einem kleinen Plateau. Darunter, deutlich sichtbar, beginnt wieder der geschlossene Baumbewuchs der steilen Hänge. Für unsere noch immer wenig verwöhnten Beine öffnet sich alsbald ein wundervoller Abschnitt. Erinnere ich mich an die deprimierenden Geröllfelder weiter oben, erscheint mir dieser schmale Weg mit seinen steilen, jedoch regelmäßig abwärts führenden Stufen fast ebenso bequem wie ein Rolltreppe.
Zwischen uralten verknorpelten Baumstämmen trifft mein Blick zunehmend auf die schon bekannten Rhododendrongewächse. Im Unterschied zum gestrigen Marsch im höher gelegenen Baruntal scheinen uns hier jedoch die letzten Reste des Winters endgültig verlassen zu haben. Wieder traue ich meinen Augen kaum, als gleich darauf meterhohe stattliche Bäume die Aufmerksamkeit fesseln. Es ist Rhododendron, der mit unzähligen Knospen seine Baumkrone in eine riesige Blume zu verwandeln scheint. Hier stehen die Blüten tatsächlich dicht an dicht, wie man sie zu Hause vielleicht an manchen hochgewachsenen Büschen schon bewunderte.
Hat auf unsere seit Wochen vor allem „mit Steinen gepflasterten“ Empfindungen bereits das Grün eines zusammenhängenden Blätterdaches unerwartete Wirkung gezeigt, so überwältigen jetzt diese Hunderten von Blüten in exotischer Größe und Farbenpracht alle meine Gefühle. Es handelt sich um einen regelrechten Urwald, der uns umgibt. Junge, kräftige Bäume recken sich über alte, abgestorbene Stämme in das Licht. Im Unterholz viele Farne, fremdartige Pflanzen und Buschwerk. Die grell strahlenden Wolken hängen ganz dicht über unseren Köpfen, und die Feuchtigkeit der Luft scheint sich in Tausenden Wassertropfen an der Vegetation abzuscheiden. Steine und Baumrinde sind vielfach mit Moos überzogen, und von den dicken Zweigen der Bäume hängen meterlange Flechten gespenstisch bis auf den Boden.
Obwohl manchem Teilnehmer dieser Trekkinggruppe von dem ununterbrochenen Abwärtssteigen mittlerweile schmerzhaft die Kniegelenke oder Waden zu stechen beginnen, liegen noch immer mehr als 1000 Höhenmeter vor oder besser unter uns, um unser heutiges Tagesziel zu erreichen. Einige Ablenkung und neue Abwechslungen bringen die sich tiefer anschließenden Vegetationszonen mit einem erfrischenden Wasserfall und wenig später den ersten Vorboten der ländlichen Zivilisation. Es werden kleine Hütten der Sherpas mit einigen dazugehörigen Ställen für Ziegen und Rinder sichtbar. In ihrer

Bauart unterscheiden sich diese aus einer Art Weiden- und Bambusgeflecht gefertigten Behausungen für Tier bzw. Mensch kaum voneinander.
Die letzten Biegungen des Weges habe ich vom Aufstieg noch im Gedächtnis, und gegen 16 Uhr erreichen wir mit weichen Knien schließlich das Dorf Tashigaon. Nach mehr als sechs Wochen bin ich also wieder in dem Ort, in welchem unser ganzes Abenteuer seinen Anfang nahm.

Seit dem Mittag über 2000 Höhenmeter abgestiegen, haben wir jetzt offenbar endgültig Schnee, Nachtfrost oder Höhensturm hinter uns gelassen und sind von nun an von Bambushütten, bald auch von Reisfeldern umgeben. Die Luft ist mild, ja warm. Gegen die Anstrengung der letzten Stunden und die „qualmenden Fußsohlen" hilft nur noch – dies alles recht schnell von sich zu werfen.
Deshalb zapfe ich danach die (einzige) „Wasserleitung" dieses Dorfteiles für meine eigenen Interessen an. Das heißt, ich löse den am Hang hinabführenden Wasserschlauch an einer Verbindungsstelle, um jenen so gewonnenen kläglichen Wasserstrahl für einige Minuten über meinen Kopf bis hinab zu den Füßen umzuleiten. Ein Rest Seife unseres vorangegangenen Kathmandu-Aufenthaltes tut ein Übriges, und mein Befinden verändert sich nach kurzer Zeit auf angenehmste Weise – gerade so, als hätte ich soeben den Swimmingpool eines Fünf-Sterne-Hotels verlassen.
Als ich so mit dem Handtuch dastehe, merke ich, dass mir gerade jetzt an dieser Stelle schon wieder etwas fehlt – mein Fotoapparat. Das nächste äußerst lohnende Fotomotiv scheint soeben im Anmarsch. Es ist eine alte Sherpa-Frau mit ihrer Enkeltochter an der Hand. Ihr sonnengebräuntes, faltiges Gesicht unter einem Tuch wird von einem riesigen Korb, gefüllt mit Feuerholz aus dem Wald, überragt. Das sieht sicherlich idyllischer aus, als es sich auf diese Weise an einem Stirnband hängend tragen lässt.
Beim Näherkommen fällt mir noch etwas anderes an der Frau auf. Natürlich hat sie keine Schuhe und geht barfuß, sicherlich durch jedes Gelände und so weit sie die Beine hier zu tragen vermögen. Aber warum sehen ihre Füße so blutig aus?
Ich erinnere mich – es müssen diese Blutegel sein, von denen schon Meutz mit einigem Gruseln berichtet hatte! Misstrauisch schaue ich vor mir ins Gras und bin sprachlos. Die ein wenig lästigen Tierchen sind bereits auf dem Vormarsch. Keinen halben Meter vor mir scheint bereits ein unangenehmes Rennen zwischen mehreren Kandidaten, vermut-

lich direkt in Richtung meine Füße begonnen zu haben. Unfassbar, wie schnell und zielstrebig sich dabei diese unscheinbaren Würmer auf mich zu bewegen.
Mit einem hastigen Schritt rückwärts bringe ich mich aus der Gefahrenzone. Ja – wohin aber eigentlich? Der momentan sicherste Ort auf diesem Boden werden fürs Erste wieder meine Strümpfe und Schuhe sein. Einige meiner jetzigen Gefährten scheinen weniger Glück gehabt zu haben. Fluchend ist der eine oder andere bereits damit beschäftigt, den Salzvorrat aus dem Rucksack zu kramen oder andere aus unserer Gruppe geduldig darum zu bitten. – Ja, Salz, ganz gewöhnliches Salz! Solch einen Blutegel etwa mit den bloßen Fingern von der Haut abziehen zu wollen wäre ein ebenso hoffnungsloses Unterfangen, wie etwa bei uns zu Hause einen Holzbock durch Herausziehen zu entfernen.
Doch auf späteren Fotos oder in unseren Erinnerungen wird eher das Bild einer ländlichen Idylle haften bleiben – ohne so manches quälende Tierchen. Dieser angenehme Rasenfleck zwischen den Hütten, auf dem ich jetzt stehe, ist auch noch von anderem Leben bevölkert.
Da tollen mehrere junge Hunde miteinander herum, eine fast mit einem Plüschtier zu verwechselnde Ziege versucht bei dem wilden Treiben mitzuhalten. Dazwischen gackert eine Henne mit ihrem Dutzend Kücken im Gefolge. Hinter den mit Bambus gedeckten Hütten verliert sich der Horizont des gewaltigen Tales zwischen Terrassenfeldern und schneebedeckten Gebirgszügen in der Ferne. Vor dieser Kulisse steht eine Sherpa-Frau und zerstampft in einem Mörser Getreide. Dabei hält sie in beiden Händen einen mannshohen dicken Holzstempel, welcher mit Muskelkraft auf und nieder tanzt. Und zwischen diesem ganzen Treiben – immer wieder Kinder. Einige unter ihnen sind noch von solch geringer Körpergröße, dass man glauben könnte, sie müssten soeben aus dem Kinderwagen gefallen sein. Einen solchen kennt man hierzulande freilich überhaupt nicht.
Ohne Schuhe, ohne Windeln, oftmals nur mit einem zerschlissenen Pullover bekleidet, tollen bereits die Kleinsten in dieser scheinbaren Idylle umher und schauen mich aus ihren großen dunklen Augen an. Mädchen, fünf oder sechs Jahre alt, haben dagegen in ihrer Kleidung meist das Aussehen von „kleinen“ Erwachsenen. Mit einem Tragekorb, welcher einer Puppenstube

zu entstammen scheint, und jedem beliebigen Tuch, welches sie schon kunstvoll und mit Eleganz wie ihre Mütter um den Kopf zu tragen wissen, erstaunen sie mich so manches Mal. Und trotzdem sind es Kinder – neugierig und verspielt wie wohl überall auf unserer Welt. Es bereitet schon den Kleinsten keine Mühe, mit ihrem „Namaste"-Grußwort ständig unsere Aufmerksamkeit zu erwecken und dabei in nur geringer Entfernung neugierig und erwartungsvoll auszuharren – für ein Bonbon, einen Kugelschreiber, überhaupt

jeden beliebigen Gegenstand von den geheimnisvollen Fremden.
Mit den letzten Trekkingteilnehmern scheint einige Zeit später ebenso die Ziegenherde des Dorfes heimzukehren. Für unser Abendessen steht bereits das Esszelt auf einer Wiese, und wir werden nach den Anstrengungen dieses Tages unsere Mahlzeit bequem auf Stühlen und an dem vertrauten gemeinsamen Tisch genießen. Wenig später erreicht uns die Dunkelheit, und ich kämpfe noch eine Weile bei meinen Aufzeichnungen im Schein der Petroleumlampe gegen die anrückenden Scharen von „unbekannten Flugobjekten" – riesigen Nachtfaltern, Mücken und laut zirpenden Grillen.
Als der Abend fortschreitet, wird die Geräuschkulisse der Insekten zunehmend von einer anderen überlagert. Sie erinnert mich an unser Basecamp – nicht an den Sound unseres unermüdlichen Kassettenrekorders, sondern die freudigen Gesänge der Sherpas.
Ich verlasse das Zelt und folge durch die Dunkelheit einfach diesen Klängen. So gelange ich nach wenigen Metern an die „Verkaufsstelle" des Dorfes. Eine Art „Tante-Emma-Laden", welcher gleichzeitig als Dorfkneipe fungiert. Wirklich ein winziger Raum, in

dem trotz allem mittlerweile unsere ganze Trekking-Gemeinschaft Zuflucht und Sitzplatz gefunden hat.
Gewiss, wie konnte ich es nur vergessen, hier gibt es offenbar nicht nur bescheidene Nahrungsmittel oder auch Petroleum, Streichhölzer, Werkzeuge, Seife und Hausrat zu kaufen – natürlich gibt es auch Bier in Flaschen! Vorrangig sicherlich für die vorbeikommenden Makalu-Bezwinger, wie ich so bei mir denke.
Aber die Hauptattraktion des Abends scheint heute neben jenen Flaschen mit ihrem beliebten Inhalt in einer Musikantengruppe von Einheimischen zu bestehen. Bei landesüblichem Gesang, für unsere Ohren voll fremder Melodik, begleiten sich die drei jungen Männer dabei auf mehreren ihrer Trommeln voller Ekstase selbst. Auf diese Weise bekommen wir als Gäste des Dorfes heute Abend außerplanmäßig gewissermaßen den kulturellen Teil dieser Trekkingroute nachgereicht.
Schon ein wenig berauscht, entdecke ich unsere Expeditions-Grußpostkarte vom Makalu neben ähnlichen Karten anderer Expeditionen an einer Holzwand wieder. Bei der musikalischen Ausgelassenheit der Einheimischen findet dieser Tag, selbst nach dem heutigen langen Marsch über eigentlich zwei Etappen, schließlich so auch für uns gegen Mitternacht ein aufgelockertes Ende.

Andere Tiere im Paradies

Sonntag, 3. Mai

Auf allgemeinen Beschluss war bereits gestern der heutige Tag zum Ruhetag bestimmt worden. Nachdem ich irgendwann in der Nacht über meinen Walkman noch ganz versunken der Stimme von Maria Callas gelauscht hatte, weckt mich am Morgen das Rufen eines Kuckucks. Später kommt die glockenhelle Stimme eines vielleicht 6 bis 7-jährigen Mädchens dazu, welches hinter unseren Zelten eine große Herde Ziegen hütet.
Gegen 9 Uhr Frühstück bei Sonnenschein. Danach verdichtet sich jedoch die Wolkendecke, und bis in den Nachmittag hinein folgt starker Regen. – Offenbar jener Regen, den Meutz noch von seiner ersten Trekkingtour zum Makalu als Alptraum kannte. Einige unserer Männer versuchen, sich die Zeit im Esszelt mit einigen Skat-Runden zu vertreiben.
Offenbar von der umgebenden Feuchtigkeit aktiviert, bedrängen uns inzwischen unendliche Schwärme von winzigen Mücken. Hier in nur noch 2000 Meter Höhe sind diese unliebsamen Plagegeister jetzt an absolut jedem Ort, an jeder Stelle des Dorfes zu finden. Sie drangsalieren Tier und Mensch gleichermaßen und trotzdem in verschieden boshafter Weise. Diese unscheinbaren Insekten, welche beinahe mit glitzernden Staubpartikeln zu verwechseln sind, lassen in den unangenehmsten Fällen auf der Haut nach einigen Stunden ein schon fast beängstigendes Muster von kräftig-roten Flecken zurück.
Aber die härtesten Kämpfe werden von einigen Frauen ausgetragen, wenn wieder einer aus dem Heer von flinken Blutegeln sich anschickt, die Hürde ihrer Schuhe oder

Sandalen schnellen Schrittes zu überwinden. Spätestens in diesem Moment, falls man es überhaupt bemerkt, wird die Entscheidung akut, den kleinen schwarzen Würmchen mit bloßen Fingern oder anderen Notmaßnahmen entgegenzutreten ...
So stellt man sich bereits am ersten Tag, wieder ins scheinbare Paradies zurückgekehrt, im Stillen die Frage, ob es nicht weiter oben zwischen Wind und Schnee vielleicht doch noch erträglicher war. Doch bekanntlich gibt es ja auf der Welt auch für die heimtückischsten Waffen unserer wechselnden Widersacher zuweilen Gegen- oder sogar Wundermittel. Im Falle des fliegenden Ungeziefers versuchen wir es bei einigem Erfolg mit dem Rauch unseres Lagerfeuers oder später mit dem Ausräuchern unserer Zelte durch den Rauch von glimmenden Bambuszweigen, wie uns wieder einmal die Sherpas zeigen. Auf diese Weise normalisieren sich unsere anfänglichen „Naturprobleme" als Fremde in diesem Landstrich wieder auf ein erträgliches Maß, und so verbringe auch ich einen Großteil des Tages mit Lesen, Musikhören oder auch mal schlafend im Zelt.
Gegen 16 Uhr werden unter den Küchenleuten plötzlich auffallende Aktivitäten spürbar. Wie sich wenig später zeigt, wollen sie aus der Herde des Dorfes eine Ziege schlachten. Mit prüfendem Blick haben sie schnell eines der Tiere ausgewählt, aber noch immer übersteigt es unsere Vorstellungen, ihre jetzigen Vorbereitungen mit der Füllung unserer Abendbrotteller in Verbindung zu bringen.
Gehören die Erlebnisse der nächsten Stunde ebenfalls zum Ablauf einer Trekkingtour hier in diesem Land? Aber es ist wohl das reale Leben – eben wirklich so, wie es hier, fern unseres sonst so festgelegten Horizonts, stattfindet!
Die Ziege wird abseits geführt, auf jene kleine Landeplattform des Hubschraubers. Wenige Meter von dem sicherlich schon alten Heiligtum des Dorfes entfernt, einem steinernen Altar, packt einer der Männer die verängstigte Ziege plötzlich an den Hinterläu fen, währenddessen ein zweiter den Kopf des Tieres an einer Schlinge kräftig nach vorne zieht. Auf diesen Moment wartet mit einer Furcht einflößenden Machete in der Hand ein Dritter. Dies alles dauert nur wenige Sekunden, bis ein einziger Hieb der scharfen Klinge den Kopf der Ziege von ihrem Rumpf abtrennt.
Beginnend mit dem Auffangen des Blutes, verfolgen wir als Laien mit Staunen, wie innerhalb der nächsten Stunde der Körper des Tieres zerlegt und seine Bestandteile dabei fast vollständig weiterverwertet werden. Selbst der Magen oder auch der meterlange Darm werden gereinigt und mit Wasser gespült, um noch andere Nutzung zu finden. Dass von jenem vor kurzem noch meckernden Geschöpf am Ende nichts anderes zurückbleibt als ein paar abgeschabte Haare, beeindruckt mich irgendwie bei dem Gedanken an jene heimischen täglichen Müllberge unser „Zivilisation". Die Küchenleute verlassen schließlich zielstrebig den Ort des Geschehens in Richtung ihrer Kochtöpfe. Nur die Vorder- und Hinterläufe schauen dabei noch ein wenig makaber aus einer Jackentasche, und ein Rudel Hunde springt, von dem Geruch angezogen, wie von Sinnen an dem betreffenden Mann nach oben.
Nicht alle aus unserer Trekkinggruppe haben diese ein wenig ungewohnte Episode verfolgt oder überhaupt mitbekommen. Als wir gegen 19 Uhr wieder alle gemeinsam in

unserem Esszelt sitzen, wird das frische und so schmackhaft zubereitete Fleisch auf den Tellern besonders gelobt ... Wir bekommen es als Gulasch oder auch gebraten, dazu mit Reis und Gemüse garniert ausgeteilt.
Zum Abschluss des trotz allem recht beschaulich ausgefallenen Ruhetages wird uns wieder einmal ein großer Rührkuchen mit Sahnehäubchen und brennenden Kerzen serviert. Offenbar eine Spezialität der freundlichen Nepalesen für ihre Gäste hatte dieser Kuchen von uns auf Grund seiner äußeren Gestalt ja bereits im Basecamp seinen „Markennamen“ erhalten. Mit dem beiliegenden riesigen Messer, von dem dann böse Zungen behaupten, es habe am Nachmittag der Ziege den Hals durchtrennt, bemühe ich mich den Kuchen in zwölf Stücke zu teilen.

Der Weg führt durch die Schlucht

Montag, 4. Mai

Bereits um halb sechs Uhr wecken uns die Sherpas wie vereinbart mit dem üblichen Morgentee. Heute ist bergabwärts wieder eine doppelte Wegetappe vorgesehen. Doch abweichend vom eigentlichen Plan fällt unser Start nach dem Frühstück sehr gelassen aus, denn vier, fünf Leute aus unserer Trekkinggruppe verlassen zu guter Letzt erst gegen 8 Uhr Tashigaon, den Ort unseres Aufenthalts der vergangenen beiden Tage.
Die bereits früher Aufgebrochenen, umfängt nach der Dorfidylle zwischen Bambushütten und aufkeimenden Getreideähren mittlerweile schon lang ein sonnendurchfluteter Wald mit einem vielfältigen Konzert bekannter und unbekannter Vogelstimmen. Kurz zuvor war es noch das unendliche Heer von Grillen gewesen. Deren atemberaubende Geräuschkulisse hätte es unseren Sinnen wohl einfach unmöglich gemacht, den morgendlichen Blick auf das Bergpanorama nur als Stummfilm zu begreifen. Doch mittlerweile ertönen von den verstreuten Weideflächen aus der Ferne nur noch vereinzelt die Rufe der Rinder und das Meckern der Ziegen. Als dazu jedoch auf einmal noch der Ruf des Kuckucks erschallt, geht mir unwillkürlich die Melodie von jenem bekannten „Erwachen heiterer Empfindungen bei der Ankunft auf dem Lande“ aus Beethovens „Pastorale“ durch den Kopf.
In dieser gelösten Stimmung laufen wir weiter sanft am grünen Hang abwärts. Viele der stark mineralisch durchsetzten Steine, aus denen der Weg in großen Platten zusammengewürfelt erscheint, leuchten in den Strahlen der Morgensonne, als seien sie aus purem Silber. Wir biegen langsam aus dem bisherigen Talabschnitt hinaus und durchqueren das weitläufige Gelände mit Feldterrassen und später auch einigen Hütten des Dorfes Navgaon. Es bleibt uns ein Rätsel, wie Menschenhände zwischen den immer noch großen Felsblöcken diese Hunderte von Terrassen errichten konnten. Die meisten von ihnen sind über die zahlreichen zu Tale stürzenden Bäche kunstvoll mit Wasserkanälen

verbunden, so dass hier oben in 1800 Metern in vielen, von Feuchtigkeit strotzenden Terrassenflächen Reis angebaut wird.

Einer jener unseren Weg querenden Bäche scheint nur wenige Meter entfernt durch einen Wall aus Felsblöcken aufgestaut zu sein. Die bereits am Vormittag von der südlichen Sonne in die Höhe getriebenen Temperaturen lassen unsere noch ganz gegenwärtigen winterlichen Erinnerungen in diesem Moment wahrhaftig wie den „Schnee von gestern" erscheinen. Meine Wandergefährten entschließen sich kurzerhand zu einem Bad, auch wenn solche Gelegenheiten bei einem Trip bis auf 5000 Höhenmeter im Grunde bei fehlender Badehose zu Gunsten von Skistock und Handschuhen gewiss nicht geplant waren.

Auch ich musste heute Morgen ein wenig ärgerlich feststellen, dass mir in meiner Ausrüstung für den restlichen Weg bis Kathmandu eine kurze Hose und ein Sonnenhut durchaus noch fehlen werden. So schließe ich mich den anderen wenigstens für die nächsten zehn Minuten bei diesem unerwarteten sommerlichen Vergnügen an.

Das Wasser von Gebirgsbächen gilt bekanntlich mit seinen dürftigen Wärmegraden als eher extrem erfrischend denn als angenehm. Vorsichtig prüfe ich das Geschehen mit meiner großen Zehe und glaube fast in den letzten Wochen mein Temperaturempfinden eingebüßt zu haben. Aber das Wasser ist einfach unglaublich von der Sonne auf seinem bisherigen Weg von den Bergeshöhen bereits so angenehm erwärmt, dass es mit seiner milden Temperatur vermutlich auch jeden skeptischen Ostsee-Urlauber zufrieden gestellt hätte.

Leider müssen wir uns von dem schnell lieb gewonnenen Swimmingpool dann doch

wieder trennen, um am Ende nicht noch unser Flugzeug in Kathmandu zu verpassen. Innerhalb des folgenden Ortes, Sedua genannt, durchqueren wir an einer Art Kontrollposten die äußere Grenze des Barun-Nationalparks, welcher die Natur nicht nur vor weiterer Zersiedlung und Bodenerosion durch die extrem anwachsende nepalesische Bevölkerung bewahren soll. Auch für den Touristen oder Bergsteiger aus Europa oder Übersee soll mit diesem Nationalpark ein Zeichen gesetzt sein, mit der ganzen Vielfalt seiner einzigartigen Natur schonend umzugehen, nur die markierten Übernachtungsplätze zu benutzen sowie keinen Müll unserer so andersartigen Zivilisation zurückzulassen.
Gegen Mittag wird von den Küchenboys in gewohnter Weise auf einer großen blauen Plane wieder ein Mittagsmenü zubereitet. Auch sonst scheinen unsere Helfer an alles gedacht zu haben. Genau an diesem Platz wird der Rasen von den weit ausladenden Zweigen großer Bäume überragt, welche uns hier erlösenden Schatten spenden. Dazu werden wir bei unserer Ankunft sogleich alle mit Saft und Tee bewirtet, die unserer weiteren Konstitution vermutlich weit besser helfen als das so oft zitierte Bier oder ein Cola-Automat.
Nach einer sich anschließenden Stunde der Ruhe und des Dahindösens suchen unsere Augen bereits am Horizont nach unserem Tagesziel. Eigentlich erscheint es überhaupt nicht mehr weit. Fast gerade hin, in Luftlinie kaum 4 Kilometer entfernt, erkennen wir bereits die Häuser von Num. Es handelt sich dabei um eine kleine Ortschaft in 1400 Meter Höhe, welche sich ganz markant auf einem vor uns liegenden Höhenrücken abzeichnet. Die entscheidendste Unterlassung dieser Beschreibung besteht jedoch darin, dass wir uns jetzt an der Oberkante des gewaltigen Arun-Tales befinden. Alles, was wir schon so verlockend nah mit unseren Augen erkennen können, befindet sich jedoch auf der anderen Seite dieses Tales.
Unser Weiterkommen wird sich also nicht auf direktem Wege zu jenen bereits gut sichtbaren Häusern realisieren lassen. Vielmehr müssen wir unsere Blicke von nun ab steil nach unten senken. Hinab in bodenlose Tiefe; ist noch nicht einmal der Grund dieser gewaltigen Schlucht sichtbar. Nur hören können wir es bereits – das Tosen des mächtigen Arun-Flusses. Ein fast 800 Meter langer steiler Abstieg liegt jetzt vor uns, um die einzige Brücke dieser Gegend zu erreichen. Nach der nur dort möglichen Überquerung des Flusses steht uns dann noch einmal ein fast ebenso langer Aufstieg bevor. Erst dann werden wir bei den bereits so nah erscheinenden Häusern auf der anderen Seite eintreffen!
So recht vermag ich nicht einzuschätzen, was uns dabei noch bevorsteht. Die bloße Aneinanderreihung von Höhenmetern im Auf- und Abstieg vermittelt sicherlich nur wenig Vorstellung, und bei unserem Anmarsch zum Makalu überflogen wir – im wortwörtlichen Sinne – diesen Teil des Weges ja mit dem Hubschrauber.
Aber die Rucksäcke auf unseren Rücken sind ja nicht so schwer wie jene der Sherpas, und so beginne ich noch recht leichtfüßig und erwartungsvoll diesen Weg. Ein nicht enden wollender Pfad führt uns durch eine vielfältige Vegetation, gesäumt von mächtigen, mit Moos überzogenen Felsblöcken und munter plätschernden Bächen.
Als wir auf diese Weise bereits mehr als eine Stunde abwärts gestiegen sind und von

dem tosenden Talgrund noch immer nichts zu sehen ist, beginnen die Dimensionen dieses Tales langsam aufs Gemüt zu schlagen. Dabei sind wir hier keinesfalls mehr allein unterwegs. Die Betriebsamkeit auf diesem Weg erinnert mich irgendwie an den nicht abreißenden Verkehrsstrom auf heimischen Straßen. Immer wieder erleben wir Gruppen von Einheimischen, von Trägern, welche vor unseren Augen den vollständigen Transport dieser Region auf ihrem Rücken abwickeln. Aber auch Frauen mit ihren Gerätschaften für die Feldarbeit oder mit deren Früchten in ihren Tragkörben sind es, die uns entgegenkommen. Kinder, selbst ganze Familien befinden sich auf diesem Weg – dem Weg einer anderen vertikalen Dimension, zu Fuß natürlich. Der Gedanke an ein Auto, mit welchem zu Hause mittlerweile selbst kürzeste Entfernungen „gefahren" werden, ist hier an dieser Stelle, in dieser Landschaft einfach so unendlich weit entfernt – vielleicht wie für uns üblicherweise ein Flug zum Mond.

Im gleichen Maße, wie dieser Weg uns immer noch weiter abwärts führt, bringt es die dabei enorm verminderte Höhe (am Ende nur noch etwa 700 Meter ü. d. Meeresspiegel) mit sich, dass die uns umgebenden Temperaturen unangenehm nach oben steigen. Ich spüre dies nicht nur daran, dass mir nun der Schweiß über den ganzen Rücken hinabläuft. Der beeindruckendere Teil unserer Erlebnisse ist mit der sich weithin ebenso wan-

delnden Umgebung verbunden. Kaum vorstellbar, dass wir noch heute Morgen dazu in der Lage waren, fast beliebig viel Eis und Schnee, zahllose Gipfel oder Grate mit unseren Blicken einzufangen. Dieser „Schnee“ ist hier, nur wenige Stunden später, in unseren Emotionen wohl endgültig dahingeschmolzen ...

Dafür gelangen wir jetzt auf ein malerisches, kleines Plateau in diesem gewaltigen Hang. Zwischen sanften Hügeln befinden sich wieder jene für diese Gegend typischen mit Bambus gedeckten Hütten, umgeben von zahlreichen kleinen Feldern mit Mais und immer öfter auch Bananenstauden. Der Blick wird unterbrochen von allerlei Buschwerk und Baumgruppen, die eine natürliche Begrenzung zu den unregelmäßigen Anbauflächen schaffen. Danach betreten wir erneut ein kleines Bambuswäldchen, dessen einzelne Sprosse hier wie Gräser in den Himmel wachsen. Dabei erreichen die kräftigsten von ihnen den Durchmesser von Bäumen und auch deren Höhe. Noch einmal ändert sich die Szenerie, und wir stehen vor einem mit Schilf bewachsenen Tümpel, der sogar von Palmen gesäumt ist, und hier umschwirren unsere Köpfe plötzlich prächtige Libellen, die in ihrer dunkelblauen Färbung wie schimmernde Edelsteine in der Sonne glänzen.

Wenig später eröffnet sich zu unseren Füßen endlich der erste Blick auf den Arun-Fluss. Nach einer weiteren Viertelstunde Abstieg stehen wir schließlich an seinem Ufer. Das Wasser, zwischen dunkelgrüner Färbung und dem Weiß der Schaumkronen auf meterhohen Wellen wechselnd, hinterlässt in dem wild tosenden Flussbett eine fast ein-

schüchternde Wirkung bei uns. Eine unüberwindliche Grenze für jeden Menschen, jedes Tier – ohne Flügel.

Doch seit einigen Jahren spannen sich hier mehrere zentimeterdicke Stahlseile über den Abgrund. An der so befestigten Hängebrücke lässt sich über Holzbalken laufend das Wasser jetzt sicher überqueren. Wer die Nerven dazu hat, kann problemlos mit dem eigenen Körpergewicht diese ganze Konstruktion in der Mitte des Flusses zum Schaukeln bringen. Allerdings scheinen die Bodenbretter unter unseren Füßen von Sonne und Regen bereits sichtlich angegriffen, und die Fluten darunter sind einfach so reißend, dass ihnen wohl niemand mehr entrinnen könnte.

Es ist das Wasser vieler Gletscher und des endlosen Schnees der umliegenden hohen Berge. Auch der stürmische Fluss des Barun-Tales ist mittlerweile mit diesen Fluten vereint. In meiner Phantasie stelle ich mir vor, dass es soeben Teile jener Eis- und Firnflächen sind, welche wir am Makalu überquerten oder die drohend über unseren Köpfen hingen – und nun unter meinen Füßen noch einmal als Wasserstrudel dahinjagen.

Sind es nun eigentlich 50 oder sogar 80 Meter, welche die Brücke auf diese Weise den Fluss überspannt? Ich erinnere mich noch an alte Fotos vergangener Expeditionen, welche an dieser Stelle eine Brückenkonstruktion zeigen, die von geflochtenen dicken Tauen aus einheimischen Pflanzenfasern anstelle der heutigen Drahtseile zusammengehalten wurde.

Nachdem ich mit einigen unserer Gruppe unbeschadet die andere Seite des Ufers erreicht habe, gönnen wir uns vor dem wohl endlosen Aufstieg noch eine Pause. Die Luft ist jetzt heiß und stickig wie in einem Gewächshaus. Völlig egal, ob man sich bewegt oder nur dasteht – der Schweiß läuft in Strömen.

Als ich dann mit meiner Trinkflasche in der Hand zu entscheiden habe, diese sogleich auszuleeren oder mir einige Schlucke davon noch für den langen Anstieg mitzunehmen, muss ich noch einmal an George denken. Wie er vor wenigen Tagen in fast 8000 Meter Höhe den letzten Schluck seiner Trinkflasche leerte. Damals, in jener kritischen Situation bereits mit einer Art Galgenhumor: „Jetzt ist's sowieso egal ...“
Auch ich lasse jetzt in meiner Flasche keinen Schluck mehr zurück. Warum soll ich's hinauftragen, wo wir bei dieser schwülen Hitze sowieso alles sofort herausschwitzen. Nicht mehr Tausende Meter hoch, sondern jetzt tief unten nur noch ein paar hundert Meter, kann uns hier nichts passieren. So wie die Wolken über uns ausschauen, fängt es vielleicht sogar noch an zu regnen. Eine erfrischende Dusche von oben? Im Moment wahrscheinlich der einzige Wunsch, den wir noch hätten.
So gehe ich zügig los. Große feuchte, über den lehmigen Weg hängende Blätter streifen mir das Gesicht. Wenn ich gleichmäßig vorankomme, könnte ich, die Schwüle des Talgrundes verlassend, das Dorf oben auf dem Bergrücken vielleicht in zwei Stunden erreicht haben, denke ich so bei mir. Nach einiger Zeit lichtet sich der Wald wieder, und die bereits vertrauten Terrassenfelder beginnen erneut. Eine Quelle nutze ich noch einmal zum Trinken, bis mir das Wasser fast schon wieder aus den Ohren zu rinnen scheint. In diesem Moment spüre ich die ersten Regentropfen auf meiner Haut. Phantastisch, denke ich. Jetzt wird es mit dieser Sauna um uns gleich Schluss sein. Obwohl mit Regenschirm und Anorak gegen solches Regenwetter gut ausgerüstet, genieße ich es, von den dicken, hagelkörnergroßen Tropfen nass und nässer gespritzt zu werden.
Was mir in den ersten 15 Minuten noch wie eine Erlösung scheint, ändert sich jedoch zusehends. Nachdem uns die Hitze in den letzten Stunden schon ganz schön zusetzte, hat sich aus jener soeben noch als angenehm empfundenen Erfrischung innerhalb nur weniger Minuten wieder jenes zähneklappernde Kälteempfinden entwickelt. Und was hier vermutlich als gewöhnlicher Regen gilt, empfinden wir mit unseren europäischen Maßstäben wohl eher als eine Art Wolkenbruch. Mittlerweile schüttet es von oben wirklich wie aus Kannen.
Die Feldterrassen weiter bergan steigend, erreiche ich nach einigen Minuten einen Unterschlupf. Ein etwa ein Dutzend Quadratmeter großes Dach ohne Seitenwände, welches komplett, aus Bambus-Material gefertigt ist. Darunter erkenne ich bereits drei Leute, die vor dem Regen Schutz suchen: Den Bauern dieses Feldes mit seiner Frau und – Hartmut, einen unserer Trekkinggruppe, mit dem mich bereits in den letzten Tagen manches gemeinsame Wegstück verband. Während wir beide mit fortschreitender Zeit nun ein wenig unruhig hinaus in den dichten Regen starren, ist aus den faltigen Gesichtern der Bauern nur Gleichmut und tiefste Gelassenheit abzulesen.
Als der Regen nicht aufhören will, gelange ich mit Hartmut schließlich zu der Ansicht, für den Rest des Tages dann wohl doch besser oben in der Lodge von Num aufgehoben zu sein. Ein wenig fröstelnd spanne ich jetzt meinen Regenschirm auf, und wir suchen nach dem Weg hinauf zum Dorf. Das wird zunehmend schwieriger, bis wir zeitweise in dem lehmigen, jetzt mit Wasser durchtränkten Boden überhaupt keinen Weg mehr erken-

nen. Wir stehen vor Dutzenden, ja Hunderten Feldterrassen mit ihren Steinumfriedungen und sind manchmal nahe daran, unseren weiteren Aufstieg gewissermaßen mit dem Kompass, per Luftlinie zu bestimmen. – Nichts für eingefleischte Jäger von Wegmarkierungen zwischen rotem Punkt und grünem Kreuz ... Wahrscheinlich aber gelingt uns die weitere Wegsuche doch noch recht gut, wir erreichen nach einer weiteren Dreiviertelstunde die ersten Häuser von Num.

Als wir den kleinen Marktplatz überqueren, haben die Wassermassen mittlerweile jene dahinter liegende Wiese für jeden Versuch, darauf noch ein Zelt errichten zu können, untauglich werden lassen. Also werden wir uns heute wohl auch zum Schlafen um ein festes Dach über unseren Köpfen bemühen. Eine Dreier-Gruppe unserer Leute, die wir lange Zeit beim Aufstieg noch vor uns sahen, hatte auf dem letzten Abschnitt mit der Orientierung offenbar weniger Glück als wir. Vom Regen gemeinsam eingeweicht, sitzen wir wenig später auf einer Holzbank unter dem weit ausladenden Vordach jener Lodge – der Dorfkneipe – und warten nun – mit ebensolchem Gleichmut wie die Einheimischen – auf den Rest unserer Trekkinggruppe, auf die Träger mit den trockenen Sachen in unseren Rucksäcken, vielleicht auch auf das Ende des monotonen Regens.

Mir gegenüber sitzt jetzt Chris mit seinen ein wenig ungewöhnlichen Wanderschuhen. Bisher hatte ich über ihn nur gehört, dass er eigentlich ein passionierter Motorradfahrer ist. Seine Neugierde aber, auch einmal bis zu einem 8000er zu gelangen, hielt ihn schließlich nicht davon ab, selbst hier an diesem Trip teilzunehmen. Immerhin, zwangsläufig ohne Motorrad auch ohne sonstige Geh-Hilfen, einfach so zu Fuß. Einzige Erinnerung an seine sonstige Leidenschaft – die Schuhe eben, tatsächlich seine schwarzen Motorrad-Stiefel, die er täglich trägt.

Wer sich mit dergleichen verschiedenen Schuharten vielleicht nicht so genau ausgekannt hätte, dem wäre zumindest aufgefallen, dass Chris hier jedoch stets mit auffallend geputzten Schuhen unterwegs war. Nicht dass unser täglicher Weg mit Asphalt oder Straßenpflaster ausgelegt gewesen wäre. Jedoch auf seine Motorrad-Stiefel ließ Chris einfach nichts kommen. Außer vielleicht heute, wo wir wohl alle soeben mehr oder weniger durch den rötlichen Schlamm dieser chaotisch ineinander verschachtelten Terrassenfelder gewatet waren. Auch das scheint er im Moment mit Fassung zu tragen.

Plötzlich aber kommt ruckartig Bewegung in ihn. Seine Hände fahren an den Hosenbeinen hinunter, irgendetwas scheint ihn an seinen Strümpfen zu stören. Als er sie im nächsten Moment ein wenig umschlägt, ändert sich spürbar sein Gesichtsausdruck. Auch wir anderen schauen sicherlich nicht weniger verwirrt auf seine Beine, welche unter den zurückgeschlagenen Strümpfen jetzt seltsam blutig aussehen.

In dieser trübseligen, tristen Situation auf eine solche Überraschung mit keinem Gedanken gefasst, schießt es uns allen schlagartig durch den Kopf – die Blutegel!

Selten habe ich jemanden so schnell seine Schuhe ausziehen sehen. Aber bei dem Anblick schüttelt es auch uns unwillkürlich. Dann hält er seine Strümpfe an zwei Fingern in die Höhe. Nein – um die Anzahl der unsympathischen Weggefährten an seinen Socken bestimmen zu wollen, würde nicht einmal mehr die komplette Anzahl unserer Finger ausreichen.

Über diese praktische Lehrvorführung zu jenen schon von Meutz erzählten Schauergeschichten, bin auch ich jetzt ziemlich sprachlos. Mir fällt wahrhaftig nichts Geistreiches bei diesem Anblick ein.
Chris jedoch scheint inzwischen schon wieder handlungsfähig. Immer noch auf der Bank sitzend, erlebe ich jetzt, wie sich die Beziehungen zwischen ihm und seinen ungeliebten Begleitern drastisch verhärten. Nachdem Chris seine Beine mittels jenes Wunderpulvers „Salz“ von den Invasoren befreit zu haben scheint, zückt er plötzlich sein Feuerzeug. Die kräftig strömende Flamme erzeugt knisternde Geräusche, als sie Chris an seinen Socken züngeln lässt. Das sieht wirklich nicht gut aus, und ich sehe ihn schon endgültig barfuß vor mir stehen. Doch dieser Umstand scheint ihn im Moment überhaupt nicht zu berühren. Seine persönliche Rache gegenüber den ungebetenen Gästen scheint gewiss. Mit langsam wiederkehrender Zufriedenheit schickt er die blutgierigen Angreifer gemeinsam mit seinen Strümpfen als flammenden Rauch hinauf in den verregneten Himmel.
Auch die nach uns folgenden Teilnehmer, und einige Träger werden von den so anhänglichen Wesen der Gattung Blutegel angefallen und verfolgt. Auf dem feuchten Untergrund unseres Aufstiegs wahrscheinlich besonders üppig vertreten, scheinen sie jedoch meine mit Lederfett frisch konservierten Schuhe weit weniger zu mögen. Wir hatten bereits früher bemerkt, dass sie vor allem Schuhe aus dunklem Leder bevorzugen. Ganz besonders beliebt scheinen hier aber eben Motorrad-Stiefel zu sein ...
Eine Stunde mag mittlerweile vergangen sein, als unsere Trekkinggruppe fast vollzählig wieder versammelt ist. Auch die Küchenboys sind inzwischen dabei, aus dem Inhalt der prall gefüllten Körbe ihre Aktivitäten für unser Abendessen zu entfalten.
Noch immer fröstelnd auf die lange und trockene Hose aus meinem Rucksack wartend, lande ich mit meinen Gedanken zwangsläufig wieder bei jenen Trägern, welche unsere persönlichen Lasten und Ausrüstung tragen. Jeder von ihnen mit 40, vielleicht sogar 50 Kilo am Stirnband, müssen sie noch immer im Regen an dem steilen, 700 Meter hohen Aufstieg unterwegs sein.
Zwei Stunden nach uns treffen sie schließlich mit ihren riesigen, mich immer wieder betroffen machenden Lasten auf dem Rücken ein. Bei manchen lassen offene Schürfwunden an Beinen und Armen erkennen, dass der im Regen verschwundene Weg auch für sie zum Orientierungsproblem, aber mehr noch mit den Lasten wohl zum Gleichgewichtsproblem wurde. Wir verstehen ihre Sprache nicht. Doch der Gesichtsausdruck ihrer mit Regen und Lehm verschmierten Gesichter sagt uns heute wohl alles. So glaube ich, dass uns – die wir in diesem Land und bei diesen Menschen nur zu Gast sind – wenigstens in solchen Momenten alle ein ähnliches Gefühl überkommt. Es ist ein tiefer Respekt vor diesen körperlichen Leistungen der Sherpas. Selbst kaum schwerer als zwischen 50 und 60 kg, müssen sie der täglichen Anforderung gewachsen sein, die Hälfte bis drei Viertel dieses Gewichts als Traglast zwischen 6 und 9 Stunden bei Hitze, Kälte oder Regen über jeden Berg und durch jedes Tal zu schleppen.
Unser Sirdar hat auf Grund des Wetters inzwischen entschieden, dass wir für diese Nacht

unser Quartier hier in dieser Lodge beziehen werden.
Wie sieht eine solche Herberge hier auf dem Lande eigentlich aus? Dieses Haus, unter dessen Vordach wir nun bereits seit einiger Zeit Zuflucht gefunden haben, scheint – zurückhaltend ausgedrückt – von historischem Gepräge. Im Inneren rußgeschwärzt, die Wände aus einigen Balken und Lehm zusammengehalten, vermittelt der gesellige Mittelpunkt dieses Ortes von außen das Bild einer seltsamen Mischung zwischen Dorfkonsum und Bierausschank. Auf einer schmalen Holztreppe, erreichen wir den Dachboden. Dort ist es stockfinster. An elektrisches Licht oder gar ein Radio ist hier nicht zu denken. Wie im Mittelalter weisen uns zwei Öllampen und Kerzen mit flakerndem Schein zwischen ausgetrockneten Dachbalken den Weg. Ein Dutzend Holzpritschen werden sichtbar, welche offenkundig für die kommende Nacht das Lager unserer Wahl darstellen.
Wohl fast jedes Notlager oder entsprechende Hütten-Winterräume in den Alpen hätte diesem bescheidenen Quartier in seiner Ausstattung Konkurrenz gemacht – aber dafür sind wir ja schließlich im Himalaya.
Am anderen Ende des Raumes glaube ich sogar einen Heuhaufen zu erkennen und neben meiner Liege in der Wand eingelassen eine Nische mit zwei Öllampen, an denen ich später das Licht zu löschen versuche. Hoffentlich gelingt das den anderen ebenso, denke ich noch bei mir. Die Feststellung erübrigt sich einfach, dass mitteleuropäische Hüter von Hygiene oder gar Brandschutzbestimmungen diesem unserem verdienten Nachtlager nur unter größtem Vorbehalt zugestimmt hätten.

Noch nicht am Ziel

Dienstag, 5. Mai

Die Rufe der Küchenboys und hell gebündelte Lichtstrahlen durch einige Ritzen des Daches wecken uns im Halbdunkel des Raumes.
Als wir uns nur wenig später wieder die steile Holztreppe nach unten tasten, empfängt uns ein strahlender Morgen vor den Türen unser Übernachtungsstätte. Buchstäblich mitten auf dem kleinen Dorfplatz haben die Küchenleute unseren langen Tisch aufgebaut und bereits eingedeckt, als sie uns gegen halb sieben Uhr zum Frühstück rufen.
Für eine Urlaubsreise ist es zu solch früher Stunde im ersten Moment immer noch ein wenig ungemütlich, doch die gesamte Landschaft um uns ist bereits in ein wundervolles Morgenlicht getaucht. Außerdem wissen wir spätestens seit gestern aus eigener lebendiger Erfahrung, in welchen Dimensionen Regenwolken dem strahlenden Sonnenschein am Nachmittag leicht zu folgen vermögen. Abgewandelt von jenem bekannten Sprichwort, hat hier jetzt die „frühe Morgenstunde“ nicht nur für unsere Augen „Gold im Munde“, sondern wird uns auf dem bevorstehenden Weg auch einen größeren Spielraum gegen die Launen der vielleicht später wieder anrückenden Regenwolken erhalten.
Bei dem heutigen Frühstück scheinen fast alle Kinder des Dorfes um den Tisch versammelt. Mit der ihnen eigenen Neugierde schauen sie uns bei jedem einzelnen Bissen über den Tellerrand hinterher, glücklich über jedes Krümel, an dem sie vom Tisch der Fremden auf diese Weise teilhaben können. Genauso erpicht sind sie bei dieser Gelegenheit auf jeden Bleistift, jeden Kugelschreiber, den sie von uns vielleicht noch erhaschen können. Dabei hatte ich gestern schon Mühe, einen letzten – für mich zum Schreiben – zu behalten. So nehme

ich einige Fotos und die Erinnerung mit auf meinen Weg, wie erstaunlich wenig es eigentlich braucht, um einen Menschen, ein Kind – ohne Schuhe an den Füßen – glücklich zu sehen.

Über Pfade aus rotem Lehm gehen wir danach den gemütlich ansteigenden Bergkamm bis auf 2000 Meter langsam wieder aufwärts. Dieser Morgen der vom Regen gereinigten Luft gibt uns soeben mit unglaublicher Klarheit den Blick auf die umliegenden Bergpässe frei. Sogar über all die letzten Tage kann ich unseren Weg noch einmal zurückverfolgen, bevor sich unsere bisherige Spur unsichtbar hinter dem Shipton La verliert. Am Horizont schauen noch einige schneebedeckte, vermutlich über 6000 Meter hohe Bergketten hervor. Auf solchen Höhenwegen wie hier entstehen wohl die faszinierenden Motive für Bücher und Postkarten, die uns den exotischen Kontrast zwischen Blumen in der Nähe und Schnee in der Ferne oftmals so Sehnsucht erweckend vorführen.

Jetzt, ständig vom frischen Grün vieler Bäume und Sträucher umgeben, eröffnet unser Weg überwältigende Ausblicke nach allen Seiten. Links von mir, in südlicher Richtung, beginnen die Vorberge des Himalaya langsam flacher zu werden. Rechts von mir, nach Norden, geht mein Blick auf viele Seitentäler, welche sich bis in die ersten Schneeregionen hinaufziehen. Darüber erhebt sich schließlich die gewaltige Mauer des Himalaya-Hauptkammes. Seine Gipfel beginnen jetzt am Vormittag bereits in aufsteigenden Wolkenbänken zu verschwinden. Bevor meine Augen aber noch einmal unseren Horizont der vergangenen Wochen erreichen können, fällt der Blick, direkt zu meinen Füßen, wieder steil hinab. Erst 1500 Meter tiefer werden im schattigen Grund zuweilen die weiß oder grünlich schimmernden Windungen des Arun-Flusses sichtbar.

Nach einer nochmaligen kurzen Rast unter flatternden Gebetsfahnen gelangen wir über einen bewaldeten Bergrücken schließlich abwärts in eine dicht überwucherte Urwaldregion. Von Menschenhand scheinbar völlig unberührt, wirkt sie in ihrer Gegensätzlichkeit besonders auffallend. Nur ein schmaler Weg schlängelt sich zwischen Farnen und moosbewachsenen Baumriesen entlang.

Auf einer Waldlichtung an einem reichlich Wasser führenden Bach verweilen einige Teilnehmer unserer Gruppe. In einer Vertiefung des Wassers glauben sie wiederum eine willkommene Möglichkeit für eine nochmalige Badepause zu erkennen. Mir scheint dieser Ort dafür nicht so recht geheuer. Andere Trekkingteilnehmer, die als Erste die Stille dieses Wegabschnittes erreichten, berichten dann auch später, in diesem Gebiet nicht nur große Eidechsen gesehen zu haben, sondern sogar von einigen über den Weg huschenden Schlangen erschreckt worden zu sein. Ein wenig bedauere ich es, von manchen dieser interessanten Begegnungen nichts mitbekommen zu haben. Doch solch scheue Lebewesen bekamen zumeist nur die zu Gesicht, welche tatsächlich als Erste entsprechendes Gelände betraten. Dafür lernte ich auf dem Weg der vergangenen Tage, wie auch gerade jetzt in dieser Stunde, einige meiner neuen Begleiter aus der Trekkinggruppe bei so mancher Plauderei näher kennen.

Wenn wir als Bergsteiger untereinander oftmals schon seit Jahren vertraut sind, finden sich die Teilnehmer einer solchen Trekkingtour weitaus zufälliger in einer bunt durcheinander gewürfelten Runde zusammen. Doch nicht viel anders als wir mit unserem gemeinsamen Ziel, einen der großen Berge zu besteigen, müssen auch sie für den Zeitraum einiger Wochen auf den täglichen Etappen miteinander

auskommen und bestehen. Vielleicht mal schlecht gelaunt, kann sich auch dort keiner auf das eigene „Hotelzimmer“ zurückziehen, sondern muss weiterhin den eingeschlagenen Weg und das gemeinsame Zelt miteinander teilen. Interessant zu erleben, wen die Umstände einer solchen Tour zueinander geführt haben. Unter den zwölf Teilnehmern befinden sich auch vier Frauen.
Da wäre Antje, die durch ihre Verbindung zu Frank Meutzner als Mitorganisatorin und Verantwortliche eine wohl immer freundliche Ansprechpartnerin und Teilnehmerin dieser Trekkingtour wurde.
Ähnlich verhält es sich mit Ulrike, welche durch ihren Beruf in der Pharma-Branche, mit fachlichen Kenntnissen und einigen zusätzlichen Pillen im Gepäck sicher einige Beschwerden zu kurieren und manchen Schmerz zu lindern wusste.
Dann gibt es übrigens noch eine Antie. Sonst wohl mit allerlei Papierkram in Büro und Verwaltung beschäftigt, galt ihr Interesse in diesen Tagen besonders der exotischen Pflanzenwelt und Kultur dieser Landschaft, auch wenn sie eigentlich am oberen Umkehrpunkt der Trekkingtour Ausflüge mit Eispickel und Steigeisen fest eingeplant hatte. Unter den Leuten der Trekkinggruppe wurden die beiden Frauen mit gleichem Namen auf recht unkomplizierte Weise voneinander unterschieden. Nicht mit dem umständlichen Familiennamen, sondern ganz einfach auf Grund ihrer voneinander abweichenden Körpergröße in die „kleine“ und die „große“ Antje ...
Schließlich war auch noch Beate mit auf dieser Reise. An ihr imponierte mir besonders, dass sie sich ihren Traum einer solchen Wanderung im Himalaya tatsächlich auch realisiert hatte, obwohl für sie als Mutter von drei Kindern eine solche außergewöhnliche Fahrt nur unter der Voraussetzung möglich wurde, gleichzeitig einen geordneten Haushalt und einen verständnisvollen Ehemann zurückzulassen.
Dieter war mit seinen 53 Jahren der älteste Teilnehmer dieser Gruppe. Als Einzelhändler mit einem eigenen Geschäft sicherlich nicht wenig strapaziert, hatten es, wie er sagte, auch nur jene beruflichen Zwänge verhindert, dass seine wanderinteressierte Frau ebenfalls mit von der Partie war. Sich selber sportlich noch regelmäßig auf dem Fußballrasen in Bewegung haltend, hörte er die Gelenke in seinen Beinen dann doch so manches Mal ächzen, wenn es über besonders chaotische Geröllfelder ging.
Felix konnte für einen angehenden Studenten getrost als der Jüngste in unserer Runde zählen. Dabei hatte er in den vergangenen Jahren als Austauschschüler im Mittleren Westen der USA durchaus schon einiges erlebt. Ich beneidete ihn um seinen völlig lockeren Umgang mit der englischen Sprache. Aber auch sonst wurde es meist recht interessant und aufschlussreich, wenn man ihn über das gewöhnliche Leben der Amerikaner ausfragte.
Dann gab es noch Bernd, welcher beruflich schon recht unterschiedliche Dinge ausprobiert hatte, aber nun auf meine neugierigen Fragen auch detailliert erklären konnte, wie sich Festigkeit und Statik von Häusern oder allerlei anderen Bauwerken ermitteln lassen. Olaf, mein Partner im Zelt dieser Tage, hätte als Ingenieur sicherlich Ähnliches insbesondere von chemischen Reaktionen oder Prozessen erläutern können. Aus Schulzeiten

hatte ich dieses Kapitel jedoch noch als ein wenig undurchsichtig in Erinnerung,und so ließ ich mir dann lieber von seinen bisherigen touristischen Unternehmungen erzählen.
Kajo, unterwegs immer wieder mit seiner umfangreichen Fotoausrüstung beschäftigt, war mit seinem oft abwägenden Blick nach einem lohnenden Motiv durch seinen Beruf in der Forstwirtschaft dafür vielleicht besonders geschult und inspiriert.
Dann gab es noch Ulf. Als Leiter für den Komplex einer Handelskette ließ es sich mit ihm recht anregend über unsere neue „Religion" – die Marktwirtschaft – diskutieren. Ebenso auch über jene Psychologie, welche heute gewiss umso mehr mit jedem Verkauf verbunden ist.
Chris, mit dem ich mich über den gemeinsamen Beruf, aber auch sonst viele Dinge unterhaltsam austauschen konnte, schien darüber hinaus mit Ulf noch von der Schulzeit her recht gut befreundet zu sein. Meistens sah man die beiden gemeinsam unternehmungslustig und zielstrebig durch die Landschaft ziehen. Wenn einen der beiden sein markantes Schuhwerk auszeichnete, so war es bei seinem Partner eine unverwechselbare Kopfbedeckung. Durchaus praktisch hatte er unter seiner hellen Schirmmütze noch ein weißes Tuch zum weiteren Schutz der Halspartie gegen die Sonne herabhängen. Auf diese Weise optisch unverwechselbar und zumeist vornweg stürmend, wurden die beiden von einigen spitzen Zungen sodann humorvoll als die „Rommelbrigade" tituliert ...
Wenn ich in meiner Aufzählung niemanden vergessen habe, bleibt dann nur noch Hartmut übrig, mit dem ich mich auf diesem Wegabschnitt gerade wieder unterhalte. Mit einiger Verwunderung und Neugier kann ich mir hier im fernen Nepal von ihm beispielsweise erzählen lassen, aus welchen bautechnischen Gründen der komplette Straßenbelag der Brücke in meinem Heimatort schließlich noch einmal entfernt werden musste. Aber auch mit meiner Frage – was denn der Bau von einem Kilometer Autobahn koste – kann ich ihn nicht in Verlegenheit bringen.
Jedoch bis zur Beantwortung solch spitzfindiger Fragen gehen während einer Plauderei wohl bei den meisten die Erinnerungen noch einmal über die vergangenen zehn Jahre zurück. In jene Zeit, in der es für uns alle nur ein unerfüllbarer Traum war, einmal ein Land wie Nepal mit diesen Bergen anders – als lediglich mit den Fingern auf der Landkarte – erreichen zu können.
Nach einem weiteren Stündchen nun gemächlichen Schrittes bei zunehmender Mittagshitze tritt unser bereits vorausgeeiltes Küchenteam erneut als Wegelagerer für die ein wenig ermatteten Trekker in Aktion. Auf der vertrauten großen Plane finden wir Ananassaft oder Tee für unseren Durst. Und für den Hunger oder wenigstens Appetit können wir zwischen Röstkartoffeln, Krautsalat, Käse, gebratenen Würsten, Fisch aus Büchsen, Brot und anderen Überraschungen wählen.
Unser später wieder aufgenommener Fußmarsch führt abwechselnd über Wiesenmatten, an kleinen Baumgruppen und Buschwerk entlang. Der Weg, jetzt gerade auf der linken Seite unseres Bergrückens verlaufend, gibt uns einen beständigen Ausblick auf die immer flacher werdenden Vorberge frei. Das intensive Grün des Pflanzenwuchses zieht sich bis zum Horizont und wird nun immer öfter von den gleichmäßig verlaufenden

Höhenlinien der gelb und rotbraun leuchtenden Terrassenfelder unterbrochen. Ganze Hänge bekommen nur durch diese scheinbar endlosen Befestigungen einen völlig anderen Charakter.
Obwohl unser Weg anstelle der bisherigen Steine nun ebenfalls zunehmend mit diesem rotbraunen Lehm durchsetzt ist, erfordert das Laufen auch weiterhin Aufmerksamkeit und Konzentration. Noch immer weit von dem Gedanken entfernt, hier in diesem Gelände ein rollendes Gefährt für die Beförderung von Lasten einsetzen zu können, hat inzwischen der uns entgegenkommende „Verkehr" sichtbar zugenommen. Sicherlich handelt es sich auch hier eben um die einzig mögliche Wegverbindung zu jenen Dörfern, die wir auf dem heutigen Marsch bereits passierten.

In der Tat zumeist kaum breiter als ein gut ausgetretener Pfad, bietet uns die jetzige Strecke dabei die kuriosesten Dinge. Waren es anfangs noch Träger, die sich in unbegreiflicher Weise mit 3 bis 4 Meter langen Metallrohren, quer auf ihrem Rücken liegend, an uns vorbeischlängeln, scheint mittlerweile ein kompletter Wohnungsumzug vor sich zu gehen. So sind es kurz darauf vier Stühle, welche uns nicht über – , sondern nebeneinander aufgereiht auf einem Rücken begegnen.
Als wäre unsere Verwunderung über die Erlebnisse auf diesem Weg, wo eigentlich kaum zwei Rucksäcke aneinander vorbeipassen, nicht schon groß genug, springen wir Sekunden später erneut zur Seite. Denn stehenden Fußes folgt gleich noch jemand mit einem Tisch auf dem Rücken, so breit oder auch lang wie ein Scheunentor. Als wir unter einem Felsüberhang schließlich Sherpas sich mit einem ganzen Schrank auf dem Rücken ausruhen sehen, sind wir uns endgültig einig, glücklicherweise nicht in Nepal für eine Möbelspedition arbeiten zu müssen.
An jenen in den oberen Dörfern wohl kaum typischen Gegenständen können wir erkennen, dass uns die großen fruchtbaren Täler mit ihrer dichteren Besiedlung langsam näher rücken. Musste ich in den zurückliegenden Dörfern zuweilen schon darüber schmunzeln, die Hausschweine 2 Meter über dem Boden in einem hochstandähnlichen Stall aus Bambus vorzufinden, so lachen wir gleich darauf noch mehr. Denn erneut begegnet uns – direkt hier auf dem Weg – ein solches Tier. Doch ist es weder entlaufen, noch befindet sich einer dieser kuriosen Ställe in Sichtweite. Das noch junge Schwein wird geführt von einem hochgewachsenen Nepalesen mit einem lustigen Hut auf dem Kopf. Wie bei uns zu Haus, wo immer mehr Hundebesitzer ihre allerliebste Errungenschaft stolz durch

die Straßen führen, kommt uns jetzt hier in den Bergen diese zart rosa leuchtende Neuerwerbung auf dem Weg daher.
Doch hat sie kein Halsband – die Schnur des Besitzers ist an den Hinterläufen des Vierbeiners befestigt. Hell quiekend und den Schwanz kringelnd, gibt dieses nepalesische Exemplar dabei von Zeit zu Zeit seinen eigenwilligen Richtungssinn kund, welches von seinem Herrchen mit einem kräftigen Zug an der Leine quittiert wird. Minuten verbringe ich damit, dieses kuriose Gespann zur Erinnerung auf meinem Film festzuhalten.

Immer weiter führt unser Weg den Bergkamm abwärts. Bei den hier üblichen enormen Niederschlagsmengen nimmt dabei die Bodenerosion um uns zuweilen groteske Züge an. Der leuchtend rotbraune Lehmboden, auf dem wir laufen, scheint eigentlich gar nicht so sonderlich wasserlöslich zu sein. Trotzdem durchschreiten wir immer wieder nur mannsbreite Hohlwege, deren Seitenwände, vom Wasser ausgespült, auf Meter senkrecht in die Höhe reichen. Dabei funkelt der Lehm, durchsetzt von silbern schimmernden Mineralien, welche uns schon weiter oben als die ursprünglichen Bestandteile vieler Steine beeindruckten.
Mittlerweile wieder über 8 Stunden unterwegs, erreichen wir schließlich den von anderen schon lang erwarteten Rastplatz einer kleinen Siedlung. Seit Wochen waren wir der gewohnten Zivilisation scheinbar entrückt, und so gilt jetzt, bei der allmählichen Rückkehr in die altbekannte Welt das hier angebotene Bier natürlich für uns alle als ein erster verlockender Gruß. Die schmale Bank nebenan auf einer Wiese ist allerdings nicht für einen Massenansturm von 12 Trekkern bestimmt.
Fast wie Hühner auf einer Stange, sitzen wir hier nun dicht gedrängt, aber zufrieden. Bald werden die Träger unsere Zelte aufbauen, und wir können endlich den Rest dieses Tages lang ausgestreckt dort drin oder gleich hier auf dieser sonnigen Wiese verbringen. Nach weniger als einer halben Stunde scheint so für die meisten die Welt langsam wieder in Ordnung zu kommen. Besonders für Dieter, der sich mittlerweile völlig entspannt auf der Wiese sitzend bereits die dritte Flasche Bier genehmigt. Was gibt es wohl auch Schöneres, als nach dieser „ewigen Latscherei" nun bei schöner Aussicht sich verdient die Sonne auf den Bauch scheinen zu lassen – und dabei eine jener magischen Flaschen in angenehm kühlendem Zustand bei der Hand zu wissen ...
In diesem wundervollen Moment überrascht uns der plötzlich auftauchende Sirdar völlig mit seiner so ganz anderen Auffassung. Unser Tagesziel liege noch gar nicht auf der

hinter unseren Köpfen sichtbaren Wiese, sondern ein kleines Wegstück weiter – 25 Minuten nur entfernt ... Als Grund führt er an, dass die sich hinter uns ausbreitende Rasenmulde bei einem Regenguss im Zelt dann nur noch für Schwimmer zu überstehen sei. Deshalb entscheide er zu unserer Sicherheit, auf einen anderen Platz auszuweichen.
Außer Dieter sitzen bei diesem neuen, unerwarteten Marschbefehl auch noch einige andere mit vom Bier wackeligen Knien und verwirrten Sinnen fassungslos auf der so gemütlichen Bank. Richtig gemein finden wir das. Doch können wir gegen die aufgeführten Gründe nur wenig überzeugende Argumente vorbringen. Als wir uns schließlich gemeinsam wieder zögernd in Bewegung setzen, entspricht dann auch die weitere Gangart unserer ermüdeten Beine wohl der gerade so wundervoll genossenen Menge Bier. Trotzdem folgen wir am Ende den Sherpas, ohne sonderlich zurückzubleiben.
Ich habe noch einen anderen Grund, weshalb mir der zusätzliche Wegabschnitt wenig gefällt. Auf der soeben verlassenen gemütlichen Wiese wies ein Plakat mit einer etwas romantischen Zeichnung darauf hin, von diesem Punkt aus das Panorama des gesamten Himalaya-Hauptkammes zwischen Mt. Everest, Lhotse und Makalu erblicken zu können. Jetzt am späten Nachmittag war alles völlig von Wolken verschlungen, doch ich hatte mir für morgen früh noch einmal einen denkwürdigen Ausblick zum Abschied erhofft.
Während wir alle gemeinsam noch immer lustlos weitertrotten, schaue ich wiederholt auf meine Uhr. Im Stillen hoffe ich darauf, diesen Wegabschnitt für einen solchen Blick, ein solches Foto morgen ganz zeitig noch einmal im Dauerlauf zurückzukehren. Aber die Minuten verrinnen unerbittlich, 20, 30, 40 Minuten – ohne den neuen versprochenen Übernachtungsplatz zu erreichen. Mittlerweile beginnen bereits einige den Sirdar spitzfindig zu fragen, ob er mit seiner Zeitangabe eigentlich „German- “ oder „Nepali-Time“ gemeint habe. Diese etwas zweideutige Frage ist nicht ganz ohne Witz oder tieferen Hintergrund. Dem einen oder anderen von uns ist es durchaus bekannt, dass es hier in Nepal mehrere verschiedene Zeiten oder zumindest Zeitrechnungen gibt. Unsere provozierenden Hinweise auf den immer weiter fortschreitenden Zeigerstand unserer Uhren setzen den Sirdar zunehmend unter Druck. Schließlich räumt er ein, dass er uns mit jener genannten Zeitangabe ein wenig hatte schmeicheln wollen.

Doch dann bringen andere Ereignisse unseren leicht benebelten Köpfen nochmals Abwechslung. Ein meterdicker Baumstamm wird sichtbar, welcher scheinbar flach über dem Waldboden zu schweben scheint.
Er liegt auf einem Gerüst aus Dutzenden Holzstützen, zwischen denen zwei Männer intensiv mit etwas beschäftigt sind. Beim Nähertreten sehe ich einen der beiden auf dem gewaltigen Stamm und den anderen direkt darunter stehen. Gemeinsam halten sie eine riesige

Schrotsäge in den Händen und durchsägen auf diese Weise den Baum. Nicht aber quer – sondern in Längsrichtung. Im Sekunden-Rhythmus das mehr als zwei Meter lange Sägeblatt auf- und niederziehend, zerteilen die beiden Einheimischen so den Baumstamm in seiner ganzen Länge zu einzelnen Holzbrettern!
Wieder einmal bin ich sprachlos ... Wie viele Tage oder gar Wochen werden die Männer mit dieser unvorstellbaren Arbeit wohl beschäftigt sein? Können die riesigen Bretter auf solche mühsame Art tatsächlich gerade werden? – Schnitt für Schnitt, endlos von oben nach unten, von rechts nach links – ein Vorgang, welcher in einem europäischen Sägewerk wohl nur Minuten dauert.
Über diesem letzten Erlebnis haben die anderen vielleicht wie ich ihre erlahmten Füße wieder vergessen, und wenig später erreichen wir auch den angekündigten Übernachtungsplatz.
Als einige Stunden später nach dem Abendessen die Letzten in der Finsternis ihr Zelt zum Schlafen aufsuchen, setzt ein gespenstisches Wetterleuchten ein. Aus den Hochlagern am Makalu hatten wir es ebenso unheilvoll am Horizont aufzucken sehen. Gegen Mitternacht reißt mich prasselnder Regen aus dem Schlaf. Bald darauf wird das berstende Krachen des Donners direkt über unseren Köpfen alles übertönen, währenddessen der Widerschein der Blitze das Dunkel des Zeltes in gleißendes Licht taucht und unsere Augen blendet. Ich schwanke zwischen Furcht und Erstaunen. Eine solche Heftigkeit der Entladungen, ein solch ohrenbetäubendes Krachen in den Ohren hätte ich bisher wohl eher nur der Phantasie mancher Hollywood-Regisseure zuschreiben wollen. Wie wird es mittlerweile meinen Gefährten hoch oben im Makalu-Basecamp ergangen sein?
Später wird mir Karsten von den vergangenen Tagen Folgendes berichten:

Donnerstag, 30. April

Meutz und seine Freundin Antje wurden heute mit dem Helikopter ausgeflogen, um Meutz' Füße so schnell wie möglich in ärztliche Fürsorge zu geben. Während Frank wie vereinbart zusammen mit den Trekkern abstieg, um nach altem Zeitplan so den ursprünglichen Termin unseres Rückfluges von Kathmandu nicht zu versäumen, wollten wir anderen noch einen zweiten Gipfelversuch wagen. Allerdings erst, nachdem wir uns vorher richtig auskuriert hatten, George und Götz die Erfrierungen und ich eine Bronchitis.

Freitag, 1. Mai – Montag, 4. Mai

Es folgten Tage der Erholung. Die meiste Zeit verbrachten wir mit dem Lesen verschiedenster Literatur. Das Spektrum reichte von einfachen Illustrierten über seriöse

Magazine bis hin zu spannender Abenteuer- und Krimiliteratur, ebenso waren einige Bergbücher dabei. „Sieben Jahre Tibet“ war auch in diesem Jahr der Dauerbrenner.
Dieser doch recht ruhigen Beschäftigung standen heftige Diskussionsrunden gegenüber. Heißblütig wurden die „letzten großen Probleme“ dieser Welt gewälzt, zerpflückt und oft auch schon gelöst. Nur unser in Kathmandu erstandener „Getthoblaster“ war in der Lage, den hochschlagenden Geräuschpegel noch zu übertönen. Selbst die Einigung auf entsprechende Musiktitel war nicht immer ganz einfach, aber das wurde dann meist recht demokratisch und mit ein bisschen Toleranz entschieden.
Diese sich jeden Tag im Basislager wiederholenden Rituale wurden nur von den Mahlzeiten unterbrochen. „Lunch is ready“ hieß, dass wir jetzt ins Essenszelt zu kommen hatten. Demhingegen bedeutete „Tea is ready“, dass wir nur die Zeltluke aufzumachen brauchten, und schon wurden uns Tee, Kaffee oder auch Kakao an den Schlafsack gereicht.

Hochzeit zwischen Terrassenfeldern

Mittwoch, 6. Mai

Die Spuren, welche das nächtliche Gewitter hinterlassen hat, lassen uns ahnen, wie entscheidend der günstige Standort unserer Zelte in dieser Situation war. Es ist noch nicht einmal 6 Uhr am Morgen, als mir diese Gedanken bei einem ersten Blick aus dem Zelt durch den Kopf gehen.
Doch schon bald bin ich von einer anderen Kulisse in den Bann gezogen. Die Feuchtigkeit des Regens steigt noch überall um uns in dampfenden Schwaden in die

Höhe, als durch ein schmales Wolkenfenster plötzlich der Blick in die Ferne frei wird. Wie am Vortag angekündigt, bekomme ich jetzt tatsächlich einen Teil des Himalaya-Hauptkammes sogar von unserem neuen Standort aus zu sehen.
Das Wolkenfenster wandert langsam weiter in östliche Richtung, vergrößert sich zaghaft oder fällt zwischen Wolkenbänken etwas zusammen. Wie beim langsamen Schwenken eines Fernrohres schaue ich hier von diesem trüben, verregneten Platz gespannt in die Ferne. Hinter den Vorbergen erstrahlen im Glanz des frühen Morgenlichts wieder scharfe Felsgrate und Firnflächen. Die markanten Konturen einiger 7000er, vor allem von Chamlang und Baruntse, werden sichtbar. Dahinter aber ... ist es der Makalu, welcher als letzte Spitze noch einmal den Horizont überragt?
Den Sirdar müsste ich jetzt sofort fragen können, aber im Lager ist es noch still. Keine fünf Minuten dauert dieses ganze Schauspiel – dann entschwinden die fernen Eisriesen wieder in aufwallenden Regenwolken um uns. Das strahlende Wolkentor hat sich geschlossen.
Noch bevor wir die heutige letzte Wegetappe gegen 8 Uhr beginnen, regnet es um uns in Strömen. Wir warten noch ein wenig ab, ob der Wasserfluss vielleicht etwas nachlässt. Unsere Sherpas, die sich solche Bequemlichkeiten nicht leisten können, heben nun unverdrossen wieder ihre schwer bepackten Körbe vom aufspritzenden Boden. Auch uns wird dieser Regen heute so oder so erreichen, weshalb wir schließlich Minuten später unseren Marsch ebenfalls quer durch tropfnasses Buschwerk beginnen.
Von Regenwolken umwallt, erreichen wir bereits nach 30 Minuten einen markanten Pass in 2800 Meter Höhe. Hier schweift unser Blick bereits über einen sanft abfallenden Bergrücken bis tief hinunter ins Aruntal. Jetzt endet der uns bisher umgebende Wald, und die Hänge bedecken von nun ab unzählige Felder und Wiesenflächen. Auf einem in

Serpentinen sich abwärts windenden und mit Steinen ausgelegten Weg ist kaum 150 Meter tiefer das nächste Dorf zu erkennen.
Unsere Träger streben diesem Ort schon laut und fröhlich singend entgegen. Mehrere einfache Läden und Raststätten zum Essen und Trinken säumen die Straße, die sich wie eine wichtige Lebensader, fast als sein entscheidender Bestandteil durch dieses Dorf zieht.
Noch etwas anderes fesselt für einen kurzen Augenblick meine Sinne. Es sind zwei noch recht kleine Kinder, die in ihrer schlichten ländlichen Kleidung fast unbeweglich unter dem Vordach einer einfachen Hütte stehen. Durch den dicht herabfallenden Regen erscheinen sie in ihrer schmächtigen Gestalt selber fast strichförmig von den unzähligen Tropfen zerteilt, welche mich wie eine fließende Wasserwand von ihrem schützenden Platz trennen. Doch ihre dunklen, großen fragenden Augen – mir will es in diesem Moment so scheinen, als berührten mich ihre Blicke geradezu körperlich. Der flüchtige Moment eines Bildes, auf das man sonst über Tage vergeblich wartet. Bis ich mich so recht darauf besinne und meinen Fotoapparat langsam erhebe, werden die beiden jedoch von einer unsichtbaren Hand bereits in die Dunkelheit eines dahinter liegenden Raumes gezogen.
Unser beständig weiter abwärts führender Weg teilt sich noch mehrfach wie die verwirrenden Gleise eines Bahnhofes, und man muss auf der Hut sein, dabei nicht unbemerkt auf die falsche Spur mit völlig anderem Ziel zu geraten. Mittlerweile umgibt uns ein riesiges Gebiet von vielfältiger und nahezu lückenloser landwirtschaftlicher Nutzung des Bodens, wie ich es bisher in Nepal so noch nicht erlebte.
Noch regnet es, doch mit jedem weiteren Schritt abwärts scheinen die Tropfen nachzulassen. Wir durchwandern in kurzer Zeit mehr als ein halbes Dutzend Bergdörfer, die sich äußerlich nicht nur durch ihre spezifische Lage und die individuelle Bauart ihrer Häuser unterscheiden. Es sind immer wieder neue Einzelheiten. Oft jedoch, wenn es um die Hände und Augen der Kinder geht, kann ich mit meiner Reaktionsschnelligkeit, mit der ich das Geschehen ins Fotovisier zu lenken hoffe, eher nur unzufrieden sein. Das Dorfleben nimmt hier ohne die Wünsche eines Regisseurs, eher unter misstrauischen Blicken gegenüber Fremden seinen üblichen Lauf.

Während der Mittagsstunden kommen wir an einem festlich geschmückten Haus vorbei. Auch für uns im Vorbeigehen zu erraten, sind hier offensichtlich die Vorbereitungen für eine Hochzeitsfeier im Gange. Wenig später wird unser gut

sichtbarer Weg direkt im Dorf plötzlich von einem quer über das Gelände verlaufenden Zaun versperrt, welchen wir nur mit Hilfe einer daran befestigten Leiter überwinden können. Der Grund hierfür scheint ganz simpel darin zu bestehen, auf diese Art offenbar den frei umherlaufenden Haustieren vom Oberdorf die Passage zum Unterdorf zu verwehren und umgekehrt sicherlich ebenso.
Stunden später, am Nachmittag, kommt uns ein auffallend langer Zug von Menschen entgegen, welcher schon eine ganze Weile im Voraus durch eine kleine Musikkapelle zu vernehmen ist. Diese besteht aus mehreren Trommlern, die ihrer Aufgabe mit großer Hingabe nachgehen. Weiter gehören auch noch zwei hochgewachsene Männer dazu, die ein klarinettenähnliches Blasinstrument mit kaum erkennbarer Melodie ebenso aus Leibeskräften blasen.

Schließlich, ich traue meinen Augen kaum, werden zwei Reiter – die einzigen Pferde, welche ich bisher in Nepal sah – auf dem steilen Weg vor uns sichtbar. Ihnen vorweg bewegen sich würdigen Schrittes wiederum zwei stattlich gekleidete ältere Männer. Handelt es sich um eine Trauerfeier, oder ist es der Dorfälteste oder gar eine Art Gebietsfürst mit seinem Gefolge, der hier an uns vorbeizieht?
Einige Augenblicke später glauben wir zu erkennen, dass uns da zu Pferde offenbar ein Vater, gefolgt von seinem Sohn, entgegenkommt. Beide tragen eine Blume am Kragenaufschlag ihrer Jacke. Ob es sich wohl um den Bräutigam jener noch in Vorbereitung befindlichen Hochzeitsfeier handelt, an der wir vor Stunden weiter oben in den Bergen vorüberkamen? Ich möchte den Weg heute nicht unbedingt noch einmal bis dort hinauf gehen müssen, und wohl mancher Bräutigam bei uns zu Haus wäre an solch steilem und langwierigem Nachmittagsspaziergang bis zu seiner Braut in Verlegenheit geraten.
Aber die Nepalesen lieben und fürchten zugleich ihre zahlreichen Feste mit jenen endlosen und für uns undurchschaubaren Ritualen. Wie es heißt, ruinieren sich die Einheimischen lieber, als auf ihre nach althergebrachten Bräuchen üblichen Statussymbole zu verzichten, die zum Festschmaus ebenso dazugehören wie Berge von Fleisch und Ströme von Reisbier und Schnaps. Diese üppigen Stunden, ja Tage, welche eigentlich im krassen Gegensatz zum sonst kargen Lebensalltag stehen, sind offensichtlicher Ausdruck der Freude, mit allen Verwandten und Freunden gemeinsam zu feiern und dabei während der Zeremonie auch den eigenen Göttern wieder nahe gewesen zu sein.
Der mittlerweile zu beeindruckender Breite angeschwollene Barun-Fluss unter uns

scheint inzwischen zum Greifen nah. Trotzdem werden wir noch fast zwei Stunden an Lehmhütten und ansehnlichen, von Buschwerk und Bäumen umrandeten Feldern entlanggehen, bis wir Tumlingtar, das Endziel dieser Trekkingtour, erreichen.
Auf einem gewaltigen Schwemmlandkegel, vom Fluss vor längst vergangenen Zeiten abgelagert, befindet sich jetzt der komplette Flugplatz, welcher diese schwer zugängliche Region besser mit den jetzigen wirtschaftlichen Verhältnissen des zu Ende gehenden zwanzigsten Jahrhunderts verbinden wird. Hier, in nur noch 400 Metern über dem Meer, bei fast schon tropischen Temperaturen, haben wir endgültig wieder den äußeren Rand dieses Gebirgsabenteuers erreicht. Häuser, Straßen, Geschäfte kündigen langsam die Rückkehr in unser ursprüngliches gewohntes Leben an.
Während wir uns noch dem ersten Genuss kühler Getränke an einem kleinen Verkaufsstand hingeben, entsteht durch die flinke Hand der Träger unweit auf einer großen Wiese unser kleines Zeltlager. Ebenso geschäftig geht es rings um das Küchenzelt zu. Die drei großen Benzinkocher sind nicht zu überhören. Wird dies heute unser letztes gemeinsames Abendessen hier draußen unter freiem Himmel sein, bevor uns ein Flugzeug zurück nach Kathmandu bringen wird?

Donnerstag, 7. Mai

Nach letzten Informationen wird es sich heute gegen 13 Uhr entscheiden, ob ein zusätzliches Charterflugzeug für unsere Gruppe von Kathmandu aus zu organisieren ist. Während ich in der frühen Morgensonne nachdenklich zu der Feststellung gelange, dass hier auf dieser Wiese nicht die Blutegel unsere Sensibilität testen, sondern ein unüberschaubares Heer von großen, schwarz aussehenden Ameisen, verbreitet sich die Nachricht, dass wir wahrscheinlich erst morgen mit einem Rückflug nach Kathmandu rechnen können. Nur noch zwei Tage zurück bis in die Zivilisation und fünf Tage bis in die Heimat – endlich nach Hause.
Meine Zahnschmerzen seit dem Hochlager am Makalu sind inzwischen fast unerträglich geworden. Bisher hoffte ich es noch bis nach Deutschland zu schaffen, um einen Arztbesuch in der Fremde zu umgehen. Wer wollte wissen, ob sich nicht – vielleicht nur auf Grund eines fremdsprachlichen Mißverständnisses – eine denkbare Zahnbehandlung hier in Kathmandu am Ende nur auf den Einsatz jener gewissen Zange reduziert hätte? Doch im Moment sieht es mit meinem Plan nicht mehr gut aus. Der ganze Kiefer scheint inzwischen geschwollen zu sein.
Ulrike hat in dieser unangenehmen Situation da noch ein Mittelchen für mich, welches meine Frau später als „Kanonenmunition für Spatzen“ bezeichnen wird. Tatsächlich hilft es erstaunlich, so dass ich schon nach kurzer Zeit schmerzfrei bin und alle bisherigen Beschwerden scheinbar verliere.
Mittlerweile hatten die anderen bereits beschlossen, den Vormittag noch zu einer Badetour zum Ufer des Arun-Flusses zu nutzen, und so brechen wir alsbald auf. Entgegen sonstigen Gepflogenheiten auf Flugplätzen können wir in aller Seelenruhe quer über das Rollfeld marschieren, ohne damit Unerlaubtes zu vollziehen.
Im Grunde handelt es sich hierbei um eine große und saftige Weidefläche des Ortes, zu welcher aber immerhin die Kühe der Umgebung keinen Zutritt haben. Doch wenn man genau hinschaut, kann man Dutzende Frauen erkennen, die ganz eifrig damit beschäftigt sind, mittels einer kleinen Sichel zumindest einen Teil des nahrhaften Grüns in einen mitgeführten Sack zu füllen. Begreiflicherweise hätte das Rindervieh der Umgebung den täglichen „Intelligenztest“ doch nicht bestanden, welcher mit dem Betreten des Flugplatz-Rollfeldes verbunden ist. Denn als die Sirene des schuppenähnlichen „Towers“ am Ende der Landebahn zum zweiten Mal ertönt, kommt plötzlich Bewegung zwischen die Gräser des weiten Feldes. Eine kleine Armee von weiblichen „Rasenmähern“ strebt eilends dem linken und rechten Pistenrand entgegen ...
Kein Düsenjet, dafür mehrere, fast niedlich kleine Propellermaschinen statten dem kleinen verschlafenen Ort in der Wildnis offenbar täglich ihren Besuch ab.
Hier, nur noch wenige Hundert Meter über Meereshöhe, hat Dieter mit seinem Thermometer, das äußerlich anmutet, als gehöre es an die heimische Balkon-Außentür,

schon am zeitigen Vormittag verdächtige 36 °C im Schatten gemessen. Es wird für uns also höchste Zeit, das nahe Ufer des Arun zu erreichen. Wie groß ist mein Erstaunen allerdings, als wir, an der Außenkante des Rollfeldes angelangt, noch einmal vor einem 100 Meter tiefen Hangabbruch stehen, aus dessen Tiefe das Wasser des Arun zu uns herauf glitzert. Nur mit einer kurzen Hose bekleidet, tasten wir uns durch unangenehm dorniges Buschwerk einen verwachsenen Pfad hinunter. Welche Wassertemperatur kann man von solch einem Fluss erwarten, der aus Gletschern entsprungen ist?
Mit den geschätzten 16 bis 17 °C können wir wohl noch recht zufrieden sein. Erschreckender schon die Strömung. So habe ich den Eindruck, vergleichsweise vielleicht die Hälfte der Wassermenge der heimischen Elbe an uns vorbeifließen zu sehen. Jedoch sind diese Wassermassen in ein viel schmaleres Flussbett gedrängt, und so schätzt mancher von uns die Strömungsgeschwindigkeit auf beachtliche 20 km/h. Wir bekommen die ungeheure Kraft des Wassers dann auch augenblicklich zu spüren, wenn wir uns beim Schwimmen mehr als nur wenige Armlängen vom Ufer entfernen.
Auf unserem späteren Rückweg durch das Buschwerk kreuzt eine ganze Herde Rhesusaffen laut kreischend den Weg. Einige unserer Trekker sind von der plötzlichen Begegnung so überrascht, dass bis zur Rückkehr in das Lager gleich noch die Legende entsteht über „den, welcher vom Affen gebissen wurde“. In der Tat wird bereits in der Umgebung von Kathmandu vor der teilweisen Aggressivität und Beißlust dieser sonst so drolligen Tiere gewarnt.
Nachdem unser Abflug nun doch erst für den morgigen Tag avisiert wurde, bleibt der Rest des heißen Tages ebenfalls zum Baden oder auch zu weiteren Erkundungen in die Umgebung offen. Ich nutze die Gelegenheit, um die hiesigen Bauern in ihrem Leben und bei der Arbeit auf dem Feld noch einmal genau zu beobachten. Ein Leben, das wir nur flüchtig, vom Hörensagen, bestenfalls aus Büchern kennen. Wie sieht ein solcher Hakenpflug wirklich von der Nähe aus? Wie gut oder wie schlecht ist mit ihm umzugehen, wenn zwei Ochsen träge oder mit Gewalt daran ziehen?
Auf dem umliegenden, rotbraunen Schwemmland der Felder sind heute Nachmittag jedenfalls viele Dutzend Ochsengespanne unterwegs. Es erinnert mich ein wenig belustigend an frühere Propagandakampagnen zur „sozialistischen Landwirtschaft“, die mit Begriffen wie „Ernteschlacht“ zyklisch durch die damaligen Schlagzeilen geisterten und über Bildschirme flimmerten. Ich vermag nicht zu sagen, wie viele Ochsen oder Büffelgespanne ein einziger heimischer Pflug ersetzen würde – eines oder zwei Dutzend? Nur – ein kleines Stück weiter, den Berghang aufwärts, wird jedenfalls nie ein Traktor fahren.
Auch der Kalender hiesiger Bauern schlägt mit einem anderen Puls. Man spürt, wie die Zeit sie treibt. Jetzt im Mai wird der Boden gepflügt, um bereits die zweite Saat in den Boden zu bringen. Hinter den beiden Ochsengespannen von Vater und Sohn laufen die beiden Töchter, um aus ihren flachen Bastschalen das Saatgut in die Ackerfurchen zu streuen.
Endlich gelingt es mir auch einmal, einen „wandernden Busch“ bildlich festzuhalten,

dem ich bisher oft nur noch hinterherschauen konnte. Ein wandernder Busch? In den letzten Tagen erlebte ich, wie die Männer zuweilen weit nach oben in das grüne Geäst der Bäume hinaufsteigen, um von dort mit dem scharfen Schnitt ihrer Machete blätterreiche Zweige herauszuschlagen. Offenbar sind sie ein regelmäßiges Gebrauchsgut im nepalesischen Alltag. Die Frauen verstehen die Zweige so kunstvoll ineinander zu stecken, dass daraus am Ende eine mannshohe Blätterpyramide entsteht. Für den Transport über Kopf und Rücken getragen, entspräche dieses Gebilde ungewollt so ganz nebenbei einer geradezu perfekten „Natur-Tarnung“, vor welcher – wenn man so will – jedes Militär nur neidvoll erblassen könnte.

Zu unseren Zelten zurückgekehrt, vermisse ich das seit gestern vertraute Krähen dreier Hähne hinter unserem Küchenzelt. Dort hatten sie bisher, für unsere Augen ungewohnt

und belustigend, jeder einzeln unter einem umgestülpten Tragekorb der Küchenleute ihr Dasein gefristet. Doch nun werden sie soeben gerupft, um auf ähnlichem Wege wie jene Ziege vor Tagen alsbald in unserem Kochtopf zu landen.

An diesem Nachmittag war es für uns nicht zu übersehen und deutlich zu spüren, was auch unserem 10-köpfigen Küchenteam dieser letzte Tag bedeute. Nach 3 Wochen in Hitze und Kälte waren sie noch einmal ganz eifrig darum bemüht, heute Abend ihrer Trekkinggruppe eine besondere Abschlussmahlzeit zu bereiten. Obwohl hier nun mittlerweile in optischer Reichweite von zahlreichen Häusern umgeben, zauberte unsere Küche ebenso wie bisher in der größten Wildnis für uns ein Menü, das mit Reis, Hähnchenkeulen, gebackenen Kartoffeln und einer Reihe nepalesischer Spezialitäten unsere Bewunderung verdiente.

Wir lassen es uns nicht nehmen, für alle unsere treuen nepalesischen Helfer und Reisebegleiter noch eine Sammlung zu organisieren. Dabei wechseln auch verschiedene, von den Einheimischen begehrte Ausrüstungsgegenstände ihren Besitzer. Neben einem einheitlichen Geldbetrag für jeden nutze auch ich die Gelegenheit, dem unermüdlichen Träger meiner persönlichen Ausrüstung für die bewundernswerte körperliche Leistung

noch mit einer zusätzlichen Prämie zu danken.
Mit den eigenen Empfindungen für Glück unter den rauen Naturbedingungen der letzten Wochen viel stärker sensibilisiert, schien unsere innere Zufriedenheit mit jenem abschließenden, schon traditionellen Rührkuchen dann vollkommen zu sein. Verständlich, dass an diesem Abend nicht nur Milch getrunken wurde, obgleich auch diese sich hier in den letzten Wochen stark zunehmender Beliebtheit erfreut hatte. Das Zirpen der Grillen begleitet uns, bis der Letzte an diesem tropischen Abend in einen tiefen Schlaf gesunken ist.

Welcher Rucksack bleibt zurück?

Freitag, 8. Mai

Wir sitzen noch über einem kleinen Mittagsmenü, als sich die Sirene des Flugplatzes zum ersten Mal meldet. Unser Gepäck wurde von den Trägern bereits zum nahen Rollfeld gebracht, und so bleibt uns nur, ihnen dahin zu folgen. – Bei mittlerweile 38 °C im Schatten, fast nur noch mit Badehose bekleidet, barfuß oder in schweren Bergschuhen, laufen wir langsam in Richtung des Flugplatz-Towers.
Das Abfertigungsgebäude, welches wir bald darauf das erste Mal von innen erblicken, würde von den Einheimischen sicher ohne viel Aufwand ebenso in eine Scheune oder auch einen Kuhstall umgewandelt werden. Doch inzwischen betreten zwei Beamte den Raum. Mit ihrer auffallenden Schirmmütze sich selbst gleich einen Kopf größer fühlend, wissen sie in hellblauer Uniform die Interessen einer Art Zollabfertigung sehr gewissenhaft zu vertreten, wie wir alsbald erleben werden.
Obwohl es sich ja eigentlich nur um einen Inlandflug ausschließlich für unsere zwölfköpfige Trekkinggruppe handelt, sehen sich die Uniformierten trotzdem zu eine Kontrolle veranlasst, als gelte es eine drohende Flugzeugentführung abzuwenden. In fließendem Nepali werden wir allesamt höflich aufgefordert, unsere großen Rucksäcke noch einmal zur Kontrolle auszupacken.
Tatsächlich waren am Vortag angesichts der Hitze spaßeshalber schon mal Stimmen laut geworden, unser Flugzeug am besten zu entführen, um damit vielleicht gleich weiter bis nach Haus fliegen zu können. Doch angesichts der begrenzten Reichweite jener gemütlichen Inland-Flugzeuge, und unserer mangelnden Kenntnisse von den nächsten Tankstellen fiel diese Erwägung alsbald wieder ins Wasser.
Natürlich werden bei der gewissenhaften Suche in unserem Gepäck, an der sich lustigerweise auch der Kneipenbesitzer des Ortes mit gewichtiger Miene und in Uniform beteiligt, keinerlei Bomben oder anderweitig verdächtige Knallkörper gefunden. Eine als Souvenir erworbene 40 cm lange und rasiermesserscharfe Machete gilt dagegen als unbedenklich ...
Nachdem ich aber meinen soeben mühsam eingepackten Rucksack, ihn nun auf die Waage stellend, hier jedoch erneut auspacken soll, gerate ich ein wenig aus der Fassung.

Zur abschließenden Personenkontrolle werden wir einzeln – Männer und Frauen getrennt, ohne aber deshalb gelegentliche Verwechslungen zu dramatisieren – noch hinter einen geheimnisvollen Vorhang gebeten und nach weiteren „Waffen" abgeklopft. Auf diese Weise von allen missliebigen Begleitumständen gereinigt, betreten wir offenbar den dahinterliegenden „Transitraum" der Szene. Dieser beinhaltet vor allem eine Tischtennisplatte, an der mehrere Kinder barfuß herumtollen. Eine windschiefe Tür eröffnet uns alsbald den Weg zur Flugplatzpiste. Es ist nichts weiter als eben jene große, saftige Wiese, von der uns aus nächster Nähe noch eine Ziege entgegenmeckert.
Diesmal ertönt die Flugplatzsirene wohl etwas spät, denn als wir hinaustreten, kommt unser Flugzeug, eine zweimotorige Cessna, schon im Halbkreis auf uns zugerollt. Wie ein Taxichauffeur öffnet der Pilot schwungvoll neben sich die Tür und mustert freundlich seine neue Ladung.
Während Copilot und Bordmechaniker dabei sind, unsere Rucksäcke auf zwei verschiedene Haufen aufzuteilen, schauen wir uns mal schon erwartungsvoll unser neues Fluggerät von außen an. Wie sich zeigt, verfügt dieses Kleinflugzeug für 10 bis 15 Passagiere neben einem Stauraum im Heck über noch einen weiteren – für uns an unerwarteter Stelle. Noch vor dem Cockpit läßt sich ein Teil der Bugnase ebenso wie die Motorhaube der meisten Autos nach oben klappen. So wie wohl die meisten von uns irgendwie gefühlsmäßig an dieser Stelle den Motor des Flugzeuges erwarten, verwirrt es im ersten

Moment schon etwas, hier den zweiten Stapel unseres mitgeführten Gepäcks verschwinden zu sehen ... Nun fällt es auch mir wie Schuppen von den Augen – die beiden

mannshohen Propeller befinden sich ja unmittelbar vor uns, mit ihren Triebwerksgondeln außerhalb, direkt an den Tragflächen. Allerdings macht es uns schon ein wenig stutzig, als von dem aufgeschichteten Gepäck wiederum einiges aussortiert wird. Doch diesmal offenbar aus Gewichtsgründen. Wohl jedem von uns sitzt in diesem Moment das Hemd näher als die Hose, als es einige Säcke des Küchenteams sind, die auf dem Rasen zurückbleiben.
Während im Cockpit noch der Start-Check läuft, werden die beiden Triebwerke nacheinander bereits wieder angelassen. Jeder ist noch damit beschäftigt, sich die ausgeteilte Watte in die Ohren zu stopfen, als die Maschine bereits bis ans äußerste Ende der schönen Weidefläche geholpert ist und eine abschließende 180°-Wendung vollführt. Der Gashebel wird vom Piloten bis zum Anschlag durchgezogen, und die rasenden Propeller beginnen unsichtbar in der Luft zu verschwimmen. Unsere gesamte Fuhre kommt widerwillig in Fahrt. Dabei scheint es nicht anders, als wolle man mit einem nur mittelprächtig gefederten Trabant versuchen, mit 150 km/h über den holprigen Rasen zu springen.
Durch die zum Cockpit geöffnete Tür haben wir Gelegenheit der Crew buchstäblich auf die Finger zu sehen, und wenn ich wollte, könnte ich dem Kommandanten vor mir fast mit ins Ruder greifen. Aber damit ist bereits der Copilot voll beschäftigt. Das heißt, mit beiden Händen hantiert er an der Trimmung, zwei Schiebehebel über sich, um noch während der rasenden Fahrt die gewichtsmäßige Aufteilung unseres Gepäcks mit einem ausgewogenen Flugverhalten der Tragflächen zu kombinieren. Geschwindigkeit und Bodenverhältnisse lassen dabei das ganze Amaturenbrett derartig vibrieren, dass ich im Geist schon die Anzeigeinstrumente aus ihren Fassungen springen sehe. Doch endlich, bei 75 km/h, zieht der Kommandant langsam den Steuerknüppel.
Was, so langsam sind wir!?
Ach nein, die Anzeige auf dem Instrument ist ja in Meilen pro Stunde, und wenige Momente später schweben wir schon hoch über dem schäumenden Arunfluss. In einer leichten Rechtskurve nach Westen steigt das Flugzeug, ebenso wie die grauen Vorberge des Himalaya, stetig weiter nach oben.
So, immer einige hundert Meter Luft unter uns, gelangen wir schließlich bei 8000 Fuß an die Unterkante der weiß strahlenden Wolken. In diese eintauchend, hindurchfliegend und an anderer Stelle auf ganzen Wolkenbänken entlangschwebend, setzen wir unsere Flugreise fort. Dabei wird die Maschine von herzhaft kräftigen Turbulenzen beständig hin und her geschüttelt. Das Ganze erinnert mich an eine sehr stürmische Seefahrt, und einige unserer Mitflieger scheinen damit auch ihre Probleme zu haben.
Ich kann meinen Blick vom Fenster jedoch kaum losreißen. Die Eisriesen des Himalaya sind zwar hinter mächtigen Wolkenbergen verborgen, doch unter uns breitet sich noch einmal jene grüne Berglandschaft aus, in der wir während der letzten Tage so viele Stunden auf den verschlungenen Bergpfaden unterwegs waren. So blicken wir erneut aus der Vogelperspektive auf Tausende Terrassen, schauen in Windeseile über Dutzende Täler und verfolgen den verschlungenen Weg unzähliger Flüsse. Nach fünfzig nie langweilig gewordenen Minuten haben wir die ca. 200 km lange Distanz bewältigt, und aus

der letzten steilen Kurve heraus nimmt unser Kommandant korrekt den Beginn der grauen Landepiste von Kathmandu ins Visier.
Unsere Freude ist groß, als uns wenige Minuten später Frank Meutzner gemeinsam mit seiner Freundin Antje begrüßt. Für diesen Moment in der Nachmittagssonne bleiben uns seine geschundenen Zehen, unter dicken Verbänden in Sandalen gedrängt, verborgen. Unser altbekanntes Hotel lässt wenig später bei uns fast völlig begrabene Empfindungen neu aufleben.
Nach 7 Wochen wieder den Wasserhahn einer Dusche aufdrehen zu können ... Während der frostigen Wochen in den Hochlagern waren diese Vorstellungen so weit weg, einfach unwirklich, dass ich zuweilen an einer Rückkehr von solcher Realität zweifelte. Ein Blick zu den Füßen lässt keine Blutegel im Anmarsch erkennen, und die unbekleidete Haut wird weder von der harten UV-Strahlung noch von winzigen Mückenschwärmen terrorisiert.
Und trotzdem – welche Fülle von nie zuvor erlebten Eindrücken bliebe uns versagt, wollten wir dieses Land mit seinen Bergen und Menschen etwa nur am Fernsehbildschirm kennen gelernt haben?
Zurückgekehrt in die Zivilisation und mit mächtigem Appetit auf ein schmackhaftes Abendmenü, wählen wir, wie vom fernen Beginn dieser Reise gewohnt, am Abend wiederum ein neues der zahllosen zur Auswahl stehenden Restaurants.
Da macht mich ein ergrautes, bärtiges Gesicht am Nachbartisch stutzig! Obwohl es Jahre zurückliegen muss, glaube ich diesen Mann dennoch zu erkennen. Aber, ausgerechnet hier – Tausende Kilometer von zu Haus entfernt und dazu auch noch im Wirrwarr dieser Stadt? Das kann einfach nicht sein. Ich muss mich wohl irren, wie viele solch ähnlich ausschauende Gesichter in der ganzen Welt mag es wohl geben. Und trotzdem, immer wieder muss ich da hinüberschauen. Sieht er mich vielleicht auch an? Nein, das bilde ich mir bloß ein.
Von meinen ungewöhnlichen Beobachtungen verwirrt, stochere ich nachdenklich mit der Gabel in meinem Reisgericht herum, als mich plötzlich eine unbekannte und doch vertraute Stimme über meinem Kopf anspricht: „Bist du nicht der Frank aus Pirna?“ Völlig erstaunt schaue ich nach oben. Unglaublich – es ist ein Bergfreund, der bereits seit Kindheitstagen zu meiner Erinnerung gehört, vor allem deshalb, weil er schon damals auch auf manch hohe Berge stieg.
Ich hätte mich gefreut, ihm in den heimischen Sandsteinfelsen endlich wieder einmal begegnet zu sein. Auch als erfahrenen Gesprächspartner, mit unseren diesjährigen Plänen vertraut. Nun sitzen wir hier, im Land der höchsten Berge dieser Welt, gemeinsam beim Bier, und so wird er natürlich der Erste sein, der einige Details unseres Abenteuers erfährt.

V. KAPITEL

Abschied von Asien

Straßenmusiker, vorzeitiger Aufbruch

Sonnabend, 9. Mai

Ich beschließe, am heutigen Tag mich nicht von vornherein in das Straßengewühl dieser aus ihren alten Fugen geratenen Stadt zu stürzen, sondern sitze seit dem frühen Morgen auf der beliebten Dachterrasse des Hotels, um mich noch einmal auf die Erlebnisse der vergangenen Wochen zurückzubesinnen.
Schon am Vormittag beginnt uns die Sonne mit ihren sengenden Strahlen scheinbar zu durchbohren. Kontinuierlich rücke ich mit meinem Stuhl, um möglichst im Bereich des wandernden Halbschattens zu bleiben. Die lärmenden Straßen scheinen unter mir immer weiter zu versinken, wenn der Blick darüber hinweg wieder bis zum Horizont wandert. Meine Augen erfassen die grünen Berghänge, welche das gesamte Kathmandutal umschließen, und schweifen bis zu den ersten schneebedeckten Gipfeln, die sich in der Ferne noch aus der flimmernden Luft erheben. Ja, richtig heiß ist es bei uns hier unten in diesem weitläufigen Talkessel mittlerweile geworden. Schnee und Kälte sind aus meinen Sinnen dabei ebenso mit dem schwachen Schimmer am Horizont verschwunden.
Mit einer eisgekühlten Cola in Reichweite bemühe ich mich, die letzten Tage in meinen Aufzeichnungen festzuhalten. Aber meine Gedanken schweifen immer wieder ab – zurück zu meinen Gefährten am Makalu. Was werden sie gerade tun? Gemeinsam mit Frank Meutzner habe ich so meine Vermutungen, kann in etwa kalkulieren – jedoch Genaues wissen auch wir in diesem Moment nicht. Könnte ich jetzt Gedanken lesen oder „hellsehen“, dann hätte ich bei den Schilderungen von Karsten Kügler wohl weniger entspannt hier auf der Dachterrasse gesessen. Später wird er über diese Stunden und Tage Folgendes berichten:

Karsten: Sonnabend, 9. Mai

Heute starteten wir trotz des anhaltenden Sturmes gemeinsam mit einem Russen und drei Spaniern von Lager II, alle anderen stiegen ab.
Nach 6 Std. erreichten wir den Sattel halb kniend, halb kriechend mit fast gefühllosen Zehen. Im Zelt der Russen steckte ich zuerst meine Füße bei einem Spanier in den Schlafsack und bekam glücklicherweise wieder Gefühl hinein. Die ganze Nacht über hofften wir, dass das Zelt durchhält. Der Sturm rüttelte unaufhörlich am Stoff, der reinste Psychoterror, wie lang wird das Zelt noch standhalten? Jetzt befanden wir uns genau im Sattel, ein idealer Windkorridor.

Was war jedoch an den Tagen zuvor bereits geschehen?

Karsten: Dienstag, 5. Mai

Der hoffentlich letzte Aufbruch stand uns, George, Heiko, Götz und mir, bevor. Wir konnten den öden Weg bis ins ABC nicht mehr sehen – Schotter, Geröll und Steinschlag. Es war schon interessant zu erleben, wie sehr sich der Gletscher hier im unteren Bereich über die Zeit verändert hatte. Der Schnee war fast völlig geschmolzen, große Blöcke tauchten auf diese Art und Weise auf und stellten sich uns in den Weg. Dadurch variierte die Wegführung auch ständig. Im ABC angekommen, mussten wir ins Depotzelt umziehen, da die Schneedecke unter unserem Zelt geschmolzen war und sich eine Berg- und Tal-Landschaft unter unseren Isomatten abzeichnete.

Mitwoch, 6. Mai

Auf unserem steinigen Weg ins Lager I lag das für unsere Begriffe zu hoch liegende Basislager der Russen und Bulgaren. Hier wollte George seine Füße doch noch mal von der bulgarischen Ärztin Karina begutachten lassen – die Konsequenz war, alle hatten es geahnt, er sollte sofort absteigen. Das Risiko für weitere Erfrierungen und daraus resultierende Amputationen wäre sehr hoch. Götz wollte dieser Problematik am liebsten aus dem Weg gehen. Schließlich zeigte auch er seine Füße. Das Resultat bei ihm war ebenso klar.
So blieben nur noch Heiko und ich übrig. Zu zweit stiefelten wir am späten Nachmittag weiter ins Lager I, das wir kurz vor der Dunkelheit erreichten.

Donnerstag, 7. Mai

Da die Etappe ins Lager II die kürzeste war, ließen wir uns früh sehr viel Zeit. Wir versuchten, noch recht viel zu essen und zu trinken, da diese Bedürfnisse weiter oben gegen null gehen würden. Nachdem wir noch einige vorbeikommende Russen und Österreicher zum Tee eingeladen hatten, starteten wir um die Mittagszeit. Nach ihren Berichten musste es oben sehr stürmisch sein. Nach drei Stunden erreichten wir das Lager. Wir konnten gut sehen, wie die Wolken über den Makalu-La fegten. Dazu kam ein dumpfes Grollen, das auf orkanartige Böen schließen ließ.

Freitag, 8. Mai

Seit 5 Tagen fegte nun unaufhörlich dieser Orkan über den Makalu-La. So entschieden wir, noch einen Tag auf besseres Wetter zu warten. Heiko hatte sich vorgenommen, wenigstens den Sattel zu erreichen, für mich bedeutete das, den oberen Teil allein

zurückzulegen. Die zweite Nacht im Lager II hielt uns in Atem, ständig rüttelte der Sturm am Zelt.
Plötzlich ein lautes Donnern und Poltern – Heiko riss den Zelteingang auf: „Eine Lawine!“ – nichts war zu erkennen. Nur langsam wich der Schleier aus Schneestaub. Aufgeregt verließen wir das Zelt. Vom Schreck noch völlig durcheinander, versuchten wir die Situation einzuschätzen. Auch aus den anderen Zelten krochen Gestalten. Inzwischen waren ja vier weitere Expeditionen am Berg.
Eine riesige Eis-Schnee-Lawine war zwei Meter an den Zelten vorbeigerauscht und zum Stehen gekommen. Wir atmeten tief durch – es schien niemand zu Schaden gekommen zu sein. Daraufhin versuchten wir wieder, zu unserem Schlaf zu finden. Doch es war komisch – in jedem Windstoß vermuteten wir eine neue Lawine. Wir schliefen, wenn überhaupt, dann nur sehr unruhig.

Von all diesen Dingen hier auf der Terrasse in Kathmandu zu dieser Zeit noch nichts Genaues wissend, läuft unser Tag bei hochsommerlichen Temperaturen weiter in gemütlicher Ruhe dahin. Am späten Nachmittag entschließe ich mich doch zu einem Rundgang bis zum „Affentempel“ am Stadtrand, einem der bedeutendsten hinduistischen Heiligtümer aus alter Zeit.
Auf dem etwa einstündigen Weg dorthin fühle ich mich wieder mit unerwarteter Heftigkeit in jene für uns so fremdartige Welt hineingeworfen. An Dutzenden kleinen Krämerläden vorbei, mit ebenso vielen verschiedenen orientalischen Gerüchen, blicke

ich den unterschiedlichsten Handwerkergilden bei ihrer Arbeit über die Schulter. In verwinkelten Nischen, zwischen windschiefen Häusern oder mitten auf der Straße, auch zwischen Abfall und Schmutz, dass mir der Atem stockt, gehen sie unverdrossen ihrem Tagewerk nach.

Wenig später werde ich bei immer noch drückendem Sonnenschein an einem schon alten, jedoch mit frischer Farbe bemalten Tempel noch einmal Zeuge einer hinduistischen Totenfeier. Die Verstorbene liegt bereits auf einem mächtigen Stapel von Holzscheiten, als offenbar ihr Sohn an ihrem Kopfende die Zeremonie eines letzten gemeinsamen Mahles unter monotonen Trommelrhythmen beginnt. Dabei trägt er zuerst einen Krug mit Wasser, anschließend eine Schale mit Reis dreimal links und dreimal rechts um die Tote herum, bevor die Tongefäße abschließend auf dem Steinboden zerschellen. Nach einem letzten Gruß geht der mit Stroh überdeckte Scheiterhaufen in Flammen auf.

Einige Meter weiter flussabwärts, hier am Bishnumati River, erkenne ich mehrere steinerne Plattformen, von welchen aus offenbar die Asche der Toten dem Fluss übergeben wird. Doch ist dies hier kein solcher Fluss mit sprudelndem Wasser, wie wir ihn aus dem Gebirge kennen. In seinem Uferschlamm tummeln sich Schweine, so riesig, wie ich sie wohl noch nie gesehen habe. Ein Stück weiter stehen Rinder zur Tränke im Fluss und dazwischen an einer flachen Stelle steht ein Pkw mitten im Wasser. Seine Türen sind alle

geöffnet, und mehrere Männer mit denselben Handgriffen beschäftigt, für die man in Europa zur Autowaschanlage fährt.

Als ich später schließlich die unzähligen Stufen zu jenem hoch über die Stadt ragenden Affentempel hinaufsteige, werde ich alsbald wieder von Dutzenden Händlern, aber auch vielen Bettlern bedrängt. Im Schatten einer gewaltigen vergoldeten Stupa, anderer heiliger Tempel und verwinkelter Gebetsschreine gibt es neben vielem alten Plunder durchaus ebenso vieles an traditioneller Kunst und bemerkenswerten handwerklichen Einfällen der Nepalesen zu bestaunen.
Dabei entdecke ich plötzlich etwas recht Ungewöhnliches. Es sind ausgeblichene Schädel, vermutlich von Rhesusaffen. Bei jener seltsamen Begeisterung meines Sohnes für jegliche Art von Skeletten oder Schädeln könnte ich auf diese Weise vermutlich einen bisher unerfüllten Wunsch verwirklichen ... Solch ein kleiner Affenschädel sollte zu Hause selbst bei seiner Schwester kaum zum Gruseln führen, denke ich.
Aber der Händler – er darf keinesfalls merken, welche besonderen Interessen ich an seinem Verkaufsstand wirklich hege. Er würde sonst den Tageskurs für seine Totenköpfe in vielfache Höhe schrauben. So nehme ich mir viel Zeit dafür, auf seinen sonstigen Kram große Aufmerksamkeit zu verschwenden, bevor ich ganz beiläufig versuche, nach diesem kümmerlichen Rest eines Affen zu fragen.
Ich hoffe, mit meinem vorgetäuschten Schauspiel etwas Erfolg erzielt zu haben. Angesichts der Umstände, unter welchen die einfachen Nepalesen jeden 1-Rupien-Schein (etwa 3 Pfennige) in ihren Händen halten wie manch einer bei uns vielleicht einen 10-Mark-Schein, wäre der Affe vermutlich jetzt noch auf sich stolz gewesen. Noch ein Blick hier oben von jenem Affentempel hinunter auf die Stadt – so ungefähr hatte ich mir das für diesen Nachmittag vorgestellt.
Am späten Abend werde ich in den engen Gassen der Stadt, ganz gegen meine Gewohnheiten, in eine Art stimmungsvolle Szene-Kneipe einkehren, um bei einem großen Stück Kuchen und einem Cocktail zu verweilen. Doch ist es die Musik einer Jazz-Band, die mich angelockt hat. In diesen eigentlich asiatischen Breitengraden schon solch vertraute Klänge! Ich genieße es wie einen festlichen Abschied, ohne zu diesem Zeitpunkt zu ahnen, dass es tatsächlich mein Abschied von Kathmandu auf dieser Reise sein wird.

Nachdenkliches Dhaka

Sonntag, 10. Mai

Für diesen letzten kompletten Tag in Kathmandu hatte ich mir noch einiges vorgenommen. Gegen 10 Uhr, nach einem geruhsamen Frühstück, als ich mich gerade noch einmal gezielt mit Fotoapparat und Einkaufstasche auf den Weg begeben will, wird mir mitgeteilt, dass ich gemeinsam mit Meutz auf Grund unserer nicht mehr zu korrigierenden Vorausbuchung schon heute bis Dhaka fliegen muss.
Schon in 3 Stunden sollen wir zum Flugplatz fahren ... Nachdem ich meine Sachen eilends zusammengepackt habe, bleiben mir nur noch 2 Stunden, um in verschiedenen

Geschäften an Angehörige und Freunde zu denken, welche zu Haus in all den vielen Wochen uns in Gedanken begleiteten und bei unseren umfassenden Vorbereitungen halfen. Zu meiner Freude gelingt dies mir tatsächlich in der kurzen Zeit und mit Zufriedenheit. Im Auto zum Flugplatz läuft dann meine letzte Frist ab, um auf den holprigen Straßen verbleibende 100 Grußpostkarten für weitere Unterstützer unserer Expedition zu unterschreiben.
Auf dem einstündigen Flug bis Dhaka schütteln uns zeitweilig solch harte Turbulenzen, dass ich den Eindruck gewinne, der Kommandant müsste mal den Fuß ein wenig vom „Gaspedal“ nehmen, was er dann offenbar auch vollzieht. Wer fährt schon mit Vollgas durch tiefe Schlaglöcher?
Der folgende Landeanflug lässt mich fast an Verhältnisse wie auf der Venus denken. Die ganze Zeit schon über dichter Wolkendecke fliegend, habe ich während des 20-minütigen Sinkfluges, welcher uns sogleich in jenem undurchdringlichen Wolkenmeer verschlingt, allmählich das Gefühl, augenblicklich im Nebel auf den Boden aufzuschlagen. Tatsächlich erreichen wir erst in geringer Höhe die Untergrenze der Wolken.
Obwohl es erst 17 Uhr ist, scheint hier in Bangladesch schon die Nacht hereingebrochen zu sein. In eintöniger Dämmerung erkenne ich Land, oder ist es nur noch ein Sumpf? Der Brahmaputra scheint in dieser völlig glatten Ebene ziellos über seine Ufer getreten zu sein. Aber auch sonst erscheinen die letzten Augenblicke aus der Luft so, als würden die Abschnitte mit festem Untergrund sich beständig mit kleinen Sümpfen und unzähligen Wasserflächen abwechseln. Fast ohne Licht spüren wir schließlich die nicht ganz sanfte Berührung der Fahrwerke mit der Rollbahn.
Uns stehen 24 Stunden Transitaufenthalt in einem Land bevor, von welchem ich mir bei dieser Gelegenheit hoffentlich noch etwas mehr als nur die Gesichter der Menschen in den Abfertigungshallen einprägen kann. Kurz darauf verlassen wir jene klimatisierten Gebäude. In der mittlerweile von unzähligen Lichtern erleuchteten Dunkelheit des Abends schlägt uns noch immer eine geballte Treibhausatmosphäre entgegen, die dieses Territorium in Meereshöhe wohl beständig umgibt. Im Stillen hatte ich darauf gehofft, auf diese Weise sogleich noch fahrend das Stadtzentrum zu erreichen. Die meisten anderen sind jedoch froh, sich bereits nach wenigen Minuten Fahrt mit einem schon etwas angestaubten Bus in klimatisierten Hotelzimmern des Flughafens wiederzufinden.
Dass wir ungefragt durch diesen Zwischenstopp in Bangladesch auf Stunden noch einmal in eine spürbar andere Welt eingetaucht sind, bemerken wir vorerst zumindest an Kleinigkeiten. Einerseits scheinen wir hier als Transitreisende geradezu von einer beeindruckenden Schar Hotelpersonal umgeben zu sein, andererseits erweckt unser Versuch eines Telefongespräches ins Ausland die alten Erinnerungen an DDR-Zeiten. Während eines schmackhaften Abendessens, von welchem wir freilich später beeindruckt feststellen werden, dass es sich am nächsten Abend haargenauso wiederholt, wirken auch noch andere hier praktizierte Umgangsformen etwas verwunderlich auf uns.
Neben einem halben Dutzend Bediensteten für unsere kaum doppelt so große Gruppe junger Leute hält sich – geradeso wie in einem ganz vornehmen Restaurant – zusätzlich

eine Art Chefkellner zur Verfügung, welcher ununterbrochen in der Nähe unseres Tisches steht. Dabei gibt es wohlgemerkt nur diesen einen Tisch. Wir sind uns nicht so ganz sicher, ob diese Art Oberaufseher nun mehr seine Untergebenen oder aber unsere Teller im Auge behält ... Die scharfe Currysoße läßt Durst aufkommen! Dafür finden wir vor uns Getränke, die in ihrem Geschmack jedoch über normales Wasser nicht hinausragen.
Doch in unserem Transitrestaurant befindet sich neben mächtigen Ventilatoren an der Decke ebenso noch eine Art Eisschrank, durch dessen Scheibe auch einige andere verlockende Getränke herüberleuchten. Doch auch vor diesem Schrank steht eine Art Wachposten in Kellner-Uniform. Auf einen Wink seines obersten Chefs holt dieser von Zeit zu Zeit den unabkömmlichen Schlüssel aus seiner Tasche, und wir genießen dieses kleine Erfolgserlebnis auch von jenen gut gekühlten und limitiert verwahrten Getränken, welche sich da Cola, Sprite oder Fanta nennen, etwas eingeschenkt zu bekommen.
Danach werde ich gemeinsam mit Meutz in unserem Hotelzimmer noch einen Teil des Abends damit verbringen – Mücken zu jagen. Eine nicht ganz unbegründete Angst vor Malaria lässt uns nicht eher zur Ruhe kommen, bis das hoffentlich letzte feine Summen verstummt ist. Wir hatten uns nicht dagegen impfen lassen, da wir ab Kathmandu vor solcher Plage eigentlich sicher waren.
Meutz hat wieder Schmerzen in seinem Fuß und seine Erwartungen sind mittlerweile voll darauf ausgerichtet, so schnell als möglich in Dresden in ärztliche Behandlung zu gelangen. Wir liegen im Bett und können uns nicht so recht entscheiden, entweder in der Nacht bei laufender Klimaanlage sich einen Schnupfen zu holen oder aber ohne diese einfach zu schwitzen.
Ich starre in die Dunkelheit und bin mit meinen Gedanken wieder bei den Gefährten oben am Makalu.

Karsten später dazu: Sonntag, 10. Mai

Morgens ging es Heiko nicht mehr so gut, und er stieg mit allen anderen ab. Ich freute mich für ihn, dass er sein Ziel noch erreichen konnte. Für mich war es die letzte Gipfelchance, und so stieg ich allein Richtung Lager IV. Ein Sturm von über 100 km/h begleitete mich beim Gehen, glücklicherweise schräg von hinten, sonst wäre das Laufen wohl nicht mehr möglich gewesen. Die Daunensachen hielten schön warm. Besondere Angst hatte ich nur vor Erfrierungen meiner Hände und Füße, hatte ich doch noch die Bilder von den Kameraden vor Augen.
Wenigstens war ich in der Zwischenzeit extrem gut akklimatisiert. Schon nach anderthalb Stunden erreichte ich das Lager IV.
Was ich da sah, schockierte mich sehr – ein völlig zerfetztes, vom Schnee verwehtes Zelt. In diesem Augenblick schwanden alle meine Gipfelträume. Ich hatte doch so auf einen plötzlichen Wetterumschwung gehofft und geplant, um Mitternacht bei Vollmond zum Gipfel aufzubrechen. Den Weg kannte ich ja zu einem großen Teil schon, Fixseile lagen an einigen wichtigen Stellen.

Leider ist es mir nicht gelungen, das Zelt einer anderen Expedition auszumachen. So setzte ich mich als Erstes in das total verbogene Innenzelt, um vor dem Wind etwas Schutz zu finden. Ich wollte wenigstens so viel wie möglich von unseren Ausrüstungsgegenständen bergen. Diese waren von einer 30 cm hohen Schneedecke überzogen.

Nach 2 Stunden wollte ich mit dem 25–30kg schweren Rucksack wieder abwärts in Richtung Lager II starten. Als ich ihn das erste Mal anhob, wurde mir schwarz vor Augen. Ich setzte den Rucksack wieder ab und atmete erneut tief durch. Der Wind hatte kurz nachgelassen. Nach einigen Startversuchen ging es mühselig los. Die Riemen schnitten tief in die Schultern – so schwer war mir noch nie ein Rucksack vorgekommen. So musste ich während meines Abstieges mehrmals absetzen. Mir war sehr schwindlig, und ich fühlte mich sehr schwach. Dennoch kam ich dem Lager III wieder näher.

Leider setzte vor dem Makalu-La wieder starker Schneefall ein. Der Sturm nahm erneut orkanartige Züge an und blies mir jetzt frontal ins Gesicht. Eiskristalle peitschten auf die Wangen. Ständig stellte ich mir den Augenblick vor, wie ich mich in das Zelt rollen würde – völlig erschöpft – einfach um diesem seit Tagen auf uns einhämmernden Sturm zu entrinnen. Die vier Isomatten am Rucksack boten eine zu große Windangriffsfläche.

Immer wieder sackte ich im Schnee zusammen, den Kopf tief geneigt, um dem Wind standzuhalten. Ich spielte mit dem Gedanken, den Rucksack oder die Isomatten liegen zu lassen. Aber vielleicht war es ja zu schaffen. Es war sehr schwer einzuschätzen, ab welchem Zeitpunkt es ans „Eingemachte" geht. Und wieder kniete ich im Schnee. 1 Stunde

irrte ich umher und fand die Zelte nicht, da nur noch 10–20 m Sicht waren.
Endlich entdeckte ich im Sturm eine Markierungsstange. Ich erinnerte mich, sie war beim ersten Versuch von uns gesteckt worden, ich konnte mich wieder orientieren. Bald schon sah ich, wie eine Fata Morgana, die im Sturm flatternden Zelte. Der Wind blies nach wie vor mit unermüdlicher Heftigkeit. Es war noch ein weiter Weg. Eigentlich wollte ich nur noch hineilen, doch Höhe und Wind schlugen mir ein Schnippchen – ständig musste ich heftig nach Luft ringend Pausen einlegen.
Endlich – völlig fertig – öffnete ich den Zelteingang. Leider war er auch noch fest zugeknotet! Ich warf mich mit eisigen Fingern hinein und schlief kurz ein. Der Sturm und mein Befinden ließen es nicht zu, noch am gleichen Tag ins Lager II abzusteigen. Die Nacht war hart, da der anhaltende Orkan mehr und mehr zermürbte.

Der Heimat entgegen

Montag, 11. Mai

Da wir am folgenden Vormittag wegen bestehender Unruhen und Demonstrationen eindringlich vom Hotelchef davor gewarnt werden, auf eigene Faust eine Fahrt in die nahegelegene Millionenstadt Dhaka zu unternehmen, entschließe ich mich zu einem kürzeren Ausflug zu Fuß in die ländliche Umgebung. Eine Erinnerung an frühere Begegnungen mit diesem Land vor vielen Jahren, damals noch auf dem Seeweg, begleitet mich dabei.
Völlig durchgeschwitzt und erschöpft von jener extremen Treibhausatmosphäre erreiche ich am Nachmittag wieder unsere klimatisierte Unterkunft. Später ergibt sich, auf der sonnigen Terrasse unseres Hotels noch eine lockere Plauderei mit einigen anderen Flugpassagieren, die seit Kathmandu mit uns im Flugzeug saßen. Eine bunt zusammengewürfelte Ansammlung von Urlaubern, Dienstreisenden und Weltenbummlern.
Da ist zum Beispiel Steve, bereits im Flieger neben mir sitzend, dessen australischer Pass meine Neugier erweckte. Ebenso komme ich mit Pit, der ebenfalls von einer Trekkingtour aus Nepal zurückkehrte, ins Plaudern. Er arbeitet gegenwärtig als Lehrer in Taiwan, erzählt uns aber auch gern von seiner eigentlich kanadischen Heimat. Diesmal möchte er auf dem Rückflug dorthin noch seinen studierenden Bruder in Heidelberg besuchen. Nach der Verständigung mit uns bedauert er es fast, doch nicht genügend Zeit für einen Abstecher in den sächsischen Elbsandstein und für das böhmische Bier zu haben, von dem wir schwärmen. Etwas irritiert darüber, dass sein japanischer Fotoapparat aus früheren Jahren meiner Praktika äußerlich verblüffend ähnelt, wird er von mir diesbezüglich aufgeklärt, auf welche Weise sich die Japaner ehemals für die Dresdner Kameraproduktion besonders gründlich interessierten.
Kurios, auch manche Dialoge der anderen in unserer kleinen Transitrunde zu verfolgen. Wenn wir alle die schweizerische Herkunft von Chris an seinem Dialekt auch unschwer erkennen, so fällt mir Ähnliches, durch die Aussprache bedingt, an Norbert aus München

weit weniger auf. Belustigend zu erleben, dass sich die beiden aus der gleichen Reisegruppe untereinander jedoch stets auf englisch verständigen, so dass ich anfangs in einigen meiner Mitreisenden ganz andere Nationalitäten vermutet hatte.
Auf diese Weise vergehen die letzten Stunden bis zu unserem Weiterflug noch beim Plaudern und Lesen. Dabei waren Meutz und ich durch einen kleinen Irrtum schon einmal auf eine Passagierliste geraten, welche uns bereits am frühen Morgen einen Weiterflug nach Bangkok beschert hätte ...
An derartigen Überraschungen scheint unser Bedarf jedoch noch immer von unseren eigenen Erlebnissen der letzten Wochen gedeckt zu sein. Am Abend treffen wir in der großen Transit-Wartehalle wieder mit unserer Makalu-Trekkinggruppe zusammen, die soeben aus Kathmandu gelandet ist.

Während der verbleibenden Zeit bis zum Start unserer Maschine gegen 23 Uhr fällt unser Blick erneut auf die zahlreichen Fernsehmonitore, die in gleichmäßigen Abständen an der Wand befestigt sind und nonstop vor sich hin flimmern. Auf diese Weise entsteht zwangsläufig ein gewisser Eindruck über die Inhalte des Fernsehprogramms von Bangladesch.
Noch mit den frischen Erlebnissen vom Tage erfüllt, da ich dunkelhäutige Menschen unter sehr bescheidenen Lebensbedingungen, jedoch mit eigenständiger Nationalität und Kultur erlebte, bin ich immer wieder aufs Neue irritiert, in welcher Form sich jener Zivilisationsfluch des Fernsehens hier in den Ländern der Dritten Welt darstellt. Singende Bäuerinnen zum gemeinsamen Takt bei Erntearbeiten hochstilisiert, lösen sich mit lachenden Soldaten in Sonntagsuniform und immer wieder jenen endlosen Hollywood-Serien ab, in denen europäisch ausschauende Frauen, von weltfremdem Luxus und noblen Autokarossen umgeben, abgehoben über den Bildschirm stolzieren.
Auf diese schillernde Weise vorgebildet – was mögen die Ideale und Träume der Leute barfuß draußen auf der Straße wohl beinhalten? Erneut glaube ich zu spüren, dass solche Reisen Einblicke ermöglichen und manche Sichtweisen vermitteln, die uns zuweilen erst weitab von unserem so überzeugend eingeschlagenen eigenen Reiseweg staunen oder nachdenklich werden lassen.
Der interkontinentale Flug durch die Nacht verläuft entsprechend meinen Erinnerungen aus vergangenen Jahren. Die Zeit gerät auf unserer fast tausend Kilometer schnellen, stündlich fühlbaren Reise wieder in Richtung Westen fast völlig aus dem Takt. Die meisten der dreihundert Passagiere dösen bei gelöschtem Licht vor sich hin, obwohl sich das Bordkino mit verschiedenen Filmen redlich bemüht, seine Gäste durch „Action“ bei Stimmung zu halten.
Aber für mich läuft der wirkliche und auch weiterhin besondere Film draußen – hinter meinem Kabinenfenster – ab. Das fahle Licht des Mondes zeichnet mit schwacher Kontur die endlosen Weiten von Wüsten, Gebirgszügen und Küstenstreifen – dazwischen jedoch immer wieder die farbig leuchtenden Punkte einzelner Siedlungen oder Städte. Man braucht schon Phantasie, um nur zu ahnen, welche endlose und vielfältige

Welt sich hinter einer Linie eröffnet, mit der wir unsere Flugroute in Gedanken so einfach über das gleichförmige Papier eines Schulatlasses zu spannen vermögen. Meine Emotionen dieser Tiefblicke dabei kaum in Worte fassen könnend, werde ich meiner Tochter die Dimensionen dieses Fluges damit zu erklären versuchen, dass ich in dieser Nacht wohl mehr als tausend Städte und Dörfer als funkelnde Lichtpünktchen unter mir vorbeiwandern sah.

Welche Erinnerung bleibt?

Dienstag, 12. Mai

Nach einer nächtlichen Zwischenlandung in Dubai erreichen uns die ersten Strahlen des neuen Tages wohl an der nördlichen Grenze des Persischen Golfs, irgendwo jenseits von irakischem Territorium und den unwirtlichen Gebirgszügen im Südosten der Türkei. Schließlich wird den verschlafenen Passagieren das Frühstück serviert, und bevor ich mir noch so recht darüber klar werde, bei unserem Flug inzwischen seit einiger Zeit offenbar dem Flussbett der Donau zu folgen, geht unsere Maschine bereits zum Lande-

anflug über. Planmäßig gegen 8 Uhr setzen die mächtigen Fahrwerke des Flugzeuges auf der Landepiste des Flughafens von Frankfurt am Main auf, und schon wenig später

tauchen wir bei fast heimischer Kulisse im verwirrenden Labyrinth der Gänge und Abfertigungshallen unter.
Ein sonniger Morgen empfängt uns, und während der anschließenden Zugfahrt quer durch Deutschland geben uns die vorbeihuschenden Felder, Ortschaften und Wälder letzte Gelegenheit, zu unseren exotischen Erlebnissen der vergangenen Wochen Abstand zu gewinnen. Am Nachmittag, als die Räder des Zuges beim Überqueren der Elbe ihren stetigen Lauf bereits verlangsamen, erblicken wir durch die Fenster unseres Abteils eine lang entschwundene und doch so vertraute Silhouette – Dresden.

Nach nunmehr acht Wochen beginnt sich der Kreis einer Reise zu schließen, deren Gedanken und Ideen hier in heimatlicher Umgebung ihren Ursprung fanden.
So wird für einige der Angehörigen und Freunde nach den vielen Wochen des Wartens diese Ankunft der ersten Teilnehmer Freude und Erlösung bedeuten. Aber auch einige Vertreter von Zeitung und Fernsehen sind begierig, hier von erster Stelle noch einmal Einzelheiten zu hören sowie Meinungen und erste persönliche Einschätzungen zu hinterfragen.
Wie man unter Alpinisten so sagt, ist eine Bergtour an solch hohem Gipfel eigentlich erst dann erfolgreich beendet, wenn man danach auch wieder an seinem Fuße steht. Ein Teil unserer Berggefährten ist jedoch wie bekannt noch im Abstieg begriffen bzw. weiterhin vor Ort.
Was bleibt nun als Erinnerung, als Ergebnis zurück von unserem Wunsch, dem Ziel, zum Gipfel des Makalu zu gelangen?
Die Meinungen meiner Gefährten der letzten Wochen werden durchaus unterschiedlich ausfallen. Für meinen Teil hoffe ich, aus persönlicher Sicht auf diesen Seiten darauf Antwort gefunden zu haben.
In den folgenden Tagen werden wir alle nach und nach noch erfahren, wie unsere Begegnung mit dem Makalu schließlich auch für Heiko, Karsten, George und Götz einen Abschluss fand.

Karsten erzählt dazu später: Montag, 11. Mai

Ich hoffte auf den nächsten Morgen, dass sich mit aufgehender Sonne auch der Wind legen würde. Vergebens. Gegen Mittag verließ ich trotzdem das Zelt, ich durfte mich nicht länger in der großen Höhe aufhalten, und zu essen hatte ich auch nichts mehr. Die Isomatten ließ ich zurück, um dem Wind eine möglichst kleine Angriffsfläche zu bieten, denn die Angst saß mir im Nacken, vom Makalu-La in die Rinne hinuntergeweht zu werden.
Ich taumelte zur Kante. Tief gebückt, den Böen ausweichend, konnte ich die Fixseile erreichen – Gerettet! Jetzt war es nur noch eine Frage der Zeit. So quälte ich mich die Fixseiltrassen hinunter. Weiter unten ließ der Sturm nach, aber heftiger Schneefall begleitete mich. Inzwischen waren auch die Fixseile von den Schneemassen begraben. Es kostete viel Mühe, sie immer wieder freizulegen. Im unteren Teil war der Gletscher nur noch eine einzige konturlose Schneefläche. Total froh war ich über die von den Russen gesteckten Markierungsfähnchen.
Das Camp II war völlig eingeschneit. Zu meiner großen Freude hatte Heiko hier noch auf mich gewartet. Gemeinsam hofften wir jetzt auf den nächsten Tag, um bis ins ABC absteigen zu können und uns wieder die Bäuche vollzuschlagen. Die Gesprächsthemen drehten sich nur noch ums Essen, geistig sahen wir uns schon 10-Gänge-Menüs einnehmen.
Die vergangenen Tage waren für mich die härtesten gewesen, die ich je in den Bergen zugebracht hatte. Ich wusste aber auch, dass wir jetzt alles gesund überstanden hatten.

Dienstag, 12. Mai

Im tiefen Neuschnee stiegen wir ab und erreichten am Abend endlich das ABC. Es war noch einmal eine sehr lange Etappe, vor allem mit der ganzen Last auf dem Rücken. Wir waren glücklich, dass uns Mingmar unterwegs von Lager I entgegenkam und wir keine weiteren Lasten aufnehmen mussten.
Schön war es, an den Lagern der anderen Expeditionen vorbeizukommen. Bei den Bulgaren bekamen wir Tee, die Tschechen zauberten sogar ein Pilsner Urquell hervor, und die Österreicher schließlich luden uns zur Brotzeit mit herrlichem Räucherkäse und -schinken ein.

Mittwoch, 13. Mai

Bis zum Mittag packten wir noch unsere Tonnen, die anschließend das ABC wieder auf dem Rücken einiger Träger verließen. Nach einer kurzen Mittagsmahlzeit kehrten auch wir dem vorgeschobenen Basislager den Rücken. Mit etwas Wehmut, aber glücklich stiegen wir letztmalig durch das nicht enden wollende Geröllfeld. Groß war dann die Freude, wieder bei den Freunden im Basislager zu sein und die Erlebnisse der letzten Tage auszuwerten.

Donnerstag, 14. Mai

Der letzte ganze Tag am Berg – Packen der Tonnen war angesagt. In Gedanken sahen wir uns schon ein Bier trinken in einer der unzähligen Kneipen Kathmandus. Zum Vorgeschmack holte George schon mal ein paar dicke Zigarren hervor, die wir hustend zum Tee einzogen. Mingmar rief zum letzten Mal: „Tea is ready!" Uns war klar, dass wir morgen das Basislager mit einem lachenden, aber auch einem weinenden Auge verlassen würden.

Unserer „Niederlage" war trotzdem ein Erfolg.
Wir waren lange Zeit allein am Berg, haben 700 m Fixseile verlegt ohne fremde Hilfe, es war schön, mit 5 guten Freunden zusammen zu sein, zu arbeiten an diesem herrlichen, großen, respekteinflößenden Berg. Uns sind zwei Zelte weggeweht worden, einige zerstört, und doch waren wir dem Gipfel so nah, dass wir uns schon sicher waren, ihn in der Tasche zu haben.

- Karsten Kügler -

Eine Woche nachdem die Trekkinggruppe gemeinsam mit Frank Meutzner und mir in Dresden angelangt war, treffen am darauffolgenden Dienstag ebenso Jörg Stingl, Heiko Zülchner und Karsten Kügler wieder in der Heimat ein.
Doch einer von uns, Götz Wiegand, ist nicht mit dabei. Auch am Ende der nachfolgenden Besteigungsversuche konnte er sich noch nicht entschließen, unserem Berg so einfach Lebewohl zu sagen. Obwohl ihn die anderen Gefährten dazu drängten, jetzt gemeinsam zu einem Ende zu finden, beharrte Götz für sich trotz allem darauf, noch einige Zeit zu bleiben. Er wollte sich die Hoffnung auf eine nochmalige Gelegenheit einfach immer noch nicht aus der Hand nehmen lassen. Deshalb wartete er auf die Genesung von seinen Erfrierungen, wartete auf besseres Wetter, wartete einfach auf eine letzte Chance, sich den Anforderungen dieses Berges noch einmal fair stellen zu können.
Diese Emotionen, seine Wünsche, es auch allein noch einmal versuchen zu wollen, klangen selbst in den Ohren seiner Gefährten nicht gerade vernünftig. Sie begnügten sich schließlich damit, seinen Willen, seine Hoffnungen zu akzeptieren. Auch für mich blieb von seinem Wunsch immerhin so viel übrig, dass ich zumindest glaubte, es menschlich nachzuvollziehen, wenn Götz seinen Abschied nicht aufgrund von Schneetreiben oder terminlichen Zwängen hinnehmen, sondern mit einem letzten Versuch ehrlich vor sich selbst zum Ende bringen wollte.

Götz Wiegand erinnert sich ...

Donnerstag, 14. Mai.

Die Wolken hängen tief im Tal, als der Hubschrauber zu hören ist.
Ein Teil von mir, leider ein nicht allzu kleiner, hofft, dass das Wetter einfach zu schlecht ist für eine Landung, der Hubschrauber wieder abdreht und mir noch ein Tag bleibt mit den Freunden, noch ein Tag Geborgenheit vor dem Alleinsein am Makalu. Aber die Piloten schaffen es, ein warmes „Mach's gut und pass auf dich auf!" und schon bin ich allein mit den Trägern und Mingmar.
Am folgenden Tag, auf dem Weg ins ABC, kehrt mein Selbstbewusstsein langsam zurück. Es geht gar nicht so schlecht. Der Fuß schmerzt zwar, aber es ist auszuhalten, und konditionell bin ich topfit. Schließlich habe ich mich ja auch selbst dafür entschieden, allein am Berg zu bleiben und es noch einmal zu versuchen. Zwischen den Geröllfeldern sage ich mir die Gründe dafür immer wieder auf: Meine Zehen sehen bis auf die kleine am rechten Fuß wieder ganz gut aus. Ich fühle mich hervorragend in Form, wir haben so viel geleistet am Makalu – ich will auch den Punkt auf dem i, das Salz in der Suppe, den Gipfel für die Expedition, ich habe viel investiert und brauche den Erfolg für die Fortsetzung meiner Bergsteigerkarriere, und mir geht es hier am Berg so gut, mein Rückflug ist am 15. Juni – was soll ich in Deutschland, letztendlich reizt es mich, meine Möglichkeiten und Grenzen auf mich allein gestellt auszutesten.
Zwei Tage später, am 17. Mai, habe ich mich zusammen mit Mingmar im ABC auf 5.200 m, das jetzt praktisch unser Basislager ist, gut eingelebt. Wir haben ein großes Zelt aufgebaut, eine Hälfte ist Küche, die andere Schlafzimmer. Mingmar bekocht mich fürsorglich, ich schreibe und versuche, mich gedanklich auf meinen Aufstiegsplan und das Alleinsein in den nächsten Tagen weit oben einzustellen. Abends führen wir viele interessante Gespräche. Es ist schön mit Mingmar, wir lachen viel und sind uns nahe.
Meine Zehen sind stark geschwollen, aber rosa und warm, nur die kleine am rechten Fuß ist zur Hälfte schwarz. Ich verbinde sie jeden Morgen und Abend, nachdem ich sie mit einer antibiotischen Salbe eingecremt habe. Ich versuche das Verbandsmaterial so einzuteilen, dass es auch noch für die Trekkingtour zurück nach Tumlingtar reicht, denn in dem feuchtwarmen Klima der niedrig gelegenen Regionen Nepals ist die Gefahr einer Infektion des kranken Gewebes sehr groß – das könnte mich den halben Fuß kosten. Und mit dem Hubschrauber ausfliegen will ich nur im absoluten Notfall, außerdem wären das noch mal 6000 Dollar zusätzliche Kosten. Das Wetter beunruhigt mich, es ist einfach zu gut. Ich wollte eigentlich bis zum 22., 23. Mai warten. Meine Zehen brauchen die Pause, und am 20. Mai habe ich Geburtstag. Den wollte ich in aller Ruhe mit Mingmar im Basislager feiern, auf Glückwünsche per Satellitentelefon aus der Heimat hoffend. Aber wie lange wird das Wetter halten? Anfang Mai war es sehr schlecht, wenn ich die Schönwetterphase im Basislager verwarte und dann wieder in den Sturm hinein losziehe? Nein, das darf nicht sein! Ich beschließe am nächsten Tag aufzubrechen, ich will sehr schnell sein und vielleicht schon am 20. Mai auf dem Gipfel stehen.

Montag, 18. Mai

Heute geht es los, sehr zeitig, denn ich will ja Lager I auslassen und gleich bis auf Lager II in 6.600 Metern steigen. Immerhin 1.400 Höhenmeter, und mein Rucksack ist teuflisch schwer. Ich bin allein und habe einen kranken Fuß – ein eventuelles Freibiwak kann ich nur perfekt ausgerüstet ohne große körperliche Schäden überstehen. Vom Kocher bis zum Biwaksack muss ich alles allein schleppen, nur auf ein Stück Seil habe ich verzichtet, es wäre einfach zu schwer gewesen. Der Verzicht bedeutet, ich muss mir genau überlegen, ob ich eventuelle Kletterstellen auch wieder zurücksteigen kann. Auch so habe ich noch ca. 20 kg im Rucksack, viel zu viel für die großen Höhen, in denen ich bald sein werde. Wir kommen zügig voran, bis zum Lager I wird mich Mingmar begleiten, er hat vor, das dort stehende Zelt abzubauen und mit der Ausrüstung nach unten zu bringen. Ich bin fit, nach drei Stunden sind wir im Lager. Ich esse Chapati mit Yakkäse und sehe, wie Mingmar das Zelt abbaut. Als es verschwunden ist, fühle ich Beklemmungen, der Rückweg ist nun viel länger geworden. Der Rückweg zurück zum Basislager, zurück zum Leben. Danach bin ich allein. Der Weg ist einfach, gut markiert, und ich kenne inzwischen jede Gletscherspalte besser als meine Wohnung in Dresden.

Aber schon hier unten spüre ich die große psychische Belastung des Alleingehens. Ich sorge mich um meine Füße, die zwar warm sind, aber wieder stark schmerzen. Und was wird morgen sein, soll ich wie geplant im Gletscher weit oben auf 7.700 Metern biwakieren oder lieber auf dem Makalu-La im Zelt der Bulgaren schlafen? Niemand ist da, mit dem ich meine Ängste, meine Hoffnungen teilen kann. Und es wartet auch niemand im Lager auf mich, dem ich einen Teil der Last aufbürden kann. Ich denke an George, hey Alter, ich könnte dich jetzt gut gebrauchen.

Im Walkman die Rolling Stones – Gimmie Shelter: „Oh, ein Sturm bedroht mein Leben heute, wenn ich keinen Schutz finde, o Mann, dann bin ich hin ...“

Gegen 16.00 Uhr tauchen die Zelte vom Lager II aus dem Nebel auf. Zwischen den Zelten mache ich eine Gestalt aus – Karina, die Ärztin der Bulgaren. Sie schaut mich an wie ein Gespenst, ich versuche ihr zu erklären, dass meine Zehen viel besser sind. Sie antwortet mit einem Kopfschütteln und sagt, dass ich meinen rechten Fuß verlieren werde, wenn wieder Kälte an ihn kommt. Ich krieche ins Zelt und kämpfe die Verzweiflung nieder. Es gibt ohnehin genug zu tun: Zehenpflege, Tee kochen, essen – das ist hier besonders wichtig, weiter oben werde ich nicht mehr viel hinunterbekommen. Das Gespräch mit Mingmar über Walkie-Talkie baut mich zusätzlich auf, er wünscht mir alles Gute für den nächsten Tag.

Dienstag, 19. Mai

Am Morgen bin ich zeitig unterwegs. Ich will heute die Steilwand unterm Makalu-La an den Fixseilen bis hinauf zum Sattel klettern und dann vielleicht noch weiter bis zur Gletscherquerung unterhalb vom Lager IV. Es geht zunächst ganz gut, der Schnee ist hart, ich kenne die Route, und trotz großer Kälte, die Wand liegt noch im Schatten, sind die Füße okay.

Gegen Mittag, ich habe bereits zwei Drittel geschafft, setzt der Umschwung in den äußeren Bedingungen und in meinen Gefühlen ein. Der Rucksack ist einfach zu schwer, ich bin schon ganz schön fertig, es ist sehr stürmisch geworden, an manchen Stellen der

Steilrinne muss ich gegen den von oben kommenden Wind kämpfen.
Mein mühsam aufgebautes Ego ist am Zerbrechen, und die Füße ....! Ich bin allein, es ist schlimm, niemand da, ich muss mich zusammenreißen, verdammt, warum gerade ich. Ich bin noch nicht bereit aufzugeben, das Zelt im Lager II ist auch schon so weit weg. Endlich habe ich die Blankeisstelle hinter mir, gleich geht es besser, vielleicht noch 200 Meter – vier Seillängen. Mein rechter Fuß schmerzt stark, und ich merke, dass die Kälte in Verbindung mit dem Sturm anfängt durch die Schuhe zu kriechen. Irgendwie kriege ich trotz meiner Erschöpfung mit, dass der rechte Fuß am Erkalten ist. Am Beginn der Wand, als die Sonne kam und es noch windstill war, habe ich geschwitzt, und die feuchten Socken könnten mir jetzt zum Verhängnis werden. Mein Verstand ist mit einem Mal wieder glasklar – handeln, mein Guter, nicht abwarten – aktiv sein. Am nächsten Fixpunkt für die Seile nehme ich vorsichtig den Rucksack ab, neue Socken heraus und beginne die Schuhe auszuziehen.
Die Rinne ist hier vielleicht 50 Grad steil, ich muss alles vorsichtig an das Fixseil oder meinen Klettergurt hängen. Fällt mir etwas aus der Hand, kommt es erst 600 Meter weiter unten zum Stillstand. Wenn es ein Teil der Bergschuhe ist – dann ist es aus – Gimmie Shelter.
Ich bin konzentriert wie nur ganz selten in meinem Leben. Ich massiere meine Füße und ziehe neue Socken an. Nach 15 Minuten ist es geschafft. Ich spüre Wärme und fühle mich stark. Gegenüber liegen Everest und Lhotse in der Sonne – irgendwann werde ich auch da oben stehen.
Zwei Stunden später bin ich am Makalu-La. Der Sturm packt mich mit voller Wucht, an ein Weitergehen ist nicht zu denken – ich bin auch ganz schön fertig, und meine Zehen werden schon wieder kalt und schmerzen stark.
Das Klettern in der steilen Rinne hat sie stark belastet, ich habe ein schlechtes Gewissen wegen der brutalen Art und Weise, mit der ich meinen kranken Körper quäle. So wollte ich eigentlich nicht bergsteigen. Ich nutze das einsame Zelt der Bulgaren auf dem Makalu-La, das war so abgesprochen, schließlich hangeln sich alle Expeditionen an unseren 700 Metern Fixseilen durch die Steilrinne. Nach einer Stunde kommt Oleg von oben, er wollte mit 3 Spaniern zum Lager IV aufsteigen. Sie waren alle sehr langsam, und im Sturm ist Oleg vor der Gletscherquerung in 7700 m umgekehrt. Er hat aufgegeben. Es ist verlockend, morgen mit ihm abzusteigen.

Mittwoch, 20. Mai

Der nächste Morgen ist strahlend und windstill, ich habe Geburtstag, meine Füße schmerzen kaum, ich bin glücklich. Wenn ich an die Katastrophen meiner letzten Geburtstage denke, jetzt darf ich hier sein, was will ich, was brauche ich mehr? Absteigen haha – es gibt nur einen Weg, und der führt nach oben. Mach's gut, Oleg, komm gut runter.
Der Tag, mein 39. Geburtstag, verläuft gut, ich bin in Form und brauche für die Strecke bis zum Lager IV in 7850 m nur fünf Stunden. Aber ich muss zweimal anhalten, den rechten Fuß auspacken und massieren. Die große Höhe fordert ihren Tribut. Bei nüchterner Überlegung ist klar, dass ich keine Chance habe, den Gipfel zu erreichen, ohne meinen rechten

Fuß zu verlieren, ohne zumindest meine Gesundheit sträflich aufs Spiel zu setzen. Aber in 7800 Meter sind nüchterne Überlegungen nicht gerade alltäglich, nicht gerade meine Stärke, und ich habe Geburtstag, das Wetter ist phantastisch, diese Berge, Everest, Lhotse, Chomölonzo, Kangchendzönga ....

Die drei Spanier sind noch im Lager IV, sie wollten einen Tag ausruhen, und sie sind nicht gerade begeistert, als ich ins Zelt krieche, es wird eng werden.

Wir kochen, ich betreibe ausgiebige Zehenpflege; nachdem der Fuß nun zur Ruhe kommt, setzen starke Schmerzen ein. Nach einer Stunde halte ich es nicht mehr aus und verpasse mir ein Titretta-Zäpfchen. Die Spanier schauen etwas pikiert, aber das ist mir völlig egal.

Donnerstag, 21. Mai

Gegen 2 Uhr beginnen wir mit dem Aufbruch. Natürlich dauert es ewig, bis wir in voller Montur vor dem Zelt stehen. Die Nacht ist herrlich – Windstille – Millionen Sterne – Gipfelwetter. Es läuft gut bei mir, endlich ein leichter Rucksack. Da die Spanier ein Seil haben, will ich mit ihnen die „French Route" gehen. Allein könnte ich das nicht, es soll steile Eisfelder kurz vorm Gipfel geben, und ich kann mit meinen kranken Füßen die Vorderzacken der Steigeisen nicht voll zum Einsatz bringen. Ein Alleingang wäre zu riskant. Ich komme gut voran und übernehme zeitweise die Führung, allerdings sind meine Füße trotz Schuhheizung nicht richtig warm. Ein guter Teil meines Ichs ist deshalb weiterhin mit ihrer Beobachtung beschäftigt. Bald gibt einer der Spanier auf, er hat Magenprobleme und kehrt um. Wir gewinnen zügig an Höhe, aber es hat wieder Wind eingesetzt, und meine Füße sind verdammt kalt. Am Einstieg des Couloirs in ca. 8100 Meter setzen sich Vernunft und Angst durch. Mein Verstand ist langsam geworden, aber ich begreife, dass ich ohne Sonne, bei Wind und Kälte in der Nacht die Füße nicht auspacken und massieren kann. Außerdem gibt es weiter oben keine Fixseile, und wenn sie dann erneut kalt werden, habe ich keine Chance, die Schuhe auszuziehen. Verdammt, ich will noch Hunderte Kilometer Rollschuh fahren, mit meinen Söhnen Fußball spielen, und der Makalu wird noch Millionen Jahre im Himalaya herumstehen. Also runter, es geht schnell bis zum Lager IV. Als ich ankomme, ist es immer noch dunkel. Der Spanier mit seinen Magenproblemen will absteigen, und ich? So nahe bin ich dran, gut in Form, die 8100 Meter waren überhaupt kein Problem. Vielleicht, wenn morgen kein Wind ist, ich die Füße eine Stunde vor Aufbruch richtig warm massiere, dann schon im Zelt die Schuhheizung einschalte, eine Stunde eher losgehe – hey, ich habe ja noch eine Chance.

Nachmittags kommen die Spanier zurück, bei 8300 Metern auf dem Grat mussten sie umkehren, der Sturm war zu stark. Meine Entscheidung war richtig, und ich habe Kraft gespart – morgen werde ich es schaffen. Ich ignoriere meine immer noch kalten, schmerzenden Füße und den höflichen Rat von Mingmar übers Walkie-Talkie, doch besser mit den beiden Spaniern abzusteigen als allein noch mal hinauf.

Freitag, 22. Mai

Diesmal krieche ich bereits 1 Uhr aus dem Schlafsack. Ich habe die ganze Nacht meine Zehen massiert, ohne sie richtig warm zu bekommen. Ich bin hundemüde und erschöpft.

Aber ich finde in meinem vom Sauerstoffmangel benebelten Verstand immer noch Erklärungen und Ausreden, die den Gipfelsieg möglich erscheinen lassen.
Die Spanier wollen am Morgen bei Tagesanbruch absteigen und wünschen mir alles Gute. Ich gehe diesmal die Messnerroute an und hoffe auf leichtes Gelände am Grat.
Ich bin allein, und ich spüre sofort den Ernst meiner Situation, aber noch reichen Kraft und mühsam aufgebauter Optimismus, Glaube an meine Fähigkeiten aus, um aufwärts zu gehen. In den Spuren vom Vortag steige ich unter einem Himmel, der grenzenlos ist, nach oben. Ich fühle mich berauscht und voller Kraft. Meine Gedanken sind am Gipfelgrat und dem Stolz, mit dem ich meinen Sieg übers Satellitentelefon in die Heimat verkünden werde. Nach drei Stunden bin ich langsam geworden, und die Pausen haben sich ausgedehnt. Ich bin sehr erschöpft, war ja gestern schon über 8000 Meter. Ich bin jetzt ziemlich nahe am Einstieg zur rechtsgeneigten Rinne, die zum Grat führt. Hier irgendwo bin ich mit Meutz vor 4 Wochen auf ca. 8200 Meter umgekehrt.
Wenn nur einer der Kameraden dabei wäre. Jetzt brauchte ich jemanden zum Anlehnen, brauchte Zuspruch und ein optimistisches Wort, die Wärme der Kameradschaft. Aber ich bin allein. Es trifft mich mit voller Wucht, jeder Fehler ist das endgültige Aus, auch die Spanier sind weg. Und meine Füße, verdammt, die merke ich nicht mehr, habe in meiner Euphorie vergessen, darauf zu achten.
Es ist fast Panik – nichts wie runter, ich hätte es gestern schon merken müssen. Ich steige ab und fühle grenzenlose Erleichterung, als nach wenigen Schritten Blut und Schmerz in meine Füße strömen.
Am Zelt graut der Morgen, und ich sehe den letzten Spanier im Eisbruch verschwinden. Ich brauche eine Stunde Ruhe, es werden drei, und danach fällt es mir sehr schwer, meine Ausrüstung im Rucksack zu verstauen.
Am Abend des nächsten Tages taumle ich die letzten Schritte über Geröll zum Zelt im ABC. Ich bin völlig am Ende, total fertig – seit drei Tagen habe ich fast nichts gegessen und viel zu wenig getrunken. Ich trage keinen Rucksack. Mingmar ist bis zum Lager II gekommen mit zwei Schüsselchen voll Reis und Kartoffeln – ich kriege nur wenig davon hinunter, aber die Fürsorge, die dahinter steckt, gibt mir viel Wärme und auch ein wenig Kraft zurück. Im Lager I wartet dann Nima, ein Träger, der uns bis nach Tumlingtar begleiten wird, und übernimmt meinen Rucksack. Ich kann den beiden auch ohne Gepäck nicht folgen. Brauche endlos über die Geröllfelder, und ich muss mich nach wenigen Schritten immer wieder wie ein alter Mann auf die Blöcke setzen.
Aber in mir ist Frieden, ist eine wunderbare Ruhe und Gelassenheit. Ich bin zutiefst glücklich. Ich habe mein Bestes gegeben und bin auf meinem Alleingang an meine psychischen und physischen Grenzen gekommen. Und ich habe nicht versagt, habe den richtigen Punkt zur Umkehr gefunden.
Ich werde noch Hunderte Kilometer Rollschuh fahren, mit meinen Söhnen Fußball spielen und irgendwann zum Makalu zurückkehren.

VI. KAPITEL

Triumph oder Niederlage?

Nachdenkliches und Erstaunliches, Endpunkt einer langen Reise

Zwei Jahre später

Wieder einmal hatten wir einige unserer Freunde und Berggefährten auf dem Bahnsteig des Dresdener Bahnhofes verabschiedet. Die nüchterne Realität gewöhnlicher Lebensumstände würde wie meistens dafür sorgen, dass es sich dabei nicht um die vollzählige oder gleiche Namensliste wie beim letzten Mal handelte. Neben Götz Wiegand und Frank Meutzner hatten sich diesmal Bernd Mehnert, Elisabeth Eulrich, Olaf Zill, Ray Hartung und Thomas Türpe dazu entschlossen, einen erneuten Besteigungsversuch am Makalu zu wagen. So blieben auch mir sieben erwartungsvolle Gesichter in Erinnerung, welche sich nach letztem Händedruck mit dem Zuschlagen der Türen auf viele Wochen von uns entfernten.
Uns, die zu Hause Gebliebenen, schien bereits Minuten später der Alltag mit seiner üblichen Hast wieder eingeholt zu haben. Lange Zeit empfand ich die Nachrichten als eher spärlich und zurückhaltend, die uns erreichten. Immer wieder mit dem lakonischen Hinweis versehen, dass schlechte Wetterverhältnisse alle bisherigen Aktionen beeinträchtigten oder gar verhinderten. Mehrmals regte sich in mir das schlechte Gewissen, in dieser deprimierenden Situation nicht versucht zu haben, mit den Freunden zumindest über Satellit einfach mal zu reden. Unangenehm die Erinnerung daran, dass Außenstehende und die mit derartigen Verhältnissen wenig vertraute Öffentlichkeit in solch misslicher Lage schnell dazu neigen, drohende Erfolglosigkeit mit Verdächtigungen zur Unfähigkeit abzustempeln.
Wenn ich abends mit dem Fahrrad über abgelegene Straßen nach Hause fuhr und den zunehmenden Mond erneut über den Himmel steigen sah, waren meine Gedanken bei euch und ich wusste schließlich, dass es genau in diesem Moment eine gute Zeit sein musste, den entscheidenden Gipfelversuch zu wagen.
Die zeitliche Frist, dieses schwierige Ziel doch noch zu erreichen, neigte sich bereits bedrohlich dem Ende entgegen, als sich eines Morgens plötzlich die Nachrichten zu überschlagen schienen.
Alle fünf Bergfreunde, die zu Beginn einer scheinbar letzten kurzen Schönwetterperiode aus dem Basecamp gestartet waren, erreichen vier Tage später zusammen den lang ersehnten Makalu-Gipfel. Aus der von den deprimierenden Wetterverhältnissen bereits ausgehöhlten Hoffnung, wenigstens einen oder vielleicht zwei der Gefährten bis zum Gipfelgrat vordringen zu sehen, wächst der Triumph, es gemeinsam geschafft zu haben.
Wohl keiner der zu Hause Gebliebenen, aber auch der Beteiligten selbst hätte dies auch

nur zu träumen gewagt.
Tragischerweise folgt jenem Moment grenzenlosen Glücks wenig später schon tiefes Leid, die Begegnung mit dem Tod.
Nicht in Erschöpfung, Absturz oder Erfrierung werden die Ursachen dafür liegen; naheliegende Gründe, die uns alle besonders an diesem schwierigen Berg in stillen Ängsten manches Mal selbst begleiteten.
Noch bevor sich die erste Möglichkeit ergibt, die freudige Nachricht des Erfolgs in die Heimat zu übermitteln, wird einer der fünf Berggefährten nicht mehr am Leben sein. Dabei beginnt für Bernd der Morgen nach dem Gipfeltag zufrieden und gut gelaunt wie für alle anderen der Gruppe. Als sie wenig später mit gepackten Rucksäcken den Standort ihres Hochlagers zum weiteren Abstieg gemeinsam verlassen, wird er unvermittelt taumeln, stürzen und schließlich bewegungslos, tot direkt vor den Füßen seiner Gefährten im Schnee liegen bleiben.
Nach und nach erreichen uns weitere Einzelheiten über die Ereignisse dieser Tage. Die Umstände wollen es so, dass ich dabei verschiedene Zusammenhänge lediglich aus mancherlei Gesprächen mutmaße, lange bevor mir einige der teils verwirrenden Mitteilungen der Medien bekannt werden.
In der gleichen Woche werde ich noch zu einer Hochzeitsfeier eingeladen. Wie soll ich nur die rechte Stimmung dafür finden, gerade jetzt in diesen Tagen? Doch immerhin ist der Bräutigam ein Bergfreund, genau aus jenem Kreise, in dem uns auch manch gemeinsam erlebte schwierige und ernste Momente verbinden. Irgendwann kommt mir noch jener Spruch in den Sinn: das Leben muss weitergehen ...
Und so hätte sich kurzfristig wohl keine bessere Gelegenheit an diesem Nachmittag dafür finden können, um erstaunlich viele jener Gefährten wiederzutreffen, mit denen mich Gedanken an jene gegenwärtige Expedition, aber auch an den traurigen Verlust eines Berggefährten verbinden.
Ich hoffe, auch noch etwas mehr von denjenigen zu erfahren, die Bernd öfter gesehen oder vielleicht auch anders als ich kennen gelernt hatten. Keinen „Heiligenschein“ möchte ich dabei am Ende verklärt in den Himmel steigen sehen, sondern Erlebnisse, Erinnerungen mit nach Hause nehmen, welche uns hoffentlich einen Menschen lebendig erhalten, der Stärken und Schwächen hatte, ebenso wie du und ich ...
Neben jenen vielfältigen persönlichen Erinnerungen fördert unsere lebhafte Plauderei jedoch auch erstaunliche Neuigkeiten über die jetzige Expedition zu Tage, von denen der eine oder andere über die abenteuerlichsten Kanäle gehört haben will. All jene Episoden, teils mit einem lachenden und einem weinenden Auge erzählt, lassen aus meinen persönlichen Erinnerungen heraus wieder lebendige Bilder entstehen.
Mit sieben Bergfreunden von Dresden aus gestartet, wird einer von ihnen schon zur Halbzeit von einem ähnlichen Schicksalsschlag ereilt, wie er auch mir damals vor zwei Jahren in der entscheidenden Phase beschieden war. Ray bekommt Probleme mit seinen Zähnen und fühlt sich damit auch körperlich gegenüber allen weiteren konditionellen Anforderungen wie k. o. gesetzt.

Doch derartig herbe Enttäuschungen und frustrierende Rückschläge werden ganz simpel als Pech oder aus kleinen Fehlern resultierend im Laufe der Wochen auch noch manch anderen der Bergsteiger treffen.
Wie meine Bergfreunde erzählen, wird solch Missgeschick zwei Alpinisten einer anderen Expedition Tage später fast noch übler zusetzen. Schon im Aufstieg zum ernsthaften Gipfelversuch unterwegs, kippt ihnen im Zelt der Topf mit dem mühsam erschmolzenen Schnee vom Kocher. Das siedende Wasser verursacht bei einem der beiden solch nachhaltige Verbrühungen am Bein, dass sich ihr hoffnungsvoller Gipfelangriff innerhalb von Minuten ins Gegenteil verkehrt. Nach monatelangem Training und Vorbereitungen beginnen sich in diesem Moment ebenso Zigtausende Dollar an Gebühren und sonstigen Kosten in ein deprimierendes Nichts aufzulösen.
Von der verbrühten Haut in einen körperlichen Schockzustand verfallend, welcher in über 6000 Metern lebensbedrohlich wirkt, bleibt dem Betroffenen von seinen Gipfelträumen lediglich der bittere Trost, für seine Verletzung in tieferen Lagern zumindest fachkundige Betreuung zu finden.
Elisabeth, zu unseren sächsischen Expeditionsteilnehmern gehörend, bleibt in diesem Tal und in jenen Wochen auch für die Beteiligten aller anderen Expeditionen geschätzter Anlaufpunkt, für dankbar angenommene medizinische Hilfeleistung.
Besonders unsere Bergfreunde sind sich dieses beruhigenden Umstandes wohl bewusst. Stellte es sich in vergangenen Jahren doch oftmals als besonders problematisch heraus, unter heutigen Verhältnissen einen ausgebildeten Mediziner zu finden, der es gleichzeitig ermöglichen kann, sich von seinem beruflichen Alltag auf Wochen oder Monate zu beurlauben.
Doch auch für sie halten die rauen Verhältnisse unangenehme und gefährliche Überraschungen bereit. So wie sich für Elisabeth jener stille Traum der Ersteigung des über 7000 Meter hohen Baruntse nicht erfüllt, bekommt sie dafür in Sekundenschnelle die gefährlichen Schattenseiten dieser faszinierenden Bergwelt zu spüren. Nachdem ihr Seilgefährte Thomas das letzte Zeltlager unterm Gipfel glücklich erreicht hat, verschwindet sie, ihm in den gleichen Spuren am Seil folgend, plötzlich lautlos mit einer riesigen Schneebrücke in der Finsternis einer heimtückischen Gletscherspalte. Minuten werden sich scheinbar endlos aneinanderreihen, bis es Thomas gelingt, sie mit Hilfe des Seils aus der Spalte zu befreien. Elisabeth ist mittlerweile völlig durchgefroren, als sie an der Oberkante des Eises das Tageslicht wieder erblickt.
Doch wie wäre die Sache wohl ausgegangen, wenn der Schnee bereits bei ihrem Seilgefährten mit schwerem Rucksack unter den Füßen plötzlich nachgegeben hätte?
Nicht nur eine Antwort ließe sich darauf finden.
Mit Galgenhumor weiß einer der Freunde auf der Feier diesen Umstand zu kommentieren: Wenn Bergsteiger ebenso viel Pech hätten, wie oftmals auch das Glück auf ihrer Seite steht, dann würde es sie wohl nicht mehr geben ...
Mittlerweile sind meine Bergfreunde mit ihren Erörterungen über die Gefährten in der Ferne bei den Tagen des Aufbruchs zum Gipfel des Makalu angelangt.

Alle, die wir im vorletzten Jahr mit dabei gewesen waren, können es noch immer kaum fassen. Wie hatten auch wir kämpfen müssen. Mit den Wetterunbilden, aber auch den schweren Rucksäcken, trotz eigener körperlicher Schwäche sich nur mühsam Lager um Lager weiter nach oben schiebend. Und nun stehen unsere Freunde alle gemeinsam – zu fünft ganz oben – auf dem Gipfel! Wie war das nur möglich? Ist der Berg vielleicht doch nicht ganz so schwierig, wie allgemein befürchtet?
Trotzdem, unser großer Respekt, unser Erstaunen bleiben bestehen. Weitere Anhaltspunkte und Hinweise meiner Freunde lassen dann auch deutlich werden, dass es keinesfalls ein leichter oder voraussehbarer Erfolg wurde.
Nachdem das endlos anhaltende schlechte Wetter schon fast zu Depressionen geführt haben musste, vermelden Wettervorhersagen, die jedoch bereits zweimal völlig daneben gingen, eine erneute und vermutlich letztmalige Schönwetterperiode von nur wenigen Tagen. Diese Informationen, der Glaube daran bestimmen unverrückbar den weiteren Zeitplan. Alles und alle müssen sich darauf einstellen.
Jedoch bereits im ersten entscheidenden Abschnitt, am Morgen, vor dem Beginn des Aufstiegs in die Eisrinne zum Makalu-La, spürt Meutz, dass er gerade heute körperlich nicht gut drauf ist. Aus unerklärlichen Gründen plagen ihn ausgerechnet jetzt, wo es darauf ankommt, anhaltende Magenkrämpfe, die ihn vermutlich Meter um Meter mit der Frage quälen, – „vernünftig" zu sein und aufzugeben oder aber sich weiter nach oben zu schinden ...
In diesen sicherlich sehr schwierigen Stunden begleitet ihn Olaf. Zunehmend muss auch er verspüren, wie erschreckend weit sie mittlerweile gegenüber ihren anderen drei Gefährten abgeschlagen sind. Dabei blieben seine Bergerlebnisse vergangener Jahre nicht ohne Erfolg. Ähnlich wie bei Thomas die klassischen Nordwandrouten an Matterhorn und Eiger, liegen auch hinter ihm ähnlich anspruchsvolle Klettertouren, ist er selbst gewiss nicht der Mann dafür, bereits am Fuße eines Berges zu kapitulieren. So wäre es durchaus denkbar gewesen, dass Olaf in seinem eigenen Bewegungsrhythmus zügiger nach oben gestiegen wäre, denn in diesen Stunden fällt auch für ihn die Vorentscheidung für jegliche Gipfelhoffnungen.
Zwar ist das Gelände steil, jedoch mit Fixseilen abgesichert und würde notfalls so auch Meutz eine überschaubare Rückzugsmöglichkeit offen lassen. Ähnlich wie es mir damals in jener Etappe erging.
Olaf jedoch bleibt auch weiterhin hartnäckig bei Meutz, seinem Gefährten.
Und obwohl es gerade auf diesem Abschnitt jedem der fünf schwer genug fällt, mit dem eigenen Rucksack das Tagesziel zu erreichen, stopft er sich schließlich auch noch etliche Ausrüstungsgegenstände seines geschwächten Begleiters oben auf. So kommen sie zögernd langsam wieder gemeinsam vorwärts.
Die Erinnerungen an diese Etappe werden bei beiden von Empfindungen geprägt sein, welche unauslöschlich zurückbleiben und mehr bedeuten als alle Worte.
Als sie spät am Abend zufrieden und erschöpft endlich alle gemeinsam in ihrem Lager am Makalu-La sitzen, werden auch bei einigen der anderen Gefährten Zeichen von

Erschöpfung sichtbar, die den extremen Charakter dieser Wegstrecke bestätigen.
So streifen bei der mühseligen Übung des Schneeschmelzens und Teekochens die Gedanken um Tage zurück. Unten vor dem Aufbruch zeigten sie sich bei einer letzten medizinischen Kontrolle alle topfit. Sind die langsam spürbar werdenden körperlichen Einschränkungen bereits auf die erreichte Höhe von über 7000 Metern oder auf etwas anderes zurückzuführen? Sie wissen es nicht.
Am nächsten Morgen führt sie der Weg weiter aufwärts, immer an der Unterkante des vom Gipfelgrat hinabziehenden Gletschers entlang. Aber selbst diese vergleichsweise kurze Aufstiegsetappe bis zum obersten und letzten Lager in 7600 Metern bleibt manchem der Gruppe bereits in unerwartet deprimierender Erinnerung. So prägen an diesem Abend auch einige gedämpfte Bemerkungen zwischen Nachdenklichkeit und Selbstmotivation die Runde. Welcher persönliche Spielraum ist für jeden Einzelnen noch verblieben, sich auf die große Herausforderung der folgenden Stunden einzustellen?

Der neue und alles entscheidende Tag beginnt für alle bei sternklarer Nacht. Bereits gegen ein Uhr verlassen unsere fünf Gefährten das Lager, um dem noch immer 850 Höhenmeter über ihnen befindlichen Gipfel entgegenzustreben. Begleiten sie dabei Mondschein oder die düsteren Erinnerungen nächtlicher Irrwege, welche einigen von uns vor zwei Jahren fast zum Verhängnis geworden wären?
Wird Meutz den nächtlichen Ort wieder spüren, an welchem sich damals das Gefühl in seinen Zehen für immer zu verabschieden schien?
Und Götz – gehen ihm nochmals die Momente durch den Kopf, in welchen er sich vom Sauerstoffmangel bereits halb betäubt schließlich doch zur Umkehr entschloss – endgültig?
Später, im Schein der Morgensonne, befinden sie sich im letzten Steilaufschwung, nach seinen französischen Erstbegehern benannt, und hoffen, den bereits greifbar darüber emporsteigenden Gipfelgrat zu erreichen. Doch das Spuren im Schnee und die Befestigung von Seilsicherungen erfordern Kraft und Zeit. Über jedem neu gewonnenen Höhenmeter scheint eine Ewigkeit zu vergehen. Wie so oft diktieren die extremen Verhältnisse zwischen Steilheit, Höhe und rasendem Puls jedem der fünf einen eigenen Bewegungsrhythmus. Auf diese Weise variieren Abstände, Gruppen oder auch Reihenfolgen untereinander. Der Glaube daran, den Gipfel zu erreichen, bleibt nicht von allein, nicht als Selbstverständlichkeit erhalten. Im Laufe der endlosen Stunden lebt seine Hoffnung neu auf oder droht zu verflachen und springt vielleicht auch von dem einen zum anderen. Zögernde Gedanken daran, möglicherweise aufzugeben, umschleichen Hustenanfälle, Schwäche oder auch Atemnot.
Und diese zuweilen aufkommenden inneren Bilder? Durchlebt man in schwachen Reflexen vergangene Bitternis oder auch Glück?
Manche Berge und Namen sind es, die am Horizont aufleuchten und in der so sauerstoffarmen Luft alsbald wieder verblassen.
Doch die Gipfel von Lhotse und Mt. Everest erstrahlen mittlerweile in gleißendem

Sonnenlicht. Einfach beeindruckend, mächtig und so nahe zugleich. Ist es heute nicht ein Tag mit ebensolch günstigem Wetter geworden wie damals, dort drüben am Mt. Everest? Wird es dennoch diesmal hoffentlich anders werden, die Chancen auf Erfolg größer sein?

Das zähe Ringen um jeden weiteren Schritt nach oben wirkt sich in der Umsetzung bei fast jedem der fünf Berggefährten anders aus. So entschließt sich Thomas letztlich dazu, seinen Rucksack zu entleeren, um den weiteren Aufstieg mit nur noch einer seiner beiden Trinkflaschen darin fortzusetzen. Bernd verhält sich ebenso. Das heißt, er lässt seinen Rucksack im Schnee einfach stehen, wie er ist. Nur den Klettergurt und Eispickel behält er bei sich.
Auf diese Weise steigen die beiden mit großer Willensanstrengung weiter und der zuvor entstandene Abstand zu ihren Berggefährten wird sich zusehends verringern.
Die Sonne hat mittlerweile ihren Zenit überschritten, als Götz, Olaf und Thomas den Vorgipfel erreichen. Ein allerletzter Firngrat zieht von hier leicht ansteigend in die Höhe, und die drei erblicken in einem felsdurchsetzten Abschluss die zusammenlaufenden Grate einer Pyramide – den Gipfel des 8463 Meter hohen Makalu. Einige dutzend Meter trennen sie noch von dieser magischen Spitze.
Götz holt aus seinem Rucksack das Kletterseil, das er bis hierher getragen hat, um Olaf bei dem heiklen Quergang damit zu sichern. Der Grat, von gewaltigen Schneebalkonen überwächtet und schmal wie ein Dachfirst, bricht auf seiner Rückseite senkrecht ab in die Tiefe. Auf der den Männern zugewandten Seite gilt es, in respektvollem Abstand unterhalb der Schneewechten auf abschüssigem Firn und Eis bis zum anderen Ende hinüber zu balancieren. Genau das ist jene Seillänge, die wir lediglich in der Phantasie so oft vor unseren Augen ablaufen ließen, ohne je eine Abbildung davon gesehen zu haben.
Olaf meistert jenen Gleichgewichtsakt auf den Frontzacken seiner Steigeisen langsam Schritt um Schritt mit kühlem Kopf. Hier in fast 8500 Meter Höhe dafür noch bei klarem Verstand zu sein und das Seil gleichzeitig mit einigen notwendigen Sicherungspunkten fixieren zu können – ja dieser Moment war es, der bereits damals im Voraus auch immer wieder unsere Gemüter, Ängste, unseren Respekt erregt hatte.
Mit einem befreienden Ruf und vor Begeisterung nach oben gerissenen Armen steht er schließlich am zeitigen Nachmittag als Erster auf dem allerhöchsten Punkt dieses so hart umkämpften Gipfels! Seine Berggefährten folgen ihm daraufhin am Seil in kurzen Zeitabständen. Tief ergriffen, ihr Glücksgefühl noch nicht so recht erfassend, sitzen sie für Minuten beieinander und schauen sprachlos in die endlose Weite. Bevor auch Meutz den Gipfel erreicht, müssen die ersten bereits wieder zum Vorgipfel zurückkehren, weil es sonst auf der Spitze dieses mächtigen Berges – zu eng wird.
Als Meutz diese allerletzten Meter nach oben steigt, verschwimmen vor seinen Augen Traum und Wirklichkeit. Hat er es tatsächlich geschafft, ist dieser lange und qualvolle Weg jetzt hier an dieser Stelle zu Ende?
Er will in das Tal, auf den Gletscher weit in die Tiefe hinabschauen, von welchem wir

unzählige Male mit unseren Blicken fassungslos über die riesige Felswand nach oben wanderten, um den so unerreichbar scheinenden Gipfel wenigstens auf diese Weise mit Ehrfurcht zu betrachten. Jetzt steigen Nebel, lichtdurchflutete Wolken aus dieser Wand auf, und er muss sich in den Schnee setzen. Neben ihm, eine fast unscheinbare Schneehaube nur noch, befindet sich der höchste Punkt des Berges all seiner Sehnsüchte.
Meutz – wir erlebten ihn eigentlich selten anders als ausgeglichen und rational handelnd. Nicht nur als Bergsteiger. Noch öfter wohl als unermüdlichen Arbeiter und zielstrebigen Organisator. Jetzt aber fließen ihm Tränen über das Gesicht
... Dreimal machte er sich auf den Weg bis hierher ins Baruntal. Zuerst noch auf Erkundungsfahrt bis zum 6500 m hohen Makalu III. Später jedoch nur noch mit dem Hauptmassiv des Makalu vor Augen. Das letzte Mal kamen sie mit dem Schrecken davon, er jedoch mit Amputationen an zwei seiner Zehen. Auch zur Realisierung anderer Expeditionen zu einigen der ganz großen Berge hatte Meutz maßgeblich beigetragen. Einige der Gefährten hatten dann am Gipfeltag wiederholt das mit entscheidende notwendige Wetterglück gehabt, bis ganz hinauf zu kommen – er jedoch nie.
So hatte er, sich an eigene gravierende Erlebnisse erinnernd, bereits vor Wochen einem Journalisten in den Notizblock diktiert: Ich hoffe, dass es diesmal zum Erfolg am Berg reichen wird. Doch will ich nicht um jeden Preis den Gipfel erreichen, sondern sicher zurückkommen ...
Und jetzt? – Heute steht er tatsächlich hier oben, gelingt ihm sogar einer der 14 Achttausender, der in seinen Ansprüchen zu den problematischen gerechnet wird! 1979, vor über zwanzig Jahren, gelangten das erste und bisher letzte Mal deutsche Alpinisten bis hierher, an diese Stelle.
Noch immer ist es unnatürlich windstill und warm, jedoch die Sonne sinkt bereits unaufhaltsam dem Horizont entgegen. Sie müssen zurück! Es wird noch ein langer Weg.
Auf dem Gipfelgrat wieder abwärts steigend, bietet sich ihnen noch ein unbeschreibliches Schauspiel.
Ihr Berg beginnt im Schein der untergehenden Sonne als riesiger Schatten unter ihren Füßen hinaus in die Welt zu wachsen. Über ein Meer von Wolken hinweg schiebt sich die dunkle Masse wie der Keil einer Pyramide, wie die Spitze eines ganzen Kontinents in die endlose Hochebene von Tibet.

Wochen später ergibt sich für mich eines Morgens die Gelegenheit zu unmittelbarem Gespräch, nachdenklicher Plauderei.
Ich sitze auf der grob gezimmerten Holzbank am Küchentisch von Götz, und wir halten beide eine goße Tasse voll dampfendem Kaffee in den Händen.
Ein wenig sehe ich es ihm schon noch an, dass er vor wenigen Tagen nicht von einer Urlaubs- oder Erholungsreise zurückgekehrt ist. Sonst aber? Von den Medien wird er momentan gern ein wenig in den Mittelpunkt gerückt, doch hier in seiner Gegenwart verspüre ich nichts davon. Alles scheint so unkompliziert und vertraut geblieben zu sein, wie seine alte Sitzbank.

Noch immer stehe ich unter dem geradezu unfassbaren Eindruck, dass auch dieses Mal die Chance ihres Gipfelerfolges zu einem Tag und Nacht andauernden Marathon wurde. 24 Stunden in dieser Höhe auf den Beinen, wer kann das schon nachvollziehen?
„Wie habt ihr das nur geschafft? Doch auch beim letzten Mal waren wir beim Start im Basecamp noch recht gut drauf, und trotzdem schienen damals die letzten 250 Meter bis zum Gipfel einfach unendlich weit! Und wie konntet ihr erneut über so lange Zeit mit euren Getränken ausreichen?“
Götz: Mit der Trinkerei? In Kathmandu oder wieder hier im Biergarten läuft es diesbezüglich natürlich besser. Du weißt ja, jeder hat da ein wenig sein eigenes Konzept. Was mich betrifft, so habe ich an jenem Tag meine Flasche nicht einmal ausgetrunken. Ja wirklich, diesmal war ich wohl tatsächlich in optimaler Verfassung. Du wirst es vielleicht kaum glauben, aber im letzten Jahr am Manaslu, der ja an die 200 Meter niedriger als der Makalu ist, habe ich mich am Gipfel spürbar schlechter gefühlt.
Diese bemerkenswerte Erkenntnis von Götz macht mir in diesem Moment nochmals deutlich, dass es, wie so oft im Sport, nicht nur gute und weniger gute Alpinisten gibt, sondern vielleicht ebenso andere Einflüsse, welche mitunter schicksalhaft mit darüber entscheiden, ob jeder Einzelne von uns an einem entscheidenden Tag seine Chance erhält. Und Bernd?
„War es wirklich so, dass nichts im Voraus auf sein tragisches Ende hindeutete, euch keine Möglichkeit mehr blieb, ihm doch noch helfen zu können?“
Götz: Ich muss dir nicht erklären, wie man sich nach solch einem Gipfeltag fühlt. Völlig happy und trotzdem ausgebrannt. Da haben wir uns von Bernd an dem darauffolgenden Morgen wohl kaum unterschieden. Erinnerst du dich noch an die Episode damals beim Zeltaufbau in Lager II, als die Zeltstange plötzlich über den Abhang hinunter rutschte? Vielleicht hatte Bernd von dieser Story sogar gehört, jedenfalls achtete er früh beim Abbau unseres Zeltes noch peinlich darauf, nicht Ähnliches zu erleben. Nein – als er wenig später mit dem Rucksack auf dem Rücken plötzlich ausrutschte und hinfiel, traf uns das völlig unerwartet. Natürlich haben wir wenig später alles Mögliche unternommen, um ihn wieder zurückzuholen. Zu uns, unserem gemeinsamen Weg hinunter ins Tal, in die Heimat, das weitere Leben.
Ich merke, dass es Götz noch immer schwer fällt weiter darüber zu sprechen.
Der Zufall eines anderen Gespräches hatte mir kürzlich erst mit einiger Betroffenheit deutlich werden lassen, wie wichtig es Götz bereits in den vergangenen Jahren gewesen sein mußte für seine zuweilen verrückten Pläne nicht nur jederzeit gleichgesinnte Gefährten gefunden zu haben, sondern ebenso mit ihnen bisher gemeinsam heil zurückgekehrt zu sein.
Inzwischen waren in der berüchtigten Skandalpresse jedoch über jene Begleitumstände bereits zahlreiche Ungereimtheiten zu lesen gewesen, ausgeschlachtet auch mit solch unsinnigen Behauptungen wie: „Das Blut würde sich in großer Höhe stark verdünnen“ ... Gerade das Gegenteil ist der Fall. Wenn sich ein auf diese Weise möglicherweise in der Nacht gebildetes Blutgerinnsel durch die morgendlichen Tätigkeiten mit dem Blut-

kreislauf in Bewegung setzt und dabei unglücklicherweise die Durchblutung wichtiger Organe blockiert, dann bleibt selbst unter medizinisch geordneten Verhältnissen eine verlässliche Hilfe problematisch. Aber das erfuhren die Gefährten wohl erst viel später von Elisabeth unten im Lager, nachdem die Freunde zuvor lange Zeit verzweifelt um das Leben von Bernd gerungen hatten.

Aber er ist glücklich gestorben! Es braucht nicht viel, um es anders ausgehen zu lassen.

Götz erkennt an meinem fragenden Blick, dass mir seine ihm offensichtlich viel bedeutende Erinnerung vorerst noch verschlossen bleibt.

Vielleicht hatte Bernd am härtesten kämpfen müssen, bis er am Tag zuvor endlich den Vorgipfel erreichte. Abschließend den heiklen Quergang hinüber gab es wohl keinen von uns, dem der bodenlose Abgrund darunter den Puls nicht noch einige Schläge nach oben getrieben hätte. Dabei reichte unser komplettes Seil an dieser heiklen Stelle nicht einmal bis ganz hinüber, mussten die letzten Meter auf den Gipfel deshalb ohne Sicherung bewältigt werden.

Doch letztlich schaffte auch Bernd diese letzten fünfzig Meter! Er stand ganz oben, so wie wir. Als er von da wieder runter kam – du hättest seine Augen sehen sollen.

Dann kam doch alles noch ganz anders – und so blieb er nun dort. Wir legten ihn in das zusammengefaltete Zelt seiner letzten Nacht. Neben ihm steckt der geliebte Eispickel, welchen er von einem langjährigen Bergfreund einmal extra entsprechend seinen Vorstellungen angefertigt bekommen hatte.

... Ein besonderer Eispickel, ein nicht vollständig bis zum Gipfel reichendes Seil – war da nicht etwas, woran auch mich diese Bemerkungen nochmals erinnerten?

War Bernds Bergfreund vergangener Tage nicht auch schon einmal mein Seilgefährte gewesen?

Während meine Gedanken in diesem Moment unbewusst eigene Erinnerungen durchstreifen, entsteht vor meinem geistigen Auge plötzlich wieder ein aufregendes Bild:

Ja – inmitten einer märchenhaften Gletscherlandschaft von Tibet muss es gewesen sein! Von der bizarren Gestalt einiger Eistürme fasziniert, versuchte jener Bergfreund damals mit mir in sportlichem Übermut eines dieser kirchturmähnlichen Gebilde zu erklettern. Inmitten einer abweisenden Eiswand hielt ich beim Sichern jedoch plötzlich das Ende des Kletterseiles in den Händen ... So ging es für uns beide alsbald erneut endlos hinab, und nur an einer einzelnen Eisschraube hängend, erreichten wir schließlich wieder wohlbehalten die Erde.

Doch auch dieser Bergfreund lebt nicht mehr, wie ich mit neuer Betroffenheit vor einigen Tagen erfahren hab ...

Unsere Eisschraube aber, ob sie wohl immer noch dort hoch oben im Eise steckt?

Nein, mein Freund – Sonne und Wind trieben mit diesen stolzen Türmen ein vergängliches Spiel.

Auch unser traumhafter Eisberg wurde mittlerweile gewiss von den Sonnenstrahlen aufgezehrt, ist so zu einer Wolke aufgestiegen, die am tiefblauen Firmament des Himalaya dahinzieht. Vielleicht sieht sie auf dieser Reise deinen Eispickel stehen, der nun in eisiger Höhe ebenso den Schlaf Deines Gefährten Bernd begleitet.

Wie soll, wie wird es nun weitergehen?
Besonders einige spektakuläre Ereignisse am Mt.-Everest hatten die Berge auch mit ihrer möglichen Dramatik vor einiger Zeit lautstark in das Blickfeld der Öffentlichkeit gerückt. Dem sensationsbegierigen Zuschauer war von Todesschicksalen berichtet worden. Auf einen Schlag gleich mehr noch, als sich nur so mit den Fingern einer Hand aufzählen ließen.
Aber dieser Berg hatte in neuerer Zeit noch Ärgeres zu erleben gehabt. So auch ruhmessüchtige Rekordjäger, die einer anderen bereits vom Tode bedrohten Gruppe die Hilfe verweigerten, um mit ihren gefüllten Sauerstoffflaschen auf dem Rücken weiter ungehindert dem Gipfel zuzustreben ... Ganz im Stile immer wieder neuer guinnessrekordverdächtiger Trendvorgaben steht so wohl auch weiterhin besonders jener Berg aller Berge im sensationswilligen Scheinwerferlicht.
15 Stunden und ein paar Minuten vom Basecamp bis zum Gipfel, lese ich. Wären das nicht phantastische Perspektiven für eine neue olympische Disziplin?
Wohl kaum.
Jedoch in einer vom neuerlichen Einfluss der Medien mit „quotentauglichen" Meldungen elektrisierten Öffentlichkeit glaube ich dennoch, manche vertraute Wertvorstellungen zunehmend nur noch auf dem Kopf stehend wiederzufinden. Innerlich gespalten bleibe ich auf einem Weg zurück, welcher damit beginnt, eine bestimmte Kategorie von Bergen gedanklich in einer Liste mit Namen und Nummern zu versehen.
Draußen vor dem halb geöffneten Fenster regt sich Wind, und es beginnen dunkle Wolken aufzuziehen. Götz hat uns noch einmal Kaffee eingegossen, und ich umfasse die wärmende Tasse mit beiden Händen.
Ich frage ihn, ob es wahr ist, was man sich über ihre zukünftigen Pläne erzählt.
Doch er schaut nachdenklich hinaus, antwortet nicht, und mir will scheinen, er ist mit meiner Frage in seinen Gedanken bereits wieder nach Kathmandu unterwegs, um dort Antwort darauf zu finden.
Ob sie sich mit ihrem Vorhaben auf diese Weise außer Sympathisanten vielleicht auch Kritiker oder Neider auf den Plan rufen werden? Neulich wurde ich von Außenstehenden sogar gefragt, ob Götz in unserer Szene vielleicht schon so etwas wie der „Papst" wäre. So unerwartet mich solcherart Vermutungen erreichen, gibt es wohl immer Fragen, welche entstehen; Gerüchte aber, die bleiben.
Nochmals besinne ich mich darauf zurück, was uns alle gemeinsam seit vielen Jahren zu neuen Bergtouren zusammenführte. Wurden diese Erlebnisse auch von unerfreulichen Erinnerungen überschattet? Meine Gedanken gehen auf Reisen, drehen sich bald jedoch nur noch ziellos im Kreis, ohne so rechte Anhaltspunkte zu erkennen.

Moment mal – plötzlich werde ich wieder stutzig.
Was hatte Götz vorhin von seiner Trinkflasche erzählt? Wie sollte es nur möglich gewesen sein, dass er sie beim Aufstieg zum Gipfel nur zum Teil leerte, obwohl ich selbst eigentlich gut genug weiß, dass man sich unter diesen höllischen Bedingungen mit

jedem beliebigen Behältnis im Grunde nicht viel besser als mit einem Fingerhut voll Wasser inmitten der Wüste fühlt?
Und wie war das mit dem Rucksack von Bernd gewesen?
Unwillkürlich schüttle ich den Kopf und fühle erneut Sympathie und Anerkennung für die Bergfreunde bei mir aufsteigen.
Es ist also dabei geblieben – bis heute, bis jetzt.
Wie diesmal von Olaf oder Götz erzählte man sich auch in vergangenen Jahren ähnliche Episoden von Kameradschaftlichkeit. Ich erinnere mich an Heiko am Shisha Pangma, Thomas, George und Timm am Mt.-Everest, Meutz am Cho Oyu und noch manchen anderen.
Sie werden wieder fahren. Ja, als sportliche Partner wird man ihnen erneut auf dem Bahnsteig begegnen. Doch unabhängig davon, wie die Reise ausgehen wird – mit Erfolgen oder auch Niederlagen – , sie werden als Berggefährten heimkehren, die vor allem unvergessliche gemeinsame Erlebnisse verbinden.
So hoffe ich auch weiterhin.
Erneut schaut Götz hinüber zu den Wolken, die eilig am Horizont dahinziehen. Jetzt blicke ich ihm nach und weiß – egal, wer beim nächsten Mal da draußen neben ihm steht – , dass es so bleiben wird wie immer.

Der Autor:

Frank Gräfe, geb. 1957 in Pirna, verheiratet und Vater zweier Kinder, wurde bereits in seiner Kindheit mit den Gipfeln des Elbsandsteingebirges vertraut. Später musikalisch als auch sportlich vielseitig aktiv, suchte er ebenso durch berufliche Alternativen nach Möglichkeiten, um bereits einen Teil jener Welt kennen zu lernen, welcher in DDR-Zeit meist unerreichbar blieb. Seit 1984 ist er mit Götz Wiegand freundschaftlich verbunden und war alsbald auch bei verschiedenen alpinistischen Unternehmungen an seiner Seite. Bis heute findet er die Ursprünge seiner Faszination für das Gebirge immer wieder aufs Neue in den heimatlichen Bergen. Nach einigen vorangegangenen persönlichen Aufzeichnungen wurde er von Freunden schließlich zur Veröffentlichung angeregt.

Quellenverzeichnis: Nepal, Nellers Verlag 1990

Berg Makal
eines Tages..
Wer möchte da hoch?
Wir alle!
Und so...
Haben wir auch alles?
angekom
Und nun alles vorbereiten.
Doch im Tal...
Schnell raus hier!!
Danach...
Uff!
Stöhn
Auf halber
Später...
4 Km hoch!
Der Schwerpunkt!
Eine Weile lang...
Plötzlich..
Unddann...
Sie kommen!
Man berichtet...
Hauptsache ihr seit gesund
Wir schaffen es leider nicht bis hoch.
Schnarch!
Jedoch...